河南省社会科学规划项目"中原作家群资料整理"研究成果

本成果出版得到淮河文明研究中心资助

刘震云研究

中原作家群研究资料丛刊
程光炜　吴圣刚　主编

刘震云研究

禹权恒 编著

河南大学出版社
HENAN UNIVERSITY PRESS

图书在版编目(CIP)数据

刘震云研究/禹权恒编著. — 郑州：河南大学出版社，2015.2
(中原作家群研究资料丛刊)
ISBN 978-7-5649-1901-6

Ⅰ. ①刘…　Ⅱ. ①禹…　Ⅲ. ①刘震云-文学研究
Ⅳ. ①I206.7

中国版本图书馆 CIP 数据核字(2015)第 042004 号

出 版 人	张云鹏
出版统筹	侯若愚
责任编辑	韩　琳
责任校对	舒慧敏
封面设计	侯一言

出　　版	河南大学出版社
地　　址	郑州市郑东新区商务外环中华大厦 2401 室
电　　话	0371-60993151(人文社科出版分社)
	0371-86059753
网　　址	www.hupress.com
排　　版	河南金河印务有限公司
印　　刷	河南省瑞光印务股份有限公司
版　　次	2015 年 4 月第 1 版
印　　次	2015 年 4 月第 1 次印刷
开　　本	710mm×1000mm　1/16
印　　张	20
字　　数	370 千字
定　　价	60.00 元

本书如有印装质量问题，请与河南大学出版社营销部联系调换。

编选说明

从最初动议到确定方案,再到最后完成,这套"中原作家群研究资料丛刊"历时一年有余。因为,它绝不仅仅是已有研究成果的简单整合。首先,编著者必须通读该作家的所有作品,包括文学作品、散文随笔、演讲报告、文艺批评等等,形成对作家作品的感性认识和理性判断,这是编选作家研究资料的基础和前提。然后收集研究资料,要求尽可能全面详尽,网络、期刊、报纸、杂志、著作、作家本人及其亲友、故交等各种途径、各种渠道,越全面越好。最耗时、最费力、最艰苦的工作是资料的分类、甄别和遴选,它体现了编著者的眼光、立场、态度和学养,决定了研究资料的分量和品质。典型性、历史性、多元性是我们选文的基本原则,力求覆盖作家不同时段、不同类型、不同风格的作品,兼顾专家批评和新锐批评,体现不同时期的文学生态和文化场域。总之,整个过程没有捷径可走,全是笨功夫、苦功夫。尽管如此,其疏漏之处肯定不少,恳请专家学者批评指正。

本研究资料共分四大部分,即作家"自述·访谈·印象记"、"研究论文选辑"、"作品年表"、"研究资料索引"。"研究论文选辑"以时间为线索,以"问题"为中心,先总论、后分论,同一"问题"相对集中,体现逻辑性和层次感,并努力体现作家作品研究的历史进程。对入选的文章,为了出版方便,作统一技术处理,删减了摘要、关键词,注释一律改为脚注,除对一些明显的文字和标点符号的疏误作订正外,其他方面包括注释的不完整、不规范,词语使用的不当等,则依旧保持原貌。"作品年表"部分按时间顺序排列整理收录,截止时间为2014年7月。只列入作品的首发、首印,作品的再版、转载不列入年表,海外翻译版本尽可能列入年表。期刊、著作均按年、月排序,报纸具体到日期。重要散文、发表的重要演讲等列入作品年表,但作家编辑的书目、研究资料等均不列入。"研究资料索引"包括单篇学术论文索引、学位论文索引、研究专著索引三部分,截止时间同样为2014年7月,均按刊发/出版时间先后顺序编排。

需要特别说明的是,由于各种原因,编委会没能与选用论文的作者一一联系,丛书出版后,将赠书一本,以表歉意和谢意!且本书用于学术研究而非商业目的,想学界前辈、同人亦能理解支持。在此真诚致谢!如需稿费,请与编委会联系。

编委会

2014.10.31

总　序

程光炜　吴圣刚

　　新时期以来,中国当代文学呈现为多样、多态发展的趋势。在当代文学的版图中,"文学豫军"或"中原作家群"早已成为中国当代文学的重要现象和重要构成。之所以称之为"文学豫军"或"中原作家群",是因为它呈现出群体性,是一个集合的概念。但是,这绝不意味着这个群体中的个体是孱弱的,没有独立呈现的分量。相反,正是一个个有分量的个体组成了一个有广泛影响的作家群体:姚雪垠、叶楠、白桦、李准、张一弓、南丁、田中禾、张宇、郑彦英、李佩甫、二月河、周同宾、刘震云、阎连科、周大新、刘庆邦、李洱、柳建伟、孙方友、墨白、邵丽、乔叶、计文君等等,每位作家都有不凡的创作业绩,每个人都有自己的独特之处,都是文学中的"这一个"。

　　地处中原的河南,在当代中国政治、经济版图上不是核心地带,但在历史、文化地理图上却是积淀深厚的重镇。这里也在接受全球化的荡涤,也在搭载现代化的快车,但这里与中国当下的经济前沿存在着距离,呈现着现代化的滞后性。因此,河南在时代的节奏中存在着"时间差"。这使得中州大地在现代化的浪潮中还氤氲着农业文明、历史文化的气息,也使得中原儿女在这种相对的"慢节奏"中对历史、现实和文化进行思考,精神和灵魂回归这片土地,并以中原文化的思维方式进行着多种表达。走进历史,走进中原文化,是豫籍作家的共同选择。无论是身居河南的作家还是移居他乡的作家,他们的灵魂仍然栖居在家乡故土,并用他们敏感的触角细腻地联系和感受着中原文化,中原文化是他们精神发生的原点,河南历史和家乡生活是他们创作的源泉。对于这些河南作家来说,似乎只有这片故土和其中的点点滴滴才能够激活创作的灵性。正如阎连科所说:"我家住在一个镇子上,那是一个很大的村庄。那个村庄是我写作取之不尽的生活源泉、情感源泉、想象的源泉。一句话,是我写作的一切的灵感之源。那个镇子奇妙无比,任何现实中的一件事情都可能是荒诞的、合理的。"[①]正是在这种表达中,作家们完成了自己的一部部皇皇巨著,成就了当代河南文学的气象大观。

[①] 阎连科:《我的现实,我的主义》,http://v.book.ifeng.com/book/ts/7332.htm。

"中原作家群"不仅是河南的文学现象,也是全国的文学现象;产生于中原大地的河南文学,早已超越了这一区域空间。无论是二月河、李佩甫的作品红遍全国、传播域外,还是刘震云、阎连科、周大新、李洱的作品的海外影响,都说明豫籍作家的作品是全国性的,也具有世界性的分量。这足以构成河南自己的文学史。关于河南文学和"中原作家群"研究,近十年来,随着作家作品的动态性呈现,更多表现为个案化的文学研究,而当代河南文学的整体性、系统性研究则不够。这一方面与河南的经济实力及其对文化提升、带动能力的不足有关,另一方面也与学界、文学界对河南文学在当下中国文化地理学上的地位认识不足有关,特别是与本土学界的研究、推介的成绩有关。弥补这一不足,是一项浩繁的工作,但起步必须从基础开始。

资料整理无疑是学术研究中最基础性的工作。学术界目前关于河南作家的研究资料,主要是上世纪80年代出版的《李准研究资料》《姚雪垠研究资料》等有限的几种。相关研究主要体现在两个方面:一是关于"文学豫军"、"中原作家群"的正当性和合理性的阐述,这方面的研究成果主要有孙荪的《文学豫军论》等,该文系统性地评述了"文学豫军"的由来、构成及文化特征。二是"中原作家群"形成的历史文化原因以及具体作家作品的研究。刘增杰主编的《精神中原》以论文集的形式综合了学界对于中原作家群整体把握和作家研究的成果;张鸿声主编的《河南文学史·当代卷》则是系统描述当代河南文学发展的第一部史著;梁鸿的《"外省笔记":20世纪河南文学》以"外省"的视角考察河南文学,从文化的角度寻觅和审视河南文学;何弘的《超越还是重复——中原文学论稿》试图对"中原作家群"或中原文学作出一个整体性的描述。这些研究对于解说一种文学现象的发生、发展是必要的,但都是初步的,特别是对"中原作家群"形成的历史文化原因和整体性特征的研究,远未形成对"中原作家群"完整的、核心的解说,更没有评估、揭示出"中原作家群"的应有价值。因此,就需要有人真正深入下去,沉入到纷繁的资料中去,耐心、细密地梳理,把那些能够反映和体现作家创作实绩、作品价值和当代河南文学整体面貌的资料整理出来,形成完整、系统的当代河南文学的资料体系,为文学史的生成奠定坚实的基础。

信阳师范学院文学院的一些老师近年来致力于河南文学研究,逐渐形成了自己的方向和领域,引起了学界的关注。作为一所本土的有长期人文积淀的高校,研究河南文学、推动河南文学发展是应有的责任。2013年起,文学院整合文艺学、现当代文学和写作学等学科的十几位教授、博士组成研究团队,集中开展当代河南文学研究。这个团队以博士为主,中青年结合,队伍整齐,潜力很大。他们首先从资料整理开始,扎扎实实开展研究工作。第一批选取"中原作家群"中影响最大的15位作家,经过近一年的努力,整理出《白桦研究》(陶广学讲师,扬州大学博士)、《张一弓研究》(吕东亮副教授,武汉大学博士)、《田中禾研究》(徐洪军讲师,上海大学博士)、《张宇研究》(杨文臣讲师,山东大学博士)、《李佩甫研究》(樊会芹讲师,江苏师范大学硕士)、《二月河研究》(吴圣刚教授)、《刘震云研究》(禹权恒讲师,武汉大学博士)、《阎连科研究》(方志红副教授,四川大学博士)、《周大新研究》(沈文慧教授,华中师范大学博士)、《刘庆邦研究》(杜昆讲师,南京师范大学博士)、《李洱研究》(王雨海教授)、《墨白研究》(杨文臣讲师,山东大学博士)、《邵丽、乔叶、计文君研究》(李群副教授,河南大学硕士)等13卷,资料选编力求翔实、准确、有代表性。第一辑告罄之后还会启动第二辑,甚至第三辑,目标是把"中原作家群"主要作家的资料完整、系统地拓展出来,真正为当代河南文学的深化研究做些基础性的工作。

由于编选者的眼界、学识、水平有限,疏漏、不足,甚至差错定然存在,敬请学界批评指正。

目 录

1　编选说明
1　程光炜　吴圣刚　总序

自述·访谈·印象记

3　刘震云　俺村、中国和欧洲
7　刘震云　从《手机》到《一句顶一万句》
14　刘震云　文学梦与知识分子
20　周　罡　刘震云　在虚拟与真实间沉思——刘震云访谈录
27　刘　颋　刘震云　一个作家身后的"蓄水池"——刘震云访谈
37　张　英　刘震云　刘震云："废话"说完，"手机"响起
47　李书磊　刘震云的勾当
50　孙　郁　刘震云其文

研究论文选辑

55　白　烨　生活流·文化病·平民意识——刘震云论
61　陈晓明　漫评刘震云的小说
65　王必胜　躁动的灵魂和艰难的人生——刘震云小说主题论
74　李　扬　文化：作为意志的表象——论刘震云小说的文化内涵
79　摩　罗　刘震云：中国生活的批评家
96　姚晓雷　刘震云论
116　周显波　走不出语言的层峦叠嶂——刘震云新世纪小说创作一瞥
124　梁　鸿　论刘震云小说的思维背景
132　郑　春　试论刘震云小说的文体形态
141　马俊山　刘震云："拧巴"世道的"拧巴"叙述
150　董之林　回到文本：刘震云小说的"双声话语"及其他
159　程光炜　在故乡的神话坍塌之后——论刘震云九十年代的小说创作
173　宋剑华　论《一地鸡毛》——刘震云小说中的"生存"与"本能"
185　张新颖　乱语讲史　俗眼看世——刘震云《故乡相处流传》漫评

191　董之林　向故事蜕变的历史——刘震云的《故乡天下黄花》及其他
198　李敬泽　通往故乡的路——刘震云《故乡面和花朵》
208　陈晓明　故乡面与后现代的恶之花——重读刘震云的《故乡面和花朵》
223　李建军　尴尬的跟班与小说的末路——刘震云及其《手机》批判
230　陈晓明　"喊丧"、幸存与去历史化——《一句顶一万句》开启的乡土叙事新面向
250　张清华　叙述的窄门或命运的羊肠小道——简论《一句顶一万句》
257　孟繁华　"说话"是生活的政治——评刘震云的长篇小说《一句顶一万句》
261　贺绍俊　怀着孤独感的自我倾诉——读刘震云的《一句顶一万句》

作品年表

269　刘震云作品年表

研究资料索引

277　刘震云研究资料索引

304　编后记

自述·访谈·印象记

俺村、中国和欧洲

刘震云

一

我从小生长在中国河南一个偏僻的村庄里。接触欧洲，是从身边的生活用品开始的。直到现在，中国人划分世界还用两个概念："西方和东方"。西方是指欧洲和北美，东方是指中国和中国附近的国家。由于水的关系，太平洋的关系，中国人还用另外两个概念划分世界，称欧洲和北美为"西洋"，日本为"东洋"。从十九世纪中叶，"西洋"和"东洋"轮番入侵中国，中国人便称欧美人为"西洋鬼子"，日本人为"东洋鬼子"。随着"西洋鬼子"和"东洋鬼子"的入侵，他们的商品也源源不断来到了每一个中国人身边。我小的时候，村里人仍称煤油为"洋油"，点燃煤油的灯为"洋灯"，村里织布机织出的布叫"土布"，从西方漂洋过海运过来的机器织出的布叫"洋布"，洗脸的肥皂叫"洋皂"，自行车叫"洋车"。俺村的吃、穿、行，都和欧洲发生了千丝万缕的联系。

二

随着西洋人对中国的入侵，他们不但带来了物质商品，也开始播种精神之花。精神产品的主要代表是宗教。一百多年过去，在我的家乡，仍有一部分人在信仰天主教，就是一个明证。当然，精神产品的输入，不像自行车和洋皂的输入那么便宜。上个世纪初，一个意大利牧师，到我的家乡传教，就留下许多笑话。他传教传了四十多年，只发展了八个信徒。他在黄河边碰到一个杀猪匠，便想让杀猪匠信主。杀猪匠："信主有什么好处呢？"牧师："信了主，你就知道你是谁，从哪儿来，到哪儿去。"杀猪匠："我现在就知道呀，我是一杀猪的，从曾家庄来，到各村去杀猪。"这下把牧师难住了，又换了一个角度说："你总不能说，你心里没忧愁。"杀猪匠倒点头："那倒是，任何人都有难处。"牧师："有忧愁不找主，你找谁呢？"杀猪匠："主能帮我做什么？"牧师："主马上让你知道，你是个罪人。"杀猪匠立马急了："我跟他连面都没见过，咋知道错就在我呢？"这种精神层面的激烈冲突,也是随着时间的流逝渐渐融合到一起的。在中国生长开花的西方的精神产品,也是跟中国当地的风土人情相互妥协和因地制宜的结果。就像韩国菜到了中国,中餐去了西方一样,都已不是原来的味道。我曾把这个意大利牧师写进了我的长篇小说《一句顶一万句》,表示对东西方文化融合的敬意。

三

东西方文化的差异,不但反映在宗教等精神层面,更多的潜藏在日常生活的各个角落。当两条河流交汇到一起时,误会便会油然而生。当然,误会会产生许多冲突,但误会也会推动双方的进步。更重要的是,误会会产生许多乐趣。生活中没有误会,就像生活中没有正义和真理一样,马上会显得暗淡无光。1993年,有两个德国朋友,随我到了河南,到了我们村,与我外祖母有过一番对话。那年我外祖母九十三岁。两个德国朋友一个叫阿克曼,一个叫威兹珀。外祖母问阿克曼:"你住在德国什么地方?"阿克曼:"德国北方。"外祖母又问威兹珀:"你呢?"威兹珀:"南方。"外祖母用我们村庄间的距离丈量后,感到奇怪:"那你们是怎么认识的?"阿克曼非常幽默:"赶集。"外祖母明白了。接着又提出一个政治问题:"德国搞没搞'文化大革命'?"两个德国朋友摇了摇头。外祖母:"毛主席让搞,你们为什么不搞?"阿克曼又幽默地答:"德国人比较笨,毛主席说的湖南话,他们没听懂。"外祖母想,没听懂就算了。又问:"德国每个人划多少地呀?"阿克曼虽然精通中文,但弄不清亩和分的区别,答:"姥姥,八分。"外祖母大惊,从椅子上站起来,拄着拐棍,着急地说:"孩子,你这么高的个头儿(阿克曼身高两米),怕是吃不饱。"阿克曼想了想,自己每天也能吃饱,接着意识到自己答错了,忙纠正姥姥:"不是八分,是八亩。"外祖母松一口气,接着又发愁:"一人八亩地,活儿有些重呀,你媳妇儿肯定受累了。"分别的时候,两个德国朋友拉着我外祖母的手,有些不舍。

四

东西方文化的差异,看似潜藏在生活的方方面面,但从根本论,还是因为世界观和方法论的不同。东西方哲学的不同,一个根本的例证是,东方人看世界,是从一般到特殊,从整体到个体;西方人看世界,恰恰是从特殊到一般,从个体到整体。譬如讲,我从小长大的村庄,用中文来表述,就是:中国河南省延津县王楼乡老庄村,而用英语、法语、德语等在信封上的表述是:老庄村王楼乡延津县河南省中国。两者的表述,是截然相反的。不要小看这个差别,它证明在两者的目光里,相互已经把对方的世界颠覆了。2009年夏天,我在欧洲住过两个月。九月份的时候,我来到杜塞尔多夫。杜塞尔多夫临着莱茵河。这天傍晚,我和杜塞尔多夫的朋友麦润在莱茵河畔散步,我顺口问了一句:"莱茵河的河水有多深?"麦润马上显得非常紧张,皱着眉头想了半天说:"你这个问题很难回答。"我有些不解:"为什么?"她说:"因为,莱茵河水的深度,春天跟夏天不一样,秋天跟冬天也不一样。"我听后哭笑不得。这不是对一条河的判断,而是东西方文化的不同,哲学的不同。如果是在我们中国河南省延津县王楼乡老庄村,你随便问一个村人,村边河水的深度,他都会马上给你答出来。他不会考虑春夏秋冬,他关心和想到的,就是当下河水的深度。如果他不知道精确的深度,也会说:"大概两米吧。"或者:"大概两三米吧。"知道这种差别后,我就不再难为麦润,不再追究莱茵河水的深度了。第二天傍晚,我和麦润又见面了,麦润问我:"今天过得怎么样?"我用麦润的逻辑,回答了麦润:"你这个问题很难回答,因为我今天过得早晨跟中午不一样,中午跟晚上又不一样。"麦润弯着腰笑了。

五

说到文学,我十分理解亚洲当前存在的焦虑:克服以欧洲为中心的文学。但我要非常遗憾地说,单说到文学,起码在中国,从来没有以欧洲为中心过。从时间上讲,西洋文学来到中国,比洋灯洋布洋车和洋皂晚多了,比西方的宗教也晚多了。日常用品和宗教,从19世纪中叶,就随着洋枪洋炮大踏步地涌入中国,而西洋文学来中国走亲戚,却是20世纪初的事。20世纪初叶,中国爆发了"五四运动"和"新文化运动",才给外域文化和文学在中国的搔脚,提供了方寸之地。但是,当时能走到中国来的欧洲文学,并不是同时代的欧洲文学,而是文艺复兴时期的老古董和老人家,如但丁、拉伯雷、塞万提斯、莎士比亚等。文化和文学的相互交会,总会有一个时间差。但是,这些人对中国文化的影响,也很快被东洋鬼子也就是日本人对中国的入侵给打破了。当一个民族到了生死存亡的关头,文化和文学的功能就会脱离文化和文学本身,而转到社会和民族的层面。那时在中国最流行的是"抗战文学",也就是描写中国人抵抗日本人的侵略战争的文学。中国现在的国歌,"中华民族到了最危险的时候……"就是那时文化和艺术的集中体现。于是,西洋文学的幽灵,仅仅在中国停留了片刻,就被东洋鬼子的枪声给赶回了老家。接着是新中国的成立。新中国成立后,中国提倡的是"革命文学"。应该说,20世纪50到60年代,欧洲文学对中国产生了极大的影响,不过这时的欧洲文学,指的不是以英、法、德、意为中心的欧洲,而是当时社会主义阵营的领头羊前苏联。中国人家喻户晓的苏联作家的名字是高尔基、马雅可夫斯基、奥斯特洛夫斯基。直到20世纪80年代初,中国开始改革开放,中国的大街上,开始跑欧洲的汽车;中国的家庭里,开始有欧洲生产的电视和电冰箱;欧洲文学和欧洲的作家,才随着这些汽车和电冰箱来到了中国;中国读书的人,才开始知道萨特、加缪、普鲁斯特……但是,这些欧洲作家在中国的时运也不济,因为美国文化,如豺狼虎豹一样,也紧跟着来到了中国。他们的步伐可比欧洲文化和欧洲作家快多了。因为他们的文化大多是商品,于是很快像汽车和电冰箱一样,全面占领了中国的文化市场。如今二三十岁的中国人,如果他生长在城市,他从小吃的肯定是肯德基和麦当劳,电视里看的是NBA,电影院里看的是好莱坞大片。如同上世纪初,洋车洋皂来到我们村一样,这一代是吃美国物质和文化的奶长大的。欧洲的文化和文学,跟他们几乎没有交叉过。欧洲文化和文学,仅仅生存在大学的图书馆里。比这些更重要的是,在普通中国人的眼里,欧洲已经衰落了,所有的年轻人,都到美国去留学。欧洲,仅仅是他们退而求其次的选择。

六

我想说的是,文化和文学,在这个世界上,从来没有单独存在过。文化和文学的兴盛,与创作者有关系,但是,跟时代、民族和民族当时的生活和处境更有关系。就好像但丁和莎士比亚必定产生在文艺复兴时期,萨特、加缪和普鲁斯特必定产生在20世纪的法国一样。如果说,在全世界的范围看,从过去到今天,文学以欧洲为中心是一个事实,那就证明,欧洲确实产生了如萨特、加缪、普鲁斯特这样伟大的作家,并具备产生这些伟大作家的社会和生活条件。摆脱和克服这个中心是没有用的,更明智和有趣的做法是,如何在亚洲、非洲和南美洲创造条件,产生出如萨特、加缪和普鲁斯特那样的作家,或比他们更伟大的作家。今年二月份,在加拿大的温哥华举办了第21届冬季奥运会,女子花样滑冰项目,过去都是以欧洲为中心,今年,韩国的金妍儿,就打破了以欧洲为中心。打破的方式非常简单,她跳得比别人好,拿到了世界冠军。

原载《人民文学》2010年第6期

从《手机》到《一句顶一万句》

刘震云

子在川上曰:"逝者如斯夫。"三十一年前我来到北大,胸前抱着一个大木箱子,身后背着一个我妈给我包的包袱。当时的车站在建国门火车站,那个车站有个毛病,就是进站的火车得绕一个弯,就像有些人评价我的作品特别绕,然后我就进了北京。

坐上北大的校车,经过天安门的时候,突然发现:坏了!所有人都告诉我们,天安门在北京的北面,毛主席是坐北朝南看着他的故乡湖南和他的母校湖南师范专科学校的,但是我一看,毛主席却坐在南边,往北边看着,我就知道我转向了,这一转,转了三十一年。我本是个糊涂人,现在在北京,需要在糊涂上面再糊涂一次,才能恢复世界的本来面目。有人说让我往东,我肯定往西,因为往西就是往东;有人让我打狗,我肯定打鸡,因为打狗就是打鸡。李敬泽老师有时候叫我吃饭,他如果说在蓟门桥的南边,我往北边走就好了,如果往南边的话,永远走不到,等我走到的时候,可能饭菜全都吃光了。

我在北大碰到的第一个人,现在是国台办的新闻发言人,叫李维一,是维一把我领到了北大。他是北京人,说普通话,他的普通话听起来很好听,但我当时却梦回宋朝,心想如果在宋朝的话,北大肯定在汴州,我们家就在首都的郊区。那么我说的就是普通话,李维一之流说的则是土语。现在他对台湾同胞喊话,他的名字起得也非常慎重,李维一。

进了北大以后,我住在三十二楼,第一次睡上铺,因为在我们村,没人睡上铺。有人问我,你住的是别墅吗?我说我现在住的不是,但是小时候是,因为我们村的人家家住别墅,而且有院子。在北大,则是六个人住一个房子。

刚才蒋朗朗先生送给我一个同学录,我看到78级的同班同学中,敬泽是80的吧,几乎都是全国的状元或者各省的状元才能进北大中文系。我很不幸,是河南的状元,敬泽很荣幸,是河北的状元,我们班就是全国的状元。我们是在北大中文系最鼎盛的时候,也是我们最困难的时候进的北大。据我所知,现在北大中文系很少有状元了。我们班有四个人已经去世了,当我看到这个名单的时候,除了"逝者如斯夫",还想说,这就像一个瞬间,一个悲伤的瞬间,同时也是迷人的瞬间。

和我住一个宿舍的同学中,有一位是陕西人。十五年前,我到西安去的时候,有两个人去看我,一个是写小说的贾平凹,另一个便是同宿舍的这位老大哥。他看起来很高兴,对我说了许多语重心长的话,就好像平日找不到说话的地方,找不到说话的人。好像是,我也不知道是不是,但起码好像是。贾平凹好像也是,但贾平凹说的是陕南话,十句有九句听不懂,不过他还是唠唠叨叨说了三十分钟。我说你不能说点普通话啊?普通话是普通人讲的。贾平凹是个好"平凹",有人说他吝啬,我觉得他的吝啬是对的,那要看对谁,语言的吝啬是更好的吝啬。当时我们一块儿顺着兵马俑往前走,突然发现一个女子的画像非常好看,我说我想要这个,他说这个不行,这个是我女朋友。

我们宿舍有一个二哥,是山东人,一进门,我看他年龄比我大,就用河南话叫他"大哥",没想到他跟我急了:"你他妈才大哥呢!"我仔细一想,对山东人确实不能叫大哥,因为大哥是武大郎,二哥是武松。我睡上铺,二哥也睡上铺,但是二哥在校园里找了几块木板,钉成了一张床放在那儿。他说:"我在家的时候,睡的就是上铺,我考上北大,还睡上铺,不可能!"其他人看到二哥这么说,都觉得他已经损害了我们的利益,但是我们都是中国人,没有一个人站出来说二哥说得不对,二哥就理所当然地在没有上铺的床上睡了四年。北大百年校庆,班里的同学回来,每人交了一百块钱,吃了一个份饭,我见到二哥,我说:"二哥,四年的单人铺睡得怎么样?"他说:"挺好啊!"我在北大第一次发表的作品,登在我们现在的文学社办的《未名湖》上,作品写得确实不怎么样,三千多字,但是在我脑子里记忆很深。《未名湖》接这个小说的人是77级一个很漂亮的女孩子,有一次上课的时候,她说:"你叫刘震云吗?"我当时想,我的名字她竟然知道?!她说:"你的小说我看了,写得不错,咱们是不是能约个时间谈一谈?"我说:"好啊,去哪儿谈?"我说未名湖,她说那儿不合适,看稿子还是要找一个有光亮的地方,我说去我们宿舍,她说那可以,几点?我说七点好不好?她说七点可以。

结果我这堂课没上完,就到三角地的商店,商店里面卖袋茶,在此之前,我没有喝过茶,我买了两个袋茶。我当时认为,袋茶是世界上最好的茶,不但有茶叶,而且用薄纸包着,旁边还有一条线,后来我才知道,这是世界上最差的茶。

晚上六点,我跟宿舍五个朋友说:"晚上,对不起各位老大,我想单独利用一下。"大哥毕竟是大哥啊,他立马说:"正好我有事,马上走。"接着三哥瞪了我一眼,我说:"这是朋友。"后来三哥、四哥就都走了,还有一个小弟,现在在北大国际关系学院当系主任,临走的时候,搂着我脖子问了一句:"谈恋爱吗?"我说:"比谈恋爱高尚。"二哥一直磨叽到 6 点 58 分,说:"还是走吧。"我知道二哥是世界上最好的朋友,他知道我心急如焚的状态。七点整,女同学敲门,我沏茶,她说:"还喝茶啊?"我说:"整天就这么喝。"喝着我的袋茶,谈着我的小说,她提了十八条意见。我要是按照这十八条意见改,就成了另外一篇小说。我苦思冥想半个月,一个字没改。没改是因为心根本没在小说上,我在回忆当时喝茶的情形。接着我把一字不改的小说又给了这位女同学。停了一个礼拜,我就找到她,问:"小说改得怎么样?"她说:"改得特别的好!"结果就在《未名湖》发表了。

我当时上学的时候,还受些五四遗留下来的老派知识分子的影响,比如王力先生、吴组缃先生等等。不过,我并没有觉得他们老派,他们挺新派的,当然,他们面对这个世界的态度跟我们不一样。还有一些当时交流过的老师,像孙玉石老师、严家炎老师、袁行霈老师。袁先生的板书很好,流体字,力透板背,讲唐诗。袁先生并不管下面的人听还是不听,走还是不走,他自己讲,自己听,他讲《琵琶行》,一个失意的官员碰到一个失意的歌妓,当这个失意的官员和失意的歌妓相会的时候,袁先生对歌妓的感觉,甚至比作者还要投入。袁先生讲着讲着就急了:"座中泣下谁最多?江州司马青衫湿,青衫湿啊,一个衫子全都打湿了,这不是小哭,是大哭啊!"讲到这里的时候,我发现袁先生的眼睛充满了眼泪。我觉得袁先生是个好老师,他是不是把课讲给学生不重要,他是讲给自己,他讲课的享受程度,已经超过了"讲",他适合当老师,就好像他的学生我适合当作家一样。

吴组缃先生给我们讲过《红楼梦》。他讲贾宝玉和林黛玉不到三分钟,就讲到自己身上了,接着就是给我们扯闲篇,讲他一辈子特别不同的世界观和方法论。我觉得吴先生也是个好老师,他并没有教给我们更多所谓的知识,但是教给我们一种态度。他曾经谈到他为什么没自杀。我去世的四个同学中,有一个同学自杀了,人要自杀的话,可能因为一个特别具体的事,正是因为这个事情,使他过去所有的生活,见过的所有的人,包括他自己都变得特别的陌生,生活完全褪色了,一切都不对了。他在背叛生活的时候,对生活也充满着谴责和背叛。同班的同学没在意,他的话找不到人说,没有一个人想去听他说。吴先生说,他是"文化大革命"的时候北大扫厕所扫得最干净的人。他和老舍先生不一样,老舍先生是一直受宠的人民艺术家,当发现党和人民背叛他的时候,他感到所有的生活都褪色了,于是选择了更大的背叛:我要离开你们,不跟你们玩了。吴先生说:"我不是这样的人,你们一定要记住,人要脸皮厚。"这句话当时我没有听明白,到如今终于明白了:第一不着急,第二脸皮厚。这说的是一种胸襟和气度。不管做什么事,考量的不是技术层面的事,而是这个人有多大的空间和气度,有多大的空间和气度,就能做出多深的事情来。这就是当时我在北大上的文学课,学到的关于"文学"这个词的东西。我在北大学到的最好的知识是:为什么上到第三节课的时候,我北京籍的同学嘴里还在嚼东西?按照我们村的实践和经验来讲,这是牛棚里才会发生的事。大四的时候,我实在忍不住了,我问同宿舍一个北京的同学(他现在在哈佛大学当教授),我说:"你在嚼什么呢?"

他非常鄙夷地看了我一眼:"那叫口香糖。"我不知道口香糖,现在也不知道,但是我起码知道"文学"是两个字,前面是"文"章,后面是"学"问。文学是文章的学问,或者叫学问的文章。为抒情状意、催人泪下,如怨如慕如泣如诉,这就叫文学。文学并不是一种纯粹的技艺。

我妈跟我讨论过文学。从我们家的背景来讲,我是因为天生喜欢写作而写作,如果我不写作的话,我早干别的去了,我们家祖上是熬盐、卖碱的。什么叫文学?这是个问题。我妈妈不识字,但是"文化大革命"的时候,学过几个字,好像不到一百个。不过直到现在,我妈写字的时候还龙飞凤舞,她签的名字,不比现在任何的明星签得更好辨认。"文化大革命"的时候有两个书可以看,一个是《毛泽东选集》,一个是《鲁迅文集》。毛泽东面对世界的态度深刻,在他早年的诗里有一句是"独立寒秋,湘江北去,橘子洲头",写的是一个青年面对这个世界;到最后他写的是"小小寰球,有几个苍蝇碰壁",从中可以看到他一生变化的曲线。鲁迅先生也是个不同凡响的人,他对于文学的贡献之一是写出了"阿Q"这样一个形象,说中国国民性的特征是"精神胜利法",这个概括是准确的,哀其不幸、怒其不争啊。当然,"精神胜利法"在中国人身上是浅层的,更深层的是中国人的目光特别的呆滞,看事情的话,这四亿人(指鲁迅所处的时代)最多能看到二十年。一个人的目光是只能看到眼前,还是能看到之后二十年,乃至二百年,他做事的出发点和做事的方式就不一样。妈妈从这两个人的书中选了一本鲁迅的书,看来,她虽然文化不高,起点确实不低。直到几十年后,我也在做文学的时候,她就问我鲁迅写得好吗?我说确实写得好。我妈说:"如果鲁迅是个好作家的话,那当作家其实还是挺容易的,我看过他的书,'后院有两棵树,一棵是枣树,另一棵也是枣树',我也会写,'供销社有两口缸,一口缸是酱油,另一口缸也是酱油'。"接着我妈问:"世上为什么有这个东西?"我按照别人教给我的知识回答说:"文学是表现生活。"我妈说:"那我出门就能够看到生活。"我妈虽然不识字,但确实比好多除了像敬泽、繁华、晓明之外的那些个评论家还要高明一点。文学表现生活是扯淡的事,不用表现。对于文学是为了表达生活认识的说法,我妈说:"万一你的认识是错的呢?"

我妈爱看《红楼梦》,她看的是电视剧。人都得死,但是有的人永远不死,不但人不死,还永葆青春。于是我说:"你打开《红楼梦》的时候,贾宝玉永远年轻英俊,宝钗、黛玉永远如花似玉,文学就是能够把生命固定在时间坐标上的某一点。"我妈说:"这个好,那你抽空写写我行吗?"后来我又发现,这个讨论还是错的,讨论的都是前面的那个"文"章,没有讨论背后的"学"问。真正好的文学作品,肯定里面有极大的学问,有极大的不同,其实它的世界完全不是现实的世界,而是另外一个世界,那个世界是对这个世界极大的颠覆。

《红楼梦》确实是一部好作品,我觉得它的好不在于曹雪芹人物描写的能力、细节描写的能力,而在于态度。《红楼梦》的主人公是贾宝玉,贾宝玉是一个什么样的人?他是一个在清朝,乃至在古代社会都不允许存在的人,也是现在不允许存在的人。他不爱读书,爱做的事就是整天吃女孩子脸上的胭脂。这样一个人,曹雪芹却喜欢。他写的是日常生活,但是开篇是从一株草和一块石头写起的,这个草不行了,浇了点水,活了。这个草到下辈子就要报恩。贾宝玉是一块石头,他在人间的时候特别的干净,他洗澡的时候,有很多人伺候,但是最后他被世界上两个最脏的人接走了,一个是秃头的和尚,一个是跛脚的道士。曹雪芹说,《红楼梦》里面除了石头——贾府前面的石狮子——是干净的,其他的都是脏的,从肮脏的地方到一个干净的地方去。

《西游记》,我一开始没有读出它的学问来。四十岁的时候,终于读懂了。我原先认为《西游记》是一部通俗小说,后一章是对前一章的重复,都是唐僧遇到妖魔鬼怪。四十岁的时候,我发现一个问题:这个妖魔鬼怪从哪儿来的?天上来的,菩萨那儿来的,释迦牟尼那儿来的。我到你那儿取经,妖怪又是从你那儿来的,这个经文到底应该不应该取,取回来又有什么用?历经千辛万苦到达西天,开经库的时候,两个尊者却跟唐僧讨要钱。这让人不敢多想,不敢跟现实对照。

《水浒传》是一部好小说,有学问。里面写得最好的是林冲,林冲是八十万禁军教头,他犯的错误就是找了一个漂亮的女孩子当老婆,被别的人看上了。林冲采取的态度是,你可以跟他去,在他刺配沧州的时候他写了休书,他以为这个事情就结束了。不对,事情其实才刚刚开始。他们一定要把林冲除掉,才能得之而后快。于是就有火烧粮草营、风雪山神庙。我要想活,必须有人死,我要想活,必须杀人,当他产生了这种之前永远不敢产生的想法的时候,马上尸横遍野,鲜血像梅花一样在雪地里开放。还有阮氏三兄弟出门唱的歌:老子生来爱杀人。这是世人所喜欢的。这不是说《水浒传》的人物、情节、细节,描写得怎么好,而是那个态度了得。现在的作家也未必能达到。不是说现在的作家不敢写杀人放火,而是面对这个世界的态度、胸襟和气度。

当我从事写作的时候,一开始并没有意识到态度的必要性,没有意识到胸襟、气度的重要性。直到写到《一地鸡毛》的时候,我认识到写作并不是写作本身,而是要通过写作,交到一个特别不同的朋友。大家当时都说《一地鸡毛》是原生态的小说,是小林家的流水账。如果是这样的话,《一地鸡毛》就不成立,因为小林恰恰不是我们认为的那么卑下,他的见识相当了不起,我是把他当做一个英雄来写的。小林认为他们家一块豆腐馊了,是一个很重要的事,这是他告诉我的,他是个好朋友。到《温故一九四二》,我又从里面学到了好多东西。有时候写一篇作品,尤其在一个十字岔口的时候,正好碰到一个人,一开始不认识,但很快便会认识,开始成为朋友、知心朋友。世界上有四种话非常有力量:朴实的话、真实的话、知心的话、不同的话。当你遇到说不同话的朋友的时候,你的写作就开始了。

1942年,河南发生了一场旱灾,饿死过三百多万人。而当时因为奥斯维辛集中营之类的民族偏见和战争,死的也不过一百多万人。我有一位叫钱钢的朋友写过《唐山大地震》,他要编一本20世纪的百年灾害史。三百万这个数字,是什么概念?当我回到河南调查这个事的时候,不但我没有感觉,经历过1942年的人和他们的后代也没有感觉。我问我外祖母,想让她说说1942年的事,她说1942年是哪一年?我说就是饿死人的那一年,她说饿死人的年头太多了,你到底说的是哪一年?……我觉得遗忘比事实本身更重要,更重要的是饿死人不是因为旱灾,而是因为政治、战争。河南发生旱灾的时候,当时的中国政府想把包袱甩给日本人,日本人发现了这个阴谋,于是把兵停在山东和河北一带不动了,于是在这种政治争斗中,饿死了三百万人。到这个时候,我觉得这是一个好小说。如果这个小说写出来是一般的小说,饿死的三百万河南人面对自己的死亡会是什么态度?这是很重要的,最后我发现,他们面对自己的死亡,跟我们想得完全不一样。我们认为妻离子散、家破人亡会痛哭失声、伤痛欲绝,错了!我在里面写到一个人临死的时候说:"我比老李多活三天,我值了。"在饿殍遍野的时候,人吃人就不是一件不道德的事了。就好像我刘震云饿死了,陈晓明从后面过来,扒下我的裤子要割肉。我又醒过来了,说大哥,我还行。晓明仔细端详,说你不行了。我想了想,是不行了,就死了。我把1942年当成一个喜剧来写,悲剧之中藏满了喜剧,喜剧之中充满了悲剧。

写《手机》的时候,我又遇到了一个很好的朋友——严守一。严守一认为,好多说的和表面不一样。一般人认为揭露谎言的作品好。严守一告诉我,不是这样的。他会问我,是谎言重要还是真理重要?我根据别人告诉我的,说真理重要。他说错了,支撑我们一天二十四小时每一分每一秒的是谎言,个人的谎言,甚至会是一个民族的谎言或者人类共同的谎言。一个民族几十年为了一个理想抛头颅,洒热血,最后发现是错的。挺有意思。

接着是《我叫刘跃进》。刘跃进说,你说世界上是羊在吃狼,还是狼在吃羊?我说肯定是狼在吃羊。他说,错了,我在苜蓿地看到一只羊正在吃狼。羊是食草动物,但是羊多啊,每只羊吐一口唾沫就能把狼淹死。

《一句顶一万句》这个书出来的时候,长江文艺副总编辑金丽红大姐问我,《一句顶一万句》说的是什么?我说,要想说清是什么,有多个角度,有情感的角度,还有人物的角度。她让我从故事的角度讲,到底出现过什么过去别人作品里没有出现的人物。我就说有两个杀人犯,一个想找到另外一个,找他的目的非常简单,就是说一句知心的话。她说,这个好,有暴力。我说,那就再加上一句,里面充满了"西门庆"和"潘金莲"。她说这个更好,书好卖。但其实这个杀人犯不是在生活中真的杀了人。真杀人的话,就成了一个特殊群体,而特殊群体在文学中是最忌讳的。这里所说的杀人是从心理角度来讲的。在座的每个人,在心里都杀过人。有的人活着,却已经死了,这人如行尸走肉,杀了。说一句"去死吧",就是在心里杀人。可能你在世界上杀死过自己的亲人。

我一开始上学的时候,有一个小学老师,姓孟,跟孟繁华先生一个姓。他现在七十多岁,他读两个人的书,一个是孔子的书,一个是刘震云的书。有一次我回去,他语重心长地告诉我,你写的书,不如孔子写的书。我说,差多远啊老师?他说有村里到集上那么远。从我们村里到集上有3.5公里。我说差在哪儿?他说,不差在话上,也不差在艺术上,差在胸襟气度。我一定记住这位老师的话,还有北大老师教我的话,努力缩短这3.5公里。

原载《名作欣赏》2011年第5期

文学梦与知识分子

刘震云

贾老师有句名言,普通话是普通人讲的。但是贾老师用自己的实践证明他由不普通向普通迈进了很多步,因为15年前我第一次去西安的时候,贾老师去宾馆看我,他说的话我90%听不懂,今天他说的话呢,90%我听懂了。特别感谢雷老师,所有的朋友能够到兰州来,是因为明天上午有一个雷老师的研讨会,与会的都是中国最有洞察力、最有预见力,跟中国当代文学结合最紧密,提出过最多创建的批评家们,中国作家对雷老师充满了敬意,允许我代表平凹,代表我,向雷老师首先表示敬意。另外,感谢西北师范大学,我一进西北师大就感到很亲切,因为西北师大的书记和校长都姓刘。另外呢,来到兰州、甘肃,我也感到非常亲切,因为在我14岁的时候第一次出门远行,到达的目的地就是甘肃,是兰州,是酒泉,从酒泉再走一千多公里是卫星发射的地方。当兵的时候我第一次见到火车,今天贾老师刚才讲的大题目,我觉得特别好,就是一个作者跟时代的关系,包括昨天我跟阎晶明老师从机场往西北师大走的时候,也说到一个人的命运跟时代命运的联系。贾老师说,他跟毛泽东、华国锋、胡耀邦、赵紫阳,一直到习近平总书记的联系,我觉得这也是一种时代的联系。

我当兵的时候是1973年,我跟贾老师一样都是农村人,在我14岁的时候,我碰到过一个伟大的哲学家,这个哲学家不亚于康德,不亚于黑格尔,他就是我舅舅。刚才平凹说他创作的时候老往两个地方跑,一个是甘肃,一个是河南,我觉得他去的地方都很对,因为孔子写不出东西的时候也往河南跑。我14岁的时候我舅舅给我提出来三个哲学问题,一个就说你觉得你聪明不聪明?我说:"舅舅,我不聪明。"他说:"你有自知之明。"接着他又问:"你觉得你笨不笨?"我说:"舅舅,你也看到了,你问一句我答一句,也不能算笨。"他说:"世界上就怕这种既不聪明又不笨的。世界上聪明的人和傻子都活得非常幸福,既不聪明又不笨,人生的前途难以料定。"他说:"你想过娶媳妇的事情没有?"我说:"舅舅,如果我14岁还不想媳妇那就证明我真笨,确实我想。"他说:"照你的人生轨迹,靠你自己的实力将来想找一个正儿八经的媳妇那是不可能的。"我说:"舅舅,我靠自己不行,那就只有靠您老人家了。"他说:"你要靠我,要正经给你找个大姑娘那是不可能的,我只能给你找一个小寡妇。"我说:"舅舅,我14岁命运就跟一个小寡妇连接在一起,那我心不甘哪。"我舅舅说:"如果你想改变你的命运的话,就离开这个村子。当你想改变自己的时候,你要告别自己的过去,告别自己熟悉的地方,告别自己的故土。"那个时候我就当兵了,我舅舅给我指的圣地就是甘肃。

当兵的时候我第一次见到火车,当时火车是蒸汽机,当我来到我的家乡新乡火车站,我觉得特别庄严,也特别雄伟。因为几百个战士在走同一个动作的时候,走同一个步伐的时候,会出现气场。当几百个新兵路过天桥的时候,一列火车从北京,我不知道是往广州还是哪去,反正是京广线开过来停在火车站上。从车厢下来成千上万的人,又上去成千上万的人,这些人我一个都不认识,因为我们的村特别小,我们村一共有八十多个人,我都认识,我舅舅告诉我要从熟悉到陌生,但是我突然发现世界上陌生的人那么多,我没有为熟悉震撼,却为陌生震撼,当时看到这么多人,我哭了。当时带兵的排长问我说:"刘震云,你是不是想家了?"我说:"排长,在家吃不上白馒馍,娶不上媳妇,我穿上军装我想什么家呀!"那个时候运兵的车是闷罐子车,就是三四十个战士睡一个车厢,因为都是男孩子嘛,火车开了以后,第二天早上上厕所就把闷罐子车的车门拉开,直接就……但我有一个毛病,我在移动的物体上撒不出尿来,当队排到我的时候,我在门口晃荡了3分钟,身后带兵的排长是我遇到的第二个哲学家,他就问:"你到底有没有尿?"我说:"排长,有,但撒不出来。"排长说,他用黑格尔的论断,他说:"撒不出来就等于没尿。"他一拉我,我一转身撒出来了,撒了他一裤子,排长说:"刘震云,我算是记住你了。"这是我第一次成名。

在这个时候,有一个跟我一样的乡村少年,在闷罐子车厢的角落里写诗,他是一个乡村的孩子,过去从来不知道诗,不知道小说,不知道文学,这是我碰到的第三个哲学家。他像雷锋一样,写完诗他不让我们看,他拿给排长看,雷锋学问虽不多,但特别爱到指导员的房间里去学习。他的诗首先是怀念村头的老槐树,排长就说:"冯秋义,咱能不能明确一点,因为长城端有两个,一个是山海关,一个是嘉峪关,能不能一下子就搬咱家呢?"我周围战友说:"排长,你是一字诗呀!"这个战友姓冯,但他在部队待了三个月就不当兵了。有一次他找到我问了一个问题,他说:"刘震云,你觉得美国怎么样?"当时是1974年,是毛泽东时代,我说:"美国吃不上喝不上的,我们为什么当兵呀?就是有朝一日要把美国给灭了。"当时我对美国的知识局限在两个城市,一个城市是华盛顿,一个是纽约,我的最大的理想就是先解放华盛顿,然后再解放纽约。冯秋义当时跟我说,他说美国的生活一定比我们好。当时我听了脑袋就炸了,我说:"冯秋义,如果我们不是好朋友的话,我会报告指导员。"他当兵当了三个月突然就不见了,因为我当时当兵的地方离内蒙古特别近,离外蒙也特别近。这个战友逃跑后,一个团的兵力拉开了边境线。但是我这个战友没有逃跑,他没有听我舅舅的话,他又由陌生回到了熟悉,又回到了河南另外一个村子里面。我探亲的时候曾经去看过他,我说:"冯秋义,你在干吗?"他就领着我到他住的屋子里去,一个农村的草屋子,铺板特别宽,铺板的里面全是书,马克思的全集、恩格斯的全集、列宁的全集、斯大林的全集,还有毛主席的全集。我说:"你要干吗?"他说:"我要把这个世界搞懂。"一个十八九岁的农村青年,要借助这几个伟人把世界搞懂,我说:"你搞懂了吗?"他说:"越搞越糊涂。"接着他跟我说:"你应该写作。"我说:"为什么?"他说:"你应该继承未竟的事业,继续把这个世界搞懂。"其实现在我也是越搞越糊涂。因为他天天在屋子里读书,不到地里去劳动,所以村里的人都以为他疯了,他的母亲也认为他疯了。他正在跟一个姑娘谈恋爱,这个姑娘也认为他疯了,就不肯跟他谈,跑去跟另外一个人谈。我这个朋友中马克思主义的毒太深了,因为马克思主义倡导的暴力革命,他拿着锤子把一个人砸死了。然后公安局抓住他的时候,说要审问他一下,看他是不是疯了,结果两小时审下来,他疯不疯不知道,公安局的人疯了。因为问一句话他回答半个小时,说的全是资本论上的话,公安局的人一个也听不懂。这是文学和时代的关系,我曾经为纪念这个朋友写过一个中篇叫《新兵连》,当《新兵连》发表出来以后,雷老师及时地予以了鼓励。

另外,我还想接着贾老师的话题再说一下文学跟时代的关系。因为对一个作者最重要的就是作者、生活、文学三者之间的关系以及三者关系里边所起的化学反应。生活是不同的,文学是不同的,作家也是不同的,这三个不同能够养育出、深化出什么更加不同的对生活、对文学和对作者的认识,这是至关重要的。贾平凹是个大家,为什么?一定是他在处理这三者关系的时候,有他对生活独到的发现,对文学独特的发现,特别是他对贾平凹有独到的发现。刚才贾老师说他写《带灯》,我写《我不是潘金莲》,英雄所见略同,证明我离贾老师也不远了。其实每一个作家生活在他特定的民族里边,这个民族一定有和其他民族特别不同的地方。土耳其有个作家,他有一本书的名字我很喜欢,这个名字叫《红》,一开始我以为"红"是一个姑娘的名字,最后读完这本书你会发现,它是心情,这个名字都快赶上《废都》了。那么中国这个名字和其他民族有什么样的不同?这确实是每一个作者和每一个中国人都应该认真思考的命题,同时也是我们大家、西北师范大学的目的之一,我很高兴能成为西北师范大学的客座教授。我看刚才的聘书,刘书记和刘校长还是有保留的,平凹你看一看,聘期三年,跟判三年缓三年的意义是一样的。我坐着飞机往兰州来的时候,我更加深刻地体会到,这个民族跟欧洲和北美民族最大的不同,它是一个内陆型国家,它虽然东面和南面临海,但是它的领土一直是往西北和西南延伸,内陆型国家最大的特点,它的生存是依赖土地的,所以你会发现好多中国人往上查三辈都是农民。

平凹写的一本书就叫《我是农民》，就是说95%的中国人是跟农耕社会联系在一起的，他们吃的是地里种出来的粮食和蔬菜，吃这些东西时用的工具是从树木上砍下来的两根树枝，叫筷子。从人文的层面上讲，他吃这些粮食和蔬菜的时候，他生存的准则是土地对他的进步性，所以孔子说：父母在不远游。我记得小时候，农村的人一辈子不出方圆50里的大有人在，谁去了趟县城就是件新闻，而对去过县城的人，大家就会说这个人特别浪荡，就是个二流子，你没事乱跑什么，你应该到地里去劳动呀！所以，中国社会从历史上对于乱跑的人是非常歧视的，比如像商人。而像欧洲和北美，他们四面都是海，每天干的事就是出海打鱼，他们嘴里吃的是肉，吃东西的工具跟打鱼的工具是一样的，是钢叉，就是路上狭路相逢，一个拿着两根筷子，一个拿着两根钢叉，他戳你眼睛一下你就受不了。所以，中华这个民族从春秋战国开始就比较不稳定，所以贾老师说的维稳，维稳不是现在的口号，秦始皇最早提出来也是维稳。书同文、车同轨、统一布料、户籍制度，都是为了把人拴在一个地方。这个民族，包括乐器，说歌之舞之，所有的弦子是从农耕社会的牲口的马尾巴上弄下来的，然后拉成曲。而那些海洋性民族，他一定用的是钢丝，钢琴、小提琴。咱们的笙是竹子做成的，他们的圆号、长号是铜做的。

17世纪，英国有一个人叫瓦特，瓦特看到烧开水壶盖会动，发明了蒸汽机，中国是瓦特的最大受害者。因为过去这个民族依靠土地，与外人不来往，是天朝，过去远处的移民他也来不到我们这个天朝。但是当这个渔船装上瓦特的蒸汽机以后，就漂洋过海地来到了中国，经过鸦片战争、甲午海战、火烧圆明园，这个民族彻底衰落。台湾、香港、澳门、广州、青岛、大连，所有这些地方都成了渔民的阵地，衰落到什么样子呢？我们常把祖国比喻成母亲，说一头狼跑过来咬了母亲一口，另外一头狼赶快过来也要咬一口，就这么形容的。为什么？这叫利益均沾。好比说我去别人家拿了个东西，老贾去也得拿一个，为什么呀？因为只要这8个人有1个人拿，其他7个人就都有权利去拿，这就叫利益均沾。这时候我们这个民族的聪明才智发挥出来了，看到一头狼跑过来，赶快自己从身上割下一块肉，扔到地上让其他7头狼打架来抢，这个词叫以夷制夷，实践最好的是李鸿章先生。大家知道1904年的时候，曾经发生过日俄战争，但日俄战争并不是发生在日本的领土上，也不是发生在俄国的领土上，发生在哪呢？发生在中国的领土上。这在人类史上可从来没有过，好比我跟平凹打架，不在平凹家打，也不在我家打，在谁家呢？在别人家。脑浆打出来算谁的？这么一个别扭的逻辑，但是在人类历史上就发生在我们母亲的面前。所以，20世纪初，中国的知识分子一直在思考母亲为什么要衰落，为什么会衰落？今天清早起来散步的时候，我看到西北师大和北京师大是有联系的，有师承也有传承，就发生在"五四运动"。

一个民族为什么需要知识分子？这是需要论证探讨的一个问题。我觉得知识分子最大的作用不仅是过去和现在，更应该是未来，他们的目光应该像探照灯一样，共同聚焦，照亮这个民族的未来。"五四"的知识分子做到了，他们觉得这个民族衰落，被八国联军，被那么多的外人欺辱、凌辱，为什么？不是因为缺洋枪洋炮，不是因为缺兵舰，缺什么呢？缺思想。所以"五四"的时候，曾经有一个口号叫"打倒孔家店"，那个时候的知识分子就认为中国没有产生过大的思想家，孔子、孟子、老子和庄子只是发出了一些无用的人生感叹。这不是我的观点，这是"五四"的时候，知识分子的感叹，他们认为中国没有产生像康德、叔本华、亚里士多德、尼采、库赛之类的哲学家。这些哲学家最大的特点，是能透过人的层面、生活的层面到达社会政治的层面，能搭建成社会和政治目的的架构。所以他们在寻找思想，到哪里寻找思想呢？到欺负我们的狼那里去寻找思想，所以当时一大批知识分子东渡日本，西去欧洲，有好多党和国家领导人都是从那里过来的。他们去的国家就是八国联军的国家，最后缺的思想找到了吗？找到了。因为现在我们社会的架构并不借助于中国人的思想和哲学体系，而是借助于一个德国思想家的，他是一个犹太人，叫卡尔·马克思。所以我看现在欧洲，或者是美国攻击中国的社会制度，其实我们中国人完全可以不用负责任，因为这个思想并不是我们发明出来的。在这样黑夜如磐的日子里，我们民族产生了好几位像巨星一样的作家，比如鲁迅，鲁迅一辈子塑造了好几个典型的中国人的形象。首先他塑造了一个父亲的形象，就是阿Q，阿Q这个人最大的特点是什么呢？总被人欺负，就说阿Q走到哪都被人欺负，作为一个被列强欺辱的民族里边的作者，鲁迅先生一定有切肤之痛。阿Q最大的特点是记吃不记打，打了马上就忘了，不但忘了而且还有精神了。第三个特点呢，是特别爱欺负比他弱的人，这个父亲最大的特点是没有老婆。他还塑造了一个母亲的形象，那就是祥林嫂，这个母亲最大的特点是没有丈夫，只有一个孩子哪去了？被狼吃了。她整天的工作是在干吗？叙述她的孩子是怎么被狼吃了。这是这个时代的作家对他心爱的民族发出来的最深切的悲鸣和同情。他还塑造了一个知识分子的形象，就是孔乙己，最大的特点是穷，那现在中国的知识分子呢，依然是孔乙己，还是穷。

有时候我们看新闻，富二代、官二代，在三亚开party、开会所，奉子成婚、飙车，他们在干什么？我们所有的人看到这些新闻会怎么想？我觉得他们在做一项工作，在钉板子，左钉一块板子，右钉一块板子，就差往里躺了。另外，我还特别欣赏那个时代的一个诗人，艾青先生，他曾经写过一句好诗——血落在了中国的土地上。因为当时他所处的时代背景是"九一八事变",1931年日本人把东北整个占了,然后1937年"卢沟桥事变"又把整个华北给占了,接着把华南、上海、南京都占了。他在监狱里看到了血,他想这个血一定落在了别的民族的土地上,落在了欺凌我们的那些民族的土地上,也落在了我们这个被欺负的贫瘠的土地上。所以到我们这一代,当然像平凹、莫言、王安忆、余华,这些人都是我的前辈,再往上就是王蒙先生、李国文先生、丛维熙先生更是我的前辈。像平凹讲的,这一代作家,他们是饱经沧桑,所以他们从血肉里面一定跟这个民族的现实结合在了一起。比这个更重要的是,他一定发现了不同的现实。我觉得这是贾平凹先生对中国文学和世界文学的贡献。

我接着再说一个词,就是交流。其实交流是最好的教学方式,而不是一个人在课堂上讲了一个小时到两个小时。中国最好的老师是孔子,孔子的教学方式就是讨论。所以你看那个《论语》里面,先是子曰,接着就是对曰,就是另外一个人开始说话了,谁呢?他的学生。孔子最喜欢的学生是颜回,其中《论语》里边有一节,就是他跟子贡有个对话,他说:"你觉得你跟颜回,你们两个谁更优秀一些?"子贡说:"颜回最大的特点是闻一知十,你跟他说一个,他马上知道十个。我比不上他,我只能闻一知二。"孔子说:"那你比我强了,我只能闻一知一。"然后鲁哀公就问孔子:"你这七十二个贤者,三千弟子里边,谁最好学?"他说:"颜回。"为什么呢?他说:"一箪食,一瓢饮,在陋巷,人不堪其忧,回也不改其乐,贤哉回也!"孔子说他这个人有两个特点,第一个特点是不迁怒,我的责任就是我的责任,我不把我的责任怪到别人头上,但是别人说不准就把自己的责任怪在下面的人头上。第二个特点是不二过,说这个颜回犯过一次这样的错误,下次绝不会在同样的地方再犯。《论语》里都是这种讨论的方式。这种方式也存在于同时代的欧洲,像亚里士多德,也采取的是讨论的方式,他给学生上课的话,不会在西北师范大学的体育场,他会去哪儿呢?他会把学生拉到麦田,说:"你们到麦田里给我捡一个最大的麦穗,谁捡到这个最大的麦穗,博士论文答辩就算通过了。"学生撒开脚丫子就往麦田里跑。到了中午,从麦子地的这头到麦子地的那头,所有的学生都空着手,亚里士多德说:"为什么没有一个人捡到最大的麦穗呢?"什么叫最大的麦穗?捡到自己手里的麦穗就算最大的麦穗。没捡到的,不属于你的,再大的麦穗也跟你没关系。第三个层面,你总是看到别人手里的麦穗是最大的,但那个麦穗是别人的。

原载《甘肃社会科学》2013年第5期

在虚拟与真实间沉思
——刘震云访谈录

周 罡 刘震云

在世纪之交的中国当代文坛,刘震云以鲜活、奇诡、厚重的创造实绩,引起人们长久的关注与思考。他的小说创作,引起了许多批评家的阐释冲动和批评热情,在新世纪初小说界也是一个亮点。2002年的春节刚过,在北京早春的暖暖春意中,笔者走访了作者本人。

周罡:您的创作起步于1982年,1987年以成名作《塔铺》正式登上文坛。而在当时,"先锋文学"和"寻根文学"显然都在渐趋式微,"新写实"思潮初露端倪。《塔埔》的创作似乎难以归入上述任何一类文学思潮。您对此作品受到关注的原因是怎么看的?

刘震云:我觉得"思潮"这个问题,好像是评论家总结出来的,有很大人为因素。比如说"寻根文学"、"伤痕文学"、"反思文学"等,都是一种理论概括。其实,每一个写东西的人都是一个个体。把他归到一个思潮里,是挺中国式的做法。西方文学也有思潮性的东西,但从总体上讲,强调的是多元化,个案研究多,单个作品研究多,集体研究少。而中国人是善于概括,善于整齐划一,强调一体化、单元化、集体研究多。这同中国几千年的传统文化思想相关。比如:说大炼钢铁,全国都大炼钢铁;说大跃进,全民都大跃进;说与时俱进,我看每一个人的讲话稿里都有"与时俱进"。这是一个思维习惯的问题。至于《塔铺》我想无非是真实了一些。写了一个非常传统的爱情故事,这个故事比较真实。大多数参加过高考的人和低层人物都有过类似的经历。其实就创作来讲,创新含量很少,小说痕迹、故事痕迹都很明显。塔铺是一个真实的地名,一个特别小的镇。我当兵复员回去,在塔铺当了中学的民办教师,和同学们产生接触,那时生活很苦,孩子们每天从家里自带干粮,在学校里买一碗菜汤⋯⋯所以是有生活原型的。因此,一部作品真正的生命力是从哪里长出来的? 如果从作者头脑里长出来,我觉得很麻烦。当然,也是从头脑里长出来的——通过头脑从生活中长出来就比较好。生活是上帝创造的,上帝的力量是无穷的,上帝创造的生活是完美的,人们无法望其项背。作品能反映的生活只是千分之一。这已经很不错了。

周罡： 我在阅读《塔铺》时，感觉小说中融入了您早年的人生经验。其中对农村的贫困、苦难描写得非常醒目，它似乎源于您的创伤性回忆。您认为农村生活经历对您的创作有何影响？

刘震云： 可以肯定地说，在农村生活过的人，农村生活首先对世界观有影响。直到现在也一样。现在我们说从这里（农民日报社）到天安门有四十里，你会很自然想到，从塔铺到县城也是四十里。从物理距离上，基本上是用早年农村生活的地理距离丈量现在的距离。如果是在城市长大的，也会用城市距离去丈量农村。对于人来说，都会用过去的物理时间丈量现在的物理时间。在精神维度上也是如此。如果是农民的后代，以农村的生活形成了基本的生活观念，自然会以强烈的平民意识对社会进行丈量。城市里的孩子一顿饭花一千元钱，他无所谓，因为他生下来就是这么吃的；而农村的孩子一顿饭吃掉一千元，马上会想到上次村里的二大爷买一头牛才六百元，一顿饭价钱比一头牛还多。我从小是外婆抚养大的，我父母在县城工作，是外婆把我从县城背到村里，走了四十里的路。当时是困难时期，外婆说一路上许多人走着走着就一头栽倒在地上，再也没有起来，是饿死的。再者，农村生活对方法论也有影响。我曾在一篇访谈中讲过，有两个德国人，一个是德国北方人，一个是德国南方人，到我们村里同我外婆谈话。外婆问那两个德国人，离得那么远是怎么认识的，开始怎么解释都不通，最后说是"赶集"认识的，外婆就理解了。又问其中一个人家里合多少地呀？那人回答说："七分地。"外婆就说："你这么大个子肯定吃不饱了。"德国人纠正说，说错了，不是七分，而是七亩。外婆就说："那你媳妇可就受累了。"这是一种狭隘的经验主义，不是理智的，而是自然而然潜移默化从农村生活里滋长的。我听莫言说，他父亲到北京，晚上带他参观天安门，他父亲见天安门这么多灯，就担心地问晚上十二点后，关不关灯。回答说不关，他父亲就可惜地说："哎呀，这该浪费多少电呀？"这些观点到现在来讲，可能就是后现代的，当我们读到有关南美文学时，我看马尔克斯谈创作，说他小说中写到的很魔幻的事情，当地土著其实本身就是这么认为的，也是这么说的。这就是生活对创作的影响，农村生活对我来说，不是创伤而是烙印。

周罡： 从《单位》开始，接着《官场》、《一地鸡毛》、《官人》、《头人》、《新闻》等作品，确立了您在"新写实"阵营中代表作家的地位。但正如许多评论者指出的那样，您虽以"新写实"知名，但仅用"新写实"一词实在很难囊括您这一批作品中的艺术个性。我从中能体会出您的"黑色幽默"意味和存在主义色彩。而且，本文中的人情世态，日常生活的琐碎，细腻的展示，给读者带来理解性的温暖，对小人物无奈、尴尬命运的展示并没有导向果戈理、鲁迅式的阴郁、绝望。这或许是您的独特之处。那么，我感兴趣的是，您是怀着怎样的感情创作这些作品的,您对作品中人物的态度又是怎样的?比如小林、金全礼等。

刘震云:这个我觉得同出身有关系。从小形成的世界观、方法论,使我对他们有认同感,充满了理解。在创作作品时同他们站在同一个台阶上,用同样的心理进行创作。这同站在知识分子立场上是不同的,创作视角不一样。比如从城市人的角度看,会觉得民工特别讨厌,因为他们脏、爱占小便宜、爱小偷小摸等。但从农村出来的人,比方我就特别爱和他们打交道,在他们中间感到一种温暖。我爱逛菜市场,去听他们那些充满生机和乐趣的语言。他们的一些缺点和毛病,也是贫困的生活给逼的。他们从事最底层的工作,生活在恶劣的环境中,有些可能是非人的生活,但他们的生活不乏自嘲、自解、自乐,特别的原汁原味、原生态。我觉得用知识分子话语的"新写实"来评价我并不恰切,在创作中,我是带有感情的,打开了感情世界同艺术世界的通道,只有打开了这个通道才有创新能力。几千年来,中国统治者是反对创新而赞同模仿的,他们认为创造是洪水猛兽,很可怕。在政治、经济、文化等领域都是如此。语言习惯、生活模式不能动,动了就是大逆不道,结果使这个古老民族僵化了,安于模仿。今天只要是现代的产品如汽车、冰箱、手表、沙发、电脑、电话等,都是外国人创造的。而善于模仿发展到极致就是作假。所以《单位》、《一地鸡毛》等作品所描绘的虚伪卑琐中也有乐趣,这些乐趣构成了支撑他们活下去的精神支柱,他们在自己的生活中插科打诨,这种伪生活也有很多乐趣。

周罡:您的作品《故乡天下黄花》,被列入"新历史小说"的重要代表作品。"新历史小说"被看作是对以往主流意识形态革命历史的反叛和颠覆,是小说虚构的民间历史、家族史、村落史,尽管其中民间文化史和风俗史的色彩给人一种真实感,但情节人物的虚构也是很明显的。我也是从农村走出来的,以我的乡村经验和老辈人的谈话而言,我认为《故乡天下黄花》比历史教科书更真实,它就是对乡村历史的还原再现。您或许不这么看,那么您对《故乡天下黄花》的创作是怎么看的?您当时的想法是什么?

刘震云:《故乡天下黄花》我觉得直到现在评论家看懂的不多。他们认为那是另一种真实的历史,而我写的时候强调的是文化。就是说在社会的整体框架中,到底是哪种文化更有生命力?更强大?是正统的力量大?还是一代代革命的思想力量大?(革命有个从不正统到正统的过程。)还是民间文化的力量大?我看还是民间文化的力量大。民间文化几千年沿袭下来的道德、风俗、习惯是种线性的力量,而一个时代的主导思想的提倡只是断面的。那种线性力量是一柄锋利的剑,而时代思想的断面则是一张纸,剑能轻易地穿破纸。民间文化是一片海,时代主导思潮是礁石,海能淹没礁石。因此,在民间文化影响下,时代主潮很快就会变形,被妖魔化了。宗教也是如此,佛教、天主教来到中国,很快都被农村吃掉了,成为家长里短的东西。中国民间文化之胃的消化能力是很可怕的。这一点是目前批评家没有说到的。倒是乡村里的文化人,他能体会得更准确。有一个乡村医生,就在《故乡天下黄花》中看到了这个"胃"的消化能力。他说,不管什么党,什么军队,都是要钱、要粮,可是住的时间太长了吧,就和咱们没什么区别。这就是我想写的。

周罡:从《故乡相处流传》开始,您似乎改变了以往写实的手法,这从您的创作历程来说,应该算作是"断裂性"事件。其中渗透着西方现代主义,后现代主义的艺术观念,您对此是怎么看的?它是否标志着您艺术观念的变化?

刘震云:很难说是艺术观念的改变。从前期作品到《故乡相处流传》无非是创作关注面有些变化。可能过去创作关注的是人的脚,人的路是怎样走过来的,比如刚才说到民间文化,世界观、方法论呀,一辈辈人是怎么到如今的。而从《故乡相处流传》转到他们的嘴,关注他们对事情的叙说。过去是我对这些事情的叙述,《故乡相处流传》是他们对事情的叙述,我是通过他们的叙述来叙述。他们的叙述话语同知识分子话语是不一样的,这就是民间的传说性。每一个人对历史、乡间人、乡间事件的叙述都加入了他们个人极大的创造,按照他们的经验观念去看世界,自然而然就有了我们在书本上看到的所谓后现代,黑色幽默。小时候有件事给我留下了很深的印象。当时村里有个姑娘死了,第二天人们就传说她变成了鬼魂出来了,老在坟头上转,脸有锅盖那么大,描述得绘声绘色。这种绘声绘色不是现实而是一种艺术创造,也很有意思,给我一种启发。这就是《故乡相处流传》创作的开始。《故乡相处流传》对我的创作历程意义非常大,是战略性的转移,不然的话,我还在《单位》、《一地鸡毛》这类作品里转悠,那就特别可怜了。从《故乡相处流传》开始,我才懂得了创作为何物。我想写的就是"叙述中的传说和传说中的叙述",使"虚拟世界的真实"和"真实世界的虚拟"浑然天成。但《故乡相处流传》没有写好,只是找到了一种创作方式。叙述过于简单了一些,主观成分多了一些。"叙述中的传说和传说中的叙述"的丰富性没有表达出来。正是对这一点不满意,我又接着创作了《故乡面和花朵》。在《故乡面和花朵》中对语言结构的把握成熟了一些。三个虚拟的世界下面垫了一个真实世界,这种结构方式比较符合我们村里人的叙述方式和思维方式——总要在传说中的虚拟后面给出一个真实的解释。这种结构方式可能触及了中国乡间文化的核心所在。

周罡:在《故乡面和花朵》里,您继续了《故乡相处流传》的实验探究。洋洋洒洒220万言的鸿篇巨制,在九十年代中国文坛是极为罕见的。它注定是文学界绕不过的事件。您用了整整8年的时间,创作一部长篇小说,可见您对这部作品的重视。这部小说完全打破了以往小说惯常的叙事伦理和时空界限,无规律的时空交织,纷繁的人物置换,仿佛把人带入一个梦魇世界。在前三卷几乎都是这样,而第四卷的写实性稍加强了一些。您曾在一篇谈话中谈到,您的想法是"打开了个人情感感觉与想象世界的通道"。其实,作品呈现的是局部的可解性和整体的混沌性,贯穿始终的是怀疑和嘲讽的笔调。全篇整体的风格是统一的。能在这样宏大的篇幅中保持一贯的叙述风格是很不容易的,您能谈谈这部小说的创作情况吗?

刘震云:刚才谈到了一些。《故乡面和花朵》写了多长时间并不重要,写作是作家自己的事情,写八年和写八天没有什么区别。我觉得从叙述方式上看,《故乡面和花朵》同《故乡相处流传》不一样,《故乡相处流传》太理性了,所以有些单调。而《故乡面和花朵》对叙述的复杂性有了进一步的认识,——一个人对虚拟世界的创造,一个人在地里劳动时其头脑中的想象是很丰富的,过去的作品只写这个人在劳动,他劳动时想些什么并不重要,而我认为这是很重要的。我们不可能时刻都去考虑一些严肃的事情,更多的时间人的思想是在漫地跑马,自给自足,它占据了生活的95%。这种现象在经济学上是很落后的,但对于人的精神而言,却很重要。就我们的记忆来讲,几十年过去了,留下的都是一些"传说性"的东西,"细节性"的东西,而"思想性"的东西很难扎根。我写的就是往常被忽略的。在八年的创作中,遇到的困难就是常常会受到干扰,难以保持一种同一的情绪状态。这种状态对创作是很重要的。这需要一个自我较量的过程。

周罡:《故乡面和花朵》叙述语言的自由是无限的。它呈现出一种"繁复"的风格,称其为"语言的狂欢"也不为过。语言的流泻似乎胀破了我们对文学语言的传统观念,比如精炼、简洁等等。我注意到《故乡面和花朵》里的语言实验意味是很浓的,您能谈谈您的小说语言观吗?小说语言同作品的总体构思之间是一种什么关系?

刘震云:原来作品的语言是非常节制的。《单位》、《一地鸡毛》中一句是一句,非常理智,像汇报工作、讲课、演说、总结一样,是非常正统的语言。而在《故乡面和花朵》中语言是一种"爆炸"、"无节制"的状态,是一种"吵架"的情绪状态。吵架时,两人都是喷涌而出,想起什么说什么,可能就是一句话八竿子打不着,但不管它,只管抡圆了去打。语言的爆破,历史细节的运用,非常鲜活和有创造性,对历史事件的改造、扭曲、夸张、变形也都是在"吵架"中瞬间生成。吵架时事实可能并非如此,但为了证明自己对对方错,可以把对方的缺点从一夸张到十,把自己的缺点从十缩小到一。"吵架"运用的材料都是历史、往事。有人说《故乡面和花朵》的语言繁杂了些,啰唆了些,凌乱了些。王朔就曾说:"刘震云在《故乡面和花朵》中,能用一句话说清的事,刘震云用了三页来说。"

我说有些事仿佛一句话能说清楚,其实是说不清楚的,用多少话也说不清楚。农村里两个媳妇吵架,很可能就为了一只鸡,吵了一个上午也没吵清楚。吵架的逻辑是非常有意思的。《故乡面和花朵》的语言就是这样。历史让每一个人去叙述都有增减,每一个人都在创造历史,每一个人都在叙述历史,每一个人也都在扭曲历史,这种扭曲对文学太重要了。历史不仅仅是第二次世界大战,火烧阿房宫。历史上一个村妇丢了一只鸡,其意义同滑铁卢大战是同样的。世界上没有一个人说的不是假话,这种假不是对错的那种假,而是对真相的无意识增减。《故乡面和花朵》就是从语言的虚拟中呈现我对世界的真实感觉。

周罡:《故乡面和花朵》发表以来,引起了评论界的注意。许多评论者在充分指出《故乡面和花朵》的实验创新特色以后,都表示,这部作品同读者已有阅读兴趣和审美经验存在着障碍,也就是说阅读它不会是一件轻松的事,您对此是怎么看的?

刘震云:首先从数字上讲,阅读这部作品就是一种负担。如果它是个几千字的短篇,阅读下来也是很轻松的。另一方面阅读比较困难,同写作的方法也有关系。"吵架"本身也是一个艰难的过程,读起来不轻松是正常的。而且我认为作家的创作,有时也不能都跟着读者的阅读习惯走,读者的阅读习惯也是有惰性的。我觉得对创作来说,重要的是能不能每一次都有突破、有创新,提供一些新东西。中国有些作家也有惰性,总在消费自己以前的作品,往后创新的很少。我觉得中国作家应该对民族语言和民族想象力负责,应该提高语言的创新能力。

周罡:人们常说,90年代是商品大潮,是物质力量冲击文坛的时代,带有商业目的的写作与炒作是文坛一大景观。而您的小说作品却似乎反其道而行之,"先锋探索"的色彩越来越浓。您对此是怎么看的?

刘震云:文学有商业成分。书卖了,它本身就是商品。但作为一种创造性的商品,书同一般性的商品是不一样的。在另一种场合,无论什么杂碎汤、皮尔卡丹服装,都是标准化生产,讲究复制性。而书却不能这样,作家创作的东西每次都有变化,这才是它的价值。如果为了经济利益去写作,这是很傻的,因为随便干什么都比写作能发财。一个真正的作家写作,不是为了写作而写,而是写作是他生命的一部分,他需要表达对这个世界的看法。

周罡:90年代的中国文学,"边缘化"与"多元化"是用得最频繁的两个词,对此,您的看法是怎样的?电影、电视剧对小说的影响似乎是把双刃剑,有些作品搬上荧幕,能红遍全国,但更多的是人们忙于看电影大片、电视剧而放下了小说,对此您能就小说的状况谈一下自己的看法吗?

刘震云:现在媒体的发展将小说空间压缩得越来越小,这是人们所共睹的事实。我觉得这很正常。过去小说膨胀得太厉害,承担了太多非文学的东西,而现在小说才回到了之前应该具有的状态。比如京剧,过去娱乐方式太少,八亿人都看京剧,京剧的黄金岁月是在"文化大革命"时期。现在小说则送到了最喜欢书的人手里,电影也是这种情况,被送到了最喜欢电影的人手里。现在一个人想通过写作成为明星,太不识时务了。不如去演电影、唱歌、演电视剧。但世界上的事有两面性,有些事来得快,去得也快。我小时候知道的大明星,现在都鲜有人知了。但优秀的小说作品,从长远看来,它的影响应该更久远一些。

周罡: 顺便想问一下您下一步的创作打算。您的长篇新作《一腔废话》发表了,您能谈谈这部作品吗?

刘震云:《一腔废话》同《故乡面和花朵》的比较,主要集中在一个侧面,主要讲舌头的作用,更啰唆。舌头每天休息八小时,工作十六小时,仔细想想它说了多少话?很可怕。基本上都是废话。废话和有用的话,分两个层面来理解。从生活的角度说,一天最有用的话是"吃了吗?"尽管这也是废话,但同样也是最重要的话。一天就一句话有用,还是废话,说明废话是最有用的。另一层面是我们每天在电视、广播、报纸上看的也都是废话。人们整天都讲废话,这说明废话对人们的语言系统,生命历程都很有用。《一腔废话》从创作心态讲,更自由一些,也更平静一些。

原载《小说评论》2002 年第 3 期

一个作家身后的"蓄水池"
——刘震云访谈

刘 颋　刘震云

刘震云的小说从不缺少读者,不缺少关注度。其最新的长篇小说《我不是潘金莲》刚出版发行不久,就已经第二次印刷。从《一地鸡毛》到"故乡系列",再到《一句顶一万句》、《我不是潘金莲》,刘震云的创作经历了什么样的变化?带着种种问题,笔者采访了刘震云。交谈中,刘震云始终坦诚而谦逊,就小说如何表现社会生活,作家如何保持想象力和创造力,以及读者和舆论对自己创作的评价等问题进行了深入而细致的阐述。同时,他还对当下文学中的种种现象和问题表示了自己的担忧。

在隐形关系中逼近真实

刘颋: 在小说《我不是潘金莲》里面,"我不是潘金莲"既是主人公李雪莲的一种道德诉讼,也隐含着对现实社会的道德价值判断的基本呈现。"潘金莲"在此意味着什么?代表着什么?小说中的"潘金莲"这个符号和您对潘金莲的认识中间是有差距的,形成了价值判断上的矛盾,这个矛盾是您有意制造出来的,还是为了凸显这个文本的荒诞感,或者还有其他什么原因?

刘震云: 在《我不是潘金莲》里面我没有有意地突出什么。但是书出来之后,确实有很多人问,作者是否有意这么做。这部小说是不是非要叫《我不是潘金莲》? 能不能叫《我是李雪莲》? 我曾经也给它起过别的名字,叫《严肃》,因为这个小说里的每一步运作都是非常严肃的。不管是李雪莲还是各地的官员,都是在非常认真地对待这个事情。我也很严肃,这里面唯一不严肃的是正文里面的史为民,他用不严肃对付严肃,结果把严肃击得粉碎,所以我想叫《严肃》或《很严肃》。但出版社出于商业考虑,还是觉着《我不是潘金莲》更好,不管是大陆出版社还是台湾出版社都有这样的意见。另外,也有人觉得,小说里面其他人物的一些名字是不是也是故意起的,比如说王公道、董宪法、史为民、储清廉……其实我并不是有意这么做。名字跟行业有关系,从事手工业的人,如果正处在民国时代,他肯定会叫王麻子。人物命名上我并没有有意怎么做,但是这些名字都汇聚到一块儿就出来另外一种荒诞的效果。我起名字的时候是很严肃的,但出来的效果却是荒诞的。

另外你说到的潘金莲,我也不是有意表现李雪莲的道德观、道德底线、人伦观,真论起来她还不如潘金莲更超前、更后现代。现在的潘金莲一定不是宋朝的那个潘金莲了,变成了另外一个东西,意味着不良妇女、道德败坏,她成为一个符号了。所以,李雪莲的指向不是宋朝的潘金莲,而是道德败坏的潘金莲。宋朝的潘金莲在生活中未必是那样的,但施耐庵把她塑造成那样的形象了。这个形象最大特点就是在性格上的反叛。父系社会中男人就能妻妾成群,女人就该从一而终。为了防止你跑得快,就要把脚包得特别的小,这是男性社会的标准。所以说潘金莲的反叛是彻底的,她不惜上断头台。李雪莲和潘金莲有一个共同特点,就是反叛。一个反叛的是社会准则、命运,另一个反叛的是一种说法、一句话。李雪莲反叛的这句话就是潘金莲用生命争来的那句话。但是,李雪莲反叛的是潘金莲的反叛,这是个直接的悖反。

刘颋:《我不是潘金莲》是一个智慧的文本,李雪莲的每一个行动,包括老史的行动,都是我们在媒体里每天可以接收到的信息,都是真实的。小说可以说是由每一个非常真实的细胞构成的一个荒诞无比的文本。这种荒诞感又促使我们自己不得不质疑面对的种种真实。在小说创作的过程中,您有没有考虑过真实和荒诞之间的关系,或者说,您是怎么把握这种关系的?

刘震云:首先讲真实和荒诞的问题。你说得对,这里面所有的情节和细节,在窗外都有,情节和细节本身就很荒诞。为什么荒诞呢?因为它是以一种严肃的状态、表情在运作,作家的想象力就是把这些情节和细节组成一个波澜壮阔、震撼人心的长篇故事,作家架构出来的这个虚构故事应该比生活更接近真实和本质。这是作家的任务。更重要的是,小说中的认识一定跟生活中的认识是不一样的,甚至是完全相反的,这是小说存在的价值。有一种说法说写作是为了读者,为了读者的期待。其实期待是不存在的,因为读者期待的是你下一部作品是上一部作品的延续。比如写过《一地鸡毛》,那你接着能不能写《一地鸭毛》?写过《一句顶一万句》,接着写《一句顶一亿句》《一句顶十亿句》,读者很欢迎这样,但是,作者的创作一定要在读者的预料之外,又在情理之中。

刘颋:《我不是潘金莲》的无形力量是什么?又是如何呈现的?

刘震云:在《我不是潘金莲》中,史为民才是真正的主角,这就是无形的力量。表面看起来,小说是写李雪莲告状的事,从头到尾就是告状的事。但事实不是这样的。里面真正要写是史为民跟李雪莲和其他人的关系。史为民成为了卖肉的,他跟李雪莲就见过一面,而且他俩对话没有超过十句,这是这部作品的结构所在。但是,李雪莲的作为最后无形中导致史为民由一个人变成了另外一个人,这个过程是无形的。他是怎么由一个县长变成了一个卖肉的呢?这个过程就是史为民的人生。另外,李雪莲因为告状,跟法院的法官首先发生了联系,接着跟专委发生了联系,接着又跟院长发生了联系,如果她跟他们三个人的关系停止在哪一步都不会跟史为民有关系,所以这也是无形的……真正的人物结构在作品里面无形地延伸,而不是表面说他俩是夫妻关系。比如李雪莲跟秦玉河是夫妻关系,这个关系并不重要,但李雪莲因为要告秦玉河而和一系列的人发展了联系,各种联系之间暗含着的无形的力量。抓住这个无形的力量才是小说最重要的事情。

《我不是潘金莲》最初的正文不是这样的,原来正文的主人公还是李雪莲,当然那样看起来也很好,但我总觉着不对,应该有一个更无形的、更有力量的、更能逼近真正生活的本质和真实的东西,想来想去,有一天史为民对我说:"还找嘛呢?不就是我吗?我成了一个卖肉的了。"原来李雪莲是个卖肉的,最后他也成卖肉的了。春节的时候,有个微博说买车票买不着,怎么办呀?一个人很聪明,说上访,很快就被送回去了。这就是真实,生活中你把他搬过来放这,无形的力量就出来了。

我不承认世界上有智慧,无非是他存在着积累,存在着琐碎,存在着缓慢。积累、琐碎和缓慢,最后就出来一点涓涓细流。那种智慧的汹涌澎湃的瀑布我没见过,谁都不比谁聪明,无非是积累再积累,你一直在坚持做这件事,那一定就比别人做得好,就这么简单。我曾经说过,我有三个舅舅,一个告诉我说你这人也不笨、也不傻、也不聪明,那你就做一件事;另一个舅舅告诉我,你就做事做得慢一点;第三个舅舅说,想做什么事情就提前做。做一件事慢一点,再提前好多年做,那这事在你心中酝酿好多年,和你临时来做,肯定不一样的。当代中国不缺故事,但是,作家写的一定不能只是故事,读者如果要看故事看窗外的生活就够了。作家要写的一定是故事背后的第二层、第三层意思。不是说我的小说绕吗?其实读者看的就是这个绕。问题是中国的作家太直白了,太不绕了。有时候说绕的人吧,可能是想找一个方式来夸我一下,把不绕说成了绕。

写作就是跟小说里的人物聊天

刘颋:您的小说致力于给读者呈现生活的隐形关系。那么,在您的创作中,读者处在一个什么样的位置?

刘震云:写我在创作作品的时候,我自己就是读者。我曾经说过,我最大的变化发生在写《一句顶一万句》时,过去写作的时候,觉着自己是个作者,因为我的见识比你好,我的见识更深一步,其实,作者的见识是永远无止境的。无形的见识一定更接近根本,而小说为什么要逼近真实和根本呢?因为根本是个大道理。孔子就说过:"朝闻道,夕死可矣。"这个"道"一定是那个大道,能延伸几百年、几千年的大道。它一定是特别根本的,是人类的、人性的、情感的、生活的各个方面综合出来的大道。作者永远是有偏颇的,永远是主观的,而主观的东西是最站不住的。所以,你得把主观还原成客观。你不是诉说者,你是一个倾听的人。你的写作不是要变得复杂和绕,而是要变得特别简单,写作就是聊天,就是跟小说中的人物聊天。比如说这段时间我想跟李雪莲聊聊,想跟史为民聊聊,想跟王公道、董宪法、荀正义、储清廉这些人聊一聊。在聊的过程中,人物自己一定能说出你没有认识到的东西。而且,这个时候你已经把你的认识化解了,化解成对整个生活的认识。这个认识是一种无形的认识,没有具体化的认识,而这种无形的认识是从人物关系的缝隙里透露出来的。首先,他的认识跟所有的认识是不一样的。这是一个混合的东西,这种混合出来的真实跟生活里的任何真实都是不一样的。这个不一样确实更接近真实,同时也更感人。老史在正文里边为什么必须要赶回去,首先,他是回去打几圈麻将,朋友得了脑癌,不知道是良性还是恶性,可能是最后一场麻将了。那好,既然是世界上最后一场麻将,那就是比什么都重要的最后一刻。我们看其实没有什么大事,但对老史来说就是最重要的大事,他必须回去,于是用了李雪莲的办法。李雪莲是要一直走向大会堂,而他是朝反方向走的,走回到一个特别好的朋友身边。这个麻将就不是生活中的麻将了,这种无形的情感和关系就变得特别感人。

刘颋: 小说最后一章颇见功力。您刚说到就是表现一种关系,一般来说,西方社会更关注个体的人,而中国更注重人和人之间的关系,在读您的小说的时候,比如《一句顶一万句》,感觉您并不注重非要塑造一个很典型的人物,而是更在意刻画出一个层面的人的生存状态,或者说一个层面上的生存关系。而《一句顶一万句》之所以感动很多读者,认为它是可以留给下一个世纪的作品,因为它很真实地把我们这个社会的结构、形态、关系,甚至是空气般流动的方式、气味都以文学的方式表现出来了。它告诉大家,我们的中国,我们的社会,我们的生活,尤其是小人物的生活,就是这么一种形态。您也说了,您的写作就是要注重这种隐形的关系,表现这种隐形的关系,是因为您身后有一个很大的蓄水池,那么您这个蓄水池里的水都是从哪里来的?

刘震云: 我觉得你这个说得特别对,也说到了文学的一个特别本质的东西。文学是写人的,写人的什么?他的感情,一颦一笑,包括正文里所写的尘土或者是脂粉,就是说,他是怎么哭出来的,怎么笑出来的,我觉得这个非常重要。我同意你刚说的,中国传统注重关系,为什么讲人物关系?因为缺少西方社会的重要人物——神。在西方社会,一个人有事可以跑去教堂忏悔,完了接着坑人,但中国没有这个。所以我觉着,独特的表达渠道是非常重要的。《红楼梦》就是曹雪芹要表达中国人独特的情感流淌方式,包括什么叫干净,什么叫肮脏。曹雪芹觉得世界上最干净的,一个是水,还有一个是石头,石头常年给草一点水,草就活了,草呢,没有别的回报,于是下辈子用眼泪来还,眼泪也是水。但是,最后最干净的石头哪去了呢?是被世界上两个最肮脏的人拿走了,一个是和尚,一个是道士。而水做的女孩一辈子在吃药。这两个水做的女孩子,一个是林黛玉,一个是薛宝钗,要是真跟她们谈恋爱,你没法跟她接吻,她俩肯定都是一嘴的中药味,因为她俩每天吃中药,是不是一口中药味?这是曹雪芹写的。

  《红楼梦》背后的哲学观对小说的影响很大,由水和石之间无形的关系决定了小说。所以说作家身后的这个蓄水池是很厉害的。有人看完《我不是潘金莲》后给我发一个短信说"无言以对",他一定不是认为刘震云在揭露社会的黑暗,如果要是这样的话,这个作品一定特别肤浅,这个作家也一定特别肤浅。我的聪明是知道我笨,我按着我这三个舅舅的道路走,另外,孔子说过一句话,"三人行必有我师"。我说三人行必有我舅。水从哪来,从我舅那儿来。还有外国"舅舅",比如说:康德、尼采、叔本华、亚里士多德、黑格尔、笛卡尔、胡塞尔、维特根斯坦……我觉着都特别伟大。每个哲学家看问题的方式都不一样,我曾经说过,说到绕的问题,还是我们这个民族的问题。这个国家什么都不缺,就缺思想、缺认识、缺"舅舅"。缺"舅舅"的民族,是后边没有蓄水池的一个民族。表面缺水没什么,但思想的蓄水池缺水,这个民族就会举步维艰。举步维艰的最大表现是什么呢?就是不知道往哪去,生活中这种人也特别多。一个作者背后的蓄水池到底有多深是最重要的。这个蓄水池中有他对生活的认识、对哲学的认识、对民族的认识、对宗教的认识、对世界的认识等等。作品呈现了其背后的蓄水池。我曾经说过,一个作家真正的功力不在有形的小说,而是后面无形的东西,这是一个层面。另一个层面,具体到一个作品里面,作家真正的功力包括呈现出的力量,不管是荒诞还是什么,它不在你的文字表面。功夫在诗外。这就是结构的力量,这个结构力量特别考验作家的胸怀,这个胸怀就是你能看多长看多宽,你对生活的认识、对人性的认识、对文学的认识以及对自己的认识。

结构考验作家的能力

  刘颋:《温故一九四二》是"我"要探询那个被历史遗忘的真相,《一句顶一万句》是为了寻找那个有用的一句话,《我不是潘金莲》以滔滔数万言为了让人相信一句话"我不是潘金莲"。在您的小说中,不约而同都会有一种拧巴的姿态,当然也可以理解,这个拧巴是为了去伪存真,而且,您也说过,一个作家只有和我们的现实生活拧巴了才能出好作品。当前有一种质疑的声音,认为当代作家缺乏表现现实和生活的能力。您心目中的好小说是什么样的?如果说对作家而言重要的不是表现生活,而是小说中的结构能力,那么,作家的结构能力是什么?如何获得?

刘震云:一个一个说吧。首先说拧巴这件事,我觉得我不拧巴,谁拧巴呢?生活。我没有生产拧巴,我只是生活中拧巴的搬运工,我把拧巴搬到作品里了。但在搬的过程中,需要巨大的创造性和想象力,这是一个作者应该干的活,就好像你是泥瓦工,砌墙就要砌得非常直;你是个设计师,就要像贝聿铭那样,设计出特别独特超出大家想象的东西。生活是拧巴的,所以我把自己比喻成搬运工,在搬运的时候,我没有拧巴,没有把这些东西变形。我要表现的是无形的东西。好多人说我是中国最绕的人、中国最幽默的人,我不觉得我幽默。我老实,搬运工是特别需要老实的,在中间不偷东西,也不落下东西。但是,你把好几个八爪鱼放到一块,他们之间会编织出一种新的藤的形象,就像舒婷的《致橡树》,就是拧巴的另一种树,这种树成为一种风貌。这种风貌当然是作者创造的。

刘颋:您说的这个搬运事实不是一个简单的搬运,不是说把这个箱子搬运过来随便放就可以的。对作家而言,放应该比搬运更重要。

刘震云:搬运很简单,但放哪儿不简单。放哪儿是最重要的。我觉得,在各行各业中,往哪儿放都是非常重要的。北斗七星也是放的关系。摆放考验作家的能力,我看一部作品,一看他摆放的位置,马上就知道他行还是不行。好的小说,首先,他摆放能力好;其次,对背后的蓄水池的认识好,更接近本质。于是出来一种特别好的结构,这种好的结构本身就有一种气势和力量,另外,作品中的认识一定是跟大家不一样的。但是,这不一样并不是脱离了事物的本质跑到奇形怪状和大漠荒野里去了。不是的,还是在人群里,在人群中他的认识更大,因为这个不一样更符合本质和人性,会带给我们更多的感动。感动有很多种,一种是情感的感动,另一种是认识的感动,后边的感动要比前边的更厉害。贾宝玉怎么被癞头和尚和跛足道士给弄走了,就这么一块玉,拿哪去了呢?就好像史为民为什么要打麻将。我觉得认识的蓄水池是特别重要的。想象力的蓄水池是摆放,认识的蓄水池是摆放结构里边的具体内容。我觉着,把一个故事情节写得很生动,人物写得栩栩如生,讲一个动人的故事,这是初级作家干的事。北大中文系上过一年都没问题,当时我上大学的时候,我们班五十多人都在写东西,都写得挺好。没有问题,故事一个比一个编得热乎,一个比一个编得圆满,但这确实不是一个作家所要达到的好小说的标准。

一个好的作家,首先必须是个哲学家,如果这个人仅仅是个编故事的人,我觉得他一定不是一个好的作家。第二,好的作家比哲学家的要求要高,哲学家是直接把有形的东西说出来,说得越明白越好,因为哲学家针对一种社会现象、针对一种社会制度、针对一个民族、针对一个发展的历史,必须要讲明白。作家要管哪一块呢?是管哲学上说不明白的那些事。比如人的情感、人性、结构,哲学家就说不明白。史为民跟李雪莲的关系,这样一个哲学命题放到维特根斯坦面前,他一定能够写出来八本著作。这些说不清的东西,就是作家要说清楚的。作家就是要表现人和人之间的关系缝隙透出来的一丝冷风、一丝暖意、一丝生活的味道,是味道而不是道理。味道被读书的人咂摸到了,这个苦辣酸甜就是人生给予的。这个苦辣酸甜哲学家不必论述,也没法论述。

刘颋:大家一直在说您的小说幽默,但是您始终不认为自己幽默,更不是为了幽默而去幽默。为什么您的小说会给人一种幽默的感觉?

刘震云:对幽默的理解可以有几种。一个是我的语言不幽默呀,是什么就是什么,就是李雪莲头一回见王公道。王公道长什么样,她长什么样。语言的幽默是个特别浅的层次,说相声没问题,演小品没问题。但是,文学作品如果只局限在语言幽默是挺讨人厌的。我觉得真正的幽默是第二层,就是事和事之间。比如《我不是潘金莲》第一章第一节李雪莲去找王公道,说了半天,攀上了关系。第二章第一节是说王公道去找李雪莲,一样用这个,最后说大表姐我们是亲戚。好多人看到乐得肚子疼。这种细节在生活中很正常,但是,有着结构的对照,就显得幽默了。但是事和事之间的幽默,也并不是幽默最好的一个层面。真正的幽默是后边的认识,包括你刚才说的,《我不是潘金莲》怎么表面那么庄严,背后这么荒诞呢。这就是认识的东西,我觉得这种荒诞感不是靠一个人说出来的。真正的幽默是没说出来的东西。有时我受到最大的赞赏是什么,不是夸,是骂人。有好多人见面跟我讲,原来睡觉的时候爱看小说,是因为看两页我就睡着了,催眠了,但看你刘震云的小说,看上一页就睡不着了,说"这孙子"。生活本身是幽默的,换一个词说,我们生活在一个喜剧的时代。生活里不乏幽默,就看这幽默你是怎么摆放的,和摆放背后的认识。

刘颋:柏格森认为幽默是智慧的最高形态,但是在中国文学传统里,幽默文学一直不是占主导地位的文学传统。虽然我们的生活中随处可见小幽默,但在文学叙事上,让幽默成为一种手法甚至风格还是不多的。

刘震云:你把一个不占主导的东西让它占主导了,这就是作家要干的事。别人没有钻过这个胡同,我不是钻过64道胡同吗?我突然发现,我把它搬到这来了。不是我要有意幽默,是大家有意为之,大家发现了这一点,说我的小说够荒诞,够幽默,够刘震云。他们都说看我的小说跟看别人的小说最大的不同是,看两句就知道这是谁家的东西。如果我要是做剪子的话,我一定是王麻子;做臭豆腐,我一定是王致和。一定有另外一种味道,这种味道绝不是全靠腌豆腐和打剪子说出来的。

退向赤诚之心

刘颋:在读您的作品时,我感觉作家刘震云是一个逐渐后退的身影,比如说,最开始的《一地鸡毛》《塔铺》《新兵连》《温故一九四二》,我都能看到作家刘震云在哪儿。但是到了后来,比如《手机》《一句顶一万句》,再到《我不是潘金莲》,作家刘震云已经明显地退到后边去了,我们看到的是小说人物在前面的活动说话,给读者留下了非常大的阅读空间。

刘震云:这个你说得特别对,这就是由一个作者成长为一个大作家的道路上的一个脚印。过去你会看到刘震云带着一帮人在往前走,现在我们看到这支队伍,会发现就像《一句顶一万句》里很多人在走着,杀猪的、剃头的、卖豆腐的……里边可能会有一个人,正在这个队伍里东张西望跟人聊天呢,这个人就是我,这就是作家最好的状态了。既尊重小说人物,也尊重读者,也就是说要相互尊重。在尊重的过程中就会产生温暖,产生情感。当你在写东西的时候说我要当一个作家,我要一部写得比一部牛,我觉着这就特别肤浅和自私。绞尽脑汁想我要怎么怎么着,而且要看外国人喜欢什么,扮演这样一个角色不是作家应该干的事。对作家来说重要的是作品里的这些人物,是李雪莲们、王公道们。说文学要走向世界是对的,但我觉着还有一个世界,就是我的乡村,瓦工啊、垒鸡窝的啊,他们需要说话,可他们没地方说话,那我就请他们到我的作品里说话。所以我在写作中逐渐退到少年写作和童年写作,越来越退到这种返璞归真、赤诚之心的位置,而不是走向很深的城府。我生活中特别讨厌这种城府很深的人。至于吗?就这么点事,你老跟我这绕来绕去,一跟我绕的人肯定是要占我的便宜的人。别绕了,你要干吗吧?

刘颋:生活中你特别讨厌绕,但是小说被别人说成特别绕。这两个"绕"应该是不一样的。

刘震云:其实我不绕,就是把能绕的搬过来了。所以往后退,但往哪个方向退很重要。退到最后是一个童年的我在看着排山倒海的人往前走。而且有个人在拉着你,舅舅在拉着你往前走,干吗去,去看飞机,这不挺好吗?我将来就要退到这来。我越往后退眼前越开阔,老往前走贴着墙哪成啊?往后退眼前就像草原、大海一样无比的宽广。前边走的全是你的亲人，挺好的。不是有好多作家写不出东西来了吗？我有无穷的东西都在等着我去写，比如，我特别想写"鸡毛飞过三十年"。我觉着当小林到老林的时候那些人还一直在往前走，走过三十年，中国社会发生了这种剧烈甚至剧痛的变化。过去是专制、权利结构，现在是金钱、光怪陆离的生活，官二代、富二代，老林是在这些人之下。中国为什么经济发展速度快？是千百万人每天像蚂蚁一样工作，蚂蚁里面不是有工蚁吗？小林就是其中一个。昨天我去理发了，理发师叫周新，因为老去理发都熟了，我打个电话，晚上有时间我去理个发，我问他几点下班，他说八点，我说我尽快过去，晚上还要下雨，他说没事，来吧，我等你。这就很温暖。他是内蒙古通辽人，在北京奋斗了十年，拿钱买了一所房子，四十多平方米，特别满足。他身上的重压就是中国三十年剧烈变化的体现。我愿意跟这种人在一起，我前边走的人基本上都是这种人，我跟他们在一起挺愉快的。好多作家开始评论社会现象，这主要不是作家的事，这是政论员。作家开始做这事，那我觉得他确实需要往后退。有往前走的，有往后退的，都特别正常。

刘颋：现在的小说家中有一类对自己特别自信，相信自己能凭空虚构一个世界出来，还有一类就像您说的，不去虚构，而是去搬。生活中很多事通过自己的结构写出来了，然后让读者去体会、咂摸。因为你后退了，你有足够的视野观察生活、结构生活、摆放生活。而且您的小说里边都是非常纯粹的中国生活，人情、世情、民情、国情都在里边，这个特点从您的创作开始一直延续到现在，向后退是您作为作家个人的一种变化。那么在您的小说创作中，有没有什么是始终没有变的？

刘震云：没有变的就是对自己身后蓄水池的丰富和壮大，原来是三个，现在可能是四个或五个。这是我永远没有变的。变的是每一个作品肯定都不是读者的期待，而是争取去创造一个期待。另外，"纯粹"这个概念——虽然你写的是一个特别纯粹的民族的生活，那这个纯粹一定要背后的蓄水池里的水不纯粹才行。对世界上很多作家、哲学家，你都要知道、要了解。我在上北大的时候，吴组缃、孙玉石先生跟我讲鲁迅和赵树理的区别，赵树理的小说写得比鲁迅生动，因为他是以一个村庄的视角来看这个世界的，所以就出现了小二黑、小芹、二诸葛、李有才、三仙姑这样的人物，的确生动。鲁迅的小说没有赵树理生动，但是他是从世界的视角来看这个村庄，身后蓄水池的水决定了他们的深度和厚度。我在写杨百顺的时候，写李雪莲的时候，就不仅仅是跟李有才和阿Q在一起，也可能跟安娜·卡列琳娜或者帕慕克，或者马尔克斯在一起。你必须了解旁人的生活，才能写出自己的纯粹。

刘颋：一般来说，好的作品是可以给后代留下我们这个时代文明的真实记录的,比如出入延津追寻的过程就是一种民族记忆。您的作品中,除了《手机》、《我叫刘跃进》跨到了城市生活,许多作品的视角还是乡村或城乡结合部的。

刘震云:我觉得,是都市生活还是乡村生活并不重要,另外,我也没有用乡村的生活或者城市的生活来看城市生活和乡村生活,无非是一种见识的眼光。比如我说过,我两个舅舅都是农村人,一个赶马车,一个当木匠,他们说的道理就只适合于农村吗?其实也适合城市、适合文学、适合政治家。这是对无形生活的认识。

原载《朔方》2013 年第 2 期

刘震云:"废话"说完,"手机"响起

张 英 刘震云

2003年里,刘震云捧出来的是长篇小说《手机》。《手机》是刘震云继长篇小说《故乡面和花朵》、《一腔废话》之后的新作。

三部长篇小说,写了十四年时间,都以说话为主题。作品出版以后命运却各有不同:《故乡面和花朵》印刷了3万套,出版以后,读者说看不懂,评论家哑然;《一腔废话》开机6万,读者说不好看,却有评论家赞誉;《手机》出版,读者一片叫好,评论家们也夸赞说有新突破。据长江文艺出版社编辑证实,因为与同名电影同一时间上市的原因,目前,小说《手机》的发行已经突破30万册,创下了刘震云作品销售的最高纪录。

这十几年里,刘震云一直在黑暗中往前摸索、前进,不断改写着自己的文学版图。

1月5日,由几百万网友投票评出的新浪网2003年度文学奖揭晓,刘震云以《手机》荣获该奖。在颁奖仪式上发表获奖感想时,刘震云说:首先,我将这个文学奖视为我的荣幸,因为它是多数人评出来的,而不是少数人评出来的。第二,它评的文学奖,跟其他中国文学奖的区别是,它评出了一个人,而不是十个人,这满足了我的虚荣心。

《手机》,离生活太近了

记者:怎么会想起写一个关于手机的故事?

刘震云:在生活中,我发现大家聊天的时候,很多人都在打手机,而这就会使话题聊不下去。本来用手机是为了给大家说话带来方便,但是慢慢地却发现手机本身似乎就有生命,它好像在控制着每一个人,控制着大家说话的时间,控制着话语量,甚至控制着话语里面所包含的成分。突然之间,手机好像离人们的生活特别近,它改变了人和人之间的关系,改变了人们的说话方式和习惯。这个发现让我觉得很有意思。

记者:你也说过《手机》的主题是说话。

刘震云：这里面有不爱说话的,有说假话的,还有说实话的,还有话中有话的,还有说心里话的。同一个人在有的场合不爱说话,在有的场合说的是实话,有的时候说的是假话,有的时候话中有话,有时候说心里话。主人公严守一主持的节目叫《有一说一》,以说真话见长,但他的生活中却四处埋设了谎言。这些谎言和一个现代化的手机联系在一起的时候,手机就变成了手雷,手雷就爆炸了。

记者：你写作的兴奋点在哪里呢?

刘震云：写小说时我关心的是人的物质和精神之间的磨合点,关注的是人的说话,因为说话这个东西既是物质的,又是精神的,听得着,但是看不见,语言最能反映人的嘴和心之间的关系。《手机》里面还有一个我比较喜欢的内容,就是人和人之间距离远近的问题,除了有大和小的问题,还有远和近的问题,一些语言在人类不同的发展阶段,对人类关系的变异程度是非常不一样的。

记者：在很多场合,你表示你最喜欢小说的第三部分。我觉得同前两部分相比,到了第三部分你是在用减法写。

刘震云：在《手机》里这一部分,我把这些外在的东西都脱掉了。我写人跟人的那种最根本的关系和交往方式。这个小说写到前两章,我还没有找到感觉,写到第三部分的时候,我觉得很舒服,像一个人把外面穿的衣服全部都脱掉了,显露出来的就是活生生的人,可见本性。

《一地鸡毛》是对物质世界的,属于有话就说,相当于人每天说的 2700 多句话;《故乡面和花朵》、《一腔废话》则是进入到人的思想,那个说话状态可能是每天说 27000 多句;而《手机》则是写人的嘴,嘴和心的关系,许多嘴都在说话,但是说着说着突然噎住了,欲言又止,大概只有 700 多句。而在这 700 句里,有用的可能只有 10 句话。

记者：你在这 10 句话里找到了什么呢?

刘震云：我在写的时候就按这 10 句有用的话在写,特别还原于人的本质和本性,基本上把社会的外衣和其他的东西剥掉了,只剩下人与人,那他和他怎么认识的,比如说我接触上海有两种渠道:一种是我到上海先到《文汇报》,通过单位的安排认识了上海;另外一种渠道是我认识你,你再认识周毅——前者是社会渠道,你看到的都是上海的外表;第二种渠道是人的渠道,比如我们先聊点家长里短啊,这样的认识可能是城市内部的,更加真实。一个民工,他到上海打工,一般找的都是亲戚和同乡,以此来融入这个城市,他不会去找那些单位和机关。也可以这样说,通过《手机》,我找到了这样的写作方法。

在《手机》中,我把语言还原到了人间、人群、人,把人身上人为加的东西都排斥掉了,只是很家常地说话,说的是关于人的话题,而不是其他什么。观照的是被繁华、喧嚣遮蔽的东西。

小说和影视谁伤害谁

记者：《手机》的小说和电影有哪些不同？

刘震云：《手机》，第一部分是写严守一小时候，说话很困难，他们家的话语权都掌握在他妈手上，他爹一天说不了10句话，等严守一长大，他变成了以说话为生的人，大家都理解他，只有他家乡的人不理解，这个小时候也是跟他爹一样的家伙，现在居然能够拿说话当饭吃，太不可思议了。

第二部分是主要部分，也是电影表现的主要部分，表现节目主持人严守一的工作、生活状态。写到第三部分呢，主要是追溯他说话的这个物质的来源，就是一句话，他爷爷找了这姑娘而不是另外一姑娘，生下他爹，他爹又生下他。面条抖了一抖，整个寻找他爹的过程。

记者：连冯小刚都说电影没有你的小说好看。

刘震云：但是电影这东西是一个双刃剑，它要寻找的，只是一个有可看性、非常态的故事，它重视的是娱乐性，表现当代都市人的心口不一，表现当代人的身体和精神的分裂，也有很强的批判性。电影比较注重热闹的那部分，如果是一盘菜，它注重的是好吃的部分；而书的部分更像是厨房里剥葱剥蒜的过程，是吃过一顿饭后讲究回味的过程。如果看热闹的话，应该看电影，而要深入谈心的话，我觉得应该看小说。另外，它们的容量也可能不太一样，小说是20万字，电影是一个半小时。

记者：这个小说先写剧本，再写小说，这里面的娱乐性会影响你的小说写作吗？

刘震云：从根本上来说，电影不会对小说文本造成伤害，因为小说是小说，电影是电影。电影不会抵消小说本身的魅力。我看电影《手机》，也觉得它不过是换了一种方式，可能在小说里是哭泣、悲伤、沉重的，在电影里是含着泪笑着说出来的，主要还是方式上的不同。

对我来说，电影造成的伤害是短期的，电影上市的一周内，小说可能会受影响，但是，电影很快会过去的，而小说还存在，可以继续长时间流传下去，在任何地方都可以看。

记者：也有人说，这个小说的味道像是冯小刚的，不是刘震云的。

刘震云：在剧本的原创阶段，冯小刚的一些点子开阔了我的思路。在我写小说的时候，吸收了剧本阶段冯小刚的智慧，从这个角度说，我占了冯老师的便宜。小说虽然由剧本改编而成,但并不是剧本的简单扩充,也绝不是电影的附庸。如果把电影当做素材,把剧本当做一次实验,小说就会在一个更高的台阶上。

记者:那不是证明你在创作上受到电影的影响了吗?

刘震云:我跟影视界没有什么关系,我在写作上,肯定不会受到他人左右。我跟冯导演合作,仅仅是因为像《一地鸡毛》、《温故一九四二》、《手机》都是我自己写的小说,我自己改编我自己的作品。

记者:从《手机》的诞生过程来看,就是聊电影的时候聊出来的。

刘震云:这里有一个拧巴的事情,就是说,大家都认为小说肯定会成为电影的附庸,大家都认为小说在改编成为影视剧的时候,会受制于人。我写《手机》吧,大家会有成见,因为先写的电影剧本,后写的小说,那一定是为电影搞成的小说。如果没有这部电影,或者说这个电影在一年以后拍出来播放,大家还会有这样的印象吗?肯定不是这样。

我当时说了《手机》,是因为我当时就想好了这个小说,而且结构、怎么写我完全都想好了,我就跟小刚聊,小刚很感兴趣,他说要把第二部分改编成为电影,那我就说,这个很容易,不是特别难的事情。

《手机》首先是一个现实,我特别反对作家在作品里过于介入,其实你有这个态度或者没有态度,其实对小说都产生不了什么影响。

电影《手机》播出后,现在在北京拿手机的人都不再说开会了(笑),好多人看完电影以后骂,说刘震云真是孙子,因为"开会"是一个最好的借口,现在不能用了。

记者:这说明作家也是可以干预生活的。

刘震云:其实先有电影后有小说,是特别好的事情,你站在一个好的台阶上,反而可以把小说写得更好。而且电影在拖着小说走,这么好的事情,本来你小说就1万本,被1万人阅读,那有电影或者电视剧了,小说可能就是10万本,就可能会有10万读者,增加了作家的物质收入,这是多好的事情啊,为什么我们要装出清高的样子拒绝呢?好多人批评这样不对,是因为他们连剧本都写不好,他们没有这个才华,他们只会往小说里加水。排在前十名的中国作家,有多少人跟影视剧没有关系?他们的知名度跟他们的作品改编成影视有极大关系,这是一个现实。作为我个人来说,电影、电视剧就不会对我的小说有影响。不会有什么伤害。

记者:但是,在文学界有一种观念,人们总觉得作家去写剧本,或者把小说改编成电影对小说是会形成伤害的。

刘震云:我特别讨厌这样的说法。小说的文字已经是定型了的,它改编成电影与小说本身无关,这是两码事,电影是不会伤害小说的,而且经过好的改编之后,电影可以让小说再插上另一双翅膀,飞向更广阔的领域。

有些作家当初都是对影视怀着仰视的心情,但回过头来又对根据自己作品改编的影视作品十分不屑,大声斥责其把文学改得一团糟。作品是你自己的,你要是不屑,可以不让他们改呀,权利在你手中。

而且我特别不喜欢别人说真正好的小说是给少数人看的,我觉得这是自欺欺人的说法。世界上的优秀小说哪个不是声名远播,家喻户晓?

妇孺皆知的《红楼梦》你能说不是好的小说?到现在还有人认为,搞影视的人没文化,写东西的人才有文化,我觉得这也是不对的。其实很多优秀的导演、演员都是"人尖",他们都很有思想和才华。

商业性与独立

记者:就《手机》来说,不正是电影帮助了小说吗?创下你的书最畅销纪录?

刘震云:这些天我面对这样的问题,以前人们老觉得作家写完书,你的话都在书里,你就闭嘴吧。但是现在生活和时代变了。本来写完《手机》我以为就没事儿了。但出版社的金丽红告诉我,你得上集去卖瓜了。现在出版的书那么多,你自己不吆喝没有人知道,酒好还怕巷子深呢。

如果中国所有作家的书不是卖掉两万册,而是都只能卖2000册的话,文学就离死不远了。而且我现在的生活来源,全部靠自己写作。作为一个作家,靠自己自食其力,我觉得很光彩。

记者:你不是一直在《农民日报》工作吗?

刘震云:我现在还挂在《农民日报》,但是好多年我不拿单位的工资,不拿奖金。我原来在那拿工资是当编辑,有具体的工作量的。自从我当编委(这是个虚职)以后,我主动提出,不再从报社拿一分钱。我现在去报社,顶多就是去拿信件。

记者:自从你在电影《甲方乙方》里演一失恋青年以后,有人批评你,又一个有责任感和批判精神的作家开始堕落了。

刘震云:我不是那种要坚持什么,不妥协的人,我也不是那种帮别人指出道路的作家,好多作家都愿意为此做代言人,告诉别人应该怎么活着,要有追求,怎样活着才有意义,我觉得那是上帝的事。我不是那样的作家。我认为,你要引导别人的话,你就应该首先自食其力,以身作则。

记者:你现在一条腿站在了影视圈里,而且游刃有余,如鱼得水。你又跟着剧组全国跑,因此有人说你作秀。

刘震云:他们不作秀吗?这种批判很虚伪的,我觉得像我这样通过商业,自己挣钱养活自己,特别光彩,通过自己的努力,自食其力,这和作秀有本质的区别。生活和时代变了,商业是个好东西,让你不依附任何东西。

记者:商业是不是会影响你的独立性。比如你以前很少为人写序的,但是,这几年你先后给吴小莉、崔永元、冯小刚等人写了序。

刘震云:写这样的文章花不了一天工夫。生活确实变化了,生活拧巴,人也拧巴,两个拧巴拧到一起,就特别麻烦,现在这个社会特别承认这样既定的事实。一旦形成事实的话,他就承认存在是合理的。

中国的知识分子什么时候有过独立精神了?当然这有非常深刻的文化和历史原因,因为中国知识分子历来就是一个社会的附庸,他们每天的任务就是在解释别人,他们只知道书本上别人教给他的那些知识,而且不知道这些知识是对还是错,他们掌握这些知识意味着自己特别有文化,但他们忽略了文化和学到知识是两回事儿。

记者:和《故乡面和花朵》、《一腔废话》一样,《手机》也是一个说话的故事,不同的是,大家都能够听懂你的话了。

刘震云:那是因为我在《手机》里讲的都是家常话。我以前的作品,不管是《一地鸡毛》,还是《一腔废话》、《故乡面和花朵》,它们特别重视人外在的东西,政治的、经济的、意识形态的,包括人文道德的这些东西。

比如写《一地鸡毛》,在那个小说里我展现的是大家身边的日常生活,叙述上用的语言也是人平时说话的正常语言,由于它的节奏比较快,所以大家都觉得好看。

到《故乡面和花朵》,遇到的最大的障碍是,大家都说看不懂。其实我觉得大家应该能看懂啊,因为我们每个人在生活中,每天都在胡思乱想啊,大概要占到整个时间的95%,而具体做的事情只占5%的时间,怎么会看不懂这个小说呢?

《一腔废话》也是这样,我专注的是人脑子里所想的那些乱七八糟的事儿,增加了跳跃性和语言的流动速度,这与平时大家的阅读习惯不一样,另外一个可能是我在语速上也存在问题,太密集了,大家读的时候不习惯。

记者:从《一腔废话》开始,你开始变得幽默了,甚至很贫,不再像以前那样苦口婆心、正义凛然、严肃庄重——

刘震云:这是对我的误读。这就跟抽烟一样,它不是我一个人在抽啊,很多人都在抽,有人抽红塔山,有人抽古巴烟,我可能抽的是中南海。摩罗说过,中国是一个喜剧社会,刘震云是一个特别坚持喜剧精神的作家,他没有一部作品里面不充满喜剧精神的,无非他用的是貌似庄严的口气在叙述喜剧的事。这个人写出来的东西深沉,但是他采取的写作态度特别不深沉。

我原来是写庄严喜剧小说的,比如我的《故乡天下黄花》、《故乡面和花朵》,差不多都是这样,连《温故一九四二》也是采用喜剧的态度来写的一个小说。

记者:《故乡面和花朵》写了八年,《一腔废话》20万字又写了三年,《手机》写了一年。这么长的时间,才写了三部作品,你怎么看待写作、时间和市场的关系?

刘震云:够了,对一个职业作家来说,他的下一部作品应该和上一部作品不一样,把不可能的事情变成可能,然后留下作品。职业作家要对这个语种和这个语种的想象力负责,对这个民族的想象力有一种归纳和引导。

写作就像是一个海,当我游了六千米之后,我身上穿的衣服被海水浸泡之后,它的重量已经超过我的体重,游泳就非常艰难,我写作的过程就是在游泳的过程中把外衣一件一件地脱下来。到了《手机》里,我觉得我脱得已经只剩下背心和裤头,游起泳来比较自由,到了一个自然的状态,到了自由王国的状态。我想《手机》里的第三部分有可能成为我今后写作的一个新的增长点。

《温故一九四二》

记者:听冯小刚说,随着形势的变化,《温故一九四二》的电影有可能启动了。

刘震云:有这可能吗?我不知道。从现在看,这个剧本已经比较成熟了,如果拍出来的话肯定是一个波澜壮阔、震撼人心的心灵史。这不是一个形容,也不是因为我们的写作能力,而是因为1942年这个事情本身就具备这种质量。

记者:这个小说采用的是调查体写法,它是怎么诞生的呢?

刘震云:与钱钢有关,他是我的好朋友,1990年的时候,他要搞一本《20世纪末中华民族百年灾害史》,仅仅因为我是河南人,就把1942年派给我了,一开始我没有意识到这是一个多么大的事。

当我真正深入到1942年的时候,我到图书馆里把过去的报纸,所有写1942年的书,涉及1942年河南旱灾的资料都找来看。另外一种方法就是回到1942年的幸存者中间去,这些人就是我的乡亲,这时候给我最大的震动就是他们都忘了,觉得那不是一个多么大的事。

1942年,日本人进攻河南的时候,蒋介石突然觉得这是一个很好的武器,就想把受灾的 3000 万河南人这个包袱甩给日本人,你占领这个区域你就要让这些人活下去啊。但日本人聪明,发现了,大兵压境,停住不走了。但飞机又轰炸,这让蒋介石摸不着头脑:你到底是占还是不占?政治真空中这些老百姓就这么给饿死了。这个时候你感到心里会受到特别大的冲击。

记者:它又是怎么成为电影的呢?

刘震云:《温故一九四二》历经磨难,包括创作的时候,原来小说是调查类型的,当时我和冯小刚商量,开过座谈会,当时反对的声音占到 95%,觉得是不可能的事情。开完会之后,当时中午太阳非常的毒,冯老师把我拉到树荫的地方跟我说,这个不可能可以变成可能的,然后我们就用最笨的办法进行了 60 年之后的再一次调查,到了河南、山西、陕西,又到了重庆、开罗,最后发现确实可以成为一个波澜壮阔和震撼的民族心灵史。

记者:你说这个小说也是一个喜剧。

刘震云:是大悲剧,也是大喜剧。我们这个民族特别容易遗忘,过去发生的事情,忘得特别快。1942 年死的 300 万人,你现在问他们后代没有一个人知道,连当事人都忘了,把这些事情全部地忘了。

如果只是把《温故一九四二》写成一个苦难史,那它绝对不是民族的心灵史。民族还有另一种表达的方式:一个人倒地了,后面一个灾民从这儿过,把前头人裤子"叭"一扒,拿着刀子就割肉,一割肉一疼,倒地的人又活过来了,说:"我还成。"那人马上说:"你不成了。"嘣,割下来。就说,面对这个东西的话他出来的是另外一种东西。这东西我觉得,可能就是真正的喜剧核心。我们的民族面对任何时候基本采取的都是这样一种乐观的排解方式。

众说纷纭刘震云

王蒙:《手机》是一部非常有趣的小说,写得非常生活化。震云是非常有特色的作家,他爱琢磨事,老在那琢磨,他有一个很好的创意和理念。比如《手机》如果往深琢磨,甚至觉得这个小说有点微言大义的味道。因为现代的小说是非常时尚的,而嘲笑现代性是比现代性更时尚的时尚。在刘震云的小说里,把手机写得如此淋漓尽致,又能够有所嘲笑和批判,这样和各种高明的、独树一帜的思潮和思想都能够联系起来。

我也喜欢他写农村,我认为刘震云的一大长处还是写农村,所以,这部书里很大一部分写吕桂花、写严朱氏,他写农村,写生活在城市现代环境里的农民的灵魂,写得特别的好。我记不清是谁说的,好像不是刘震云说的,有一位年轻作家说的,说"你们写农民不必到农村去,就是您楼上楼下、前边后边、跟你打电话讲电话的其实都是农民",他们也可能是教授、专家。他写的严守一、费墨都有这种农民的影子。

所以,为什么他写的作品容易被人接受,就是因为有生活气息。这种生活气息,包括他写的《一地鸡毛》等等,和那一批东西都一样的。当然,他也有一些特别撒欢的、突发奇想的作品,包括《故乡面和花朵》。我看报纸上说他"返璞归真"了,如果这么小年纪就返璞归真了,我觉得这个说法很幼稚,因为我这么大年纪还没有返璞归真呢。所以,我又觉得他的《手机》是非常生活、非常有思想的作品。有时候我又觉得他有一种嘲笑,对人性的一种嘲笑,有一种对农民的嘲笑,有一种对人际关系的嘲笑,这个嘲笑里面,有一点点——我绝对没有恶意——有一点点坏水儿。

我想应该怎么形容他,我想起一句广东话:"鬼马"作家刘震云。

"鬼马"有三种意思:灵巧、折腾等等。由"鬼马"发展出来的还有"鬼五马六",就是说胆子特别大的意思。我看完《手机》以后,把刘震云归为"富有创意、生活气息浓郁的鬼马作家",我觉得这方面他是独一无二的,无可替代的。

雷达:过去刘震云和我说过"文学的贡献在于不断为人们提供一种新的对世界的观察方法",我觉得他这么说正符合他创作的特点。我是感觉到,由于我们长期形成的思维惯性,形成了一个硬壳,这个硬壳使我们的语言、我们的思维变得老化和僵化,使我们与最鲜活的今天反而有隔膜,对有些东西我们很麻木,有相当的作品是这样的。像《手机》这样的作品,虽然是灵光一闪,但实际上通过手机想到了我们民族群体的最重要的一种现象。

我归结这个作品还有一个特点,就是由对若干人命运的关注,转而对民族群体在新的历史文化语境,包括在高科技的现实之下人们的现实生存状态的一种思考,所以有先锋的精神和传统的白描。它是对今天人们生活的思考。

陈晓明:我想刘震云确实是形而上地把中国的历史现实作了通盘思考之后写出了《手机》。这部作品是刘震云始终保持的对当代生活的一种理解,就是当代生活的缺失,对当代家庭的困惑。这一点他达到了当代家庭的高度,对乡土中国的透彻理解,对当代的中国都市文化保持严格的批判。毫无疑问,刘震云超出了他同一代的作家,始终能够在乡土中国和都市化中探寻一种价值。我想说,我有一点不满足,刘震云这么大的作家在《故乡面和花朵》之后,是不是应该提出更加有效的关于精神家园的探讨。

李敬泽:某种程度上,我们的文学、我们的电影、我们的文化现在缺乏的就是这种对于我们的生活、我们的经验具有威胁性的揭示。他让我们看到,现代生活在表面的自由和我们的为所欲为之下,我们实际上依然受着更为无所不及的那些权力的支配。我想在韩非的时代,一个人说话难,可以不说,可以回家种地当隐士;而在中国和世界现代化的时代,要不想让手机控制了你的生活,把手机扔掉,我觉得可能需要的是比在韩非那个时代当隐士更大的勇气和更不可能。所以,在这个意义上说,《手机》这样的作品,确实对我们的生活,对我们整个的生存状态,提出了富有威胁的分析。

  《手机》某种程度上回到了我们的日常经验,回到了我们的日常生活,回到了日常经验所理解的层面。但是,在那个拱门的顶端,刘震云已经写了《故乡面和花朵》,我想我们大家对他的作品都很熟悉。从《塔铺》开始,然后是《官人》、《故乡面和花朵》,然后《手机》。在这个顶端上,我们看到了《故乡面和花朵》是非常大的规模,有一种无意识的状态,对我们的记忆,以至于对我们整个历史和民族经验进行了一个非常庞大的、庞杂的归纳和表现。在这个规模之上和在这个规模之下,我们又看到了他从这个庞大的归纳和表现之中,又有很多很多的分支和主题派生出来,他所思考的问题,所想的方向没有变,但是他从《故乡面和花朵》那个滔滔洪流般庞杂的规模里抽出了一个分支,从中进行了进一步的清晰、明澈的处理。

原载《南方周末》2004 年 2 月 5 日

刘震云的勾当

李书磊

这些年我对那些陌生的作家喋喋不休地说过很多话,而对相交最深的刘震云却没有写过一个字。我只是冷眼地看着他写。见面也不大谈他的作品,甚至也不大谈文学,我们好像都在无意中避讳这个话题。今年刘震云突然送给我一本他写的书,《故乡天下黄花》,我读后不禁大恸。这书写的是故乡的事,写的就是我的父祖和兄弟,他们凄凉的人生,他们受的罪,他们做的恶。这故乡黄花的意象既温暖,又伤心。故乡遍地的黄花叫"七七芽",小时候有口无心地背着传下来的童谣:"七七芽,开黄花,问你们两口谁当家。"谁当家都一样,过的都是黯淡无光的生活,而黄花每年都鲜艳地开放。我和刘震云是同乡,相隔几十里路。

《故乡天下黄花》我没有当成小说读,我把它当成我们故乡的历史;刘震云对我来说首先也不是一个作家,而是一个朋友。1978年我们一起考进北京大学。震云大我几岁,领我去看天安门,至今我还保存着我们那一日的合影,两个从豫北田野来的乡下孩子茫然地望着那巍峨的天安门。当时我们都穿着整齐的中山装,扣着风纪扣,震云还夹着刚买来的画夹,看起来像一件拿错了的道具。刚入大学那会儿震云迷上了绘画,很临摹过一阵孙悟空和杨贵妃之类的人物画像,大概是想增加点琴棋书画的高雅修养,但后来不见太大起色,遂作罢。他的小说却是出手不凡。他的第一篇小说叫做《瓜地一夜》,投给了当时北大五四文学社的社刊《未名湖》,稿子送到就轰动了。这小说的情节我已经有点模糊了,但小说中看瓜老头的一句话我至今记忆犹新。震云笔下的看瓜老头说:"×他妈,看瓜就得吃他个肚儿圆。"——当然看的是生产队的瓜。可见出就在那个时候震云对人心世故已经有了很高的觉悟。写《瓜地一夜》也就是大学二年级吧,那时候我还在写一些大而无当的豪言壮语。所以后来震云写出《官场》、《官人》、《单位》这样的世俗小说我一点也不奇怪。他对社会和人生早就看得很透,早就存着一种现实主义的慧心,即使当学生的时候也没有学生腔。念大学期间他对我的指点使我终生难忘。有一次我们在一位老师家聚会,在座的有一位陌生的女客也是北大教工。聊起来时我随口询问那女客:"你是教什么的?"非常不巧那客人是搞行政的,而且是因为工农兵学员出身而上不了讲台,当时正为此而闹情绪,我这一问可以想见气氛有多尴尬。过后震云对我说:"你这问得就太唐突了。你应该问:'你在哪个部门上班?'"我当时如悟禅机,诚惶诚恐地点头。那时候社会才开始解冻,而我们聊天却多无顾忌。一天晚上我和震云在校园散步,路灯把我们的身影一会儿缩短,一会儿拉长,这时候震云对我说:"说话要注意。像咱们这样近的关系说什么都没有关系,有外人的时候要防人打小报告。"那种推心置腹的关照让我很感动,当时我也觉得震云有一种深不可测的成熟,并不像照片上看起来那样茫然。两人行即有我师,何待三人!

震云身上有种东西在当代作家中是绝无仅有的,那就是他对这世界比较彻底的无情观。他坚定地认为结构是一个笼,人是一条虫,人在结构中生活就像箱笼中虫在蠕动。在他笔下诸如爱情之类形而上的东西都显得子虚乌有,人本质上是低贱而丑陋的,甚至连低贱和丑陋也说不上,因为本来就没有什么高贵与美丽:人就是那么一种无色的存在,亮色或者灰色都是一种幻觉。这种意念不能说对,也不能说错,是对是错其实无关紧要,值得注意的是他的彻底性;这种意念的彻底性使他最终达到了一种心平气和的境界,使震云对人与社会的批判归于一种娓娓道来的冷酷而不是张牙舞爪的激烈或者落花流水的感伤。什么东西一经彻底就有戏,就有光彩,就显得炉火纯青,这种道行的确是凡人莫及的。平常的人们不得不随波逐流然而又牢骚满腹,总有那么一点浪漫主义念头却又没见过谁真的去殉情而死,既没有大彻大悟的大智也没有我行我素的大痴,都是些不生不熟,不尴不尬的半吊子。震云则无疑是一个得道者,他看社会一下子看到骨头里如庖丁解牛,他对人自身深刻的蔑视表达出来却是那样的轻松而从容。得道与否并不完全取决于经验,正如成熟与否并不完全取决于年龄;得道需有一种慧根,而成熟其实也不是一种年龄分界而是一种性格类型,不然就很难解释为什么大多数人一生饱经波折到一命呜呼时也还是糊里糊涂。当然,震云达到现在的境界也是有一个修炼过程的,他《塔铺》时代的作品就不无情碍,写得不够透彻,结尾也很无风格,远不像后来的《单位》、《一地鸡毛》那样纯粹而完整。从这个意义上看,震云是一个终于脱颖而出的恶毒的天才。出这么一个天才可称是吾乡之幸,是苍天对我们家乡祖祖辈辈所受苦难的一种补偿。

震云在日常交往中处事往往能处得圆,没有一般文人的清高、孤傲或者狂狷,我想这大概颇得他的上司的好评。他对现实人生颇蔑视但并不厌弃,看得很透但也入得很深。有的人入得很深以至于丢失自我,有的人看得很透以至于弃绝了生活,前者往往成市侩,后者往往成隐士。震云避开了这两种歧途,他看得很透反而除去了包袱,能够轻装投入,在"一地鸡毛"的生活中游刃有余;但他同时又能对自己所经历的一切有一种反观,并把这种反观融于小说之中。他的经验可以说是大俗,而他的创作则是一种大雅。没有那种大俗何来大雅。震云的笔多指向官场,而他自己就是一个既能当官,又能创作的人。震云现在已混到处级，照这种混法前程正不可限量，都说"文章憎命达"，其实那不过是古人的一种迂腐，并不是那么回事。真正的通人能够世事洞明成学问、人情练达做文章。在这方面震云将来可以以王蒙为师。祝愿我的同乡、同学、同行和朋友刘震云官运亨通、文心不死。

在我现在下乡锻炼的青龙满族自治县，我新学到了一个词叫做"勾当"。"勾当"在这里并不是我们通常所理解的那种贬义。这里说"这个人很有勾当"、"店铺里的那种勾当"的"勾当"是当"本事"、"成就"、"内容"来讲的。我非常喜欢新学到的这个词，很愿意把它送给震云，因而这篇随笔就名为《刘震云的勾当》。

原载《文学自由谈》1993年第1期

刘震云其文

孙 郁

  我做记者的时候,看到刘震云写的小说《新闻》,颇为惊讶,好似写的就是记者圈子里的故事,只不过真名被隐去罢了。那时候我还没有见过他,对其风采了解甚少。有一次召开王蒙小说的研讨会,他来了,出语惊人,对人、对文,都了如指掌,话语也恰到好处。那时候就觉得,他是一个颇能解析人的心态的人。
  文学常常要涉及人的隐秘,小说家在自己的世界里谈龙画虎,是有一种尺度的,虽然每个人都不一样。刘震云写小说,以故事的平凡引人入胜,他在曲折与缠绕里写复杂的世间,用的是写实的笔法,气质里有古典的精神在。他的小说,让人思考人生的价值,常能看到智性之光对世俗的照耀,使其有了一种哲学的力量。小说家读人要深,他们能够在作品里天马行空,必有智慧的支撑。
  刘震云写了许多好的作品,其中《一句顶一万句》乃一部奇作。在这里他把智慧发挥到了极致。小说以白描手法写人间万态,但笔触颇有控制,留下许多空白让人思考。他以睿智的眼睛,看出人世间的荒谬。那些可笑、可叹、可感的存在,都从文字里淡淡流出。宽恕人间、超越伦常的诗意的灵光,暖着读者的心。他这种智性令人欣慰着。生活的诸多不幸,之所以还能被克服和超越,大抵因为世间还有智慧所发出来的光。而有光在,我们便充实,便有努力下去的勇气。
  刘震云早期写的《塔铺》,乃乡村青年命运的一曲悲歌,但绝境里毕竟有梦的流动。可到了《一地鸡毛》那里,很像王安忆的《本次列车终点》,梦消失了,无尽的烦恼与纠葛,人与人的隔膜以及风俗里非人性的因素均显露无余。人落入平庸与无趣的窠臼,除了衣食住行的琐碎时光,诗意早已无影无踪了。《一地鸡毛》一波三折,绕在矛盾的漩涡里,一个困境接着一个困境,一个圈套连着一个圈套,大家都在一个陷阱里。青年人的生活完全处于劳顿的无奈。住房、工作、孩子上学,世俗时光磨去了一切。主人翁小林原来是个有理想的青年,从乡下到大学再到留京工作,看样子是步步青云,但面对汪洋般社会,个人渺小到无可奈何。描述这种人生,刘震云显得耐心和冷峻,在他笔端流露着对生命的关照,怜悯、爱意都有,其间不乏对人间潜能的召唤,且里面不都是消沉的发泄。如此写实之笔触,消解了凡间的紧张,那些洞明灰暗的目光,把灵魂提升到一个透明的世界了。这不禁让人想起契诃夫小说里的小人物的命运。契诃夫写小人物，对着的是奴性文化的宿命的存在，有天网恢恢之感叹，那爱意深藏其间，常常余音不绝，只能慢慢品味。刘震云似乎没有这种精致，但那手术刀般的笔，切着人的肌肤，让人有疼痛的感觉。

刘震云其文，从来看不见华丽辞藻的渲染，也没有浪漫的高蹈。平实与简约之笔，却有厚重的感悟在。越是自然的叙述，越有深奥的地方。这样举重若轻的创作经验，多来自自身的悟性，以及超俗的思考。萧伯纳和狄更斯如此，张天翼也有类似的笔触。正如托尔斯泰所说，小说家不是发现真理，而是创造真理，这是对的。

原载《前线》2013年第4期

研究论文选辑

生活流·文化病·平民意识
——刘震云论

白 烨

刘震云作为一个作家而知名,是以《塔铺》崭露头角的。在此之前,他虽然已发表过《乡村变奏》、《栽花的小楼》、《大庙上的风铃》、《罪人》等作品,但因艺术个性尚不突出,还不可避免地淹没在波谲云诡的文学大潮之中。《塔铺》是一个漂亮的亮相,它在自然而然的生活流动中显示出农村青年在生活和精神的重重负累中的艰难挣扎,在"写什么"和"怎么写"两方面都表现出了作者自出机杼的独到追求。

《塔铺》之后,刘震云连续发表了《新兵连》、《头人》、《单位》、《一地鸡毛》、《官场》、《官人》、《故乡天下黄花》等作品,迭次在文学界和社会上引起较大的反响。他写乡土,写城市,写平民,写"官人",似乎憋足了劲要把五行八作都写出个"子丑寅卯"来,而他笔下的种种世态人情,也犹如澄水鉴行,丝毫无遁,令不平者见之色怒,自愧者见之汗颜。

说来也怪,刘震云所写的那些人和事,既是生活中屡见不鲜的,也是别的作家似曾写过的,但你读起来总觉得有滋有味,非同一般。究其原因,主要是刘震云用一种"生活流"的叙述方式直情径行地显示现实社会中种种习非成是的生活现象,在不动声色、不露痕迹中揭现其丑陋和病态的本相,让人们在不经意中得到惊悸和震动。应当说,刘震云是以"生活流"的方式表现自己对中国文化和生活中特有的"文化病"的发见的,而这其中又流贯和萦回着厚重而沉毅的"平民意识"。这种"方式"、"内蕴"与主体精神的内在粘连和独到融合,正是刘震云之为刘震云的个性特质所在。

一

刘震云从《塔铺》、《新兵连》开始,就表现出注重群体心理定势,不重人物个体性情的倾向。这不仅表现在他作品中的人物往往以姓代名或以外号代名,很少有个正经的名字,而且还表现在他着墨运笔常在于摹写人们彼此相近的共性而非彼此迥异的个性上。在《塔铺》那个高考补习班里,"我"、王全、磨桌和耗子,苦衷各有不同,却都为了改变苦焦人生的相同目的而奋力挣扎;结局也彼此各异,但都带着相似的创伤和失落步入人生。共同的生活环境孕育出的这一群人,连优点和缺点也都大同小异。这在《新兵连》里表现得尤为明显:老肥、元首和王滴,为了争当"骨干",相互看不起,暗中使绊子,为求个人进步而踩踏别人的方式何其相似,主导他们行为的思维模式也是同一个,那就是重利轻义的"小农意识"。他们在相似的社会环境和文化氛围下形成的人格带有内在的趋同性、共通的偏斜性,他们之间的碰撞和摩擦也带有一定的病态性,因而那种孜孜矻矻的奋争总伴有悲悲凄凄的际遇,就不足为奇了。

写"这一群"而不是写"这一个",实际上反映了刘震云对国民人格的认知和思索。在他看来,客观的文化——经济环境对于人格结构的形成具有决定性的影响,而这一旦形成又带有极大的群体性和顽固性,个体的人因而更多的是一定文化指令的符号,而不是独立自为的生命个体。他们即便进入新的生活领域,也常常在适应环境和认同现实中走向文化依附和人格趋同,从而渐渐使个体融入整体,使并不充分的个性逐步退隐乃至消失。

刘震云的这一人生认识,在《单位》和《一地鸡毛》里表现得更为典型。某部某局某处这个"单位","官""民"们都活得很不轻松,原处长老张升任了副局长打破了局级干部的平静,他所留下的空缺又引起了孙、何二位的并争;小林为争取入党谁都得巴结,偏偏同事间又不和,巴结了这一个得罪了另一个,临了苦心与苦力全都白费。在这里,当面吹吹拍拍,背后喊喊喳喳成了某种风习,新来的小林由不习惯到习惯,渐渐变成了连自己都感到吃惊的"演员",委实是"单位"这个"舞台"派定和演练出来的。他无力对抗"单位"的既有风习,又要以表现好来解决住房问题,生存需要迫使他用"自我"来适应这些世俗的"共性"。小林在人生的另一"舞台"——家庭生活中又如何呢?《一地鸡毛》告诉我们,收入少、地位低和"不会混",使他无法让孩子入托,无力办妻子的调动,只能过"二等公民"的不如意的生活。小林在酒后向妻子吐露了一席真言:"其实世界上的事情也很简单,只要弄明一个道理,按道理办事,生活就像流水,一天天过下去,也蛮舒服。"这最清楚不过地表明,小林在艰窘的生活面前已通过调整自我走向随遇而安。当人们抗拒不了生活中的庸俗的时候,最方便的出路便是自我退缩,充当一个庸庸碌碌的小市民。从此,"单位"有了一个和顺的职员,社会多了一位世俗的市民,而一个生气勃勃的大学生却永远消失了。世俗的社会生活如何按照它既定程序雕琢人、改变人,小林的蜕变真是个现实之至、典型之极的例证。因此,与其就刘震云在这里写了"这一群"中的"这一个",不如说他是写了"这一个"是如何消融于"这一群"的。

二

刘震云的作品在世俗人情的自然倾泻中,既让人觉得那是"会有的实情",又让人从中体会到某种讽喻的意味,说真诚悃愊无华,说嘲讽又入木三分。这里我想起鲁迅先生谈到高明的漫画作法时说的一句话:"廓大了一个事件或人物的特点固然使漫画容易显出效果来,但廓大了并非特点之处却更容易显出效果。"①刘震云正是深谙个中奥秘的高明漫画家,他紧紧抓住生活中最屡见不鲜的人际纠葛,把深陷其中的人们的自然心态在对比中加以"廓大"性描绘,人伦人际关系中那些荒谬的、病态的庸俗东西便公然地裸现了出来。那些自然形态的"污垢"因其比比皆是而又毫无做作,益发引起人们的自省与自愧。

最早使人们感叹不已的是《新兵连》。那老肥、元首和王滴,想在新兵集训中表现好一些委实是最正当不过的愿望,然而又都普遍地不择手段,结果使他们互相构成了对手,陡然增加了障碍。令人惊愕的是,他们压根没有公平竞争的意识,一想到自己的进步,便想到如何使他人落后,他们的这些想法和做法几乎是不约而同而又自然而然的。作品中揭示的这一现象,因触及到我们人际关系中最普遍的问题——非生产性的东方式嫉妒,而令人遐想和深思。

阻抑群体合作的非生产性嫉妒的普遍性存在和经常性发作,有着多方面的原因,也有着多方面的表现。刘震云在《官人》、《官场》里写的在"尚官"、"拜权"的落后文化意识影响下,干部阶层的一些人自觉不自觉地陷入这一文化"泥沼"的情形,也是很令人触目惊心的。

《官人》里某部某局的八个局长,本来就是三个派系,调整领导班子的导火索又使八个人变成了五派。有传闻说不留老袁,其他人心中暗喜,老袁闹起了情绪;又传说留老袁了,老袁的对头老张便联合了老方整老袁,老袁的盟友老刘、老丰调转枪头并拉拢中间派老赵也搞老袁,并暗中递上去了包含有经济、作风等三大问题的倒老袁材料。腹背受敌的老袁不甘示弱,先笼络住老赵,又拉过来老丰、老刘、老李、老方,瓦解了反对派联盟,集中矛头对准老张、老王。谁知部里一纸命令下来,老袁、老张调,老方、老刘、老赵、老丰退,留下了老李、老王,另新派来三个局长。不久,新班子的五个局长也分裂成了三派,矛盾又愈演愈烈。当然,他们的如此行状也各有各的由头:有的是认为自己的身体和精力尚能再干几年,有的是尚需借职权改善住房、安排子女,有的是认定只有自己的

---

① 鲁迅:《鲁迅全集》(第6卷),人民文学出版社,1981年,第185页。

才力才能把这个局的工作真正干好,有的则是出于别人不下凭什么我下的心理。在你争我斗的背后,都有不够平衡的心态,都有不便言明的世俗理由。从他们身心交瘁、疲于奔波的苦衷中,人们也不难感受到传统文化中的病灶与现实生活中的弊端融合一体后造成的种种悲哀。

比较起来看,《官场》里的县委书记金全礼,多具事业进取的雄心而少有踩踏他人的痼疾,但当他作为一个"棋子"摆在生活中的庸俗情态这个"棋盘"之中,也不可避免地成为别人觊觎乃至攻击的目标。金全礼被提为副专员之后,便无可奈何地陷入了一种复杂而微妙的关系:他既得处理好与省委领导的关系,又得处理好与县级干部的关系,更得时时防备来自同级干部的纠缠。他在错综繁复的碰撞中终于彻悟了:"什么专员不专员的,谁想当谁当。"安于现状的心态中,也显露出他被世俗情态困扰的几分厌腻。庸俗的文化氛围造成了病态的人际关系,病态的人际关系又造成了病态的庸俗生活,置身于其中的人们,如不具清醒头脑,或会变得好争善斗,会或变得与世无争,最后以一种病态的倾斜迷失了原有的自我。

刘震云在《诉说衷肠》的创作谈里曾说道:"领导也不容易,整天撕撕拽拽,纠纠缠缠,上上下下都要照顾,需要动心思,何况他们也是人,也有七情六欲。儿不易,爹也不易;下级不易,领导也不易。"这一席话是真诚的。所有的人都不易,是因为同在一个大文化圈子中,个体人格带有共同的传统文化遗传因子,相互的关系又受制于一定的社会心理氛围。人要免俗很难,想要超越更难。但话又说回来,一定的人格和一定的文化实际上是一种互动的关系,它们可以相互影响又可以相互重造。从这个意义上说,我们要反思我们所置身的文化氛围中的某些落后方面,也要反省我们的人格本身的弱点。如不切实考虑从自己开始改变些什么,那生活可真就可叹可悲了。刘震云揭开生活中庸俗的面纱把它的本相显示给人们,其真实的用意也正在这里。

三

在刘震云"生活流"式的作品中,人们明显地感觉到他的叙述越来越走向琐细化,结构越来越走向散淡化。《一地鸡毛》是这样,《官人》是这样,《头人》和《故乡天下黄花》更是这样。但当你读完这一部部作品,不仅不觉得累赘冗琐,反有一种意犹未尽感。其中的缘由,显然在于他化有形为无形,寓有序于无序,以一种依流平进的叙述传达自己对于社会—文化生活某些方面的深切感知:热闹的事象,单调的底里,多变的世情,不易改变的俗心。由局部的浅陋、世俗而构成整体的深刻和"象征",已使刘震云有力地超越了传统的现实主义的艺术模式。

《故乡天下黄花》是刘震云的第一部长篇,也是刘震云迄今最具分量的作品。这部洋洋25万言的故乡变迁史,寓社会的宏观把握于乡土的微观描绘,缩历史的巨大身影于小小的村史演义,在文化底蕴上构成了对传统的乡土题材模式的有力反拨。

大致追踪了刘震云的创作足迹之后,我们便会发现,这个被称为"新写实小说"主将的作家的丰厚作品确非"新写实小说"的单一角度所能概括,他的创作以自己独有的艺术风范在当代文坛别树一帜,写在这面旗帜上的,是四个醒目的大字:"平民意识"。

"平民意识"表现在刘震云的创作中,首先是艺术形式上的平易与平实。他一方面精心选取那些最能表现普通人的人生境状和生存方式的生活事象,一方面又恬然采取循依生活客观流向的自然铺陈的叙述方式,使作品以一种隐匿主观评判的客观性和逼肖生活原生状态的纪实性,给读者以一种少教化、不虚妄的印象,从而平添了一种亲近感、真实感。但实际上你读了作品之后,它本身所隐含的那种生活的混沌性、文化的抨击性,又迫使你用心思量和读解,从而不由自主地参与到作品的意蕴创造中去。由此看来,刘震云的那种明为写实性实为开放性的叙述方式,实际上还是不高看自己,不小看读者的艺术平等意识的一个体现。

刘震云的"平民意识",更多地表现在他看取人和事的人生的和艺术的态度上。在他的作品中,当"官"的并不神圣,做"民"的也不卑下;光彩赢人处不打折扣,丢人现眼处也不加掩饰。他那一支笔对谁都是不留情面地剥去世俗外衣,一视同仁地把裸真的原形和本相揭示给人看。他看事也是不夸饰大事,不忽略小事,不钦羡胜事,不贬抑败事,一概用普通百姓的平朴眼光看取一切。在他的笔下,老张升任了副局长与小林家的一斤豆腐馊了分量是相等的,马村事件中"村头"孙毛旦的以身殉职也并不重于两岁的王小妮的无辜身亡。巴尔扎克谈到历史学家的职责时曾说道:"他的使命就是不偏不倚,不幸的人和有钱的人在他笔下应该一视同仁。"(《〈农民〉献辞》)刘震云正是具有这种历史学家的态度的。史学眼光与平民意识的融合,使刘震云对每一个生命个体都高度重视,对每一桩生活小事都格外关注,而且每每以微知著,以小见大。

对于"平民意识",我们一般多在与"贵族意识"的对立意识上去理解,实际上它的涵义要宽泛得多。它既包含有面向广大的人民群众创造他们喜闻乐见的艺术形式的内容,更包含有站在人民大众的立场上,表达他们的生活、情绪和向往的内容。从这个意义上说,"平民意识"也是"人民性"的另一说法。刘震云的作品,是当代作家中最具"平民意识"和"人民性"的创作,它比任何别的作家都更为重视"属于人的光荣"和"凡人的幸福"(彼特拉克语)。这不仅在于他由别的作家所忽略的平淡无奇的日常生活领域发见并描绘了当代人的独特的生活形态与心态,还在于他在这一幅幅现实生活图景中蕴含了一种在文化批判中呼吁群体的人格结构、价值观念和生活方式的更新与重构的强烈意愿。刘震云无疑是赞同歌德关于"人"的这一观点的:"只有全体的人才能认识自然,只有全体的人才能过人的生活。"①在整体人性的艺术审视中,力主人在不断的自省、自醒、自新中摆脱樊篱、回复自身和健康发展,这是萦绕在刘震云所有作品中的一个潜在的总主题。我甚至觉得,刘震云的这样一个主观意向在他的一些作品里似乎过于显露、过于直白了一些,从而在一定程度上影响了他的作品的文学性意味。我以为,写得再蕴藉一些,更柔婉一些,对于刘震云或许不算是多余的建议。

宏观地说,在当代文坛,刘震云稳扎稳打而又有声有色的创作,以其引人的可读性、强烈的现实性和深邃的启悟性,加强了小说创作直面现实、关注时代、切近读者的倾向,从而在文学的总格局中占有了自己一席重要的地位。当然,无论从整体文学的发展看还是从个人的创作进取看,正当年富力强的刘震云都应不满足于这个已有的地位,而他有能力获取无愧于时代、无愧于自己的更大的成就,也是毋庸置疑的。

原载《当代作家评论》1992 年第 1 期

---

① 转引自《费尔巴哈哲学著作选集》,荣震华等译,商务印书馆,1984 年,第 48 页。

漫评刘震云的小说

陈晓明

最近一段时期,关于刘震云的评论有如这深秋季节的落叶:纷纷扬扬堆向了文学的谷底,而我也不能免俗,卷进这堆落叶之中。

或许我能找到理由勉强为自己辩护,使我在扮演一个跟着起哄的角色时不至于那么拙劣?尽管这样我又不得不承担自以为是的风险,我还是要说,刘震云的最重要的特色——反讽,并没有得到恰如其分的解释。

反讽(irony)可以简要理解为:对某一事件的陈述或描绘,却原来包含着与人所感知的表面的(或字面的)意思正好相反的含义。"反讽"作为一种修辞手法在文学写作的历史中由来已久,在中国现代,鲁迅就是一位运用"反讽"的高手。不过"反讽"在中国80年代后期走俏文坛,未必是继承了鲁迅的光荣传统,它更有可能是对约瑟夫·海勒的《第二十二条军规》的借鉴(即所谓的"黑色幽默"小说)。然而,作为一个时代的文学风格,作为一个时代处理生活的方式,"反讽"在80年代后期为青年一辈作家所看重,却又是必然的。1985至1986年,批评家从刘索拉和徐星的小说中读出"黑色幽默"或"蓝色幽默",这显然是一次夸大其辞的误读。在我看来,在1986年之后,"反讽"才真正在中国的现实土地上扎根。

虽然在这里我难以追溯刘震云写作的来龙去脉,但还是可以看出一以贯之的精神:那就是对小人物或底层人的生存境遇和生活态度的刻画。显然,刘震云的"反讽"并不像同辈作家那样仅仅来自对"黑色幽默"小说的借鉴,它更多来自契诃夫和中国笔记小说、杂文一类的古典传统。"反讽"的笔调使刘震云与同类作家相比别具一格且技高一筹。如果仅此而言,刘震云不过是个笔法娴熟的能工巧匠而已,在写作的工艺学的水准上就可以给出他的准确位置。然而,我在刘震云的"反讽"中看到一种更为有力的东西,我看到刘震云试图运用"反讽"去解开人类本性与制度化的存在结合一体的秘密。正是在把"反讽"的触角伸向整个生活的网络的同时,刘震云揭示了日常琐事中令人震惊的事实。那些习以为常的生活小事,那些凭着本能下意识作出的反应行为,其实都可以看作是受强大的权力关系的力量所支配的结果。人们自觉认同权力的结果,就足以使权力渗透进我们每时每刻的生存,渗透进家庭的每一个角落。这种关系已经构成现代社会的重要本质,构成我们生活的重要内容,而将这种关系庸俗化,也势必构成它对人们生活的消极影响,这就是刘震云的"反讽"有现实性的根基所在。

关于权力,哲学家、政治学家和社会学家已经谈论得够多的了,以至于约翰·加尔布雷思在其名著《权力的分析》开首一节就写到:"很少有什么词汇像'权力'一词这样,几乎不需考虑它的意义而又如此经常地被人们使用,像它这样存在于人类所有的时代。通过王权和荣誉的结合,权力被包括在对超我存在的圣念式的赞誉之中,每天,有成千上万的人都要和权力打交道。"①伯特兰·罗素认为,"人类最大的、最主要的欲望是权力欲和荣誉欲"②。马克斯·韦伯给权力下的日常定义是:"权力是把一个人的意志强加在其他人的行为之上的能力。"③显然,韦伯只说出了权力的社会本质,而忽略了权力的社会运作(存在方式)。在米歇尔·福柯看来,权力无所不在,并非因为它有特权能使万事巩固在它战无不胜的整体之下,而是因为它不断地产生出来,在每一点中,或更确切地说在点与点之间的每层关系中。福柯解释说:"权力不是一个机构,不是一种结构,也不是我们具有的某种力量;它是人们给特定社会中一种复杂的战略形势所起的名字。"④不难理解,福柯的"权力"是一种具有特定含义的社会文化概念。福柯在解除"权力"的主体功能时,无限制拓展了"权力"运作的领域,这样,福柯使人们意识到谈论"权力"并不是去冒某种政治风险。

我想,划清楚权力的理论前提(或界限),再谈刘震云的小说会更轻松些。显然,刘震云所写的出发点是对"底层人"(小人物)的生活境遇的关注,他的成名之作《塔铺》足以表明那种底层生活的苦涩是如何构成他的叙事基础的。

《新兵连》写了一群农村兵们的故事,不仅仅写出了一种真实、朴实的军营日常生活,更重要的是,他揭示了在那种"主动"、"积极"的行为背后的世俗网络的制约。李上进如此看重"入党",并不是因为他个人对政治生命特别重视,而是因为这是普遍的价值标准。有的老兵直到复员还不能"解决"——用李上进的话说:"那真是丢死人了。""入党"成了李上进的心病,他的悲欢忧乐全都围着这道轴心旋转。他由一个渴望上进的老兵沦落为阶下囚,这确实是一件令人不可思议的事;然而,对权力的世俗理解以及对世俗权力的强烈认同的愿望,与对失去被世俗秩序接纳的恐惧,不过是一枚硬币的正反两面。这是一次绝望

---

① [美]约翰·加尔布雷思:《权力的分析》,陶远华等译,河北人民出版社,1988年,第1页。
② [英]伯特兰·罗素:《权力:一种新的社会分析》,英文版,W.W.诺顿出版社,1988年,第2页。
③ [美]约翰·加尔布雷思:《权力的分析》,陶远华等译,河北人民出版社,1988年,第2页。
④ [法]米歇尔·福柯:《性史》,张廷深等译,上海科学技术文献出版社,1989年,第91页。

的误会,倒霉的只能是李上进。"这样光身子我是宁死不回家。"没有解决党票,那是无颜见江东父老的,"光身子"未必是李的自我感觉,还有无形的世俗压力。

刘震云对"底层人"的命运的关注,以及倾注笔力去刻画他们被无形的世俗力量任意摆弄的生活境遇时,显示了他的机智与敏锐。这些无聊乏味的日常生活因为世俗的权力关系的庸俗化的侵蚀而全部变了质,它们是权力的庸俗化消极运作的直接产品。如果说在《单位》里,刘震云刻画了权力网络是如何决定并且支配人们扮演社会角色的方式;那么《一地鸡毛》则写出了权力网络向家庭的延伸,那些家庭琐事以它习以为常的惯性同样(乃至更深刻地)表达了庸俗化的权力的生产过程和方式。

小林和老婆,当年的大学生,也曾经立过雄心大志,然而,残存些微的生活意志也被艰难的日常生活改变成患得患失的小市民心理。也许这篇小说的主题可以读成日常生活是如何把人们变得卑琐,然而,小林们又是如何变得卑琐,在日常生活背后隐藏着强大的力量支配着生活的运作方式。小林必须去排队买豆腐,必须求人为老婆办理调动,为孩子入托。小林的生活总是发生一系列的错位(各种差错);老婆坐公共汽车并不是因为领导体恤群众,而是沾了局长的小姨子的光;孩子入托也并非邻居发善心,孩子不过充当了陪读的角色;老婆调动又因为搭错了线而前功尽弃等等。小林这个毫无职权的小人物,他的所有的困窘,都是因为处于那个对于他来说无法摆脱的权力的限制中。

《官人》显然是在这一意义上嘲讽了某些陷入权力争斗的庸俗官们。八个局长窝里翻,搞小宗派,钩心斗角,打小报告,整材料,明枪暗箭,目的无非是把对手搞下去,维护住自己的权力位置。调整班子激化了本来的矛盾,各种手法都用上了,然而权力是一个巨大的网络,庸俗的官们同样逃不脱权力运作的愚弄,结果他们都事与愿违。当官确实不容易,因为还有比你更大的官,官大一级压死人,老张身为常务副局长,却对副部长的小秘书极尽巴结之能事,陪着小秘书钓鱼不算,还不惜坐在前座上抱着已经睡熟的小秘书的小女儿,足可见其卑躬到何地步。刘震云说:"下级不易,领导也不易,这才叫辩证唯物主义。"[①]我难以断定这是否是真正的辩证唯物主义,但仅仅在这一意义上,刘震云多少抓住了辩证法的实质:没有权力固然要经受权力的制约,然而有了部分权力可能要承受权力更加全面的控制。

总之,在我看来,刘震云的反讽,并没有局限于审视所谓"生活的原生态"的喜剧效果;也没有停留在对"底层人"、"小人物"或拥有部分权力的"官人"的卑鄙庸俗行径的刻画上;更为重要的是,刘震云的反讽是建立在对权力的庸俗化

[①] 参见《中篇小说选刊》,1991年第4期,第94页。

方面及其支配日常生活的存在方式观察基础上的,因此才具有意识到的历史深度。刘震云的那些主角,不管是小人物,还是掌握部分权力的"官人",总是自觉认同权力秩序所带来的庸俗性方面,最精彩的反讽效果正是在他们自觉确认被秩序化歪曲的社会角色时产生,刘震云巧妙运用人物自己的语言(例如前面提到的"老肥"、李上进和老张的语言),给出人物的社会位置——这些位置被人物看成是天经地义的、甚至是理想的,然而,实际上,这些自以为是的"位置"不过是在扮演一些喜剧性的社会角色而已。

在中国步入现代化的改革时代,刘震云高度的社会责任感值得赞赏,如果我们并不主张回避现实矛盾的话,那么就应该肯定刘震云存在的价值。

原载《文艺争鸣》1992年第1期

躁动的灵魂和艰难的人生
——刘震云小说主题论

王必胜

小引

写下这个题目,我自惑然,作为人类情感的艺术表现的小说,揭示灵魂,透视人生,原本题中应有之义,于任何一个作家来说似不可或缺、也不新鲜独异。

但我在读了刘震云数年来的大部分作品后,我执拗地认为,作家是通过对历史变革期各种骚动焦躁的灵魂的透视,来书写沉重人生的不同心态,揭示出历史多彩多色的图画。他写激进者的痛苦追求;落伍者(主要是农民)持重沉稳的顾盼徘徊;新生的顺时而动的潮汛和方死的回流暗涌;浓重的政治衣袍和沉郁的文化坚甲包围着一个个有着深深的政治烙印却又不乏某种独立品格的灵魂,成为震云小说人物独具特色的光点。由此,可以说,他的小说蕴含着厚重的人生意味,从中能品尝到青年作家对生活独特的思索和开掘。

先哲们说,生活是一部流动的大书。人生是有价值的"阅读"。小说则是作者的"读书札记"。面对艰难时世,坎坷人生,作者的笔沉滞凝重,他要描画的那些饱尝历史的甘甜苦辣后的种种人生况味,更多的是将同龄人们在沉闷的政治氛围里追求的痛苦和痛苦的追求表现、揭示出来,让生活对人生的缺憾和馈赠汇聚于笔端。

当今小说的艺术变化被称为多元发展,但仔细梳理,还是有其脉络可寻的。有的论者认为是视角的转换,比如童年视角的不确定性,现实底层人的生活吸引作家的兴趣等。我认为,这种视角的变化不独为某一时期艺术的潮头动势,而远在被评论家们忽略的时候就业已出现,也并非个别现象。也许是因为人们的审美趋向容易关注"热点",只注意轰轰烈烈的而对其余忽略不计了。但恰是不少作家恪守着自己笃信的艺术基点,踏实精进地奋斗着,显示了发展的实绩。

刘震云的小说似又作壁上观。它们真是刻画灵魂,以描摹显示细琐的人生世态见著。作家的艺术支点是写实的,是视角沉稳坚定地描写人生繁难、困惑、追求,以至无情地解剖历史的欺瞒和不幸。一幅幅艰难的人生图景中跳荡着一颗颗有幸和不幸的灵魂。

缺憾者的梦

　　同新时期新起点的作家一样,刘震云试笔之初,历史正发生着深刻巨大的变革,一场由农村开始的经济改革浪潮卷地而来,影响和改变着人们的惯常生活。商品经济的发展打破了过去讳莫如深的"金钱"观念。无论是都市大邑还是山野乡村,商品经济的大手,默默而多情地伸向生活的每一个角落,改变和制约着人们的思想、习俗和行为。出生于农村、熟悉农村而又从业于农村工作(刘震云大学毕业至今一直是《农民日报》的记者)的作者,开始他的小说创作时不能不有这样的生活触发和艺术选择:表现农村经济变革中的人情世态,写千百年来生息劳作在大地上的农民于新生变革后的各种复杂的人生情感。

　　刘震云创作的初始阶段,大都写这一类题材中的政治干部权势失落后在变化的生活面前的措手不及;"万元户"财富丰足和精神生活的贫乏;旧习俗的坚沉同新风尚的孱弱;恋情的热烈同商品经济的铁面冷酷……他捕捉社会大变动的总体动势中农村生活的细波微澜,各种正常的反常的,相违逆和相交融的,组成了农村经济改革生活的世俗图画。

　　然而,表现这变动的现实和变化了的人情,刘震云显然不如那一时期的佼佼者们,有着轰轰烈烈的反响。我们不必苛求他的不成熟,不必讳言他的幼稚。但是要注意他在起步时特异独立的追求,或可能找到他在韧性追求后能够在日后较大创获的轨迹。

　　刘震云不擅表现农村改革生活中的创业者的雄风大略,那曾经是一时间文学垂青的标志。他是揭示农民致富者(他们具有开拓者的成分,但不完全是改革家)的情感困惑,其中有的是面对新生的历史生活,一种无可奈何的缺憾和失落意识。它们也维系于生活大潮的波诡云谲之中,但它们更多的是在急流汹涌的潮头面前的一湾回流和浅潭,从中虽可分辨出潮势水系的发展流向,但重要的是提请观水者们的注意。

　　世代生息于斯的土地子民们对于千百年来的故土情感,已经沉淀为一种检验一切是非的价值标准,并由此滋生出狭隘、短视、不合潮流的意识,在经济观念刚刚萌生变化的农村,出现了打破长期以来的以农为本、守田居家的思想定势时,这些都可能找到合理合情的借口,对新生事物产生动摇。即使是布不成阵的细琐感情的纠葛,也足以成为改革年代雄风大振的社会生活的一个"盲区"。实际上,这是一种有形或无形的精神障碍,或者可以看成是一种落后的农民意识。刘震云对这些潜藏在农村经济改革中的精神情态进行了艺术地揭示,并非简单的褒贬,而是冷静地呈现他所思考到的这种精神失落者的缺憾,以迅猛疾行的改革生活作为衬托和铺垫,画上了一幅凝重的图画。

《模糊的月亮》是一篇很短的小说,但它很可以说明作家早期的艺术指向。中秋月夜,八爷在家庭承包制后得到(通过"请吃")了祖上的"老地"。这个家庭只有八爷父子,年迈的父亲离不开儿子的帮衬,然而儿子胜运的心思并不在老爷子的安排筹划中。他先是给人照相,后来买手扶拖拉机跑运输,最后开食品加工厂。八爷认为他"不务正业",儿子却雄心勃勃,要改变乡下人的食品结构,不仅限于人,而且准备"改变猪、牛、马、羊的喂法",开办饲料加工厂,搞汇合饲料。中秋月夜,团圆之日,儿子挂记厂子里的事,父亲独在秋风月夜,别有一番滋味在心头。不料,儿子竟先斩后奏,把"老地"转租给别人,为扩大生产办饲料加工厂以土地为抵。父亲一气病倒,后来也无可奈何地进了儿子的工厂,违心地"看大门"。小说粗线条地描绘了父子之间的冲突,是经济生活大冲击后人伦关系发生嬗变,价值观念受到冲击的一个缩影。小说对经济承包生活有些简单化地勾勒,但作家提示了人们对于历史新时期胜运们的作派的一个思考:历史发展中一切旧的道德观念如何适应新的秩序,是否就一定表现出非此即彼?小农意识作为千年以降的农民精神的主调,如何强化着对新生的冷漠,对既定的崇奉,对人伦秩序的冥顽依恋?这也是新时期以来农村题材小说每每涉及的敏感问题。

商品经济生活的发展,影响着人与人之间的关系。竞争手段的铁面无私,金钱对价值观念的冲击,使爷子、兄弟等伦理人情都发生着或隐或现的影响。在这突如其来的现实面前,困惑者、失落感,孤独意识,惆怅心态等无不正常。生活中的常态发生了变异,稳定的秩序被打乱。带来的是人伦情感的变异,甚至倾斜,往日的温馨变成了遥远的梦,历史是在破坏和建设中前进的。刘震云并不是从哲理高度去写这样的题旨,但他却把艺术画面引入到这样一个哲学命题的思考中。也许他不想让沉郁的艺术情绪破坏了心爱的艺术画面,他只是以淡淡的笔调写一个又一个生活的琐事,描写生活的一角。《灰灰菜》中的哥哥,因父母早亡承担了抚养任务,弟弟从小爱吃灰灰菜面汤,那里飘散着兄弟情谊,蕴涵着一个天伦之乐的故事。为了弟弟婚姻生计和"前程",哥哥把招工进城的机会让给了弟弟,弟弟进城后娶妻成家,一年多未回乡,哥哥带上土特产和灰灰菜,进城探望,可是弟弟为了生计(加班卖茶水),为了可怜的两分钱同人争吵。哥哥找到弟弟后看到这情境(争吵、加班)不忍见,带着一腔惆怅迷茫和失落感,包括那捆灰灰菜回到了家乡。哥哥不明白,灰灰菜的面汤为何已不复在弟弟记忆中了。他感到失去了一种什么东西。什么东西,无疑是情感。这是哥哥所不情愿的。金钱的追索不等于人情的沦丧。但昔日"使人温暖"的旧秩序的确在受到摇撼。如果说这种失落感是一种有悖于历史变革大潮的落伍心态,虽不无道理，毋宁说这是旧的生活秩序改变后的一种正常的现象，是作家艺术地从旧与新两极背离的公式中提示人生思考的命题。

由于刘震云对农村创作者（致富者）不做正面的表现，比如他们如何含辛茹苦、开创业绩，如何精于改革创业，如何顺应潮流而思想高远宏阔等等，作家只是写那一时期大多数穷困生活刚刚有了转机后的人们的复杂的心态。即使对改革创业者的勾勒，他也不回避他们过去的不光彩历史以及他们现在面临的困惑和窘境。我们注意到，刘震云写农村改革后的致富者有时不乏调侃的笔调，写他们卑琐的行状，写他们过去的劣迹或现时的丑行。这当然不能看做是作家同"改革者"（其实是致富者）有意过不去，而是他用自己独有的思索告诉人们，对于农民身上残存的落后意识不可忽视，他们灵魂中躁动着在商品经济大道上迸发的勇气和果决之心，但他们先天的低劣素质却又是要在改革大潮中磨洗净化的。这深藏之处似不可忽视。

困惑者的心境

刘震云小说在1985年前后发生了显著变化，他不光是写经济承包后农民面对突如其来的改革大潮各种惶惑、矛盾的心态，表现改革的艰巨历程和历史必然性，而且，他扩大了作品的题材范围，既有对农民青年复杂心态的描写，又展现了都市生活知识分子的困惑，从人心的复杂历程中揭示出改革年代的世相图。

在《山村奏鸣曲》中，刘震云开篇写到："乡村青年情感的细腻化，是当今农村显得骚动和不安的一个重要原因。"他在经济发展同伦理道德变化的背景中，描画青年人从沉稳的传统重负下萌生出来的种种躁动不安的心灵情感和心路历程。金钱的获取，物质的富足，挤压着人们精神上的自足性追求。如果说刘震云对商品经济生活发展后人与人之间传统关系（观念）的关注，是他初期创作的主题的话，那么对人生复杂的性情，生理和心理的热烈而痛苦的追求进行揭示，则是他以后创作重要的转折，由此生发了新的艺术世界。

中篇小说《罪人》写了一个奇异的故事，描绘了一个负罪者既困惑迷茫而又复杂细微的心态。农村青年牛春、牛秋兄弟俩，因家境贫寒，"三十多岁，年龄过岗"都未婚娶。后来，弟弟牛秋做起了收破烂的买卖，积攒了钱。一次到县城收啤酒瓶子，碰到这样一个"场面"：一个姑娘跪在地上，向路人乞求，父亲生病住院要钱，如果谁支付600元钱，愿以身相许。牛秋慷慨解囊。善良的牛秋恪守尊长有序之道，认为哥哥该娶，"把姑娘让给哥哥"，哥哥则认为钱是牛秋挣的，

"争来争去,没有结果","哥俩有些愤怒,有些委屈,有些焦躁",最后以抓阄来解决。于是,姑娘成了牛秋的嫂嫂。嫂子进门后,牛秋有些庆幸,又有些失望。他陷入一种自我情感宣泄的不可自拔之中。血气方刚的青春活力,萌发了种种既正常又反常的想法。他做着古怪的梦,他梦中与嫂子(也与他所向往的女人)做着"那种事"。情感在受折磨,身心在遭受煎熬,虽有悖于人伦情理,却又在生命自然原始的冲动下,痛苦而无拘束地折磨自己。为了解脱这种痛楚,他决定到煤窑做工。

就在牛秋临行前夜,鬼使神差,牛秋与嫂子"干了那种事",从此,他心灵上更加背有沉重的负担,后来嫂子生病因医疗事故死去,他结了婚,却时时怀着内疚和负罪心理,以致对女人在生理上产生莫名其妙的封闭心理,身为心所役使。小说尽管写牛家兄弟俩的婚事曲折离奇,写农村不同经济状况对于农民婚姻生活的不同结局,但主要的是向读者掀开乡村青年复杂的情感心灵中最隐秘最原生态的一面。不必讳言是经济生产、物质生活方式制约了人生情感世界的或丰富或浅薄,但也不必忽略,作为人与生俱来的自然生命情态中基本的本能的生命要求。《罪人》不是阐述和图解弗洛伊德等人的生命哲学,也不是简单地描写性压抑和苦闷,它洞开了在浓烈的道德情感氛围中一个不安分也不觉悟的青年农民,对自己人生、生命所要求的无意识的尊重,但正因为这种行为和要求是在强烈的伦理道德冲撞挤压下形成的,怪诞荒谬,悖于情理,致使当事人背负了沉重的精神包袱。人的基本生理要求和情感的躁动在既定的规范下屡屡遭受检测或排拒,尊重自己的情感和心灵,释放自己的生命情状和生理行为,被视为"罪人"难逃的心理障碍和束缚,造成了人生的某种荒诞感。只有把一切思想行为纳入到道德的框子里,人生种种乖张才得到心灵平衡,而果真这样又扼杀着人生的生命活力,特别是原始本色的情感追求,使一切困惑复归困惑。

《罪人》实际上展示了一个生命困惑者复杂的心理,即生命的冲动而复归凝定,生理的渴求向往而受制于心理的困惑踟蹰。只是小说又在这个"生命情结"的展开过程中加上了农村经济生活种种变化后的丰足之像和变化中的浅薄(甚至愚昧)之状,使单纯的生命情感在巨大的生活背景中显得孤立寂寞,它所揭剖的是单纯的生命本原的情感躁动,缺少一种文化精神的观照(从当事人的身份和素质来说也是底层的),因而缺少思想的力度。牛秋特有的心态行为多湮埋在他对于自己沉重的自责中,后来变得乖戾和义无反顾,但更多的是个体生命的感受,并没有融入强大的社会精神背景中,其内涵在当时同类作品中并没高出多少。

中篇小说《栽花的小楼》则不同。它也写人生情感变化同当今经济发展的种种联系。十数万元缠身的李明生开办了"明生汽车运输公司",他招聘"家庭会计",他后来的妻子红玉应征。红玉本已有情人,当初是假戏真做——得两千多元钱给母亲治病,可是在明生公司四年后,"内心起变化",他们结了婚。而当她原来的情人坤山因复员回乡几次做买卖失败后,她把丈夫交给她保管的五万元钱拿来给坤山还所欠的两万元贷款,并同坤山远走新疆。就红玉和明生的家庭生活来说,自然是富足的,他们有可观的资财,有栽花的两层小楼,还有现代化设备和雇请的帮工……然而,红玉似乎不愿固守这既成的生活秩序,也许出于对昔日情人的感情(他们原来是有过真正的恋情),她不惜抛弃温煦的生活,与坤山去另一个地方。

小说对地主遗腹子李明生奋斗致富、坎坷遭遇的描绘,对大队党支书儿子坤山的得宠与失意不乏深刻的剖析,可以看到农村致富事业的种种艰辛,但是小说更多的是通过红玉的情感变化(由坤山而明生而后坤山)表现出人生对于真正精神力量的追慕。红玉背弃明生而维护坤山当然不乏昔日恋情的依恋,但更多的是向往自由的奋斗生活,是在寻找真正的男人风格,当坤山怯弱地止于行动时(不去新疆),红玉竟以死明志。这种刚烈之气,当时是生活中不常见的,无疑表明作者以极致的处理方式来描写当今农村青年精神波澜的又一视界。他们崇奉的是对于自我精神力量的确认和肯定,是对于那种敢于行动而勇于创造的人生的追求,尽管小说对红玉、坤山去新疆的打算不作重点描写,对红玉抛家出走的内在动因缺少揭示,我们仍然看到了一个热烈而勇敢的人生行为,一个精神的殉道者。

从单纯的自然生命的情感躁动到精神层面的追求,刘震云小说对人生困惑者的情感开掘走向了一个复杂的境地。《山村变奏》是几则短小隽永的画图。青年农民敢于烧掉棉花车以示对某种官僚作风的抗议。也许历史潮流为这种思想行为提供了土壤,但对于具体人生来说,精神主体的张扬和确立后才会有这种有悖于世世代代卑谦生活习惯的举动。精神品格释放出情感的张力,也焕发出思想的光彩。可惜这种精神情感的力度仍弱了些,以致我们多是在困惑和缺憾的屏障中看到作家对人生把握的独特,却不免单薄。

艰难的人生图式

刘震云最近的两部小说《塔铺》、《新兵连》发表后,获得了强烈的反响(《小说选刊》、《小说月报》、《新华文摘》、《中篇小说选刊》等相继转载)。他们沿袭了作者写实的手法,在对社会人生的把握上显得更为沉郁和厚重了。尤其是作家对繁难艰窘的生活进行的艺术开掘,蕴藏着对我们的民族、文化和历史深深的思索。

就此前的作品看,刘震云多是书写农村改革现实中各种躁动心灵同发展中生活的撞击与矛盾;而这两部作品不同,作家从"现时态"的艺术支点上推移到"历时态"上(相对写当前生活而言),虽不是展开久远的历史深阔度,却企图从过往的历史生活中,揭示出艰难的人生图画,书写人格同历史文化的冲突,为那些曾经受过愚弄、伤害,有过活泼生命的同龄人们,唱出怜悯而哀怨的咏叹曲。

他的艺术视角并没有转换,但时间上却有些不同。从当前而回溯到以往,即从写正在发生的人生世事,变成对已经过去的往事回思。他这并不突兀的转换却是重要的,使我们看到了作家对历史和人生更为深重的体察。

《塔铺》是作家回忆高考时期那段生活。以农民子弟求学这一既高远又实在的想法,描画出新时期初期农村青年学生的心态。这些在"十年动乱"年代失学的青年农民,在高考制度改革后,进了课堂补习。因为家务的拖累,因为学业的荒废,也因为学习条件的欠缺,他们是同龄人中最艰难的一类。小说不回避现实人生的繁难困苦,与其说描写了青年学子因先天失学而尝试文明之果的苦涩历程,毋宁说是在揭示从噩梦中刚刚醒来的艰难人生正面临的种种沉重负担。作家在文尾写有这么一句:"我进了北方一所最高学府……但我们眼前始终浮动着,闪现着塔铺的一切、一切。"这种浓郁的"恋乡情绪",出于一个他乡游子对故土的爱恋情感,但更反衬了作家在小说中严峻地描绘那些失学青年艰窘的生活所蕴藏的深意。同作者"我"一道在这个文化补习班中,有结了婚的王全,家里断了炊,两个孩子饿得嗷嗷叫,青黄不接时节,老婆来学校找他回去"找辙";有家境清寒,瘦得皮包骨的"磨桌",他躲着大家在厕所里用几张破纸烧刚出壳的幼蝉充饥。王全因家里责任田要人收割,中途退学;李爱莲因父亲病重也回乡最后嫁人。生活是一副沉重的网,对那些羸弱的学子们并不厚爱。它平凡惯常地延伸着,即便人们在追求精神方面有着强韧的耐心,但毕竟无法超越和摇撼它。《塔铺》中的莘莘学子高考前的失学,高考中的落榜,不无现实生活的不公所使然。作家激情于这个严峻冷酷的现实,相对他过去的作品来说,是从人的主体精神同客体生活(人与社会生活)现状之间的依存、疏离、矛盾等向度上开掘,变为由客体对主体(社会与人)的钳制、束缚等,把人生的某种缺失同社会生活的缺失联系起来进行艺术观照,甚至更注重对后者的无情揭示。

这一点在《新兵连》中更为明显。小说的背景是十多年前的"批林批孔"运动。政治高于一切,政治支配一切,政治渗透在文化、心理以及人的行为方式中,政治标准成为人们思想行为的"集体无意识"。来自农村的老乡们一同来到了新兵连进行三个月的训练,为了"政治"进步,他们各自有各自的打算。志肥、元首、王滴等人为能成为班里"骨干",都怀着互相防备互相利用的心情。李上进为了入党进步,恪尽职守,任劳任怨,无不是为了这种半是虚荣半是功利(分配到好的连队)的政治名声。年轻的同乡们竟可以不顾做人的起码道德,一个个暗中算计、攻伐(虽然其手段并不太高明),使"新兵连"生活如同一曲狂乱无序的噪音,几乎每一个乐手和听众都在不自觉中受到伤害。

作家无疑是对他的主人公们表示了同龄人的惋悯之情。这些"十七八岁睡打麦场年龄"的人们踏上人生的初级阶段时,在不正常的政治高压下的人生旅途中匍匐前行,既要表现自己,又要保护自己;既要面对各种政治功利的诱惑,又不应失掉纯真。"新兵连"的生活不啻是作家添设的一个"魔方",让五光十色的生活折射出政治的、文化的,抑或装饰的本来的原色。

不可否认,由于愚钝的心态和粗浅的人生体验、"新兵连"的主人们,把理想追求无意识地赌押在政治的筹码上。比如任何一件生活琐事(早上扫地、晚上拉灯绳)都与"进步"、"骨干"联系起来,比如"元首"的投弹失利后"骨干"的被撤换,比如"李上进"因误会了对自己的考验而开枪报复指导员等,是政治进取心痴迷蜕化为功名利欲之后,粗浅的人生素质又加剧了这悲剧的形成。有人据此认为小说对人性的恶进行了无情地揭示,从新兵连的争名夺利中可以看到作家对人性的丑陋进行的剖析。这不无道理。但我认为小说对人性缺失的揭示不是主要的,小说更多的对浅直的人生在复杂沉重的社会历史(也即政治文化)面前,人生价值理想的愚钝(盲目的虔诚和迷信),导致政治高压下的畸形人生。作者对这些当事人们不乏深深的责备和针砭,他们过于以政治理想的信念来束缚了活泼生命的追求,让人生蜕变为政治的躯壳,无论是老肥的自杀还是李上进的杀人,都是这种思想意识的极端政治化。但是,作品更潜藏的内容在于通过一个个人生命运的沉浮升降,把中国特殊年月的政治文化对人的戕害,剖析得淋漓尽致。艰难困苦的人生是实现现代人健全的文化品格的一个沉重的障碍。

作品并不从哲学家那里去引述中国政治文化是崇奉"官本位"等等理论逻辑,而是"反思中国当代历史"对人生的最大钳制和毒害莫过于政治功能的过度普泛化,浸淫到人生行为中阻碍人健全发展。原本活泼的生命,在政治功利面前,失落了人生的本色,成为畸形的政治化了的"类型人"。人生的可悲在于对这种"以损他人为能事,到头来又被损害"的不觉悟,《新兵连》中的每个人的命运即为这种悲剧人生作了艺术的注解。

所以,与其责怪新兵连战士们人生价值的不确定和轻信迷失,不如去检视中国当代社会文化中政治化人生的缺失。也许刘震云对那段生活有着太刻骨铭心的厌恶,也许他有感于这些政治魔掌操演的一幕幕悲剧尚未绝迹,也许作家对我们面临的四化伟业中人生的精神活力太看重和厚爱了,他从过往的生活中来看取人生奋然前行中面临的困难,他并不想去展览丑恶,但他更不愿意放任恶的肆虐,于是,他创造了一幅幅令人思索的政治与人生扭结、拼搏的图画。我们可以苛求他的艺术表现的滞板,但不能不认为他对人生历史的反思独到而深刻。

小结

刘震云小说从早期表现人心的缺憾和困惑到对历史的反思和批判,再到对人身的主体品质健全完善的开掘,走的是一条从单纯明丽到复杂深重的艺术道路,特别是对社会现实的开掘,他操的是一把锋利坚韧的艺术之刀。这顺乎眼下文学反思、批判历史和对人本体观照的创造主潮,但他的独异又是那样执着地把对人的反思同历史的反思结合起来,不留情面地为他钟爱的人们的思想性格的杂质进行针砭。作品的思想力度虽令人读来有些过于紧张硬性,但其震撼力不能不使人觉得痛快淋漓,反顾我们曾经经历的和正在经历的,足令人警策。

也许以其思想的冲击力来为沉闷疲软的同类创作主体吹一曲变调,是刘震云的特异之处;或者说也是他被人们关注的一个原因。

原载《当代作家评论》1988 年第 5 期

文化：作为意志的表象
——论刘震云小说的文化内涵

李 扬

我不知道刘震云的小说集《塔铺》如出现得更早一些算不算寻根小说，也不知道他的小说在新潮迭起的今天属不属于"新潮派"，但我知道刘震云小说质朴表象背后的精神意蕴的价值。他的小说吸引我的不是形式本身，而是形式背后的东西。在对他小说的文化内涵开始剖析之前，有必要申明：刘震云操作小说的技巧并无特别之处，读刘震云的小说也往往让人感觉到他的思想胜于他的表达，他的知识高于他的生活感受力。我们并不是在指责他小说的主题先行，而是说他的学问、思想一方面使他的小说有了一定深度，但另一方面又同时阻抑了他对生活的敏锐感受和文学语言生成的能力，这导致了刘震云小说语言的粗糙。因此，在"感觉爆炸"的新潮小说映衬之下，他的小说显得笨拙，而在"文体意识"逐渐增长的文学批评家那里，他的小说又显得那么一般；这也许是刘震云未曾被广泛注意的重要原因。在本文的标题中可能已透露出了这种意思：我们不想对刘震云的文体作过多的评论，而只是想把视角限定在他小说中所表现的文化品格上。

在"文化"身上已经凝聚了无数次争论，并且这种争论并无消失的迹象。我们的文章只是想说明在刘震云的小说中存在的文化表象背后的非文化的这种动机，我们所谈论的文化是指它最广泛的含义，涉及人类生活的各个侧面；另一方面，由于文化理论和实践的不谐和倾向，我们把注意力更多地投注在刘震云小说中所涉及的具体的一般日常生活中所表现出来的实际文化倾向。

当我们从这个角度观照现实生活中芸芸众生的时候，就会发现无论是在《塔铺》中还是在《新兵连》里颇为异样的生存情态。文化的生存并不仅仅是靠书本来延展的，一代代相互依存的子孙们的口耳相传使中国文化拥有了一种更为可靠的传播方式，并使这种传统根深蒂固地埋在人们的心底，这样即使有再大的理论冲击也不会撼动那些目不识丁的人们的信仰。可悲的是正是这些目不识丁的人们承担着代际文化传播的任务。刘震云小说中的主人公们大多是这些人的后代，他们虽然读过几年书，但这些知识绝对不能冲毁早在孩提时代就已灌输给他们的传统价值观念。因此，他们虽不是道学家，也不会说"劳心者治人,劳力者治于人",但他们都知道做官的重要性。"做官"成为衡量他们生命价值的标准,这充分体现了"官本位"文化在这些农民子弟身上的影响。《塔铺》中的王全参加高考只是为了"将来一旦考中,放个州府县官啥的"也让自己的妻儿享几天清福。在他那里读书不是目的,而仅仅是做官的一种有效手段。这时你也许明白了"耗子"为什么先把自己在公社当民政的父亲摆在自我介绍的"显要位置",声称自己是"干部子弟";也明白了为什么我爹在听说我能被录取时竟说不出话来,"平生第一次,一个老农像西方人一样,把儿子紧紧地拥抱在怀,颠三倒四地说:'这怎么好,这怎么好!'"。在现代意识逐渐浓郁的今天,我们的农民子弟们似乎尚没有意识到自己生存于这个世界的真正价值,他们还把自身价值的实现寄托在"光宗耀祖"、"衣锦还乡"上;而实现这种理想的唯一途径就是做官、成名。这些人眼里的生命价值既不是我们所肯定的个人的社会价值,追求对社会的无私奉献;也不是自我价值,讲究个人欲望的满足——而是把自己生命的意义寄托在虚幻的名义之中。《栽花的小楼》中的红玉"好好干"的目的不是出于对生命自身意义的真正理解,而仅仅是"进省城,和省委书记握握手"的理想鼓舞着她。在这样一种虚幻的荣耀心理的促动下,当她能在明生汽车公司"一起和省长、县长握手,过去在'郭凤莲'身上没有实现的梦想,如今在这里实现了"的时候,她还能再等什么呢?因为她当时的"好好干"也不过是一种达到"和省长握手"出风头的手段。当她和明生的结合轻而易举地实现了自己的理想的时候,她根本没有理由拒绝和明生结合。正是在虚荣心理的支配下她和明生结合了,只有当她再次和坤山相遇时才隐隐约约感到自己的失落:往昔的山盟海誓、温柔的情语都一去不复返了。但即使到自杀她也没有意识到她的悲剧绝不是由于坤山的懦弱,而是自己心中那个古老却又温馨的"和省委书记"握握手的价值追求所导致的。这种价值观所必然导致的就是目的和手段的分离。在她们心里为了事业投注自己的全部生命力,绝不是为了证实自身的基本价值,而只是想通过这种手段来达到使自己显赫起来的目的。这样《新兵连》中的"元首"、"老肥"、"王滴"、"李上进"们吃苦耐劳的精神仅仅是一种文化表象,他们绝不是在证实自身的力量和价值,而只是想通过扫厕所、集合、拉粪、抢扫帚等有"使用价值"的活动,作为一种手段,来达到隐藏在背后的终极目的:入党、提干、争取连排领导的信任。正是目的和手段的分离导致了李上进的悲剧。他是中国文化习俗培养起来的典型人物,罪责不在他自己,而在于使他拥有他那样"价值理想"的"文化原型"。因此当我们讲"死生、存亡、穷达、贫富、贤与不肖、毁誉、饥渴、寒暑,是事之变,命之行也","知其不可奈何,而安之若命,德之至也"的经典理论的时候,千万不要忘记人间一隅那些为了争取荣誉、权力而相争斗的"元首"、"李上进"们。这种把生命的内在充实视而不见而对外在的虚幻荣耀趋之若鹜的价值观必然导致变态的追求方式。《乡村变奏·老龟》中的成银，当得知老龟为活文物，而背上的字迹又能那么年代久远地传之后世的时候，这个平时做卖猫贩狗生意的小贩宁愿舍弃比自己半个月买卖所赚的钱还多的买金，也要在龟背上刻上："成银、于爱花是夫妻"，以求声名远扬。这就是我们讲究"中庸"、"淡泊"知天命的文化遗民。

刘震云小说的意义在于表述出了我们实际文化倾向中的价值理想，正是这种片面的价值理想本身使我们民族的一部分人浸淫在这种对荣耀的追求中，使内在的精神充实附丽于外在的荣誉。光宗耀祖的荣誉像一个神祇驾临于我们面前，我们没有能力拒绝它，自己的生命之躯被那个虚幻的偶像牵制着，丧失了生命的终极价值——对社会、个人双重需要的满足，而服务于第三者：他人的评价、政治声名。当畸形的社会风尚使价值标准变形的时候，人们只能这样庸庸碌碌地生活。显然，刘震云绝不是在欣赏这种对生命价值的理解，而是冷眼静观着它的发展态势，并不失时机地给它一个反讽——一本正经地往老龟背上刻字时以求流芳千古的成银的虔诚；任劳任怨的李上进入党现实成为泡影时的激烈报复；为了接近排长而往排长碗里倒肉的"老肥"的善良愿望、目的和手段……态度和效果的逆反正是这种反讽的例证。我们不必谴责这些小说里的乡下人，而应认真地检视我们心态中的远古文化遗留。千百年的家族制度使人们养成了根深蒂固的伦理思想，"君君、臣臣、父父、子子"，温柔敦厚、长幼有序的古老风俗是我们引以为豪的民族风范。在刘震云笔下对这种文化传统的演示是伴随着心理冲突出现的，我们赖以自豪的伦理秩序却与极大的心理变态相依随。当然在他的视界内也有对这种伦理风尚的温馨记忆，诸如"我爹"（《塔铺》）为了"我"能考上大学徒步跋涉二百里借书，在考场外耐心等待的舐犊之情；李爱莲（《塔铺》）、红玉（《栽花的小楼》）、嫂子（《罪人》）为了给自己的父（母）亲筹措药费甘愿献身的孝心……都表现了东方传统文化以孝为大的美德。特别应该注意的是刘震云小说中屡次显示了这种"残酷"的孝心，这肯定是作家印象很深、对他刺激颇大的事件影响着他的表述，在这种表述中你很难猜出作者的心情。他的小说更多的时候是展示伦理秩序背后所蕴含的行为主体的屈辱和心理压抑，而不再是那种"卧冰求鱼"式的虔诚孝心。《罪人》中的牛秋何尝不想比哥哥先娶妻，但长幼之别所形成的伦理约束使他不得不作出千方百计让哥哥娶亲的姿态，但内心却承受着极大的心理矛盾。当哥哥抓上阄后，作者说"牛秋既感到庆幸，但似乎又有些失望"。这说明这一切绝不是出自他的内心，而更多的是出自人们必须遵守的伦理规范，为了适应它人们必须压抑自己真正的意旨。这样伦理成为一种虚伪的伦理，文化规则仅仅充当了个人意志的表象。

这种长幼之间亲情的虚伪性最为明显地表现在小说《大庙上的风铃》中。年轻的赵旺在市场开放以后干起了卖菜的生意,当镇上重起庙会的消息传到他耳朵里后他颇为高兴了一阵。"但赵旺为来不来这里卖菜,思想却斗争了好长时间,不是因为别的,是因为镇上有他一个世界上唯一的亲人"——姐姐。姐姐对赵旺一直很好,但赵旺却为和姐姐的这种亲密关系而犯愁:按常规,到城里去总要对姐姐有所表示,因为弟弟要表现出尊敬,只有送点东西给姐姐才能表达这种尊敬,赵旺心痛自己因送菜而造成的损失,但不送又不行。就这样,善良朴实的赵旺被围困在亲情和个人意志之中。不过赵旺最后还是决定去赶庙会,并且必须给姐姐送些菜。偏偏菜卖完了又碰到姐姐,赵旺很为自己没东西送给姐姐难为情,他只有赶快逃离这里回家了。尽管赵旺心中已经有了商品意识,他也有自己的理想,但毕竟他还是那个把亲情寄托在财物上的赵旺。关键的问题不在于赵旺的吝啬,而在于他的矛盾心理:既想使自己的行为合乎规范,又想不损失任何东西。赵旺陷入了怪圈之中。当感情在一个国度里必须以物作为依托才能证明它自己的时候,你很难承认这是一个淳朴、自然、以情为重的国度。

文化和个人意志的冲突使刘震云小说里充满了"复调",温文尔雅的背后往往蕴含着巨大的渴望,平静、大度的表象绝没有掩饰国人内心的极度怨恨,追求文化规范的人们在现实生活中必须满足两种要求:一方面语言、行动的表象绝不能和文化习俗相悖;另一方面又要有限度地表达自己情绪,这就要求主人公必须在语言、行为中寻求一种弹性机制,含而不露地显示自己的意思。"老肥"(《新兵连》)怕冷抢暖气包,当别人让他指出谁睡门口更合适时,他绝不指出谁睡合适,因为"指谁得罪谁"。但过后他又埋怨大家:"你们都不是好人。咱们是老乡,你们怎么当着排长的面挤对我?"但在他抢暖气包时绝没有想到自己也应照顾老乡。

含蓄绝没有掩盖他的怨恨,中庸也没有隐蔽住他的片面;文化一旦陷入这种境地,虚伪必然伴随而来,风俗制度仅仅充当了一种毫无意义的装饰。在行为当中,这种含蓄更多地表现在情爱的描写上,在这里充分显示了农村青年的"憨厚"。《被水卷去的酒帘》中的郑四和青子最初的爱恋就是在非常含蓄的气氛中展开的。郑四是通过逗"小猫头",帮杜掌柜干活,充当青子的保护人等行为表露自己的爱恋意向;而青子则是用自己女性特有的温柔和细心表达自己的感情,两人在这种脉脉温情中互相记挂着对方。憨厚的郑四为了积攒足够的钱拼命劳作着,但最后却扑了空。你不能不承认这是颇为遗憾的结局,但这结局却是受传统文化熏染的郑四在婚恋问题上的含蓄和懦弱一手造成的。刘震云在处理农村青年婚恋问题时有一种偏爱的模式:男主人公们默默地选择了自己的情人,为了得到情人拼命地苦干,苦干之后的失望或苦干之中酿成悲剧。《被水卷去的酒帘》中的郑四,《罪人》中的牛秋,《大庙上的风铃》中的赵旺,《塔铺》中的"我",《乡村变奏·花圈》中的小水的情爱都或多或少地染上这一程序。在这程序中我们所关注的不是失败本身,而是含蓄背后所蕴藏着的渴望爆发的压抑,在这里含蓄仅仅是一种文化表象,它掩盖了主人公们强烈的个人意志。

在我们讨论中国文化的中庸色彩时,似乎应该注意到"中庸"背后极其强烈的个人目的。而刘震云对含蓄的恋情的结局的处理,似乎也显示了他对这种倾向的评价。他小说的意义也就在于让我们更多地了解现实生活中这种目的与手段、现象与本质的背离。在这种情况下主人公们的语言、行为作为标示意义的符号似乎都具有了"复调性",其中更真实的不是现象本身,而是它的暗指部分。在这里我们所说的"复调性"还不是巴赫金复调理论的确切意指,我们仅仅是用它来形容"塔铺"人语言、行为的双重指向。正是这种行为特征,构成了刘震云小说的两个意义层面。

当我们指出主人公们行为的虚伪性的时候,绝不意味着刘震云否定了传统文化,他仅仅是在拾取他自己感兴趣的文化碎片来进行剖析、思考,这和源远流长的文化传统还差得很远;但他所展示的我们文化传统中知与行的分裂现象确实有助于我们认识博大宏深的民族文化。在表达过程中,刘震云很冷静,他并没有把自己的价值标准全部硬塞给读者,不过,我们从他的小说中,可以发现一种客观的否定迹象。这种迹象最明显地表现在《新兵连》中,在这里充满了荒谬的现实,刘震云则在展示这种现实的时候不露声色地通过反讽手段把现实的荒谬表现得淋漓尽致。尿了排长的裤子和自己的政治前途,严肃认真的检阅准备和检阅者的轻率充满了喜剧性的对比;而新分配时的命运捉弄则组成了刘震云对大千世界的理解。在这个意义上,我认为《新兵连》是刘震云小说中最具现代叙事风格的一篇,它的内容和形式融为一体,成为具有自足性的文本;需要说明的是,如果小说的结尾再简洁些的话,会使小说更耐人寻味。尽管刘震云这类作品还不多,但我愿看到更多的具有《新兵连》意味的作品,也愿意看到刘震云能冲破语言的"牢笼",在表述上达到更为成熟的境界。

原载《当代作家评论》1990 年第 3 期

刘震云:中国生活的批评家

摩 罗

刘震云的文学实践逼使我们不得不创造一个新的概念作为阐释他的文学成就的基点,否则就无以把握他的艺术世界和他的精神体验的独特性。在屈指可数的一小批优秀作家中,刘震云的过人之处即在于他对中国生活的最痛切的体悟、最深刻的洞悉,以及对其体悟和洞悉的外具谐谑效果、内具耻辱意蕴的艺术表现。"中国生活"即是我所说的新造之词。这当然是一个庞杂而又十分模糊的词,我用它包含如下方面的内容:五千年文化传统及与之相伴随的观念体系,社会、政治、文化、经济、意识形态等等方面在相互适应相互摩擦中所形成的独特的运转机制和操作方式,个人受制于以上二因素在生活各个方面所形成的独特的反应方式、行为习惯、心理状态,个人在长期的体察中对以上三因素所感到的情感压抑、精神痛苦和瞬间顿悟中所呈现的道德耻辱感。诸般因素所构成的存在意义上的实体性和一致性以及它在伦理价值、文化精神、人文气质上所表现出的相关性和整体性,即是唯有"中国生活"才可概括的东西。也就是说,在结构分析、形态描述、文献表达上,中国生活不一定有多少不可忍受的缺陷与荒谬,只有当你长久置身于这样的存在实体和精神氛围之中,饱受颠弄、揉搓与摧折,你才能够省察到许多不可理喻不可言传的微妙之处。这样的微妙之处,是逸出语言和概念之外的,我们无法用常理、用确切的词语揭示它。要捕捉它的存在,只有一显一隐的两种方式,显者即为艺术作品所创造的表象,隐者即在体察与思考中所滋生的情感。

这种表象反应不为艺术家所独有,非艺术家的许多无意识现象,诸如无意识的想象、梦象、幻想均属此类。情感反应更不独属于艺术家,许多精神病患者,许多有巨大声音或剧烈行为的思想家,甚至许多为人们所不齿的黑道人物和黑道现象,均可说与中国生活的微妙之处有着微妙的情感关联。艺术家比常人优异之处在于,他的表象反应与情感反应是互为表里的一个整体,他正是有了情感才需要创造表象,他创造表象正是为了表现他的情感。而且,当情感与表象结合成整体,即具有可传达性,艺术家可以以此方式传达他的体验,用以感染和启悟读者。

在这样的意义上,刘震云是一位优秀的中国生活批评家和一位同样优秀的艺术家。一位作家在谈到《新兵连》时,称它最好地表达了"中国式痛苦"。一位批评家曾说《故乡相处流传》是借历史表达作者"对当代人生的苦思冥想"①，另两位批评家则不约而同地指出刘震云的历史小说是从现实的生活经验出发的。② 一位日本学者说《单位》里的人物变形得如此奇特，是标准的现代派作品，刘震云就此辩解道，中国人一点也不觉得奇特，"因为大家都这么活着"③。批评家陈晓明说得最为明了："刘震云揭示了日常琐事中令人震惊的事实"。④ 所有这些讨论，一致揭示了刘震云的文学世界与当下生活、即当下的"中国生活"的血肉相连的渊源关系。在此基础上，再来讨论刘震云对于中国生活的大感觉、大蔑视、大义愤、大想象，就不会显得突兀。我的讨论将从他的表象通向他的情感，以获得对他的艺术世界的审美愉悦，对他的灵魂痛苦的理解与共鸣。

大感觉

　　写小说要讲感觉。判定一个写作者是真艺术家还是假艺术家，主要的依据就是他所创造的文本中有没有一定的艺术感觉。艺术感觉即是作者对生活的审美发现。所谓审美发现，绝不仅是生活阅历、生活经验之类的自然结果，主要乃是创作主体对社会、历史、人生、人性、自然界、时间等等事物（所有这一切统称为生活）的诗性感悟。这种感悟的发生除了必不可少的经验之外，还有赖于主体对生活的期待、审视、信念、想象。或者说，审美发现即是创作主体精神存在的一种方式，创作动机、创作行为、创作结果（本文）等等，各是这种存在方式的一部分。承载作者精神生活的最基本因素则是意象。一个作家的独特的审美体验，首先会通过独特的意象表现出来。

　　刘震云的小说，有着十分独特的意象系列和情景氛围。大概没有哪位小说家曾经像刘震云这样赋予厕所以如此深刻强大的表现力。《官人》的开篇第一

---

① 葛胜华：《沉重的轻佻　泣血的玩耍——评刘震云长篇新作〈故乡相处流传〉》，《当代作家评论》1994 年 3 期。
② 王晓明 1993 年指出，《故乡天下黄花》等小说的"出发点也就在当下的生活经验"，小说的面貌"很大程度上正是受了这个经历的制约"。语见王晓明等：《无声的黄昏》，人民文学出版社，1996 年，第 24 页。次年陈思和在讨论刘震云的创作时也说："历史的悲观主义实际上也是现实的悲观主义。首先是对现实的绝望，才会在历史上找原因。……这些内容正是现实生活给以他的血淋淋的经验。"语见陈思和等：《理解九十年代》，人民文学出版社，1996 年，第 95 页。
③ 语见丁永旺整理的《新写实作家、评论家论新写实》，《小说评论》1991 年 3 期。
④ 陈晓明：《漫评刘震云的小说》，《文艺争鸣》1992 年 1 期。

句便是"二楼的厕所坏了"。这篇描写中央机关官场生活的作品,选择这样一个又脏又俗的物象下笔,堪称惊世骇俗。接下来的渲染更见效果。"……屎尿涌了一地。天气太热,一天之后,屎尿就变成了一群蠕动的蛆虫。有人亲眼看见了一个大尾巴蛆,正在往厕所对面的会议室爬。"那一位位尊贵的官员,就是在这样的背景下一个个出场的。整个机关的存在和运作,都浸染于这种蛆虫遍地的氛围之中。作为物象的厕所,当然小于作为物象的机关。但厕所一旦被提炼为意象,就有巨大的涵盖力,它在小说中的存在就大于机关,大于人物,大于小说所展现的局部生活,而成为一种情调,一种象征,成为决定小说的意义与美学特征的关键因素。在《新闻》中,作者故技重演,以厕所给小说一锤定音。"各报记者经过协商,决定十九点三十分至二十点十五分,在火车站收费厕所前集合。"可该在男厕所前,还是该在女厕所前,一时拿不定主意。大家一边吃着山珍海味,一边热烈地讨论。最后决定选择"男女之间"。此后整整两章的故事,都是围绕这厕所展开的。所谓男女之间,即为不男不女。所谓不男不女,即为不伦不类。不伦不类者,小丑、败类、卑俗、丑陋之谓也。这帮号称无冕之王的记者们,在厕所的背景下纷纷登场,走向不伦不类的社会,去干些不男不女、不人不鬼、不三不四的勾当。小说的这种主题,仅在开头的第一句话中,就凸然可触。《新兵连》以很大篇幅渲染军长的威武、庄严、慈善,然后刻意安排"我"与排长半夜上厕所时谈论军长,借助这个特殊的物象和氛围揭出军长原来是个大流氓。下笔堪称狠毒。厕所之外,还有一系列同样醒目的意象,成为刘震云小说的点睛之笔和神韵所在。《一地鸡毛》的标题意象,就十分耐人寻味。我第一次对刘震云肃然起敬,就因为听人谈到他的一篇小说名叫《一地鸡毛》,这个卑俗鄙陋的意象给了我强大的冲击,我立时认定刘震云是个精神阴暗而高贵、眼光毒辣而深邃的卓尔不群的作家。小说不忙于在鸡毛上做文章,而是首先推出馊豆腐意象。"小林家一斤豆腐变馊了",馊了也就馊了,刘震云却要让这一斤馊豆腐影响人物的情绪、夫妻的关系和家庭的气氛。整篇小说,整个生活,都是从这一斤馊豆腐里生长出来的。篇末,鸡毛终于出现了,小林梦见自己睡在一堆鸡毛中,小林的梦表达了他对生活的整体感觉。这篇以馊豆腐始以鸡毛终的小说,正是刘震云所做的白日梦,其意义所在正与小林所做的梦一样。《单位》则是以烂梨意象开头的。单位拉来一车梨,算是分给大家的过节礼物,可是,"梨是烂的。有的烂了三分之一,有的烂了三分之二",而且是"大的大烂,小的小烂"。整个办公室嘻嘻哈哈、哧哧拉拉吃烂梨的情景,将与《官人》中蛆虫遍地臭气熏天的情景一起,标志着当代中国作家在审视时代审视生活上所达到的高度和表现时代表现生活上所达到的深度。

还有一个意象虽然颇为平常,可在刘震云的艺术世界中却独具表现力。那是一个近乎僵尸的瘫痪病人。《新兵连》最主要的内容就是一群乡下来的新兵互相排挤争做新兵骨干。老肥、元首、王滴你追我赶明明暗暗争着班里两名骨干名额。元首甚至暗中告老肥一状,使老肥被退还家乡最后郁闷自杀。争做骨干的斗争最后落实为争进军部的斗争。王滴终于如愿以偿,却"原来军长他爹瘫痪了,让我去给他端屎端尿!"如此浩大的一场搏战,一场不惜伤害友情、良知、尊严、他人性命的搏战,其胜利者所得到的不过是去做一具僵尸的奴仆,去受一具僵尸的奴役。这与那个争权夺利,最后争来一堆烂梨,而且大的大烂小的小烂的故事,正好相映成趣。将这样的意象系列还原为刘震云的感觉世界,我们从这世界中看见了广阔无边的糜烂、腐臭、肮脏、卑贱、瘫痪、无情无义、无可救药。对现实生活怀有这样的感觉的人,其内心的阴暗、痛苦与绝望是不言而喻的,其人也是决不会善罢甘休的。他对这种糜烂的生活产生了强烈的破译冲动。生活为什么是这样的?它是从什么样的源头、什么样的母体生长出来的?那个源头和母体曾经是什么样的质地、性能和状态?刘震云在淋漓尽致地铺写过他对现实生活的感觉之后,不可遏止地走进了历史,走向了历史小说。《故乡天下黄花》、《故乡相处流传》、《温故一九四二》就这样顺理成章地诞生了。

究竟是一个人对历史的理解决定着他对现实的感受,还是他的现实经验决定着他对历史的看法?对这样玄妙的问题我们暂且置而不论。我们先且看看刘震云所展现的历史是什么样的面貌。在刘震云看来,历史就是在权欲和物欲驱动下互相欺骗、互相残杀、互相奴役的死亡过程,只因这一场奴役与残杀太过漫长,无法由一代人了结,于是历史就义无反顾地维持着某种连续性。贯彻于这种连续性的,不是别的,正是奴役、残杀与死亡。《故乡天下黄花》由四章组成,每一章都充满了谁奴役谁、谁杀死谁的紧张感。先是孙李两家为了争当村长而互相杀戮,接着日本人来了,于是若松(日本军官)、李小武(国民党军官)、孙屎根(八路军军官)、路小秃(土匪军官)在马村搅作一团,杀得难解难分。民众不再是被奴役的民众,而是直接被屠杀的民众。后来是翻身农民与落魄地主和土匪之间的争斗与残杀,最后,"文化大革命"来了,两派村民都高举毛泽东旗帜,向对方奋力冲杀。《故乡相处流传》处理得更加奇特。从汉末(三国)到明初,到清末再到当代(1960年),流贯于这四个历史时期的悲欢离合故事,竟是由同一批人反复死亡反复转生所演出的一场闹剧。不可一世的曹操也好,威盖四方的朱元璋也好,一手遮天的慈禧也好,都不过是卑俗贱陋的芸芸众生中的一员。在历史长河中,这些人都不过像灰尘一样生生灭灭。在1960年大饥荒中尸骨遍野的背景下,当代领袖步下他的专列问一位老太婆村里都死了谁,老太婆报出白蚂蚁、白石头、猪蛋、曹成、袁哨、六指、瞎鹿、沈姓小寡妇、曹小娥等一串名字后,领袖说:"这些人听起来怎么这么耳熟啊!"刘震云把当代最神圣的存在纳入到了无意义的历史循环和鄙俗贱民的无意义的生死循环之中,以更有效地表达他对历史的独特发现。历史无发展,只是奴役与残杀的延续;历史无进步,只是你方唱罢我登场的反复与循环。历史不是人类的生活史,而是民众的死亡史。至此,刘震云终于在他的感觉世界和艺术世界中,完成了对于当代占统治地位的自作多情的历史哲学和自欺欺人的革命哲学的批判与颠覆。

《故乡天下黄花》中的两段文字,很能体现刘震云的文学创意和表现方式,值得我们仔细玩味,特抄引如下:

> 那天夜里,日军、中央军、八路军、土匪都撤走以后,村子仍成了老百姓的。打麦场到处是血,村里的血也流得一地一地的,村子一下死了几十口人,从第二天起,死人的人家,开始掩埋自家的尸体。邻村一些百姓,见这村被"扫荡"了,当天夜里军队撤走以后,就有人来"倒地瓜",趁机抢走些家具、猪狗和牛套、粮食等。现在见这村埋人,又有许多人拉了一些白杨木薄板棺材来出售。一时村里成了棺材市场,到处有人讨价还价。
>
> ——《故乡天下黄花·第三部分鬼子来了》结尾
>
> 一年之后,村里死五人,伤一百〇三人,赖和尚下台,卫东卫彪上台。卫东任支书,卫彪任革委会主任。李葫芦任革委会副主任,但不准经常吃"夜草"。
>
> 两年之后,卫东和卫彪闹矛盾。
>
> 一年之后,卫东下台。卫彪上台,任支书兼革委会主任。李葫芦任副主任。
>
> "文化大革命"结束,卫彪、李葫芦下台,作为"造反派"抓起来,被公安局老贾关进监狱。……一个叫秦正文的人上台。
>
> 五年之后,群众闹事,死二人,伤五十五人,秦正文下台,赵互助(赵刺猬儿子)上台。
>
> ——《故乡天下黄花·第四部分文化》结尾

第一段文字是对一个情景的平面展开,展示了残暴、血腥、趁火打劫、无情无义、麻木不仁的世相;后一段文字是对一个流程的纵深勾勒,揭示了劫劫相连、死生无常、形同儿戏、晦暗无望的生存本相。这一横一纵的交相辉映,构建了《故乡天下黄花》的艺术空间。将这一特点延伸到刘震云的整个创作中,同样适合。他那些机关小说,正是展示了当下社会的世相,而那些历史小说,则在漫长的时间维度上使这世相反复展现,既极大地扩张了他的艺术世界,又极大地强化了艺术效果。

至此,我们已经没有必要追究他的现实经验和他的历史经验之间究竟哪个影响哪个、哪个决定哪个的问题。从题材上说,他的小说确实可分为两类:一类指向社会,一类指向历史。可从艺术感觉上说,社会和历史乃是一体,可以将它们统称为中国生活。刘震云的文学对象既不是社会也不是历史,而是这个中国生活。那种糜烂、腐臭、无可救药的现实感,那种血腥、麻木、黑暗、荒谬的历史感,不是来源于一时一地、一人一事,而是来源于作为整体的中国生活。如果说中国生活是个神圣的庞然大物,他就得将它扳倒在地,踩在脚下,作无情的解剖;如果说中国生活是个神秘的黑洞,他就得用慧眼将它看穿,直到看个清楚明了。

而刘震云果然扳倒了这个庞然大物,用他精神的强力;他果然看穿了这个黑洞,不是用光明,而是用比黑洞更浓重的黑暗。刘震云的心是一颗黑暗的心。不可想象,一个将中国生活看得如此透彻的人,会没有受尽这个世界的敌视与凌辱。正是他所受的敌视和凌辱,启示他洞穿了中国生活的非人本质和中国人生的悲剧意蕴,并由此成为了一位真正具有大感觉的作家和批评家。他对中国生活的解剖和批评在当代文坛无疑是首屈一指的。可以说,他的大感觉来自他的大蔑视,他的大蔑视来自他的大义愤,他的大义愤来自他的大耻辱。正是这种大耻辱,造成了他一颗黑暗的心。做一位作家永远是不幸的,他把他所洞穿的东西呈现给读者,自己却只能蛰居在冷窟中,独自咀嚼着那份耻辱与黑暗。作家就是悲剧,就像文学就是悲剧一样。

大蔑视

我对刘震云的传记材料所知极少,无从细究其精神底蕴的形成。从他的照片上,看不出他有多少文气和灵光,他的神情和他的穿戴都像一位市井人物,只是由于都市的喧嚣与乡村气氛的巨大反差,让他比世居的市井人物多出一点忧郁和焦虑。可是一读《新兵连》,就可感到这是个有来历的人,而且来者不善。《新兵连》是刘震云达到风格成熟的标志性作品。它叙事的琐碎与冷峻,它对人性阴暗的开掘,它对功利心和权力欲的深藏不露的仇恨,它对生活的肮脏和生命的悲剧宿命的隐而不显的哀叹,都是日后刘震云一直坚持并不断加以发挥的风格特征。需要冰一样的情感和铁一般的意志才能写出这样奇特的作品。它使一个貌似庸常的人闪出黑暗之光,此前那些特征不甚明显的作品也因它的照耀而熠熠生辉。

在收入《刘震云文集》①的小说中，从《瓜地一夜》(1979年11月写)到《塔铺》(1987年1月写)，其间尚有《乡村变奏》、《被水卷去的酒帘》、《栽花的小楼》、《罪人》，一共六部作品，可以称为刘震云的早期作品。《塔铺》作为过渡性作品，在叙事上已深有功力，另几篇都可说是平庸之作。这时的刘震云还是一个学步者，他想像所有优秀作家那样写得血肉丰满、有声有色。该痛苦时即痛苦，该慌张时即慌张，愤怒时就打架，伤感时就号哭，有时甚至企图让人物跟着作家一起思考(如《被水卷去的酒帘》结尾)。可是，这样下去他只会被淹没在众多优秀作家之中，甚至连优秀作家也称不上。刘震云终于醒悟到自己的长处不在临摹，不在工笔画，实际上他的兴致也不在此，他要以X光的手法，将那内质和骨相呈现在纸案上。因为他的使命不在于再现，也不在于表现，而在于发现。声色血肉之类，正是一个发现者所要省略和穿透的东西。《新兵连》以后的一组中篇，都未免单调、干枯、漫画化，然而正是这些因素促成刘震云脱颖而出，卓然而立。需要借助他的成熟作品的启示，我们才能从早期作品中读出独属于刘震云的因素。

应该说，即使是这些早期的平庸之作，即已蕴含着独属于刘震云的主题。《瓜地一夜》再现了官与民在权力、利益、命运上的尖锐对立(《乡村变奏·"暴动"》亦如此)，作者对于官与权的过分敏感，稍稍显示出一点他深隐于心的仇权情结。另外五篇小说，则出现了六起直接由金钱买定婚姻关系的故事，这种物质至上主义对于作者心理生活的影响竟然如此巨大。秋荣心里喜欢小水，却主动选择了有钱人李发根的婚姻。(《乡村变奏·花圈》)李爱莲在高考前夕突然因父亲需钱治病而把自己卖给了暴发户吕奇。(《塔铺》)郑四得悉往日的情人嫁给了县城某干部时，理直气壮地想:我已经有了三百块钱了。而当他发现那个干部的客厅里有那么多财产，那是多少个三百块钱才能买得来的啊，这时他终于威风扫地，他终于理解了情人的选择，终于心服了那个干部的胜利。(《被水卷去的酒帘》)坤山因为被贫穷压垮，竟然在仗着钱多而抢去他的情人红玉的李明生前扑通跪下。(《栽花的小楼》)红玉鼓励坤山相偕私奔，因坤山无勇为之而含恨自杀。作者以此对物质至上主义报以极大的愤恨和蔑视。在作者内心，仇权情结与仇物情结起自同一的精神动因，即对人类平等和人性尊严的期望。在他的小说中，物质至上主义和权力至上主义也是息息相通的，而且共同指向同一的旨归，从而生出一个深层主题:展示平等、自由、尊严的受难与沦丧。

有了早期作品在主题上的准备，有了《新兵连》叙述语调和角度的准备，刘

---

①《刘震云文集》共四卷，分别名为《向往羞愧》、《一地鸡毛》、《黄花土塬》、《温故流传》，由江苏文艺出版社于1996年同时推出。

震云迅速成熟起来。他借助那批面貌奇特的中篇小说,在文坛呼呼有声地闪亮出场。他不像有的作家那样,凭着一点小感觉,东一榔头西一棒地卖弄才华,而是以他的大彻大悟,有条不紊地展开自己。他先将笔指向社会,奋力抨击物质主义的生活态度,及与此相关的精神的沦丧、人性的夭亡。稍后,他腾出笔来指向历史,无情揭示权力至上的历史逻辑和由此演绎出的暴力倾向,叙写出非平等、非人文的历史本相和人在权力原则下凶残、懦弱、冷酷、卑贱、无良知、无意义的生存本相。在他所构建的艺术世界,人的社会存在等同于物质形式,人的历史存在对应于权力形式,他通过对物质和权力的否定而否定了社会和历史本身,他的所谓仇物情结和仇权情结,说到底就是对社会和历史的蔑视感和批判冲动。

结合具体时代来理解,刘震云对于社会和历史的蔑视,正是一个理想破灭、道德沦丧、固有精神价值土崩瓦解的时代所激起的心理反应和情感反应,所以他的批判冲动不是理性而舒缓的,而是带有咬牙切齿决一死战的意味。他心中始终有个潜在的敌人,他的文学面貌很大程度受这个敌人的影响,因为他所批判的内容,正是与他所理解的敌人的特征一一对应的。当然,这个敌人并非具象的,而是一个观念化的存在,所以这种对应性也是颇为隐晦的。你说当官是为人民服务,他笔下的官全在钩心斗角争权夺利。你说入党是要求进步,他笔下的人入党是为了当官、当官是为了分房子。你说社会主义大家庭,他笔下的人惨遭精神折磨与阉割。你说形势大好,他说蛆虫遍地。你说蒸蒸日上欣欣向荣,他说一地鸡毛。你说打曹操或打袁绍是为了人民幸福社稷振兴,他说是为了争一个小寡妇。你说朱元璋是真命天子,他说朱元璋是骗子和窥视隐私者。你说"大跃进"是社会主义建设,他说那是饿殍遍野。你说是跟着毛主席搞"文化大革命",他说是为了争当支书和村长。你说是为了抗日,他说是报家仇。你说是斗地主,他说是为了奸污地主的老婆,等等,等等。当他以这样的对应性构建起一个自足的艺术世界,我们终于发现,他的批判是双重的:既批判社会与历史的非人本质,也批判人们为解说社会和历史所构建的话语体系的虚假性。二者之间,何者为重?在事物的存在和人们对事物的态度之间,刘震云所注重的一直是后者。他固然批判社会与历史,但更多地批判对社会与历史的虚妄阐释。即是说,他既批判物质,更批判对物质的屈服;既批判权力,更批判对权力的崇拜与顺从。由于这种屈服与顺从,人完全丧失了自己的人文内容,变得势利、卑怯、冷酷、麻木,成为无可救药的非人,这正是刘震云所有作品所共有的深层主题。他对这一主题的展现,乃是最冷酷最有耐心的。

《头人》中,祖上当村长时,村里人都爱敲着饭碗对他说:"村长,这儿吃罢!""村长,我这儿先偏了!"此后村长换了一个又一个,谁上台,村民都马上对他献上这种巴结的话,而不管上台者是好人还是坏人,是自己喜欢的还是嫌恶的。这两句话成了刘震云用来表现人心卑怯与下贱的最佳符号,反复出现在他的几乎所有历史小说中。所谓人、人民、人类、群众、社员、战士等等,无非就是这样一种东西:谁得势了,他们就依附谁;谁不得势,他们就砸死谁。袁绍动员大家打曹操时,这些人群情激愤,高喊着砸死曹操;曹操得势后,动员这同一批人声讨袁绍,这些人同样群情激愤,高喊着砸死袁绍。这样的故事在刘震云小说中到处都可见到。新喜当支书时,吃了老二老三的水果,老二老三说:"吃吧吃吧,些个瓜果,吃不得了?"新喜吃了老二老三的鸡要给钱,老二老三一脸不高兴:"新喜,一只小公鸡吃不得了?以后还找不着你了?"可是后来,后来"村里人见新喜大势已去,也想起新喜不该当支书,想起对新喜的一些仇恨,老二老三,也背后嘀嘀咕咕向调查组揭发了一些问题,怎么吃小鸡不给钱,怎么随便摘人家后园子里的瓜果梨桃,甚至有的老年人连新喜小时候有小偷小摸的毛病,也给揭发上去"。(《头人》)刘震云固然痛恨历史对于人民的蹂躏,也同样痛恨人民对于历史的戏弄与玷污。历史一定程度上是人民的创造,历史的面貌不正应由这些无操守无良知的人民负责吗?权力固然在奴役着人民,可若没有人民的愚昧无知和卑贱无耻,权力何以畅行无阻。"我"被选上为曹操捏脚,竟然被看作世世代代的荣耀。那些无此荣幸者,将何以获得崇拜欲的满足呢?刘震云写道:"丞相脚上的黄水,已经从第三至第四脚趾之间,完全漫延到了第四至第五脚趾之间。以前排队接第三到第四脚水的玻璃瓶,现在等于白排了,哭也没有用;排第四至第五之间的脚水,已成为收藏者竞争的新潮流。"(《故乡相处流传》)

刘震云将中国生活这个庞然大物扳倒在地之后,他主要不是去解剖其社会结构、历史形态之类,而是将那解剖刀非常老辣地伸向精神之肯綮,充分展示其腐烂与鄙陋。他对物质至上和权力至上的抗议,意图即在构建人的精神的存在。他用自己的文学实践表明,文学首先应该成为精神的存在。谁都觉得刘震云过于刻毒,可是与他在解剖中所发现的黑暗、糜烂、下贱、无耻相比,他的刻毒也许还算是克制的吧。透过他的文字去看他的内心,我分明看见了无以言传的大蔑视与大恶心。可他脸上只显出那么一点忧郁,堪称修为甚高了。

大义愤

有人说政治家是冷血动物,与此相对应,则可说作家是热血动物即情感动物。在这个意义上,作家一直是而且永远是政治家潜在的敌人。中国作家自古以来就有强烈的参政议政、为官为相的欲望,除了道义和利益的因素外,恐怕其中还含有对政治的冷漠和肮脏加以控制加以改造的内在冲动。中国文学在起源上即与政治结下了不解之缘,先秦文学的政论色彩甚为显眼,秦汉散文名作有许多即是典型的政论。孔子"兴观群怨"的文学观更是影响深远。有人指出,中国现代文学也是从策论(面向国君)和社论(面向国民)中演变出来的,也就是说,到了 19 世纪末 20 世纪初,当中国人着手创造一种新的文学时,不自觉地让它又一次从政治中生长出来。在这样的传统制约下,刻意让文学远离政治真是太难,以此博得广泛承认的作家,为数不多。跳进政治沦为附庸,又得不到较长久的承认。刘震云走的是第三条道路:迎着政治冲上去,纵身一跃,稳稳地站在政治之上,带着强大的穿透力和蔑视感,从容地玩味之,展示之。

刘震云的写作在整体上即是政治讽喻式的写作。他的非凡的智慧主要即表现在对中国生活的政治破译上。他的社会题材的小说,大多指向政治,那些历史题材的作品,更是毫不隐晦其政治主题。始终揪住政治主题不放,同时又能穿透政治、超越政治而显得高贵辽远的中国现代作家,也许只有巴金和刘震云这么两位。刘震云显然比巴金更透彻、更冷酷、更刻毒,而且,由于刘震云的文本背后没有巴金式的政治主张作为支撑,所以更具阴暗鄙陋的虚无主义色彩和举重若轻的叙述智慧。刘震云生活在一个政治热情受到极大伤害的时代,他的文本中总是表现出对政治的憎恨与恶心。他设法为自己的叙事抹上戏谑、滑稽、调侃的情调,以淡化其情感色彩。但内在的精神倾向是无法掩饰的。你控制了这种泄露方式,它会以另外的方式泄露出来。刘震云描写政治人物时那种居高临下的优势感即是泄露其倾向的主要方式之一:曹操和朱元璋不过是一边作报告一边放屁、用几块豆腐欺骗民众的人;慈禧乃是由一个智力低下丑不忍睹的柿饼脸村姑转生而来;陈玉成是个在瘟疫中受孕降生的满身瘴气的小无赖;负责曹操检阅大军事务的总管是个不会系裤腰带的人;朱元璋的宰相名叫王八(后加一蛋字则更有意味);陈玉成的侍卫官小蛤蟆是个天天与母羊睡觉的性变态者;对村庄实行过较稳定的统治的赵刺猬、赖和尚、孬舅等人更是既怯懦又自私又低能的狗屎不如的流氓。他们的所谓政治行为,只不过是杀人、征粮、选美;他们所谓的政治改革只不过是决策方式由翻扑克牌改为扔钢镚儿,又由扔钢镚儿改为弹玻璃球——他们的文化想象力和政治创造力仅仅到此为止。可就是这种令人发指的小丑,决定着历史的面貌和民族的命运,成为中国生活的立法者和控制者。刘震云睥睨群丑的优势感使得他的叙事无拘无束,随心所欲,驾驭历史犹如摆弄一钱不值的垃圾。更内在地说,这种优势感的深处,乃是强烈得无以复加、随时都有爆炸的可能的耻辱感。《故乡相处流传》选择了一个为历代当权者捏脚的小孩为叙事视角,即是这种耻辱感的表现。

由上述群丑所闹出的社会、政治、历史，能是个什么东西，自不待言。刘震云精心安排曹操（后来叫曹成）三次对政治和历史发表看法。一、"杀猪的懂政治，这职业离政治近。"二、"历史从来都是简单的，是我们自己把它闹复杂了。"三、"你不信，我不信，大家不信，大家又这样搞，这就是政治。"这既是政治家的自白，也是作家的洞见。刘震云的优越感，正来自他对政治行为、政治规律和政治家的这种破译。政治家在政治表演中常常不得不自作多情，刘震云却极其冷漠地对这些政治家随意调遣，让他们以赤裸裸的表演展示作者对政治的理解、发现与情感态度。

如果说刘震云政治讽喻小说的第一个主题是揭示政治的荒谬与滑稽，第二个主题则可以说是在展示官与民的关系中揭示官对民的奴役与残害。作者面对第一个主题所保持的冷漠与蔑视，到第二个主题中则变成了义愤与憎恨。在《故乡天下黄花》中，民众在政治家的权力斗争中所受的践踏和牺牲始终是主题之一，到《故乡相处流传》大大强化了这一主题。后者"第一段 在曹丞相身边"的结构十分别致。全段四万多字主要写曹操与袁绍的战争。民众为这场战争付出的代价极为惨重，单是曹军所杀的袁方俘虏就达十万。在最关键的交锋时刻，曹操与袁绍跃马出阵，拱手致礼，一个问"主公别来无恙"？一个问"丞相一向可好"？经过一阵谈心，曹操说："我要回中军帐饮酒了，让小的们打吧？"丞相还让侍卫越过开阔地给袁绍送去两瓶黄酒，于是，"主公、丞相都怀抱花雕，分别回府和回帐饮酒。接着小的们在土岗内外就开战了"。若干年后，曹袁重逢，又是拱手致礼，一个问主公别来无恙，一个问丞相一向可好。这样的叙事和结构，把战争、鲜血、历史的无意义鲜明地凸突出来。本书"第四段 六〇年随姥姥进城"中，因了政治家的无知妄想，全民动员炼出那么多钢铁垃圾，由此导致全面的饥荒，民众成片成片地倒毙在荒唐的政治游戏中。这场智力水平远不及两千年前深山老林炼丹术士的闹剧过后，面对铺满大地的尸体，政治家所能作出的反应和反思仅仅是"从此，领导人不吃肉"。写到这里，也许刘震云该号啕大哭以抒泄痛苦，可他却因绝望而一直不动声色。

最令作者绝望的，也许不是这愚弄本身，而是民众对于愚弄的认可和承受。民众早就习惯了统治者的物质剥夺、精神奴役、权力压迫、政治愚弄。他们的全部想象力即是为不可想象的政治愚弄的到来做好心理准备。乡丁来了他们就等着挨鞭子，县令来了他们就等着挨板子，司令来了他们就等着挨刀子。如果刽子手围着他们转悠三圈而不下手，他们倒是会觉得出乎意料。民众已驯服麻木至此，岂不可悯哉！但刘震云的悲悯伴随着同样强烈的憎恨——也就是所谓怒其不争。在马村久受各派武装力量的骚扰之后，日军来进行了一场最后的屠杀——

> 孙毛旦死后,若松又举起了指挥刀。日本兵见他举指挥刀,包围圈上的散兵线就撤了。若松又举一下指挥刀,机枪就"哗啦""哗啦"推上了子弹。若松又举一下指挥刀,机枪就响了。老百姓没经过这场面,见日本兵走来走去,当官的举了几下指挥刀,还不知怎么回事,机枪子弹已经像扇面一样扫到身上了。接着人一排一排地倒了。
>
> ——《故乡天下黄花·第二部分鬼子来了》

这段文字的惊心动魄之处,不在于子弹的猖狂与鲜血的泛漫,而在于民众灵魂的麻木之深。在另一篇描写大饥荒的小说中,作者站在民众立场上,对他们的驯服与麻木发表评论道:"一个不会揭竿而起只会在亲人间相互残食的民族,是没有希望的。"(《温故一九四二》)刘震云当然不是要煽动民众造反,而是意在唤醒国人沉默的灵魂,以使他们跟他一起看穿统治者的残暴与愚蠢,一起体会憎恨与愤怒。

然而,在刘震云的小说世界中,以群氓面目存在的国人只能让叙事人和创作主体失望。刘震云只能站在文本背后,独自咀嚼他的耻辱与义愤。《温故一九四二》是他的一个例外,他已经无法按捺自己。小说开头他还想借鉴一点现代主义的叙述圈套,以减缓自己的情感。但他从《新兵连》起,已经压抑了这么久,他为什么不可以发泄一次?他终于奋不顾身地跳进小说,像泼妇一样披发歌哭。后来干脆一脚将小说踹破,如疯如狂地直奔前台,像侠士一样拍剑号啕。他的剑锋寒气逼人地直指最高领袖和造出这个领袖的制度。在饥荒威胁着中原大地时,蒋介石假装不相信饥荒的存在。他指斥省长的灾情报告是说假话,迫害对灾情作过一次报道的报纸(《大公报》——它在那报道灾情的一天真的成了人民的报纸)、报纸主编和记者。"在大面积受灾和饿死人的情况下,政府向这个地区所征的实物税和征粮任务不变。"民众留下的粮食种子也给基层官员抢去之后,他们只有吞咽着最后一点树皮和杂草,度过饿死前的最后的日子。政府的最基本的职能之一,即在于为那些遭受灾害威胁的国人组织起切实有效的救助。可是中国政府除外。刘震云愤然写道:"这实际等于政府又拿了一把刀子,与灾害为伍,在直接宰杀那些牲口一样的两眼灰蒙蒙、东倒西歪的灾民。"所幸那时的政府没有把外国客人赶尽杀绝,于是那些异族人在可怜的灾民中奔走呼号,成为了中国民众在灭顶之灾中唯一能看见的天地良心。美国记者白修德、美国主教托马斯·梅甘、美国驻华外交官约翰·S.谢伟思、英国记者福尔曼以及许多传教士,在《温故一九四二》中,成为了与蒋介石和各级官吏相对举的另一个人物系列。灾民们对中国官吏不作任何请求,而一见白皮肤的洋人就跪下来请求救济。当中国官吏大发灾难财时,这些外国人却在牲口一样卑贱的中国灾民身上耗尽了仅有的财产。他们实在想不通中国政府为什么面对自己的国民不生一点怜悯心。梅甘惊讶地发现:"灾荒完全是人为的,如果当局愿意的话,他们随时都有能力对灾荒进行控制。"面对铺满大地的三百万尸体和奄奄一息的三千万饥民,少数外国慈善家终究无能为力。他们没有办法让灾民们像人一样活下去,而只能尽力而为以让他们像人一样死去。刘震云以强调手法让这句天主教神父的无奈的悲叹独占一行——

  至少要让他们像人一样死去。

  刘震云跟着神父救灾目标的后撤而后撤,他完全放弃了政治上的要求,而只保留一丝道义上的期待。中国领袖和官吏的鄙贱与无耻使刘震云的期待完全落空,他的义愤由此喷涌得更加激越狂放。德国工人运动领袖李卜克内西在《忆马克思》一文中谈到《路易·波拿巴的雾月十八日》时说,"这书把塔西陀的严肃的愤怒、尤维纳利斯的尖刻的讽刺和但丁的神圣的怒火综合在一起了"①。我看这话完全适用于我对《温故一九四二》的感受。我愿意用"神圣的义愤"概括刘震云的情感。在十几年的创作中,刘震云一直像他笔下的愚民一样压抑着自己的感情。只有李上进给一再愚弄他的连干部打了一枪(《新兵连》),此后可以说是一路黑到底。可是,经过了80年代末,又经过了90年代初,他终于忍无可忍了,终于在1993年的这部著作中喷涌而出,一泻千里。作家作为精神文化的创造者,作为历史实践的主体,他给历史所提供的最终财富,不是别的,而是情感,是他对生活、对人生、对人性的伟大情感。一个伟大作家不是通过别的,而是通过他的伟大情感给他的族类以心灵的滋润和慰藉。文学和艺术,归根结底是情感的产物。一个拥有伟大的文学与艺术的民族,必是一个拥有伟大情感的民族。而一种冷漠、麻木、庸俗、肤浅的文学,只会属于那种糜烂、残破、绝望的生活。刘震云的《温故一九四二》和张承志的《心灵史》可以说是激情的极品,它们乃是对一个麻木昏昧时代的抗议与挽救。

  1942年的饥荒因为日本人的出现而得到遏止。日本人使得三千万河南饥民没有死光。可是日后的灾难连绵不断,正如姥娘面对采访者迷惑地发问:"饿死人的年头多得很,到底指的是哪一年?"我们不禁要问,其他的饥荒由谁来收场?谁来负责?面对三百万尸体,没有一个统治者感到过一丝惭愧,在后来姥娘再一次经历过的1960年大饥荒中,面对十倍于此的尸体,又有谁惭愧过一刻?在1940年的饥荒中,尚有省长在如实上报灾情,可在1960年的饥荒中,县委韩书记在迎候最高领袖的视察时,却站在尸体丛中背诵着这样的汇报辞:今

---

① 〔德〕卡尔·李卜克内西等:《回忆马克思恩格斯》,人民出版社,1973年,第43页。

年大丰收,大家都吃得很饱,大食堂没有解散,旧社会才饿死人,新社会哪里会饿死人呢。——这是时代的荒谬,还是人性的荒谬,还是国民性的荒谬？面对这样的荒谬,一个人还能保持住内心的激情和义愤,而不变得冷漠和绝望么？刘震云在谈到官与民时,曾经这样说:"官是没有错误的,一切全在群众。有什么样的群众,就会生出什么样的官。我们不要责怪官。"①刘震云站在草民立场上表达对统治者的义愤的同时,深知自己还必须站在更普泛的原则上,对草民本身进行批判。难怪他的感情掩藏得如此之深。中国的政治小说特别多,但在整体上像刘震云这样对政治本身不抱希望的作家,恐怕此前只有一位鲁迅吧。

大想象

如果我们对刘震云的讨论到此为止,如果我们仅仅关注他的痛切的感觉、高贵的蔑视、神圣的义愤,而不去进一步考察他的艺术世界的完整性与自足性,他审视生活的方式的独特性与开创性,我们就会对他的文学成就和文学贡献估价不足。当我认定他为卓尔不群的杰出作家,绝不仅仅因为被他卑贱的体验、高贵的痛苦所打动,同时因为他以艰辛的劳动构建了一个具有独立的审美意义的艺术世界。一个作家要传达自己对于这个世界的审美发现,必须构建一个既相关于实存世界又独立于实存世界的艺术世界。艺术世界才是作家精神生命最主要的存在方式。就艺术世界的诞生过程而言,作家乃是实存世界与艺术世界的中介,因为正是作家给实存世界中的卑俗材料赋形赋神,才使得艺术世界破土而出。就艺术世界的存在意义而言,艺术世界乃是作家与实存世界的中介,作家只有通过他所创造的艺术世界,才能抵御实存世界的威压,克服实存世界的侵袭,走向精神的强大与升华。作家创造艺术世界的过程,就是审视、批判、否定、超越实存世界的过程。艺术世界不但是作家与实存世界、与读者间的中介,它还给读者提供着想象生活、想象自我的方式,从而成为读者的精神生命的重要的存在方式。所以,艺术世界的自足性不只是对作家而言,也是对读者而言。也就是说,艺术世界不能仅仅是作家的体验与想象,而必须以特定的符号系统构建出有结构、有体系、有形体、有传达功能的物质存在,以便转化为读者的体验与想象。自足的艺术世界,必须是完整的艺术世界,对于小说艺术而言,尤其如此。刘震云所创造的艺术世界,即是完整而又自足的艺术世界。将《新兵连》以后的小说作为一个整体来考察,可以发现各部作品具有内在的相关

---

① 刘震云:《草木、人及官——〈头人〉创作谈》,《中篇小说选刊》1989 年 2 期。

性,所有作品则具有浑然一体的统一性。文学风格的形成乃是一个作家成熟的标志。将刘震云的艺术世界与心灵世界对应起来,即可看到艺术世界与心灵世界交相辉映、相辅相成的文学景观。刘震云的小说具有确定的主题——抗议物质对于精神、权力对于尊严、历史对于人性的威胁与摧残。与此对应的乃是刘震云对于现实人生和实存世界的确定性精神体验。刘震云的小说具有稳定的文学视角——展示人类心灵在饱受摧残和愚弄后所出现的阴暗、丑恶与麻木。这说明刘震云具有稳定的社会性格,那就是对黑暗麻木的生活的憎恨与恶心。刘震云的小说具有共同的意象系列——将实存世界最鄙俗、最污秽、最卑贱的物象供奉在艺术世界最重要最显眼的位置上。刘震云独特的感受生活的方式——从每个细节看出生活的糜烂和人性的耻辱——由此得到了强化。刘震云的小说具有贯通的形象体系——或者在暴力与灾难的背景下展示生命的大面积毁灭,遍地尸骨成为最触目的景观;或者通过精神戕害与凌辱,展示心灵的堕落、尊严的沦丧、个性的消亡。这种波澜不惊而又鲜血淋漓的精神虐杀,构成刘震云小说形象和整个艺术世界的主要特征,这也是他通过自己的生存体验,从社会、政治、历史、人生中所把握住的主要特征。他抓住这些特征之后,不是认同之、承受之,而是要用艺术创造的方式来展示之,这说明他在认识这些东西时,产生了强烈的情感刺激和批判冲动,他要通过反复的、不厌其烦的展示,实现对这些罪恶因素的控制、否定、克服、超越。他的内心对于世界有一套自己独有的想象,那是一个仁慈、温暖、光明、自由、诗性的世界。他的经验世界与他的想象世界反差越大,他就越是要坚守和弘扬自己的想象世界。当他着手艺术创造时,他无法从经验世界找到合适的材料来构建他的想象世界,于是只好通过对经验世界的批判与否定来实现他对想象世界的肯定与拥有。他拥有想象世界的愿望越是强烈,他对经验世界的批判就越是急切而又狠毒。他在经验世界与想象世界的矛盾和分裂中忍受着长期的精神折磨,他的艺术创作只是这种心灵挣扎的一种方式。他在这种挣扎中所展开的艺术想象,一如挣扎本身一样阴暗痛苦而又血淋淋。他不像莫尔《乌托邦》、康帕内拉《太阳城》那样,让经验世界成为文本背景,直接展示想象世界的光明与自由,也不像班扬《天路历程》那样描述由经验世界向想象世界升华的趋向,甚至也不像卡夫卡《变形记》、《在流放地》那样铺陈人性死灭的惊心动魄的过程。刘震云的想象世界已经只是一具业已无望的尸体,它沉重地砸在经验世界的大地上,使经验世界因此而充满了死亡气息和绝望感。刘震云的小说创作,他的由确定的主题、稳定的视角、共同的意象系列、贯通的形象体系所构成的完整的表象世界,即是这样一具砸向大地的生命残骸。刘震云的艺术想象,即是对这残骸的认知与审视,所以他的艺术世界是如此冷漠、冷酷、污秽可憎、荒寒彻骨——因为他写的不是现实的死亡，而是死亡的现实，不是人性的堕落，而是堕落的人性。这就是刘震云艺术世界的独特之处，也是他的艺术想象的独特之处。将这残骸稍作还原即可发现，被历史的太空所烧毁的，恰是那些对历史的无意义构成批判与否定的普泛的精神原则，诸如人性解放、尊严、平等、自由之类。这些原则即是刘震云关于人类命运、生命意义的大想象。他对于卑俗人生的冷酷审视，他对于社会历史的势不两立的仇恨，即是基于这样的大想象。怀有这种大想象的人，对于实存世界不可能产生中国古代士大夫式的情趣，也不会满足西方中产阶级式的世俗享乐，当然，也不会对修补破烂式的社会改良抱有幻想，所以刘震云的小说如此冷漠，如此干涩枯燥，如此绝望，直到令人毛骨悚然的地步。他根本不屑于将他的大想象移植到他的艺术世界中，而宁愿让它虚虚缈缈地飘扬在无望的远方，以保它的清明与本真。如果将站在艺术世界背后的创作主体看作一个文学形象的话，刘震云的精神形象则很可以比作莱蒙托夫《当代英雄》的主人公毕巧林。毕巧林对于实存世界的冷漠也是令人颤抖的。他带着这样的冷漠在俄罗斯大地上东奔西走，在各个阶层中穿来穿去，可他什么也没找到。因为他已看穿了社会、历史、政治、世俗人生，除非给它们重新赋予意义，否则它们就一无意义。毕巧林对既有的意识形态体系和价值观念进行了最彻底的否定，可又无法找到新的价值和意义，所以他成了一个与实存世界和世俗人生无关的人。这种人只有两条出路，一是带着深刻的焦虑与绝望离弃这无意义的实存世界和世俗人生，毕巧林最终的结局即如此。二是像阿列克谢·卡拉马佐夫（陀思妥耶夫斯基《卡拉马佐夫兄弟》主人公）和涅赫留朵夫（托尔斯泰《复活》主人公）那样对生活重新赋予意义从而开始一种新的人生。刘震云的小说中没有出现一个像毕巧林这样怀着深刻的价值渴望的人物，但他所有小说所塑造出的那个创作主体是怀有这种渴望的。到目前为止，创作主体刘震云尚未走上毕巧林式的终结之路，日后大约也不大可能有机会走上卡拉马佐夫式的路，因为这个民族无法向他提供宗教关怀意义上的精神资源。他只能既无皈依也无终结地挣扎下去。他将以什么方式挣扎下去呢？或者说，刘震云的小说创作将会如何发展下去呢？一个作家在穿透社会、政治、历史之后，在穿透中国生活的文化状态和精神氛围之后，在这世界上他还能看见什么？当然是人。接下来也许还可以问，在穿透了人之后，世界还有什么？但人似乎是个穿不透的东西，刘震云说过："刀山火海并不可怕，……但是我们怕人。"①他对人保持着某种恐惧。他暂时不想自觉地去穿透人。他还需要以人作为他的立足点，以完成他对上述那些非人因素的审视与批判。但他又分明对人很有点失望。在他的小说中，人是如此飘浮不定

---

① 刘震云：《磨损与丧失——〈一地鸡毛〉创作谈》，《中篇小说选刊》1991 年 2 期。

的东西,远谈不上自足自为的存在。人在任何情况下都无力把握自己,只能随着外部条件的指示或压力改变自己。他不但揭示了人文事物(如社会、政治、历史)对于人的决定,而且大量展示自然事物对于人的限制与掠夺。在《故乡相处流传》的那场大迁徙大长征中,河流、暴风、暴雨、暴雪、瘟疫、饥饿、劳累等等,使得流民的生存困难重重,最后竟死去十分之八九。1942年和1960年的两次大饥荒,更是刘震云小说中的重头戏。人的生存在他笔下永远是这么阴暗、沉重、无望。不仅如此,刘震云还把他的无望推及了人本身。虽然他内心怀有人性解放的大想象,可他同时知道人性本身已经像他所批判的生活一样糜烂,无论在社会现实意义上、历史过程意义上,还是在生存本体意义上,都不敢对人存有幻想。他作品中人心险恶与麻木的展示,在当代文坛绝对是登峰造极的。无论多么刻毒的作家,在写到男女私情时,总归会多少显示一点温馨的,可是刘震云除外。袁绍与曹操为了争一个小寡妇,杀得人仰马翻,可袁绍兵败逃命时,却遗下沈姓寡妇不管,寡妇赶到船边,竟让袁的侍卫一脚踢下。孬舅在饥荒袭来时,为了自己当炊事员,把他的情人曹小娥从这个岗位上撤下来,还这样自我辩护:"睡过是睡过,但现在不是没力量睡了?当初让她当炊事员是为了睡觉;现在睡不动了,还让她当干什么?"如此彻骨的寒凉,只有刘震云才下得了笔。荒谬的不只是非人的事物,还有人本身。人本身即是污浊之海。生存就是荒谬与痛苦。面对这样的世界这样的存在,补救是没有意义的,它所需要的是拯救。我们应该给痛苦赋予价值,给荒谬赋予意义,给罪恶投去救赎之光。此外别无出路可言。这是刘震云的大想象也无济于事的。也许他只能停留在他的大想象所能企及的地方,在对社会、历史进行了足够多的冷酷审视之后,再对人的存在进行同样多同样冷酷的审视。由此,他的关注点将会由中国生活的特殊性痛苦,转移到人的生存论意义上的普遍性痛苦。如果这样,刘震云对中国文学的贡献将会十分重大。在表现中国生活的特殊性痛苦上,刘震云在当代文坛上无疑是最深刻的一位。在表现普遍性的生存痛苦上,中国作家几乎尚未开始,刘震云如能稍一迈步,就将是开创性的贡献。我好像看见他已在抬腿。在对人的生存的长久的审视中,如果他突然对人产生虚无感,他将怎么办?他的文学将怎么办?他是像王朔那样勇敢地将这虚无一笔捅穿,还是像陀思妥耶夫斯基那样祈祷拯救之光,或者像迦尔洵、安德烈耶夫那样痛苦得发疯?总有一天,刘震云会遇上这样的难题,中国文学会遇上这样的难题,刘震云所批评的中国生活也将遇上这样的难题。

原载《当代作家评论》1997年第4期

刘震云论

姚晓雷

一、民间立场的选择

几乎在所有关注当代文坛的人看来,刘震云都是一个难解之谜,一个另类的奇迹。从20世纪80年代的《塔铺》开始,之后像《头人》《新兵连》《一地鸡毛》《官场》《官人》等中短篇小说,以及《故乡天下黄花》《故乡相处流传》、《故乡面和花朵》等长篇小说,每一部都像抛向文坛的一个重磅炸弹,引起巨大的反响。另一方面,他的作品有一股浓烈的怪味,这怪味是他创作中顽强的民间立场的派生物,即他依托民间浑然原始的文化状态所构筑的一套特有的价值视角,既包含着那种民间本能的弱肉强食的血腥,也包含着那种民间藏污纳垢中的生命原始正义;既自甘卑微又不无骄傲;既胆小怕事又肆无忌惮;既自毁自虐又顽强不屈;既玩世绝望又一本正经。作者以之来反讽笼罩在民间现实态和历史态外缘的权力体制话语,并夸张地赋予它一种所向无敌的解构力量。

这一民间立场是作者探索和选择的一个结果。刘震云是在上世纪80年代初登上文坛的,其时中国社会刚从所经历的一系列沉重的历史苦难中觉醒过来,对苦难的反思成为各方面话语立场聚焦的目标。精英知识分子于上世纪初奠定的批判国民性的话语方式在久经压抑之后迎来了又一个爆发期,并一度重新成为文学的共名。对于刘震云这样一个来自河南民间并对这里的苦难有着深刻体验的作家来说,拒绝让民间深受其害的权力话语对民间的随意涂抹已成为一种本能;但在未能形成自己独立的个性之前,要抒发和表达自己对苦难的理解的唯一选择,还不得不先接受这种流行的启蒙话语方式。从1979年登上文坛到1987年《塔铺》的发表,都是作者的学步期。这一时期的创作如《瓜地一夜》《乡村变奏》《被水卷去的酒帘》《栽花的小楼》《罪人》等,其主要特征即是承袭改造国民性的传统启蒙主题,旨在揭示和批判贫穷落后的社会环境中的人性弊端。如《瓜地一夜》,写瘸子老肉因为本家侄女嫁给队长本家兄弟的缘故,当上了瓜地负责人这样的芝麻官,立刻"一阔脸就变",人性泯灭,在对上头的人竭力讨好的同时,对因为无钱给自己病重的母亲买西瓜而不得不去偷的老实农民李三坡横加处罚。从鲁迅开始的在20世纪中国文坛上占据重要地位的批判国民性的主题,就是让知识分子以道德审判者和医生的双重身份,借助文学的形式来对民间被扭曲的人性本能进行治疗,或者说是要"揭出病苦,以引起疗救者的注意"。在刘震云这些最初的习作里,也不无焦灼地显示出了一种知识分子重建民间今日道德品格的潜在期盼。

不过,这一最初的尝试期并没多久,作者就已经开始走上一条穿透批判国民性共名来抒发自己独特人生体验的道路;或者说他开始过渡到了一种民间立场。刘震云这种向着民间立场的转化,其实是由国民性主题所倡导的以人格批判为中心的主题倾向向以社会批判为中心的主题倾向的滑动。之所以出现这样的情况,是和前者逻辑方式里的缺陷有关的。我承认,批判国民性主题的出现无疑是20世纪中国文学史上最有意义的事情之一,它以历史和文化的视野敞亮了许多过去积淀在我们民族灵魂深处不为人知的东西,但它毕竟不是也不可能是完美无缺得可以规范和涵盖所有作家生活体验的东西。它的一个重要的缺陷就是虽然也承认和同情民间被侮辱被损害的弱势处境,却也有把受害者和迫害者在责任问题上混为一谈的倾向。这里所产生的一个悖论就是,当民间被视作压迫他们的权力制度的发源地、压迫他们的权力制度被视作民间自身人格缺陷的必然产物时,文化的、历史的因素被重视了;而对民间在现实生活中受欺压的处境直面抨击的社会正义,却在不知不觉中被消解了。就像你在街上看到歹徒对无辜者施暴,你所做的不是义愤填膺地冲上去对歹徒直斥其非,而是高谈"挨打的活该,谁让你软弱"一样。在这种情况下,高高在上的人格批判的模式固然不无道理,但它很难不成为一种漠视甚至是逃避承担现实正义责任的遁词。我发现,对那些真正民间底层出身的作家来说,事实上往往很难做到这一点:对民间悲苦的深刻体验经常使他们像局外人一样冷眼旁观,他们更看重那些与民间生存直接休戚相关的社会正义的东西。赵树理、高晓声的作品里,都不同程度地有这一因素。自小在河南农村长大的刘震云也属于这一种类型。

既然在已有的批判国民性的精英话语里,没有给民间的生存利益留下真正平等的地位,那么能不能干脆就用民间那种最原始的生存本能和世俗欲望,使其直接面对压迫自己的种种貌似堂皇的社会形态,并在与他们的短兵相接中,撕破罩在他们上面的伪善的面纱呢?这正是刘震云要尝试的。体现在小说创作上,便是作者所有意识进行的一种叙述态度的调整。关于这种调整转换的过程,在1996年出版的四卷书《刘震云文集》第一卷的自序里有形象的总结。这个只有短短几行的序言,却给我们传递着异常丰富的信息,作者不仅将前边我提到过的、也是在该卷里被放在前一部分的作者学步期的几篇习作,称之为"一个苍蝇从瓶子里竭力向外撞的伤痛记录",而且将后来写的、收在同一本书里的《头人》《官场》《官人》几篇,称之为"当苍蝇偶然爬出瓶子又向瓶子的回击",

明确地划出了两者之间的界限。① 苍蝇从瓶子里边竭力向外撞的比方听起来固然不雅,但形象地传达出作者当时急于突破流行的创作规范、企图将自己的一份独特人生体验以自己的方式表现出来时,那种焦灼万分的心理;后者的"回击",即是作者开始在对民间生存密码的解读中,发展出了自己的话语立场,来对以前遮蔽了民间生存的种种外在的、因而也多少有些偏颇的话语形态的一种纠正和反抗。

需要补充的是,刘震云这里所说的"回击"的意义,实际上不仅仅限于他这本书提到的这几篇,作更广义的理解,可以涵盖他此后的整个创作追求。

二、人性宽宥与权力质询

在刘震云的"回击"过程中,我觉得有两条创作的主题线索值得我们特别注意:一是《塔铺》、《新兵连》、《单位》、《一地鸡毛》、《官场》、《官人》等为代表,作者通过对不同生活层次中人性状态的考察和阐发,竭力为精英意识形态所加于民间的"国民性"原罪"祛魅";一是以"故乡"系列为代表,借用民间文化形态来对意识形态的主流历史书写进行解构。如果说前一方面的主题可以概括为"人性宽宥",后一方面的主题则可以概括为"权力质询"。

把《塔铺》、《新兵连》、《头人》、《单位》、《一地鸡毛》、《官场》、《官人》这几篇作品放在一起解读,实在是一件饶有趣味的事。作者基于批判国民性似的主题所容易强化的乡土民间的不公正处境而发,采用逐步放大法,把民间的人性弱点放在一个超出乡土层面的更大的范围里进行考察。它摈弃了改造国民性主题要求的对民间的单纯道德化批判,而采用一种权力体制和人性之间互动的结构视角,在肯定民间求生本能和意志的合理性的同时,把民间人性扭曲的原因,归结为所有那些压迫他们的权力体制,从而也就反过来从根本上推翻了批判国民性的主题所强加在民间身上的道德迷雾。

《塔铺》发表于1987年的《人民文学》上,是刘震云最早引起广泛影响的作品,也是作者走出批判国民性共名、奠定自己创作风格的分水岭。它描写的是发生在恢复高考制度第二年一个中学高考补习班里,几个农村学生的奋斗故事和爱情风波。这里并不回避故乡的丑陋,也有对农民身上狭隘、自私一面的批判,但这些仅仅是被作为一种结果而不是原因出现的。造成故乡丑陋、故乡人性变异的原因,被作者在关于这篇小说的一则"余话"里,明确地肯定为"在人的

---

① 刘震云:《向往羞愧》自序,江苏人民出版社,1996年。

统治下生活得很苦"①。这其实是一个由"人的统治"到生存苦难到人性变异的民间视角，"人的统治"是最根本原因，其次才是"苦"和人性变异；它暗示了作者笔下民间世界新的内容构成。《塔铺》所表现的民间，基本上具备了这种新的透视目光下的意义要素。作为制约这里人性正常发展的苦难，已被作者放到了一个极其醒目的、足以使你对这里所发生的种种变异完全可以理解的位置上。主人公当兵回来他爹所做出的失望反应，是基于现实的处境：三个五尺高的儿子，一下子到了向他要媳妇的年龄，而主人公的当兵几年竟然丝毫无助于减轻他的负担；班里一同参加补习的王全、磨桌、主人公等，也都各有跟自己底层的社会地位紧密相关的浓得化不开的苦恼；李爱莲之所以放弃爱情更是和自己的品德缺陷无关，因为她再也没有其他可能给她爹求来做手术治病的五百元钱……当这里所有的人性特点都是缘于苦难而派生出来的时候，它就也变成了体制问题。这篇小说的欠缺之处在于对造成民间苦难的最深层的"人的统治"的原因虽也约略暗示，如写已有老婆孩子拖累的王全之所以要如此辛苦地参加学习，是气不忿"地方上风气恁坏，贪官污吏吃小鸡"，想将来一旦考中，做个州府县官啥的，治治这些人，但毕竟缺乏具体呈现。作者尚没有能力来把握这一最复杂的环节。

既然在塔铺这样的乡土社会里，民间的人性异化和生存苦难之间构成了一种结构关系，那么在乡土以外的其他社会环境里，这样的特征是否还可能存在？《新兵连》的故事用作者的话就是"把家乡的一群睡打麦场年龄的农家少年，拉到更广阔的更严峻的远离家乡的不毛之地，摔打"②，即作者将《塔铺》里的思路放到部队生活空间进行考察。"新兵连"是部队里一个临时性的集体，新兵们在这里经过短暂的整训，将被分往部队上的各个单位。这篇小说写的是"老肥"、"元首"、王滴和"我"等几个新入伍的农村兵本着求生本能在这里为争当骨干、入党、分配工作而拼命表现甚至互相钩心斗角的事，每个人都在为了改变自己的处境努力着，又在这种努力中异化。比起《塔铺》，这里多了"兵营"这个代表部队生活的特殊价值意象。

到了《单位》、《一地鸡毛》等以小林为主人公的小说，作者进一步把民间视角的扫描对象从军营军人在国家权力体制里的中介位置拉到了体制内的小人物身上。一方面，小林沿袭着《新兵连》、《塔铺》里人们的抗争努力，幸运地进入大学，毕业后留在城里的一个国家机关，进入了国家体制之内，已经不再是当初纯然社会最底层的身份。另一方面，在这个体制之内，小林毕竟又是一个小

---

① 刘震云：《〈塔铺〉余话》，《中篇小说选刊》1987年第5期。
② 刘震云：《整体的故乡与故乡的具体》，《文艺争鸣》1992年第2期。

人物，依然面临着种种生存的苦恼和艰辛，因而也同样地面临着从生存本能出发改善自己命运的挣扎和由环境导致的人性变异。在《单位》里，作者对权力形态的认识更深化到具体可感的地步，这里一切都以官为本位，个人生存条件的优劣、自尊的实现程度、人生的浮沉荣枯，皆围绕着一个轴心——官位——而旋转，升官成为这里人们生活的全部目标。同样，在这个权力机构的运作中起作用的，也全然没有多少理性原则成分——全是靠关系，靠上级领导的一己好恶，靠彼此之间的利益均衡，靠背后的小动作。这里的权力体制的虚伪已不再是作为外部世界的压迫者出现，而是发展到了严重压抑自己体制内部的小人物的程度。小林从大学出来，他身上维护自身人性价值的武器已不纯然是生存本能，而且还多少有了一些知识分子内容，起初也还保持着学生气质，以说话放肆、不拘小节的形式对之表示不满。可是现实使他很快明白了这种知识分子气的虚妄，始终是生活主导命题的"钱、房子、吃饭、睡觉、撒尿拉屎，一切的一切"，都指望他在单位里混得如何。他不得不向这里的风气低头，学习这里的逢迎拍马、唯命是从、投机钻营。在《一地鸡毛》里，刘震云又把这种由主流体制所派生出来的满目疮痍的道德方式推广到市民社会中去：保姆偷吃鸡蛋，老婆盗用自来水，为调单位而行贿，妻子单位放班车仅仅是领导为了照顾小姨子等等。体制如此，还有什么资格责备一般社会成员的不道德呢？

《官场》、《官人》更把民间立场那种对人的生存本能的同情特意推广到国家权力体制里的中层人物身上。这等于说把《单位》里作为配角的一类官场人物又单独抽出来推到聚光灯下。《官场》里某部某局的八个局长本来矛盾重重，分成了几派，使单位很难搞好，新部长上任，调整这里领导班子的导火线又使问题激化。因听说上边要留老袁，老袁一下子成了众矢之的，他的对头便联合了老方整老袁，他原来的盟友老刘、老丰也转过头来，并拉拢中间派整他，暗中递上去包含有经济、作风等三大问题的倒袁资料。老袁也积极地采取分化瓦解的策略进行反击，殊不知，上级领导对此早有安排，他们这样的钩心斗角只不过恰巧提供了人家正需要的把自己人插进来的口实而已。一纸命令下来，漩涡中心的几个人或退或调，新进来了三个局长。不久，新班子的几个局长又分裂成三派，矛盾愈演愈烈。《官人》中的两个副专员金全礼和二百五之间为了能继承专员一职长时间地明争暗斗，或阴或阳。作者以博大的同情看到，这些权力体制的中层人物，虽然是种种腐败、堕落、钩心斗角的官场风气的积极参与者和推波助澜者，但即使如此也不应该为之负起完全的责任，他们甚至也同样是被他们所存身的权力体制所扭曲、所损害的人。是的，他们在生存条件上，和《塔铺》里睡大铺的主人公、和《新兵连》里为吃上一顿"羊排骨"而欣慰不已的农村兵们自然是不可同日而语，也不像小林那样纯粹挣扎于衣食住行的压力；可这并不意味着他们可以超越本能的层面而进入理想天地，他们依然为各种世俗得不能再世俗的欲望而烦恼。这种世俗欲望本身并不是过错。当作者从民间立场出发来审视人性并对人性固有的弱点进行宽宥时，便发展出了一种难能的平等意识，就是说所有的人在人性的基本层面都是一样的，做民的不卑下，当官的不神圣，反过来既然老百姓身上的种种人格缺点可以结合他们的生存处境得以理解，又如何要求当官的一定是圣人呢？刘震云在《诉说衷肠》这篇创作谈里曾说道："领导也不容易，整天撕撕拽拽，需要动心思，何况他们也是人，也有七情六欲。儿不易，爹也不易；下级不易，领导也不易。"①这一席话是真诚的。这里实际上是中国特有的政治文化体制的悲哀，和当官者的个人品格无多大关系。试想在一个有着几千年传统统治文化支撑着的官本位的社会里，既不可能拥有百姓对官的真正的民主监督，也不可能有一套切实有效的考核政绩的办法，决定他们升迁与否合格与否的，纯粹是各方面人际关系权衡的结果，你又怎么可能指望他们去超越这个环境的制约而不是眼前的这个样子呢？

从《塔铺》里对民间抗争苦难的求生意志的肯定，到《新兵连》里对农村兵身上钩心斗角的人格弱点的谅解，再到《单位》、《一地鸡毛》里对小林的世俗化过程，《官场》等对官人们的粗鄙欲望本能的宽容，作者的人性观逐渐达到了成熟。这是一种走向泛化的人性观，他认为人性是一种和权力体制对立的产物，因而不再局限于乡土领域，而是无所不在；人性本质上不过是由自己的求生本能出发的、和生存环境特别是权力制约相对应的一种结构，每一个人在对它的拥有上都是平等的，只是在面对不同的权力环境时体现为不同的内容。一般来说，它在愈是下层、愈是苦难深重的人们身上愈体现为一种人抗衡苦难的求生意志，在愈是上层的人身上愈体现为一种生存平庸，但这仍然不是人性本身的错误，而是外在的因素造成的。民间人性只面临着一个使他变异的敌人，就是权力体制。这就把权力体制推上了前台，为作者用民间立场和观念继续进行一场更宏大、更深入的批判提供了条件。

与为精英意识形态所加于民间的"国民性"原罪"祛魅"的线索平行，刘震云创作中的另一条主题线索，是依托民间浑然原始的文化状态所构筑的一套特有的民间价值视角，对不合理的权力体制进行质询和批判。这一主题线索和前者的思路原无二致，只不过又换了一个思考方面和风格：既然一切外在的种种权力话语都是遮蔽民间本来利益，在以制造苦难的方式扭曲着民间的人性，那么站在民间立场上，该如何揭穿压抑和扭曲他们的权力体制的本质呢？其实在前边提到的刘震云那些作品里，已经是在以对民间原始话语方式的肯定来抗诉

---

① 刘震云：《诉说衷肠》，《中篇小说选刊》1991年第4期。

不合理的社会权力体制，但它们体现的抗诉只是局部的，而《头人》、《故乡天下黄花》、《故乡到处流传》、《故乡面和花朵》等具有寓言特征的"故乡"小说系列则在这方面表现得最为集中，也最为精彩。它们互相呼应，层层深入，从而把刘震云的创作推向一个新的高度。

发表于1989年的中篇小说《头人》，作为这类历史寓言化了的故乡故事的第一部，写一个叫"申村"的小村子从近代延续到当代半个多世纪的七个"头人"的统治历史：申村原本是一片白花花的盐碱地，靠刮盐土、卖盐为生的祖上最先在这里定居下来，后来又陆续搬来了一系列他姓人家，上边当官的见盐碱地上平起了一座村庄，觉得需要收田赋，收田赋就需要有人来负责，于是才产生了村长；祖上之所以成为这个村子的村长，是托一个乡公所里做饭的伙夫的福，伙夫是乡里最早委派的来村子里收粮的人，新来乍到，村里的人都弄不明白是怎么回事，谁也不愿意把他领回家吃一顿饭，后来祖上把他领了回去，就被他委派为这个村子的村长；祖上刚当村长，还不会使用权力，把这看成是苦差使，什么事情都得自己做，周围的人幸灾乐祸，后来他渐渐接触了乡长和其他村长，见了世面，初步学会了耍威风使特权；乡土权力演变为特权和地位的象征后，便成为人们想方设法争夺的目标，而且他们获得权力的方式，还显示出越来越迎合外部权力需要的特征，像后来恩庆、新喜为了得到它，半夜三更砍高粱、没明没夜学马列等，都是争相按主流意识形态要求来打扮自己的形象。这篇小说揭示到：地方权力形态的形成一开始就具有异己性和荒诞性，不是村民意志的反应，不是为了更好地代表村民利益，而是代表着更高一级权力统治这里的需要，它只对更高一级权力负责。地方权力产生之初，还受到民间固有的淳朴道德方式的制约，但很快就会被腐化，并和人性的丑恶面结合起来。

1990年出版的《故乡天下黄花》这部25万字的作品，类似的题材，类似的故事情节，甚至还有个别人物也互相关联，但它以更丰富的篇幅，更生动的细节来对畸形权力体制作进一步批判。小说特意选取民国、抗战、土改、"文革"四个最能代表中国现代史上风云变幻的特殊历史时期，来探讨这种宏大背景下民间人性和权力的互动结构所呈现的种种特点。在对权力体制的批判上，承接《头人》中关于体制与民间利益的异己性以及产生过程的荒诞性等有关探索，这里又对其运行过程中的自私性、残酷性和劣质性进行重点突出。这种权力运行机制中的自私性表现为，它不可避免地具有中国传统的社会国家权力体制的唯崇拜权力的严重缺陷，所有行为都成了为权力而权力、不去考虑至少也是不必考虑这种权力到底应该为民众负多大责任。例如，在抗日战争时期那一章里，小小的马村成了各派势力倾轧的场所，每一派势力都有资格要求这里为他们提供供给，有的是用维持治安的名义，有的是用抗日的名义，民间对他们的要求都不敢不予满足,可是却没有向他们中任何一派势力提出维护自身生存安全的权利,在日军屠杀来临之际,成了苦难的最终承受者。这种权力运行机制中的劣质性表现为,由于缺乏公平的游戏规则,它在运作中实际上鼓励的只能是人性中最卑鄙最无耻最恶劣的那部分私欲,并注定了那些在这种权力机制运作中能浮出水面的胜利者,通常必然是那些敢于冒天下之大不韪、敢于强压民众和欺世盗名之徒。在小说里边,孙殿元、李老喜、许布袋、赵刺猬、赖和尚、卫东、卫彪这些从古到今的头人们,无一不是利欲熏心的卑鄙无赖、大胆狂妄和欺压良善之徒。之所以会如此,具体说来,是因为在民间社会这一各方面之间利益冲突处于白热化的地带,只有这些在自己生活里已经锻造出无赖特性的人才能够适应权力体制的要求。以赵刺猬为例,在土改刚开始范工作员需要有人出头揭发地主罪恶来激起民愤,赵刺猬明知道他母亲和已死的老地主是通奸,被人撞见后又被丈夫打了一顿,觉得没法活才自杀的,但他还是主动按照范工作员的安排,把它修改成了一个地主如何强奸他母亲,他母亲如何想不通含冤而死的故事,并在以后的行动中做出了一系列过激的行为,从而赢得了范工作员的青睐。这些人依靠自己的无赖性格获得权力的过程,也是他们在实践中自觉领悟到中国社会传统政治文化的过程。他们上台之后自觉地运用这种无赖本性来横行乡里,鱼肉百姓,还用挑拨是非、钩心斗角甚至是直接借权力来排除异己,来维护权力,从而使这种社会基层的权力斗争也再不是民间的义气之争,而顺理成章地拥有了传统体制的全部狡诈和血腥。这种和权力体制完全一体化了的民间权力不仅从物质上剥夺民间,而且从精神上摧残民间,是造成民间苦难的罪魁祸首。

　　1992年出版的《故乡相处流传》里,刘震云又在前者基础上进行了对故乡的第三度书写:把它近现代史的叙述空间,又扩展到从古代三国时期到现在的整个历史过程。全书采取的仍是截取横断面的手法,叙述了三国时期曹操袁绍在这里的厮杀,明初太祖皇帝朱元璋向这里的大移民,太平天国时期的陈玉成与清廷在这里相争等四个民间片段。这部小说完全由写实形态转化成了一个个看似荒诞不经的寓言故事。在这部小说里,作者又把对权力的批判开发到一个针对整个由国家权力建构出来的历史话语的新阶段。

　　从1991年就开始创作,直到1997年才完成的《故乡面和花朵》这部长达200万字的巨著,无疑是刘震云最难解读的一部作品。浩瀚的篇幅固然是一方面原因,关键还在于主题的复杂性。这是和中国20世纪90年代复杂的文化环境相关的。进入90年代,中国社会也进入了一个充满话语喧嚣的时代,一方面是社会向市场经济接轨,一方面思想文化界却在一片后现代的喧嚣中丧失了提出和解决本土问题的能力,忽视了民间的本真生存。借助于"同性关系者寻故乡"这一荒诞的文化意向,来影射一些和民间利益严重脱节的后现代话语在中国现实中的虚妄性,即便不能说是这部小说的唯一主题,至少也是所有主题中最重要的一个,特别是在前两卷里体现得更为明显。小说仍是沿用了由故乡系列发展来的荒诞手法,里面人物主要有两类:一些在前面小说中出现的故乡人物,如孬舅、白石头等;另一类是一些老根在中国(上辈子或上辈子以前曾是中国人),但眼下具有新的同性关系者身份的后现代人物。两类人物分别代表了当代中国社会的现实生存意象和蜂拥而至的后现代文化意象。小说从这些所谓的同性主义者和固有权力体制相表里的角度来考察,它剥离出了这些看似前驱的后现代话语实则无法脱离固有的权力体制,并作为其变形的本质。它首先揭示出,这些以解放民间自居的所谓的后现代化前驱,是与民间生存的真实需要完全隔膜的,"一边是异性关系还没有搞够的同胞,光棍的光棍,寡妇的寡妇,见了异性就口渴,就眼中带血;一边是代表西方文明、决定社会和我们精神想象能力的世界级大腕——世界名模、黑歌星、时装大师、电影大明星、球星——要搞同性关系;一边穷,穷得临死还想吃口干的;一边富,富得搞同性关系之前都用牛奶和椰子汁洗身子;一边整日在牛粪里倒腾着双脚,不是怕爱国者导弹和运兵装甲车,时刻想打声呼哨就聚山寨造反;一边富极无聊,待在碧绿的游泳池子里想不到解闷的法子,所以才搞同性关系"[1],闹剧结果显而易见。其次,小说里这些摆出了人类解放者姿态的所谓同性关系者,依然是依靠向这里最高权力的化身孬舅请愿,甚至不惜利用他的夫妻私人生活中的性无能进行施压,来使孬舅对他们这项要求认可。而孬舅一旦同意给他们家园,他们就立刻变得对孬舅感恩戴德。既然他们是依靠现有的权力体制来实现自己的理想的,这就说明他们和现有的权力体制不可能真正处于对立地位,不过依然是固有权力体制下的玩偶而已。第三,这些打着先驱招牌和呼着解放民间口号的所谓的后现代者,在一旦获得现有的体制分给他们的特权去实践他们的主张时,面对民间对他们的不理解不合作以及自发的反抗,所采取的态度竟然和主流权力体现出惊人的一致性,都是极端的施暴:这群乌合起来的同性关系标榜者们到了故乡,就以这里的主子身份来支配乡民,镇压民间的骚乱,强行推行自己的主张,颁布自己的法律,把所有的异性关系蛮横地视为"非",根本不把老百姓当人看待,一度还要割掉老百姓身上的男性特征以及女性特征的部位实行交叉移植,何其荒唐而又何其暴力!

由《头人》将矛头指向乡村权力形态,到《故乡天下黄花》里将乡村权力形态放在和国家权力体制的联系中一起审视,再到《故乡相处流传》中把批判的矛

---

[1] 刘震云:《温故流传》,江苏文艺出版社,1996年,第111页。

头向权力话语系统的推进,最后到《故乡面和花朵》里对那些压制着民间利益的、本质上与这种权力形态有某种同构的其他文化形态的考察,刘震云这一主题线索完成了在民间和权力体制的互动视角上对那些笼罩在民间生存之上,并非作为民间生存苦难根源的权力形态的全面质疑。它和为精英意识形态所加于民间的"国民性"原罪"祛魅"的线索相呼应,共同形成了刘震云在当代文坛上别具一格的主题个性。

三、民间反叛的语言策略

文学中的意义反叛虽是立场的产物,但也是技巧的结果,既然种种外在的权力话语都在遮蔽民间的本来利益,那么民间能不能同时也以它自身固有的生存意识嘲弄和对抗这些外来话语?这也是刘震云所进行的工作之一。刘震云的特色不仅在于站在民间立场上来对与它异己的权力话语进行解构,而且在于非常注重采用和开发与民间话语特点相关的表达方式。

可以看到,刘震云在实践这种解构策略时,对和民间话语表达特点有关的技巧的开发,是多方位的。

在他所经常使用的与民间话语特点相关的表达技巧里,首先值得注意的是大量运用鄙俗的生活意象进行象征。这在他的《官人》、《一地鸡毛》等写实类作品里表现更为明显。如被摩罗在一篇评论他的文章里所极力推崇的"厕所"、"馊豆腐"、"烂梨子"、"瘫痪病人"等,都是如此。[①]"厕所"意象出自于《官人》,在这篇描写某机关官场生活的小说里,开始第一句就是"单位的厕所坏了",然后"屎尿涌了一地",并且由于天气太热,"一天之后,屎尿就变成了一群正在蠕动的蛆虫。有人亲眼看见一个大尾巴蛆,正在往厕所对面的会议室爬"。而这个国家机关运作过程中领导的崇权拜官,毫无原则及相互之间的钩心斗角争权夺利的气氛,给人的感受和那屎尿乱涌,蛆虫满地的厕所又有多大区别呢?"馊豆腐"意象出于《一地鸡毛》,小说也是在开头写到"小林家一斤豆腐变臭了",接着这一斤变臭的豆腐又开始影响到人物的情绪,进而影响到家庭的气氛。小知识分子那种卑微琐碎而散发着腐酸的生活气,也都浓缩在这一斤酸豆腐里了。其他意象也都具有类似效果。单纯就一般意义上来理解这些意象的象征含义也没有什么不可,但如果放在民间立场上对权力进行结构的主题下,就可以获得更深刻的理解。这些为大家广为赞赏的象征意象都是带有鄙俗特征的。

[①]刘震云:《故乡面和花朵》(卷一),华艺出版社,1998年,第111~112页。

由于民间本身不可能像知识分子那样有自足的逻辑系统,也没有那么多繁文缛节的语言讲究,所以民间话语在表达他们的亵渎意识时,常常用他们身边最熟悉的、具有反面意义的鄙俗物象去直接类比,一阵见血地揭示出事物本质。这在民谣或民间故事里边都经常可见。

第二,刘震云还经常使用的、可以从民间的特点上得以解释的另一个技巧是,他为什么要从简单卑陋的生活欲望或偶然性的情绪波动中,寻求个人行为和历史事件的全部动机。我们看到,在他的小说中,小到《单位》中把党小组长老乔不同意小林入党的真实原因,归结为仅仅是小林出差回来给她办公室里的对头女小彭捎回来一只蝈蝈;大到《故乡相处流传》里,把三国时期曹、袁开战的动机,说成是争夺一个小寡妇。这样的解释方式比比皆是。本来,中国民间由于本身精神视野的局限,看待问题经常具有经验主义的特点,不愿意相信超验的、抽象的大道理。这原算不上是一个优点,许多现当代作家也都着重将它作为一种民间的缺点批判,如鲁迅的《阿Q正传》里写阿Q对革命的理解,就是要把秀才娘子的宁式床搬进自己住的土谷祠,再就是给自己找个女人做老婆,完全是农民的缺乏觉悟。然而在刘震云这里,却从解构主流叙事的角度看到了他积极的一面,发现了中国民间这种简单思维方式也本能地包含有一定的捍卫历史真理的功能,即能够拒斥由权利的胜利者所杜撰出来的宏大叙事。因为权力的胜利者书写的历史或社会事件的动机必定是美化自己,既然"别人可以顺嘴乱说,我为什么不能顺嘴胡说",为什么不能用民间的思维特点,故意把被权力话语扭曲的历史事件和社会事实的解释,还原为一种简单化、庸俗化的欲望动机呢?而这种把庄严的东西庸俗化的方法,由于包含了民间自身生存本相中的经验,未必不能得出更能接近事物本质的最高真实。当我们读到《单位》中发生的一系列由简单的非理性的心理欲望的波动造成的人际纠纷时,显然是把它作为一种最真实的生活读本理解的;读《故乡相处流传》里曹、袁为争夺一个小寡妇而闹纠纷,虽说忍俊不禁,但之后感到的更是一种对由权力人物争权夺利构成的主流历史的彻骨冰凉。

第三,作者还从民间话语表达中视角杂糅的方法中吸取营养,来服务于自己的解构权力主题。对一个作家来说,叙述者的角度设置是一个重要的问题,它需要能够最大限度地为主题服务。从现代叙事学的角度看,视角一般分为全知视角和限知视角。全知视角的叙述者是在幕后的一个万能存在,可以自由地穿梭于每一个叙述领域;限知视角多是在小说中设一个特定的角色充当观察者,所有的叙述都是从这个特定的眼光发出的,所叙述的一切也都要受这一特定观察者视点的限制。选用什么样的视角,在同一个叙述单元里一般要求统一。读刘震云的小说,我们常常会感觉到对其叙述方法把握上的困难,因为它似乎和我们现在所习惯认同的叙述学原理出现某种背离。他的作品里经常出现的情况是，明明小说中有一个具体的叙述的承担者，一切应该从他眼里看才是，可这里实际上又不等同于局限视角。如在《故乡相处流传》中小刘儿可以说是叙事的承担者，或者说是由他发出的第一人称叙事，而作者又全不按照现代叙述理论所要求的应使叙述主人公受到约束，让小刘儿仍然有自由穿梭于所有领域的全知能力，一会儿讲述这个人物的内心念头，一会儿又从另一个人物的眼光发出议论，成了一个超越作品中具体角色的全知全能存在。这其实是一种中国民间叙述话语视角杂糅的传统特征。中国民间叙述话语为了方便表述和扩大叙述容量，就索性放弃了对叙事系统逻辑周延性的追求，别有一种魅力。作者正是为了使叙述能量最大限度地呈现民间那种包含着本能的弱肉强食的血腥，也包含着藏污纳垢中的生命原始正义，既自甘卑微又不无骄傲，既玩世绝望又真挚逼人的种种特点而采取这种方式的。

第四，"扁形人物"或者说类型化的性格设置，是作者从民间话语特点提炼出的服务于解构权力主题的又一得力手段。小说理论上曾有"圆形人物"和"扁形人物"的划分。"圆形人物"是指深层心理个性得以全方位呈现的人物，"扁形人物"指抓住人物性格的个别特征而进行类型化处理的人物。由于思维模式的限制以及文化心理上对个性内容关注的贫乏，中国传统的民间叙述话语里所提供的主要是一些"扁形人物"或类型化人物。本来，随着现代叙事的发展，虽然许多作家在创作中也并不完全排除"扁形人物"的塑造，但无疑都把更丰满、更具有深度内涵的"圆形人物"作为最高的追求目标。不过在刘震云这里，不管是长篇还是短篇，都无一例外地放弃了对"圆形人物"的追求，出现在其笔下的尽是些类型化人物。更有甚者，所有这些类型化人物的类型特征最后又都可以简化到一种模型，即都是进化不到更高层次的、被权力扭曲也扭曲着权力的民间基本生存本能层次上的派生物。由同一类型的人物充当小说中上上下下各方面的角色，这不能不说是一种奇迹，也和作者的民间观是密切相关的。在作者看来，既然民间是一种和权力体制对立的结构性产物，人性也不过是由自己的求生本能出发的、和生存环境特别是权力制约相对应的一种结构呈现，每一个人在对它的拥有上并没有本质上的不同，就没有必要特意放大具体的个性在表现中的位置，因此也就不如用"类型"这种民间所习惯的更能够呈现共性的东西。这对固有的权力体制的反叛是极为有力的，因为当个性消失的时候，就是结构共性特征最容易呈现的时候，其固有的不合理就大昭于天下了。这种类型化人物的设置，一是可以使不同权力位置的人也采用某种同样的话语逻辑，在逻辑的同一性中显现出特定的社会权力结构造成的人性异化。我们看到，在《故乡相处流传》里，民间艺人瞎鹿对身份可疑的儿子小麻子，本来恨之入骨,以至小麻子从小离家出走去寻找自己的亲生父亲,但当若干年后成了太平天国一路诸侯的小麻子又回来了,只认自己的母亲把她接去享福,瞎鹿就心里不平衡了,也想巴结上小麻子,就在路上拦住了他。由于自己身份的低下和小麻子对自己的厌恶,他不敢直说自己的动机,灵机一动把小麻子打扮成了自己的救命恩人来拍马屁。他把小麻子的领兵到来说成是把自己从水深火热中解救出来,振振有词地恭维道:"我久闻小麻子先生大德,大人不计小人过,宰相肚里能撑船,如今相见如拨云见日,也是报答救命之恩的意思,过去我没有给柿饼脸办成音乐会,现在我想给小麻子在县城影剧院办一个个人独奏音乐会,请大人及小麻子定夺"。在这里,父子之情和所谓的人格是没有的,只剩下了一种企图对对方进行利用的彻头彻尾的虚伪。而朱元璋又是这样来为自己登上皇位正名的:

> 自轩辕二舅到我,中国经历了多少变故,万种沧桑,发展到元朝,一个好端端的国家,弄得吃没吃的,喝没喝的,民不聊生,贪污腐败,到长城是死,不到长城也是死。官逼民反,揭竿而起,在大家的努力下,推翻元,建了明;多亏大家抬举,让我当了皇上第一把手。我心里清楚,凭我的资历、经验和水平,我难当此重任;并不能以为我当了皇上,我水平就提高了;我水平并没有提高,我水平还是原来的水平,只是职务变了;职务不能代表水平。我要不当呢,又辜负了大家的信任,所以就当了。①

朱在本质上也和瞎鹿一样是虚伪的。如果瞎鹿身上的虚伪可以说是下等人本着生存本能,想从眼前的权力体制中分一杯羹的不择手段,朱元璋则把这种虚伪运用到政治上,通过和历史上的轩辕黄帝乱攀关系来暗示和印证自己的伟大,进而把自己的所作所为都塑造成顺乎民意的结果,让群众无条件地信奉自己,崇拜自己,甘愿做自己所有号召的牺牲品。历史上所有统治阶级的逻辑不都是这样吗?借用各种手法和理论先神化自己,再以之作为自己有资格奴役百姓的证据。从瞎鹿到朱元璋,我们看到,当一种社会权力体制迫使处于它最下端的人只有靠出卖自尊的虚伪才能求得一点自己的生存利益,迫使居于它最上层的人也只有靠虚伪才能维护自己的权力时,这就造成了在这种特定的社会体制结构中,不管是居于何种位置,无差别的人性本能最后也都只有"虚伪"这一种无差别的个性类型。正是靠类型化的人物使用类型话语,这种体制本质上的特征,才被如此直接地暴露得一清二楚。

和作者对民间话语特点的借鉴密切相关,也由之发展出来的第五方面技

---

① 刘震云:《故乡相处流传》,华艺出版社,1998年,第105页。

巧,是寓言化的情节处理。让故事具有寓言功能,首先是一种民间立场上对权力进行解构的需要。因为要用一种非逻辑的民间话语方式去对抗那些比它拥有更先进、更完善语言制造机器的权力话语体系,唯一所能求助的就是自身的直观概括能力,只有用寓言化的形式。另外,这也符合民间心理认知的特点,民间的本能经验本来就擅长构筑一些极富概括力的生存寓言。从故事发生的原型学上来说,民间本初的话语形态,无论神话还是传说,大都带有寓言性质,象征着那时人们关于人类或世界现象的某种诠释。刘震云对这方面的开拓在于,他几乎调动了民间话语所可能具有的各方面直觉能力和经验能力,力争把他的故事抽象成一个关于权力、人性和当代生存状态的寓言。他的绝大多数作品都可以由此来直接解读。《单位》、《一地鸡毛》、《官场》、《官人》等都不是只为了讲述某个地方或某个社会群体的个别现象,而是讲述一种类型,作者基本上都竭力抹去故事发生的具有具体标志的环境背景,甚至抹去大起大落的情节。《头人》、《故乡天下黄花》、《故乡相处流传》、《故乡面和花朵》等几部小说,更是超越时空的关于中国社会权力结构和社会结构的寓言。特别是在《故乡相处流传》里,寓言化的手法更发展到了一个登峰造极的地步。这部小说对权力的解构是通过几个民间历史传说的片段展现的,我们看到,为了追求超越时空的寓言能力,作者不惜采取各种荒诞方法,人物可以轮回转世,生而复死,横穿各个历史时期,如曹操、袁绍这些三国时的风云人物几个世纪轮回下来,成了流民、衙役、地主富农分子、村民;"我"、孬舅、白石头、六指、瞎鹿等也分别在统治时期轮回为不同的角色;历史与现实、古人和今人之间的距离也被取消了,尤为甚者,《故乡相处流转》中的"我"白天在给曹操捏脚时可以聊到"崇拜毛主席",晚上看电视动画片《猫和老鼠》;曹、袁打仗用的是直升机和高射炮团,慈禧太后喜欢吃口香糖喝可口可乐等。而这里这些荒诞手法并不是外来的,不是什么后现代的魔法,它的本原和传统的民间特点有千丝万缕的关系。人物的生而复死、死而复生,本来就是民间的"轮回"意识的表现。在中国的民间意识里,通常是万物有灵和灵魂不死,在这一阶段里你是这个物种这个身份,到了另一个阶段你又可以是那个物种那个身份。由于民间意识里人的个体意识可以穿越不同的时代,是所有历史过程中的综合体验,所以它又可以顺理成章地推出使古今杂糅的手法。这样古人的事同时也是今人的事,今人的理由也是古人的理由。当历史被取消了它发生发展过程中的特殊性,完全被放在同一个平面之上呈现时,就必然成为一个脱离开具体内容的关于历史的当代寓言,它指向的也是隐藏在事实之后的最高真理。我们仍以《故乡相处流传》中的一段话语叙述为例:

> 谁说我们的民族是一盘散沙?谁说我们的民族没有进化?这时变成

了一个纯粹的剽悍粗犷的哥萨克。当然,哥萨克也不一定是好人,一九六九年,我们就与哥萨克治过气,当时全国大办民兵师,准备应付苏联修正主义的突然袭击,当时我十一岁,苏联在我们眼里,如同刘表一样,是红眉绿眼的妖魔鬼怪。当然,时过境迁,现在的苏联已经不称其为苏联,我们不必担心;但当时大办民兵师时,大家可是提心吊胆,到处挖防空洞,准备应付苏修的突然袭击;我们每一个人,都自豪严肃得如一个国家,就连食堂的伙夫,也加入了训练的行列。我们身穿黑棉袄,头扎白头巾,背着从部队下发的破枪,雄赳赳气昂昂地在县城街头操练,步伐整齐,口号嘹亮。队伍前不见头,后不见尾。①

  三国时期的一次练兵就这样奇特地和当代历史上的事情杂糅在了一起。不管两件事情的性质如何,它指向的真理是:民间人们始终没有对事情真相的全面知情权,因而也丧失了独立思考的可能性,只好按照权力话语的描述姑妄信之。民间所表现出的激情,所表现的自豪与荣誉,都建立在这种盲目而虚妄的基础上,一个民族的行为方式既然从古到今都没有什么进化,这不是一个关于民族的寓言又是什么?

  最后,为了服务于解构权力的主题,作者还从对民间话语特点的挖掘中,提炼出一种以俗为雅、寓热于冷、不怒反疮的表述方式。民间由于其自身的修养限制不可能具有考究的语法和精致的修饰,对苦难的司空见惯又养成了一种无奈的麻木漠然,刘震云作品的语言风格便直接模仿这些民间话语的特点。他的作品语言不仅不避俗,而且通常刻意为俗。他让曹操张口就是"鸡巴袁绍",让孬舅动不动就"不行就挖个坑埋了你",所有人的口气都全然民间化了。这里"俗"不只是为了衬托人物性格,还有一种凭借着民间智慧直指世道的功能。《故乡天下黄花》里描写赵刺猬的一种心理道:"妈拉个×,猖狂不是一时哩,等我们打倒了赖刺猬,再遇到个小运动,我不把你卖油的打成一个反革命,我就不姓赵!"——粗俗的动机及思维方式里,包含的就是整个"文革"派系斗争谜底的最高领悟。至于冷漠,经常被刘震云用作一种叙述语调。还在《故乡天下黄花》里,作者不动声色地写道,在一场由日军、中央军、八路军几方参与的战争结束后,村子里血流成河,而邻村的一些百姓见这村被扫荡了,"当天夜里军队撤走以后,就有人来'倒地瓜',趁机抢走些家具、猪狗和牛套、粮食等。现在见这村埋人,又有许多人拉了一批白杨木薄板棺材来出售。一时村里成了棺材市场,到处有人讨价还价"②。作者的叙述语调几乎冷酷到了令人发指,似乎这全然

---

① 刘震云:《温故流传》,江苏文艺出版社,1996年,第86页。
② 刘震云:《温故流传》,江苏文艺出版社,1996年,第19页。

不是一个值得人极端义愤填膺的事件,而是一个平平常常的生活事实。这种不动声色的语调正是刘震云从民间那种对自身痛苦麻木漠然的特点抽出来的,他不是不想介入自己的感情评价,不是不要批评民间的那种对同类灾难的漠视,而是站在对民间命运更高层次的理解上,他看到了民间这麻木的表象下还包含的另一种值得同情的内容。如《故乡相处流传》的一段写民众对小麻子他们出来吃喝的态度:

> 何况偌大一个延津,还管不了小麻子小蛤蟆之流的吃喝?他吃喝,我们赞成;他没吃好没喝好,我们倒不放心了。他们没有吃喝尽兴之日,就是我们倒霉之时。我们喜欢太平,喜欢盛世,如果连小麻子都吃喝不好,不成了大灾大难之年了吗?他们吃得好坏,与我们吃得好坏成正比。试想当年迁徙路上,我们吃不好,有瘟疫,当时的皇上朱和尚不也吃不到穿山甲和屎壳郎吗?饿得连拉屎都没有力气,哪里来的屎壳郎呢?现在小麻子能吃穿山甲,证明我们也能吃个小老鼠吧?所以小麻子出巡,我们夹道欢迎,伏地山呼万岁。①

一言以蔽之,在刘震云的创作里,他借助于从民间的话语形态特点提炼出的种种手法,完成了民间立场上意义反叛的主题。当然,我们也承认,中国民间社会是一个被权力体制长期压制扭曲了的社会,很难产生能使自己得到真正解放的品格,其话语方式也是被严重扭曲了的;但只要运用得恰到好处,一样会产生出人意料的效果。

四、背后强烈的人道主义情怀

是的,刘震云在传达自己对现实的关怀时,选择的是民间立场。但是,作为一个深受现代人文理念熏陶的知识分子,真有那么容易地彻底摆脱自己身上的现代知识分子价值底蕴吗?

这其实也是上世纪末以来一些持民间立场者的共同悖论。他们所持的民间立场,事实上往往是知识分子对待民间姿态的一种调整,而非完全的身份改变。刘震云亦然,尽管选择了一种民间立场,但这也决非意味着可以彻底忽视刘震云创作中仍然保留很多和批判国民性的启蒙主题相通的内容。在前边分析刘震云作品的过程中,我们也已经看到,凡是站在传统的启蒙视角所关注到

---

① 刘震云:《黄花土塬》,江苏文艺出版社,1996年,第176页。

的民众身上的人格缺陷,刘震云都不但没有回避,反而有着大量的表现。例如他也承认,民间的特性毕竟是相应于权力体制的压制而产生的,带有严重的精神奴役的创伤,这是需要批判的。在一篇创作谈里,面对群众本着生存本性毫无原则地变来变去,他也曾不无愤激地说过:"官是没有错误的,一切全在群众。有什么样的群众,就会产生什么样的官,我们不要责怪官。"①在《故乡面和花朵》第三卷的"非梦与花朵"一章里,他也写到民间所憧憬的理想是"学术和理性统治的时代",这也和启蒙所设想的最终结局是一样的。这些都反映了他作为一个现代知识分子所难能可贵的认识。他要放弃的,只是一些启蒙精英由于过于天真而对民间处境的艰难缺乏足够理解,片面地要民间承担过多人格责任的轻率态度。有意思的是,在刘震云笔下,所谓精英式的知识分子虽然出场不多,却大都受到作者漫画式的处理,或许这正是他对那些习惯以大众启蒙导师自居的知识者的一种失望吧。例如他有一篇叫《新闻》的小说里,写一群走穴的记者,全然没有了自己的知识责任和职业道德,有奶便是娘,谁出钱便给谁宣传,根本不考虑事情的真相是什么,计较的只是接待规格和红包大小。《故乡面和花朵》里也出现了一个以领导民众反思的精神领袖自居,却既没有能力也没有勇气直面现实的教授刘全玉,面对同性关系运动给故乡人民带来的灾难,他不去检讨自己在这场运动中到底起了什么作用,反而急急忙忙地将自己扮成"朝士旰食之秋,至尊垂虑之日"②的形象,矫揉和虚伪由此可见。在固有的体制下,知识者自身尚屈服于一己之利无法保持自己的人格独立性,他们又如何能给予民间人格改造的力量呢?

那么刘震云想要把解救民间之路引向何处呢?从更深一层的现代社会大背景看来,这其实触及了整个现代中国文化的一个死角。自从 19 世纪西方国家的坚船利炮打开了中国封闭的国门,把一个昏聩腐朽的老大帝国纳入世界格局以来,许多人一直在探索如何把中国带入现代化的大门,并催生了以关注和解决这一问题为指归的中国现代文化。而现代中国文化一开始就面临着体制改造和人性改造之间该如何着手的矛盾。在现代文化先驱看来,一方面是落后的国民性成了旧体制繁殖的温床,不事先将其改造过来,体制的改造就无法成功;另一方面落后的国民性又是在传统的权力体制重压下形成的,如果不先打破压在他们头上的旧的权力体制,他们又能拥有多少可以坐在那儿心平气和地进行道德自我完善的空间?这成了一个先有鸡还是先有蛋式的棘手问题,如果不能够予以妥善兼顾,而盲目地把任何一方面理由夸大到极端,都会造成对民

---

① 刘震云:《温故流传》,江苏文艺出版社,1996 年,第 165 页。
② 刘震云:《草木、人及官》,《中篇小说选刊》1989 年第 1 期。

间真实利益的忽视。改造国民性的话题侧重的是前一个方面,而刘震云在并不否认前者必要性的基础上,更从民间实际生存处境的角度,发现后一方面的巨大力量,并再次把这个死角的顽固性揭示到我们面前。不过也不能不说,刘震云只是一个清醒的观察者,却不是一个盲目的指路者,他不愿意去下超出他能力的断语。在他这里,目的虽有,而通向目的的路却是那样迷茫。他穷形尽相地描摹着民间在权力体制压抑下的扭曲、变形,并以民间的本能的反抗智慧对后者做出种种嘲弄,但也只能如此而已。前边我们曾提到过,在《故乡面和花朵》第三卷的"非梦与花朵"一章里,他也写到民间所憧憬的理想是"学术和理性统治的时代"①。但我们也应该注意到的是,作者在设想民间可以去实现这个理想的日子,竟是令人不寒而栗的"世界上吊日"! 也就是说,民间的这种幸福生活的理想境界在现实世界是虚妄的,只有在彼岸的幻想中才可以实现。这寄予的难道不正是作者心理深层的一种绝望吗?

所幸的是,文学家并不总需要站在政治家和社会学家的角度,要为社会历史的发展去指出一条所谓的光明大道,他所从事的不过是一种本于社会良知的人道主义实践,他所要做的是关心人、同情人、理解人,包括生活在我们这个社会中的任何一个被其他人忽视的弱势群落。从这一点上说,我们不能不承认刘震云是伟大的。我愿意把刘震云写于1993年的《温故一九四二》单独抽出来放到本文的结尾处试加分析,是因为我觉得在刘震云的所有作品里,这篇小说可以视作一篇总纲,也是我们理解刘震云现代人道主义思想底蕴的关键。

《温故一九四二》写的是1942年河南大灾的事。作者选取了最能透视一个底层民间和权力体制之间关系本质的时机,并且由于小说选用的是抗战时期国统区的题材,因而也少了某种叙述上的忌讳。另外值得注意的是,作者在这里还抛弃了几乎所有可以使小说变得华瞻、丰满和形象生动起来的艺术技巧,而用一种边议论边叙述的近乎带政论性的报告文学的文体来写。作者极度义愤填膺地给我们描述了我们的历史上曾出现的惨绝人寰的一幕:1942年河南由于大面积受灾,出现了赤地千里的情况,民间失去了起码的生存基础,作为最高领导人的蒋介石假装不信饥荒的存在,斥省长的灾情报告为谎言,迫害对灾情作过一次报告的《大公报》的记者和主编,指令政府向这个地区所征的实物税和征粮任务不变。结果造成的是三千万奄奄一息的饥民和三百万铺满大地的尸体。作者把批判的锋芒直指那个和民间利益根本对立的权力体制。

作者民间立场背后所潜在的现代人道主义思想的深厚底蕴便在这里不可遏制地迸发了! 其中的表现之一,是明确地把民间的生存利益放在高于一切的

---

① 刘震云:《故乡面和花朵》(卷三),华艺出版社,1998年,第1131页。

地位,甚至完全超越了"国家"、"民族"这些抽象概念的束缚。小说里有一个情节,在大旱之后的第二年这里又遇上了蝗灾,而国民党的各级官僚依然变本加厉地掠夺,民间生存完全被逼上了绝境,这时日本人过来了,他们为了收买民心就发放了不少军粮,救活了不少百姓的性命,当时不少老百姓就反过来帮助日本人。在河南战役的几个星期中,就有大约五万名士兵被自己的同胞缴了械。作者对此是持同情态度的,他议论道,虽说日本人这样做是不安好心的,是有政治阴谋的,是为了占我们的领土,但他们救了我们的命;我们自己的政府就对我们没有企图没有阴谋了吗?而且对我们的死活毫不顾惜。在这种情况下,为了生存,这个国又有什么不可卖的呢?有什么可以留恋的呢?作者这段话并不是一般性的否定"爱国"这种说法,也不是要否定整个抗战的合理性,而是在探讨一种国家和民间生存所本来应该具有的正常关系。作者赋予爱国以前提条件,就是说这个"国"首先必须是我们的,是代表我们利益的,是值得我们爱的。从现代理性的角度来看国家,无非是一种各方面利益分配的组织形式而已,它的职责是尽可能地为每一个人提供平等保障的机会。而在我们的历史上,许多专制统治者都有意抹杀国家的这种本质,先对这一概念进行偶像化,再把自己的个别利益美化为整体利益,利用这种方式来奴役人民,使人民无条件地为他们的个别利益效忠。作者对此是痛心疾首的。试想敢于用民间的生存利益来叫板那些在社会历史上被神化的、以为是天经地义的道德教条,这里边需要多大的人道主义勇气!

其中的表现之二,还在于作者在小说中索性直接发出了人道主义的呼唤。作者在小说中以极其复杂的心情写到:"一方面是中国政府的严重失职和草菅人命;另一方面,一些本来也是在进行文化侵略的外国传教士、甚至是一些在国际战场上刀枪相见的外国人,却不约而同地本着慈悲之心全力以赴开始了自己的救援工作。他们面对那么多的灾民自然是无能为力的,可他们还是不惜倾家荡产这样做,只是为了这样一个简单的动机:至少要让他们像人一样地死去。"①

"至少要让他们像人一样地死去"——这句借作品中一个外国神甫之口说出的看似平平常常的话,放在刘震云这里,实在太具有触目惊心的效果了!也许神甫的本意并没有多深的含义,仅仅是一种习惯性的修辞而已,但刘震云把它引用在这里却绝非偶然,而是有着他自己深刻的用心。这难道不是刘震云站在民间立场上进行创作的一个全部的核心吗?无论如何,要把民间的人当成人,尽管他们身上积淀有种种生存污垢,尽管他们由于受侮辱受损害而被扭曲

---

① 刘震云:《温故流传》,江苏文艺出版社,1996年,第345页。

变形,但他们毕竟也是人。当然,这里"让他们像人一样地死去"只是一个象征性的说法,人所最需要面对的仍然是活人的世界。在刘震云以民间立场所描摹的世相百态里,在所有那些受到权力体制的重压而被扭曲得非人非鬼的人们身上,刘震云所要发出的难道不是这样一种撕心裂肺的呐喊:如何能让他们像人一样活?由此我们也发现了刘震云创作的核心价值和最具光彩之处!

原载《文艺争鸣》2007年第12期

走不出语言的层峦叠嶂
——刘震云新世纪小说创作一瞥

周显波

从《一腔废话》、《手机》、《我叫刘跃进》、《一句顶一万句》到《我不是潘金莲》,新世纪以来的刘震云在五部长篇中通过探讨语言与人的关系、语言在人的处境中发挥的作用等问题,构建了一个寓言化的世界。在这个寓言化的世界里人的处境离不开语言——语言是人生必不可少的组成,是沟通的工具、生活的一部分和立足世界的凭据,但语言又反身成为人生存的障碍,变成一座座等待跋涉、等待搬移的层峦叠嶂——这成为人荒谬处境的根源。

一、线索:作为存在本体的"说话"

如果说上世纪 80 年代末和 90 年代初的刘震云关注的是正在发生的现实生活,从 90 年代中期以来的"故乡"系列小说中则可以看到作家将视线移到了乡土历史,不变的是刘震云一直关注权力结构中的人的处境和意义,对这种关注塑形的表达形式就是作家在 20 世纪八九十年代写作的从《新兵连》、《一地鸡毛》到"故乡"系列小说。新世纪之后的刘震云从《一腔废话》开始,文体形式延续了《故乡面和花朵》的试验方向,而探讨人的处境和意义的热忱并未消退,只是从权力结构的探讨转向了对语言与人的关系的思考。具体而言,从《一腔废话》到《我不是潘金莲》贯穿了对"说话"及其意义的思考,"说话"包括说话的行为和说话的内容,作家通过对"说话"的执着和"说话"对人的折磨得以一窥人的价值、生存的意义,所以,"说话"在这些小说中成为意义本体。作家从日常生活中将"说话"抽离开来,使它既成为结构文本、组织人物关系以及作家想象的重要客体,也成为界定人的生存、质询生存意义的工具,甚至在部分小说里,"说话"简直压倒了主人公和叙事——"话"成为绝对重心,它摆脱了人而成为主角自行言说,人则"异化"成为"说话"的道具。

《一腔废话》中"五十街西里"的人们,无论是修鞋的老马、卖肉的老杜、孟姜女都无不沉入"说话"的狂欢中,所有人说的话似真实假、虚中有实、真假互现、以假为真,最终他们连同五十街西里一道卷入一腔废话的漩涡中不可自拔。在这部群像小说中,真正达到了"文本已经是现实的一部分,文本形成了我们所属的现实,构造了我们所生活的世界"①。小说中的"文本"正是五十街西里轮番登场的鬼魅一般的"一腔废话"。"一腔废话"不仅成为了小说的主题,也成为小说的真正主角。《手机》借助通信工具来结构文本,但"手机"或"电话"或"捎口信"都是"说话"的载体,"说话"作为本体位置在小说题目上浮现出来,严守一、费墨、吕桂花、严朱氏的命运、处境无一不与"说话"联系密切,三段看起来联系并不密切的故事也因为"说话"这一逻辑而得以连缀。从《我叫刘跃进》文本表层上看似乎与新世纪以来刘震云的"说话"系列小说有些许差异,这表现在前者故事性强、文体风格上的"说话"让位于讲故事的冲动,因此使这部作品与其他三部作品在风格上有些许不同。但深入文本可以发现,作家的那种"说话"冲动和将"说话"置于本体的意图并没有消失。《我叫刘跃进》在一个通俗故事结构里,所有人物围绕欠条、U盘、银行卡成了"说话"的主体,仿佛《手机》中严守一的手机一般在说着各种各样缠绕欲望的秘密而被人追逐,因此不同阶层的各色人等也纷纷因这些讲着"语言"的物而联系在了一起,于是各种关系被"越说越乱"。《一句顶一万句》中从"出延津记"到"回延津记",人物的价值和精神所在就在于找到能"顶""一万句"的那"一句",这个寻找胜过千言万语的"一句"而最终达到"顶"的过程,既让人物陷于荒诞与孤独的境地,也使人物获得一种奇异的存在感。《我不是潘金莲》的主人公李雪莲陷入重重折腾的原因仅仅是要纠正一句话——证明自己不是"潘金莲",继而证明自己离婚是假——离婚证上的"说话"为假。

刘震云在五部长篇小说中,有意选择返归传统的说书表达方式——这种最接近日常、民间"说话"的方式来叙述、结构作品。在内容层面上,"说话"是小说中人物的行为动机、是故事意义的核心所在,它凝冻着漂浮在时代中的欲望、锚定了被遮蔽的人的孤独而荒谬的位置。

二、表形:话之"绕"

"五四"以来的新文学塑造的普通民众形象大多是"沉默"的,他们等待被知识者的精英话语启蒙,所以革命现实主义作品的一个重要功能就是让被压迫

---

① [英]安德鲁·尼古拉:《关键词:文学、批评与理论导论》,汪正龙、李永新译,广西师范大学出版社,2007年,第32页。

的、无话语权的人"翻身把歌唱"——"歌唱"="说话"。但这些被解放了的民众却常常只能借用领袖语录、政治套语来"说话",因此20世纪80年代以降,《李顺大造物》、《陈奂生上城》、《天堂蒜薹之歌》、《九月寓言》等小说让我们再一次看到了"沉默"的普通民众的重新登场。刘震云在《故乡相处流传》、《故乡天下黄花》等作品中,叙述人超然、不动声色地关注的是历史舞台上轮番登场的各色人等的人性,继而发现某种权力结构的质素,在这种人性和结构双重作用之下,具有寓言作用的"故乡"被赋予象征功能——"故乡"也好,故乡负载的历史真相也好,它们都是沉默的,只有拥有权力的人是"有话"的,无权的人想要说话只能"夺权",否则只有"沉默"。新世纪以来我们看到刘震云在长篇小说里将眼光投向了民间群体的"说话",在这里并不是说作家发现了这些民间人物不再沉默或不曾沉默的真相,而是发现了他们常常在无所不说、无话可说、话里有话、无言以对或言多必失中的孤独、荒诞——这是一种人本体的沉默。与存在主义不同,无论五十街西里的居民,还是严守一、刘跃进、牛爱国、李雪莲,他们都是通过"说话"与世界打交道的,尽管"说话"的内容千差万别,口音相异,但他们"说话"的冲动却是共通的。对他们而言,"说话"是必需的,严守一以"说话"为生,刘跃进要不断寻合适的人"说话"才可能摆脱窘境,牛爱国要"说话"才能寻找到能"顶一万句"的那至关重要的"一句",五十街西里的居民靠"说话"才能粉墨登场以自己的"疯傻"……但这些人在积极探寻"说话"的可能时,无一不让他们自己迷失于语言造成的漩涡之中。

用刘震云小说中的词来概括语言的漩涡和风暴,这就是"绕",即话的"绕"。据《现代汉语词典》释义,"绕"一有"缠绕"的意思,二有"不从正面通过,从侧面或后面迂回过去"的意思。刘震云小说中话的"绕"具有两层含义,一是由于人无意的原因,将众多不相关的动机、目的、话语模型并置在一次的"说话"里;二是人通过"说话"来迂回达到目的,因为事情本身或人处境的缠绕或微妙,所以人有意让本可能澄澈的话话里有话、话外有音。

在话"绕"的第一层含义里,话"绕"的主体是说不清楚的话本。当"话"成为主体而将人"绕"在其中,纠缠不清时,人面对语言的困境就转而成为人自身的困境,这正印证了海德格尔的话:"不能根据语言的符号特征,甚至或许不能根据语言的含义特征,来正确地思索语言的本质。语言是在本身既澄明着又遮蔽着的到来。"①语言因为"绕"而遮蔽了或欲说还休或不吐不快的人,使人落入无法驾驭语言表达自己的尴尬里难以自拔,这显然是语言自身的困境。《手机》中严守一与伍月的事情在妻子于文娟面前暴露,严守一说了和伍月"没有几

---

① 〔德〕马丁·海德格尔:《诗意地安居》,郜元宝译,广西师范大学出版社,2000年,第65页。

次",于是也不知是说他和伍月没有几次,还是背着于文娟搞婚外情没有几次。显然,话自身的暧昧已经让主人公卷入漩涡之中,所以随后发生的离婚就在这话语的裹挟里自然发生。这个《有一说一》的节目主持人最终无法做到"有一说一",最后几乎丧失了语言的可能,只能靠"拿着手电筒往天上写"。此外,人自身有时也会将话"绕"起来,使各种动机、目的、不同的话语缠绕在一处,这样本来相对简单的言说就变得复杂。《一句顶一万句》中的人物常常"把一件事说成另一件事",如"吴摩西见她越说越多,已经把一件事说成了第三件事;已经说的不是社火,成了治气。"这一件事与其他事绕在一起,将本来已经纠葛的事情更加复杂化,说话人的权力意图也借助话语力量的编织而对听话者来说显得无比强大,难以承担。

第二,来自说话人借助话的迂回来达到目的而有意形成的话的"绕"。这种"绕"的目的是将听话者驯服,使其认同话语的内容,达到说话者的目的。《一腔废话》通过虚构五十街西里的空间,寓言化地展示了人性及历史的内容,老杜、老马、老蒋、老冯他们都以"说话"来"绕"他人,以自己"疯傻"的姿态来使他人"疯傻",当他人明白真相时常常为时已晚。在这里,我们看到了刘震云前后创作的某种相似性,《一地鸡毛》、《单位》、"故乡"系列等小说也不同程度地书写了这种人为有意地迂回、利用语言以达目的的情节,这时的话因为"绕"已经具有权力结构。

三、关联:话"绕"与事"缠"

"刘震云写得最多的词叫'拧巴',他说,这个词是他从生活中学到的,'拧巴'的同义词叫'别扭'。生活中最大的别扭是大家对别扭无能为力,但都这样走。拧巴不但存在于今天,也存在于过去,不但存在于中华民族,也存在于世界。世界上所有的悲剧都经不起推敲,悲剧中一地喜剧。"[①]这种所谓的"拧巴"的突出表现就是事本身及事与事之间的纠缠,正是这种所有的事物、人际关系纠葛在一处,"对别扭无能为力"却必须"这样走"。从《一腔废话》到《我不是潘金莲》都是以表达一种事的"缠"的形象展现,但在这些小说里,事的"缠"又无法离开"说话"这个本体,可以说事的"缠"恰恰因为话的"绕"而造成,所以话的"绕"在事的"缠"中具有生发作用:它使本来不"缠"的事缠起来,或使本来已"缠"的事情变本加厉地缠绕。说话是促成人沟通的手段,人必须仰仗语言生存

[①] 舒晋瑜:《刘震云:耐人寻味的幽默》,《人民日报》(海外版)2007年12月7日。

于语言之中,正所谓"不是人说语言,而是语言在说人",但因为语言的"绕",所以人与人之间的关系、事与事之间的纠葛不是少了,相反越绕越多,越绕越不清楚,最后导致的"拧巴"状态成了作者笔下世界的典型特征概括。

《一腔废话》通过戏仿电视节目等"说话"方式寓言性地搬演了历史和人性的处境,在这里越说越乱与越说越清楚似乎不分伯仲,"说话"真的达到"一言以兴邦,一言以丧邦"的戏剧性境界,只是这"邦"的"兴"或"丧"不是人们所关心的,他们"疯"或"傻"的目的却是欲望。《手机》里严守一、费墨遇到的事情并不比十几年和几十年前的吕桂花、严朱氏的遭遇来的复杂,虽然现代传播手段使距离的跨越成为可能,但越方便的传播工具越令严、费二人对各自的生活无法有一说一,只能试图靠不断地编织谎言来解决缠得乱麻般的事,但最终那些"话"还是成了爆炸的"手雷"。《我叫刘跃进》里刘跃进们追逐着欠条、U盘、银行卡,这些事物因为阴差阳错系在一起,而这些人以沟通为名的"说话"却处处充满着心机、作假,这样因为各人动机复杂的"话"的参与使本来已经缠在一处的事件愈加复杂难明,最终一个小小的欠条和U盘真的变成了令人胆战心惊的"孙悟空"。而无论是欠条、U盘,还是银行卡,都是一个个"说话"的载体,每一个载体都凝结着许多关系,因此欠条、U盘、银行卡都不再是原来的内容,"有些另外的东西,也牵涉到几条人命呢",所以话再一次"绕"了起来,这因为话的"绕"而使事的解决永无尽头。小说中刘跃进感叹道:"话是人说的,为了一句话,能把人绕死。"名字作为一种语言需要某种稳定性,《一句顶一万句》里杨百顺的名字却成了一个滑动的能指不断迁移,杨百顺从杨摩西改到吴摩西又改到罗长礼,这不断地命名不断地言说不证明了某种的"绕"吗?这种"绕"显然与杨百顺或罗长礼经历的事的"缠"分不开。牛爱国寻找能"顶一万句"的那"一句"的初衷也正是人生经历的诸多不顺遂,而想要寻到的那"一句"究竟是什么,它究竟能不能"顶一万句",这意义永远被搁置,这种搁置正是人的荒谬境地的直接体现。《我不是潘金莲》里,李雪莲的事情从芝麻变成大象,主人公为了证明一句话的冲动裹挟起相干人等最终使事情变成了一个庞然大物,"把一件事说成了另一件事",最终李雪莲"无法将真相证明给别人,只能证明给自己",而这种证明却因为话的"绕"造成事的"缠",又因为事的"缠"使本就不清晰的话更加缠绕,以至于证明最终不了了之。

海德格尔曾认为:"事物只有在言词和语言中,才首次进入存在并存在起来。因此闲聊、口号和废话中语言的无用,破坏了我们和事物本真的关系。"那么从新世纪刘震云的小说里我们可以看到,"闲聊、口号、废话中"的语言才可能有我们另一种的"本真"关系,或者在这些语言中、在"一腔废话"之中才能有寻找"一句顶一万句"的冲动?

四、真相:"说得着"与沟通的不彻底和不可能

纵观刘震云在新世纪的长篇小说,这些作品中的人物并没有脱离开20世纪中国小说中民众的那种"沉默",五十街西里的人也好,严守一、刘跃进、牛爱国、李雪莲也好,尽管他们都在喋喋不休,都在急切地寻找"说话"的可能,但这些人物所感受到的那种深入骨髓的"沉默"却愈加浓黑与沉重,愈加难以排遣,成为一种荒谬的孤独感。《手机》中的严守一以"说话"作为职业,外表风光内心凄惶,这种状态被费墨一语道破:"嘴里贫,是证明心里闷呀。"这种"闷"正是所谓缺乏沟通的孤独感,严守一只能在手电筒的微光里寻找一种心灵的慰藉和沟通的安慰。

新世纪以来,刘震云的五部长篇小说中的人物几乎都在孜孜以求地寻找各种沟通的可能,寻找排遣自身孤立无援境地的方向,于是"说得着"成为他们追求的最高目的。寻找言说的可能构成了刘震云小说中关于"说话"的重要内容,在这种寻找中,每个人都是怀揣一颗急于言说的心的寻找者,但他们寻找的那个能彻底言说的时刻却被永远延宕。"说得着"既是"说话"的目的,也是"说话"得以成为良性沟通的凭借,毕竟只有说话者和受话者"说得着"才能形成有效的沟通。这个"说得着"是很难被理性语言解释清楚的,正如《一句顶一万句》中牛爱国所遇到的境遇一样,有时和同一个人"说话"可能会"说得着",但有时不远千里赶到那里找"说得着"的人"说"时,又觉得"心乱",于是就"说不着"或不能说了;也可能一个从来未说过或曾经"说不着"的人因缘际会、鬼使神差地突然能"说得着"了,所以写在那个传教士图纸上的几个字"恶魔的私语"——仿佛沟通是恶魔随意摆布下的游戏,冥冥之中只有他能够私语,而人只好默默无语或聒噪着寻求沟通。

齐泽克认为:"与他者的真诚接触只是一场令人恐惧的体验,这与对他者的慷慨、宽容的尊敬无关。"[1]当刘震云笔下的人物随机地受命运摆布时,他们也被随机地与他人"说得着",人物间随机的对话可能遮蔽了他们无法沟通的本质或真相。"他们所忽略和误认的,并非现实,而是幻觉在构建他们的现实,他们真实的社会行为。……因此,幻觉是双重性的:它寄身于对幻觉的视而不见之中,这样的幻觉正在构建我们与现实之间的真实、有效的关系。而这一被忽略

---

[1] 〔斯洛伐克〕斯拉沃热·齐泽克:《意识形态的崇高客体》,季广茂译,中央编译出版社,2002年,第5页。

了的无意识幻觉,可能正是被人称为意识形态幻象的事物。"①一个暂时的形成的对话幻觉促使着严守一、刘跃进、牛爱国们不断地想尽办法去寻找沟通的可能,殊不知沟通可能只是幻觉,而这种幻觉就是由这种"说得着"制造的,可是,"说得着"只是"恶魔的私语"——与人无关。

  我们在这五部长篇小说中看到沟通的可能性被永远搁置、延宕,它永远作为一种剩余物残存在幻象制造出的能够沟通的假象里,吸引人去跋涉寻找沟通的旅途。小说中的刘跃进说:"世界上有两种人,一种是说得起话的人,一种是说不起话的人。说不起话的人,说了不该说的话,就把自个儿绕进去了。"可是,刘跃进虽然有时在食堂能在"吃啥"的问题上"说得起话",但出了工地食堂或包工头的一句话他"就说不起话了",或者"说了也没用"。他为了一句话而奋斗了六年,皆因为离婚的时候"说了句痛快话"——为此他闷闷不乐:"我咋变成现在这样了呢?"《手机》里严守一主持的节目"有一说一"成了他人生最大的反讽。《一句顶一万句》里人与人之间更是充满隔膜,虽然每个人都无比聒噪。曹青娥不断对儿子"说话",儿子却对她基本无语,她只能讲给孙女听,但孙女能了解她内心多少呢?杨百顺最后变成罗长礼,家里人却对这个身边人所知不多;牛爱国为了能与人沟通的一句话跑了半个中国,虽然"现在突然明白,时过境迁,再找到这句话,这句话也已经变味儿了"。

  刘震云新世纪以来的长篇小说中的人,不断寻找沟通又不断丧失沟通的可能,偶然又被随机地布置于沟通形成的假象里……每个人物像是推石上山的西西弗,但他们境遇的荒诞性又和西西弗不一样,他们置身于一种互为神和西西弗的角色置换游戏里,这种游戏让人兼有二者角色,每个人同时体会到荒谬性和对他们生活的实质影响,他们有时推巨石上山,有时又将他人推到坡顶的石块重重推下。沟通的实际缺失与幻觉中可能形成的"说得着"的沟通形成一种张力,前者令故事中的人物陷入荒谬的孤独境地,后者令他们于这种孤独中抓到被拯救的可能和希望,因此正是后者不断促使严守一、刘跃进、牛爱国、李雪莲们不断寻找希望,但最终希望只是镜中花水中月。在这里,刘震云的小说具有了某种现代主义特征:小说中人物处在孤独的境地,却带有一种荒谬的喜剧性,而这荒谬外在于人物,被人物们的寻找沟通所掩盖——他们并不自知。他们因时时深陷说话的"绕"的兴奋里不可自拔,但因为沟通的难以为继,让他们继续聒噪并寻找摆脱孤独的可能。但西方现代主义作品书写的孤独是形而上的,最终导向的是对孤独的哲学玄思。刘震云的小说摆脱孤独的方式就是继续

---

① 〔斯洛伐克〕斯拉沃热·齐泽克:《意识形态的崇高客体》,季广茂译,中央编译出版社,2002年,第45页。

说话,于是所有人都围绕着"说话"展开了他们徒劳的生活。

五、小结

"震云身上有种东西在当代作家中是绝无仅有的,那就是他对这世界比较彻底的无情观。……这种意念的彻底性使他最终达到了一种心平气和的境界,使震云对人与社会的批判归于一种娓娓道来的冷酷而不是张牙舞爪的激烈或者落花流水的感伤。"[1]李书磊的这段话放在新世纪刘震云的小说价值估衡上依然有效。从《一腔废话》到《我不是潘金莲》,"说话"作为文本结构形式、叙述形式及文本内涵,为作品与读者、故事人物与人物、人物与行动与其内心间构设了层峦叠嶂般的语言山脉,这些语言山脉是作家"发现的风景",令小说成为一个完整体,而为了跨越这些层峦叠嶂的语言障碍,人(包括作家、读者和故事中的人物)又要不断克服障碍,不断跋涉,作品因此成为一个循环不息的运动体。当然,仅仅把人与人之间的种种复杂关联和经验用语言来作为切入点固然有某种新颖性,但仅从语言出发,把语言与孤独、与欲望链接起来是否使小说内涵陷入了新的"简单化"而折损意义的丰富性呢?

原载《文艺争鸣》2014 年第 1 期

---

[1] 李书磊:《刘震云的勾当》,《文学自由谈》1993 年第 1 期。

论刘震云小说的思维背景

梁　鸿

一

　　早在1992年,刘震云便发表声明:"故乡在我脑子里的整体印象,是黑压压的一片繁重和杂乱。从目前来讲,我对故乡的感情是拒绝多于接受……在我的小说中,有大约三分之一与故乡有关,这个有关不是主要说素材的来源或以它为背景等等,而主要是说情感的触发点。"①在这段话里,作者可能要着意强调两层意思,一是在"实在"的意义上,"故乡"只是他思维的出发点和情感的启动点;二是他并不怀着对"故乡"的温情去写作,他对"故乡"的情感是批判多于认同,他作品中的故乡是抽象的,是整个东方国家的象征,而不是具体的河南延津这个地区,他只取其符号的意义。

　　但是,事实并非如此简单。"故乡"对一个作家的影响绝不仅仅限于性情上和文字上。福克纳小说中的"南方小镇"、马尔克斯笔下的"马孔多"、中国当代作家莫言的高密东北乡、阎连科笔下的耙耧山脉等等,都是作家对"故乡"的重新建构,它既容纳了作者对故乡真实图景的展现,又是作者思想世界的起点和小说独特色彩的来源。可以说,"故乡"的整体生活方式和生存意象,在某种程度上决定着一个作家基本的创作内容、叙述倾向和价值观念。日本作家大江健三郎来到中国和莫言谈到了"故乡"对创作的作用时说:"把思念寄存于故乡,成为我们文学创作的内容,也是我们文学的起跑线。"②从刘震云的整体创作中不难发现,它的思维背景并没有脱离他故乡那块荒凉、贫瘠的黄土地,《故乡天下黄花》、《故乡相处流转》、《故乡面和花朵》等作品都是以他的故乡——河南延津县——为基本背景。旱灾、涝灾、战争、死亡,故乡是黄沙滚滚和赤野千里的惨状,没有水的流动,没有动物的跳跃,甚至连植物的形象都不存在,只有饥饿苦难和灾难,这片黄土地一开始就以暴虐的形象出现在中原民众的生活和刘震云的记忆之中。"故乡"给人们心灵的慰藉,故乡的温暖色彩和光和影的记忆痕

---

① 刘震云:《整体的故乡与故乡的整体》,《文艺争鸣》1992年第1期。
② 〔日〕大江健三郎:《文学应该给人光明——大江健三郎与莫言对话录》,《南方周末》2002年2月28日。

迹在刘震云的小说中几乎不存在,小说中姥娘讲故事所用的时间概念是"蝗灾年"、"跑老日那一年"或"饿死人那一年",她的时间观与中原所遭受的苦难记忆紧密相连,既是关于自然界的记忆,同时也是生活历史的记忆。因此,我们看到在刘震云的小说中,弥漫着中原生存境象所特有的饥饿意象、灾荒意象和黄土地意象,它们形成民族心理深处无意识的梦魇,制约着中原民众的生存形态,并且不断地渗透并形成民族的文化心理,这是几千年来中国政治文化生活的遗留,同时也与中原地区苦难的生存境遇有关。而对于刘震云来说,关于故乡的最初记忆决定着他看待世界的方式和小说的基本的叙述方式,并且最终成为他通向世界的通道,从这个意义上讲,刘震云所说的"情感的触发点"并没有真正说出"故乡"在他写作意识中的地位,他的创作源泉和思考世界的方式都不可避免地打上了"故乡"的烙印。

在故乡姥娘的身边度过青少年时期的刘震云,对中原农村的贫困景象不但有所闻,而且也有深刻的体会,这种最初的记忆无疑为日后刘震云小说打下了一种基本的创伤基调。在《塔铺》中,爱莲为给父亲治病不得不通过婚姻的方式把自己卖掉,在这里,作者所描述的还只是个人饥饿创作的浅层次,从《故乡相处流转》开始,这种个人的创伤记忆就逐渐被上升到集体的、民族的创伤记忆中去,"饥饿"不再是个人的记忆,而化为一种民族意识和集体无意识积淀在民族的情感深处,它已经脱离了"饥饿本身",决定着民族的基本生存特性和道德指向,从而成为民族生存的基本心理指向和最根本动机。《故乡相处流转》中谁能给曹操捏上脚,谁家就有"猪尾巴"一扭一扭过来。这时,给曹操捏脚不仅是一种权利,还有随之而来的"猪尾巴",这是财富的象征;《温故一九四二》的大灾荒中,"我故乡的人们"给鬼子们带路以换取粮食,甚至"易子而食"等等。刘震云不仅仅是用批判的笔调来写这一切,而是站在"民间"的立场上,进入"我故乡的人们"的生活内部,去重新审视这种生存现象的本质。他看到,在真实而残酷的"饥饿"面前,人性是没有可把握的尺度的,在一个几千年来从没有摆脱过"饥饿危机"的民族面前,所有关于"人性、道德、正义"的言说都是苍白无力的。在民族精神深处,我们看不到作为一个民族的和一个人的尊严和希望。实际上,在面对政治压力时,这种饥饿意识仍然潜在地制约着民众的行为方式。曹袁大战时,为什么民众没有揭竿而起,而是跟随着双方的胜负转移轮流充当奴隶?这是因为生存,因为谁是胜者,谁就可能提供生存的保障。他们被饥饿的阴影吞噬着,不去关注更大的命题和更精神化的追求。在某种意义上,刘震云挖掘出了潜藏于我们民族最深处的"病根","饥饿"不再是实在的物理病因,而成为一种文化疾病蔓延在每个民众的灵魂中,民众的虚荣、不自信、要面子、没有原则、实施表现出来的残忍性格,大都来源于此。这也是刘震云小说充满深厚悲剧意味的原因之一。

1998年出版的《故乡面和花朵》和随后出版的《一腔废话》,以语言的夸张、戏谑和文体的新颖引起了文坛的争议。我们姑且不论刘震云运用这种语言来传达"民族精神的想象力"是否恰切,对于我们的论题来说,《故乡面和花朵》中的"故乡形象"更意味深长。前三卷几乎是用一种繁杂、循环而又饶舌的语言来表现故乡生活的重复、无奈和精神的无所依托,抒情的同时作者总是立即用另一种话语把它消解掉。故乡的每一个人物都能侃侃而谈,古今中外,历史未来,无所不知。然而,这些知识所蕴含的意义经"牛棚里的学术讨论会"一讨论,即变得滑稽、无意义,这种消解,既是政治的某种隐喻,也是民间逻辑的变异,在其中,作者传达出的仍是一种深刻的绝望和深刻的怀疑。但是,当我们阅读《故乡面和花朵》的卷四时,世界突然变了。从前三卷语言的繁复、嘈杂和暴力性到卷四的舒缓、平静;从前三卷对人性、政治和历史关系的冷酷描述到卷四非常优美、细致的抒情——天空、大地和生活的细节再一次回到了小说文本之中,世界又一次以形状、色彩、感觉、气味的整体方式存在,那是一个似曾相识却又转瞬即逝的体验世界。一个十一岁的少年骑着自行车在1969年的中国乡村大地上感受着成长的躁动和世界的"真相",这"真相"是残酷的,他对世界的每一个惊喜和惊奇都被随之而来的丑陋打击得无影无踪,但又因为一个少年的眼光而变得富有情感,因为一个满怀着往日回忆的成人的叙述而变得幽默、意味深长。对于洋洋洒洒200万字的《故乡面和花朵》来说,卷四既是小说形式的救赎,也是对作者心灵的一次救赎。毫无疑问,这一救赎来自故乡的力量。

二

刘震云特别擅长描写处于权力关系中的人的欲望和生存特性,他的《官人》、《官场》、《故乡面和花朵》、《故乡天下黄花》等作品几乎可以称得上"中国权力关系的百科全书"。中原地区曾经是古代中国的政治、文化中心,北宋南迁之后虽然文化上呈现衰落之势,但是作为几千年来的政治中心,传统政治文化中的官本位文化却始终占据着一定的地位。权力争斗不仅在官场存在,在乡村的每一个村庄都是最活跃的力量。河南当代作家大部分都是从农村走出来的。他们对乡村生活中的权力运作非常熟悉,并且化为他们创作最基本的题材力量,成为他们思考世界、历史和人类生活的重要途径之一。

刘震云的早期作品如《官场》、《官人》等已经初步显示了他在这方面的通透力。《官场》里的各个人物无一不是生活在权力的焦虑之中,在这样一个权力网络之中,"获得权力"是人唯一的生活方式和生活目的,这是文化形式对人的隐性挤压和生存压迫,他们可以寻找很多理由不去争取这一权力地位,但是他们却无一例外地陷入其中无法自拔。"权力"作为一个词语,游离出逻辑关系以外,以一种暴力方式统治着人本身,在这其中,人是"被缚"和"自缚"的关系。如果说《官场》、《官人》更多的是描绘中国单位制度下人的生存境况,那么《故乡天下黄花》描写的则是民间文化中的权力运作方式,"当村长"是马村人唯一的命运,它既是具体的生存要求,也是一种文化要求。在一个没有摆脱"饥饿危机"的民族生存背景之下产生的权力争斗必然与生存本身紧密相连,这就决定了无论时代以何种话语言说,如何轮换更替,马村人仍按照自己的"村庄逻辑"生存。它形成一个具有完满意义的圆,以自己的历史惯性和发展逻辑游离于时代主潮之外,使时代话语面目全非。同时,也正是它们成为真正的潜流,改变着历史发展的方向。"村庄逻辑"才是民间的政治文化方式。社会的政权不断地更替,而村庄却仍旧按照原来的思维在自动运行,历史的发展在村庄意识中只不过是死了一茬茬的人,后代仍在按祖先的轨迹生活,时代话语很难进入马村人的深层意识。这是刘震云的历史政治观,也是他对时代精神状况的一种理解。他的长篇巨作《故乡面和花朵》中对于各种关系的描述其实是对他前期关于权力思考的深入。各种"关系"降临到"故乡"上空,曾经在故乡生活过的人们接受了新兴"关系"的洗礼,准备在故乡上演,试图成为故乡的统治力量。但是,无论是外国的球星、享誉世界的名模,还是已成为影帝的瞎鹿和成为作家的小刘儿,回到故乡一段时间之后身上又都重新染上了牛屋里的牛粪味和故乡的青草味,他们慢慢又恢复了原来的面目和原来的思维方式;各种现代的、后现代的"关系"在故乡的上空飞了一圈之后,变成了意义不明的"四不像",仍按照中国几千年来的村庄逻辑和权力方式生根发芽。从本质意义上讲,这是外来"关系"的失败,是民间权力模式又一次胜利的全面入侵。而在《一腔废话》中,作者通过描述最普通的底层人的"精神想象内容",从另一层面给我们展示了民众对权力的想象和模拟,他们以"想象"和"话语"的方式为自己创造了一个无限飞升的自由世界,但却仍然不自觉地陷入历史的圈套和诡计,最终,一切言说都成了"一腔废话"。

从《故乡相处流传》和《故乡天下黄花》开始,刘震云对"人的存在性"进行了更为深广的思考和调查。如果说在《一地鸡毛》、《单位》中,刘震云把小林们从"个体人"到"群众人"的蜕变更多地归结到整个中国"关系"文化的不合理和丑陋上,那么,在《故乡相处流传》和《故乡天下黄花》中,刘震云把目光投向更为广阔的民间众生相,他看到,"我故乡的人们"一会儿跟着曹操,一会儿跟着袁绍,谁占领了他们的土地,他们就跟谁走。此时的人,是仅限于生存层面的人,没有真正的历史意识,更没有一种对时代的怀疑意识和批判意识。在《温故一九四二》中,刘震云更集中地表达了"人的存在性"和它的双重意义。"鬼子来了","中华民族到了最危险的时刻",然而,"我故乡的人们"却选择了给日本人带路以换得一些粮食,在面对国家和土地上的双重离弃面前,"亡国奴、汉奸"之类的词都显得轻飘而没有价值,一个始终没有摆脱基本生存威胁的民族,任何抽象的道理对他们来说都是没有意义的。因此,《故乡天下黄花》中当许布袋在"收粮风波"中打着"退避三舍,不得罪日本人、国民党、共产党三方"的美梦,在地里睡完觉以后,发现村里已经血流成河,他破口大骂:"老日本、李小武、孙屎根、路小秃,我都×你们活妈!"在这一种"生存文化"的支配下,是非观、民族观、正义观都不可能存在,人性以一种扭曲、残忍的形式表现出来,他们可以发明"望曹杆"来活活摔死自己的邻居,但却绝不会主动去对抗那些给他们带来灾难的权力。"邻村的一些百姓,见这村被'扫荡'了,当天夜里军队撤走以后,就有人来'倒地瓜',趁机抢走些家具,猪狗和牛套,粮食等。现在见这村埋人,又有许多人拉了一些白杨木薄木棺材来出售。一时村里成了棺材市场,到处有人讨价还价。"①一个民族的麻木不仁、冷酷无情在这若无其事的"讨价还价"声中被揭示出来,这正是"生存文化"所潜藏的人类的悲剧性。

但是,也正是因为"生存"本身对于民众的迫切性和自在性而使民间力量显示了另外一层意义,这一意义不是就民族"个体"本身而言(相反,他们仍然是以"群众人"的形象存在并且更被强化),而是指在意识形态和民间力量的夹缝中。"民间生存文化"(包括其他形态的民间文化)以一种整体的固化力量显示了它的威力,它与所谓的时代主潮和意识形态力量形成微妙的均衡和对抗之势,从而有效地消解了时代话语,使我们看到在宏大的主题下面并不宏大的存在和个体生命意义的消弭。许布袋为什么破口大骂,是因为没有人真正关心他们怎么活着。在其中,民众是一个完全被忽略掉的存在,他们只是作为一个对象被利用。也正是在这时候,产生了真正的民间力量,它以它的不合作的利己主义和生存规则上演着自己的历史,形成了官方话语、知识话语之外的第三种语言力量。因此,刘震云把《故乡天下黄花》的"第四部分"命名为"文化",这是一个村庄和民族的潜文化,它在任何时代潮流下都以自己的方式恒定地存在着,不容忽视。就这一问题,在一次和笔者的谈话中,刘震云一语中的:"民间文化的力量是线性的,而时代主导思想只是断面,前者是剑,后者只是一张纸,剑能轻易穿破纸。在民间文化力量的影响下,时代主潮很快会变形妖魔化。宗教也是如此,佛教、天主教也好,很快在农村被吃掉,成为家长里短的东西,中国民间文化

---

① 刘震云:《黄花土埂》,《刘震云文集》,江苏文艺出版社,1996年,第176页。

'胃'的消化能力是非常可怕的。"民众、民间和时代就是以这样矛盾的形象出现的。一方面,作为"历史情境"中的存在,他们的生存特征很难用正义和非正义、错和对来衡量;另一方面,他们却以自己的非理性存在方式吞噬、消解着每一个时代的主潮,最终,使政治力量和时代话语游离出自己的话语内核,逐渐变形为适应乡村大地的逻辑思维和行为模式。

三

尽管充满着绝望的生存境象和可怕的权力模式,却并不意味着中原大地的生活是绝对的灰暗和残暴。恰恰相反,在乡村上空响起最多的是笑声(不管这笑声是以何种方式、何种性质内容出现的)。"为什么我的眼里常含泪水,因为这玩笑开得过分。"《故乡面和花朵》的卷首辞一开始便以戏仿体的方式使诗歌偏离了原来所蕴含的深沉的民族情感和时代意义,为全书定下了戏谑、狂欢的基调。仔细考察和感受刘震云的故乡世界会发现,刘震云对人性、历史的考察,对"我故乡的人们"存在方式的探究并不是以严肃、崇高的形式出现的,而是以一种幽默、反讽和杂糅并陈的文本形式显现出来的。在刘震云的小说中,常常是当代中国官方话语,民间俗语,河南方言,脏话,正统的非正统的,严肃的戏谑的,几种不同文化含义的语言形式结合在一起,充满反讽游戏和调侃意味。文化话语的严肃性和深刻性在作品中被不断拆解,官方语言的权威性和教谕性被混淆变得意义不明语焉不详。尤其是其中已经固化了的意义都被打乱,拒绝崇高、庄严、悲剧,拒绝统一的修辞方式和约定俗成的语言文化意义的使用,使刘震云的小说形成巴赫金所言的众声喧哗的狂欢话语和民间广场语言。

刘震云小说中的许多场景都可隐喻为"民间广场",如《故乡天下黄花》中的"饭场",《故乡面和花朵》中的"丽晶时代广场"和"打麦场",《一腔废话》中的"梦幻剧场"等等。"打麦场"上的宣言,牛屋旁的"学术讨论会"便是典型的民间饭场原型,具有狂欢意味。在这里,语言游戏的意义大于实际内容的意义,他们相互嘲弄,讽刺时事,歪曲丑化意识形态形象,在语言的虚拟世界获得一种满足和平等。有时候,它甚至也是一种生存策略,如乡间的绰号。绰号在民间生活中是极其寻常的,如《故乡面和花朵》中的"歪舅"、"瞎鹿"、"柿饼脸"等等。绰号是民间的一种戏拟方式,它既是非常有效的攻击别人的恶毒武器,也是一种善意的嘲笑和自嘲方式。对于一个在村庄地位低下的人来说,当别人叫他绰号或捉弄他时,其实却是他加入集体话语的一种途径和方法。如《故乡面和花朵》卷四中的"麻六嫂事件",麻六哥夫妇其实在扮演着"小丑"的角色,他们受了欺辱,反而向大家"露出讨好的笑",这是地位卑下的民众自我保护的一种有效手段。无论是狂欢、多义的民间语言,还是"饭场"这样的文化原型,都基于刘震云对故乡、对乡村生活实质的深入了解和体察,他的理性和思想隐藏在故乡的背后,出现在故乡面前的,是空虚、贫乏的饶舌和痛苦的狂欢。

但是,不管刘震云如何狂欢、戏谑地描述历史、文化、人性,如何用一种绝望的黑色幽默来描述中国"内耗式"的生存,在他思维的另一极,始终有"姥娘"的形象稳固地存在着。"故乡,你在我心中的印象模糊呢。故乡只是一个背景,前边是一个活动的巨大姥娘。和蔼可亲、慈眉善目。你是这个世界的希望。……俺姥娘身体健康,故乡就长存不衰。"①他的许多作品都或隐或现地涉及姥娘,如《温故一九四二》、《故乡面和花朵》和最新出版的长篇小说《手机》等等。考察刘震云的整体创作和他在其他场合的一些言谈,不难发现,"姥娘"是刘震云所有小说最重要的思维背景,她作为一种原型力量以永恒的形象站在故乡中,也存在于作者的心灵深处。可以说,刘震云在其小说中不遗余力地给我们展示了北方农村或者说中国根深蒂固的"生存文化"的劣根性。人性的卑琐残酷和麻木以及种种的扭曲都被入木三分地表达出来,而历史的发展似乎只是形式的言说的改变,乡村权力舞台上只是人在流动,唱的永远只是一出戏,无论是"同性关系时代"、"生灵关系时代"、"灵生关系时代",还是"牛屋里的学术讨论会",无论是谁当马村村长,大家所想的仍是千古不变的"权力",其"精神内容"没有实质的改变,这似乎给人一种感觉,刘震云是一个彻底的绝望主义和悲观主义者。在话语的无限飞升中,刘震云给我们描述了最为虚空和精神委顿的民族精神实质和越来越浮躁的时代生活。但是,姥娘是刘震云所有作品的一个沉沉的铅砣,她以她天然的尊严和慈爱坠住在"话语"中不断飞升的逐渐失去了存在之本真面目的人类。她存在着,"故乡"才存在着,人类才有可能得到真正救赎的机会。因此,还有希望,还有温情,还有生命的自尊和尊严,它们昭示着人类某种本质的存在方式。姥娘是刘震云所有狂欢所有绝望所有思索所有愤怒和玩世不恭的终结点。

这样,在刘震云的思维背景中,就有一个两极的存在,一极是卑微无奈而又残忍的民间生存境象,这是没有希望的生存群体,可怕的盲从残忍愚昧和自私。在这里,作者对人性的省察没有幽默,因为没有可宽容可回旋的余地,呈现在我们面前的是一个失去是非感正义感的民族形象,或者说在严酷的生存和精神压力面前,他们萎缩为一群没有灵魂血肉的历史符号。然而,同时,姥娘却作为另一极出现在故乡的原野上,姥娘以自己的尊严、善良、庄严获得村庄的尊重。在

---

① 刘震云:《故乡面和花朵》(卷一),华艺出版社,1998年,第225~226页。

刘震云的精神深处,姥娘成为尊严、道德、美好的化身。换言之,在刘震云的小说中,作为"故乡"唯一完美的形象,姥娘就像一堵墙,挡住了千里之外的孙子不断向人性社会的黑洞探望下去的眼光,在姥娘身上寄托了刘震云最后的理想信念和希望。因此,姥娘又成为一个巨大的历史象征物和原型存在。她的形象给刘震云提供了一个可能的完美理想的人性和世界。这是他心中生命纯粹本质的象征物和人类灵魂最后的栖息地,也是人性最后的救赎地。因此,故乡,在刘震云那里,既是理性的,因为刘震云把"故乡"作为一个"社会整体"来考察,它"包括人、土地环境,还包括维持人、土地和环境的社会政治、经济形态及生活方式"①,但是,它又一定是感性的,那里有他"故乡的人们"、故乡的原野和亲爱的姥娘。"姥娘"是"故乡"存在的理由和根据。有姥娘在,刘震云自由放纵地抒写发掘故乡和世界的冰冷存在却仍然充满着激情,他可以像希腊神话中的西西弗一样,尽管日复一日无望地往山顶上推着巨石,胸中却怀着对"大地的无限热爱"②。

原载《中国青年政治学院学报》2004年第4期

---

① 刘震云:《整体的故乡与故乡的具体》,《文艺争鸣》1992年第1期。
② 〔法〕阿尔贝·加缪:《西西弗的神话》,生活·读书·新知三联书店,1998年,第142页。

试论刘震云小说的文体形态

郑 春

王蒙是独特的,他的独特的言行常常令人拍案叫绝;王蒙又是深刻的,他的深刻的阐述往往给人较深层次的启迪。最近,读了王蒙先生为《文体学丛书》写的序言,此感益加深焉。如同他以往的文章、谈话一样,这篇序言依然是笔下生辉,妙语连珠:"谢天谢地,现在终于可以研究文体了。""文体是个性的外化,文体是艺术魅力的冲击,文体是审美愉悦的最初的源泉,文体使文学成为文学。""但是长期以来我们不谈文学之所以是文学的道理。……我想,研究文体的人一定是爱文学的,老是拿着文学当汇报材料工作总结整顿方向的同志,最终是会因了文学作品之屡屡不合格而讨厌文学讨厌作家直到痛恨起作家来的。而如果他们也读读文体方面的书,能不能使事情变得好办一些呢?作家需要知音,首先是文体方面的知音。一个读者评论者承认世界上有文体一说,已经让人感到温暖了;如果他注意到一个作家的作品的文体的特点,那就简直叫人热泪盈眶了。"①之所以如此大段地引用,是因为这些话有很强的针对性。我想王蒙先生起码点明了两层意思:一、对文体的研究是文学研究领域的一大进步;二、文体研究为文学研究开拓了一个崭新的重要的天地。对此,我深以为然。本文试图结合着这个话题,谈一谈刘震云小说的文体形态。

刘震云的小说无疑给我们带来了一些新鲜、有味、活泼的东西,很长时间以来我总想为它说点什么。最近读已故青年学人胡河清遗留的文集《胡河清文存》,感伤之余,颇受启发。胡河清把刘震云、王朔称为"京城两利嘴"。他说:"北京人最厉害的是嘴皮子功夫,而王朔、刘震云呢,在北京人中间又是冒尖的。"又说:"古人云,大隐隐于朝。刘震云可以说是当代的一代大隐了。表面上看,他做人是俗到了家,那种机关小说的格调活像是一个使劲吃公家分的烂梨的人的味道。仔细琢磨,他是话中套话,嘴厉害着哩。刘震云的眼睛雪亮,有一种穿透历史迷雾的锋利。刘震云的小说是史,有从司马光、太史公那里传下来的底子。"②像胡河清的其他文章一样,他的这番话别有风味,颇带禅机。但对

---

① 王蒙:《文体学丛书》序言,见王一川:《语言乌托邦——20世纪西方语言文化美学研究》,云南人民出版社,1994年,第3页。
② 胡河清:《王朔、刘震云:京城两利嘴》,《当代作家评论》1994年第2期。

照他所评论的作品,仔细想想,却也入木三分,意味深长。刘震云确实是一个颇有深度的人,一个很会讲故事的人,一个很会用小说表达清晰、强烈、极具震撼力的思想内容的人。下面,就刘震云的小说创作,从文体学的角度,从叙述特色、结构特色、语言特色三个方面,笔者谈谈自己粗浅的看法。

一、叙事的力量

布斯在他的《小说修辞学》中根据作者与作品的关系把小说的叙述方式分为人格化的叙述与非人格化的叙述两种。人格化的叙述是指作者或叙述人经常介入故事,在故事叙述中直接现身说法的叙述方法;而非人格化的叙述者则一般不介入故事,而是隐藏在幕后。一般认为:传统的现实主义小说叙述是充分介入、充分人格化的,传统小说中叙述人或作者露面的目的,根本不是为了暴露故事叙述的虚构性,而是为了增强所述故事的真实性。他们反复强调故事的真实,让你相信他们,更主要的是为了教育你。因此,传统小说的介入性话语常常就是道德教育性的,这在中国古典小说中比比皆是,随处可见。现代小说家反对介入的原因也在于此。20世纪以后,许多现代小说则是非人格化的,现代作家的"作者退出小说"的口号可视为其非人格化文体追求的经典表述。一个有趣的现象是:五十年代以后,西方的后现代派作家似乎又回到了作者或叙述人充分介入故事的叙事方式,中国当代的先锋小说家就直言不讳地宣称自己"无法还原现实",甚至告诉读者"我就是那个叫马原的汉人,我写小说",并承认自己的故事是"天马行空杜撰出来的"。但必须特别指出的是:传统现实主义小说的介入与先锋小说的介入无论在技巧层面上还是在文化层面上都不可同日而语,切不可将后者简单地视为返祖现象。刘震云小说的叙述方式无疑是非人格化的,它与先锋作家的作品截然不同,在他的小说中听不到作者本人的声音,作者是竭力隐退的,想方设法掩藏叙述行为的。刘震云的小说就像一本流水账一样,一天一天,一件事一件事,记载着主人公日常的生活足迹,表面上看它们游离重大事件,疏远社会关注的中心,只是指涉私人生活领域:吃喝穿戴,家长里短,吵架斗嘴,鸡毛蒜皮。但奇怪的是,人们读这些作品时,不但不感到琐碎、厌烦,反而觉得亲切自然,并能在内心深处引起较为强烈的反响和共鸣。造成这种效果的原因是多方面的,但主要的有以下几点。

首先,刘震云的小说离现实生活近,离平民百姓近,离普通人的情感世界近。人们读着刘震云的小说,就像进入一个自己非常熟悉、非常亲切的生活天地。那些一言难尽的酸楚、苦涩、感伤,质朴自然地裸露,能够引起有着相同或相似经历的人们的生活实感,与作家的经验世界和弦共鸣。小林上班了,小林下班了,小林在单位上与同事领导闹矛盾,小林回家后又与妻子保姆不痛快。这种表面看来似乎是信手写来的日常生活即景,使读者在感情上有了一种天然的亲近感。人们在读小说时,并不觉得自己是在听虚构的故事,反而倒像在看真实的新闻报道或生活纪实文学。这种融于生活、融于读者的叙述方式是刘震云小说受到广泛欢迎的重要原因。

其次,刘震云的小说情节无疑是有巧妙构思和精心安排的,其事件的选择、内容的取舍、细节的运用、材料的处理都是独到、高超、颇见功力的。众所周知,小说叙述不仅是一种创作方法,也不仅仅是一种文学现象,而且更是人类体验、理解、解释世界的一种方式。法国新小说家布托尔认为:"叙述是一种整理经验、把握世界的方式,现实被叙述形式加以整理和简化,按一定的原则固定下来,因而叙述的方式总是与呈现在我们面前的现实相适应的。"①这就是说,选择了什么样的叙述方式,现实就按什么样的方式向我们呈现。正如布斯所说:"严格地说,绝对不介入的叙述是不存在的。一个训练有素,知道如何去寻找的读者在即使是最非人格化的叙述文本中也能找到叙述人的声音。"②而刘震云的高明之处就在于也极其巧妙地淡化、掩饰叙述人的声音,隐藏作者的倾向性,将价值判断寓于叙述过程中,让再现的生活本身表现出价值和意义。这样,一般读者就很难觉察出他叙述中的煞费苦心。古人云:"不着一字,尽得风流。语不涉己,若不堪忧。"③这种不显山、不露水、不着痕迹、意味深长的叙述方式具有极强的生命力和极大的感染力。一旦在读者心中掀起波澜,往往十分浓郁、强烈,很长时间难以散去。

第三,刘震云的小说中蕴含着十分深刻的思想含义。正如胡河清所说:"刘震云有中国历史学家的慧眼,(他)把中国社会中人与人之间的关系看得透彻得了不得,这是他的优长。"④刘震云把他的思考、观点、结论融化在《单位》、《一地鸡毛》、《官人》、《官场》等小说故事中,他从不长篇大论地论述什么,也没有着意强调什么,更没有浓彩重墨地渲染什么,他只是平静地叙述,流水账式地记录。外行看热闹,内行看门道。但无论外行内行,从刘震云生动有趣的故事中似乎都能悟出点什么;无论能否讲出来,能否讲清楚,都能或深或浅地感受到刘

---

① 〔法〕米歇尔·布托尔:《作为探索的小说》,见柳鸣九主编:《新小说派研究》,中国社会科学出版社,1986年,第89页。
② 〔美〕韦恩·布斯:《小说修辞学》,华明等译,北京大学出版社,1987年,第98页。
③ 司空图:《二十四诗品》,罗中鼎、蔡乃中注,浙江古籍出版社,2013年,第46页。
④ 胡河清:《王朔、刘震云:京城两利嘴》,《当代作家评论》1994年第2期。

震云小说的冲击力和影响作用。读刘震云的小说,我们能从字里行间读出自己,从小林们的生存状况中读出自己的生存状况,从小林们的喜怒哀乐中读出一种强烈的社会责任。日常生活表象成了具有深刻批判意义的载体,这也许就是刘震云式非人格化叙述的真正力量所在。刘震云的小说以冷峻的笔调揭示出现实生活中两重严酷的现实:一方面,在世界经济飞速发展,各种竞争日趋激烈的今天,我们相当一部分人却深陷于鸡毛蒜皮的事情中,耗费着时间、青春,耗费着宝贵的人力、财力、物力。有价值的生命在无聊、无意义、无价值的事务中消磨着。更可怕的是有人还热衷于这种消磨,并把它搞得花里胡哨、煞有介事的样子,从而继续欺骗、麻醉着一些人,甚至包括他们自己。刘震云用他的小说无情地撕开了笼罩在一些貌似神圣的东西身上的虚假面纱,使人们清楚地看到了它的内部——不过是装腔作势,钩心斗角,乌烟瘴气,一地鸡毛而已!另一方面,现实生活又具有令人难以置信的强大力量,它在安排着一切,也在改变着一切。在它面前,个体的人往往显得那样苍白无力。就像小林埋怨他的妻子一样:"没结婚以前,是一个文静的、眉清目秀的姑娘。与她在一起,让人感到轻松、安静,甚至还有一点淡淡的诗意。哪里想到几年之后,这位安静的富有诗意的姑娘会变成一个爱唠叨、不梳头,还会夜里滴水偷水的家庭妇女呢?"[1]其实,又何止是妻子,小林本人不也是如此吗?随着年龄增长,小林不是也从颇有气节变得俗气十足了吗?!从愤世嫉俗到收了别人的微波炉一家人快乐无比,这段路并不漫长,但小林跨过这一步却再一次印证了灰色生活的奇特力量。更让人感慨无比的是小林们还从现实生活的风风雨雨、成败得失中总结出一系列经验教训,诸如:"过去你有过宏伟理想,可以原谅,但那是幼稚不成熟,不懂得事物的发展规律。"[2]又如"在单位就要真真假假,真亦假来假亦真,说假话者升官发财,说真话者倒霉受罚"[3]等等,并用以指导自己今后的行动。灰色的生活又完成了对一个人的塑造过程,对此,人们又能说些什么?

现实的力量是巨大的,这一点没有谁会否定。在强大的现实面前,如何发挥人的主观能动性,不同的人有不同的观点。但无论如何,有一点是十分肯定的,那就是正视现实、正视人生总是一种积极向上的人生态度。鲁迅先生曾一再呼吁:"真的猛士,敢于直面惨淡的人生,敢于直视淋漓的鲜血。"[4]我以为,刘震云的小说以其出色的叙事,冷静地把握现实,深刻地反映生活,这本身就是一

---

[1] 刘震云:《一地鸡毛》,《官场》,华艺出版社,1992年,第56页。
[2] 刘震云:《一地鸡毛》,《官场》,华艺出版社,1992年,第62页。
[3] 刘震云:《一地鸡毛》,《官场》,华艺出版社,1992年,第75页。
[4] 鲁迅:《记念刘和珍君》,《鲁迅全集》(第3卷),人民文学出版社,2005年,第290页。

种信心的表现,力量的表现。

二、结构的意义

　　一般说来,结构是指物质系统内各组成要素之间的相互联系、相互组合的方式。文学作品的结构,是文学作品各部分之间的组织和安排,它是构成文学作品形式的因素之一。文学的结构工作是用文学语言把渗透着作家思想感情和审美理想的意念按一定的目的组合成文学形象体系的过程。也就是说,文学结构就是作家的创作主旨和审美观念的外化形式。作为话语体式与结构方式,文体的变化往往表现为结构与结构之间以及结构内部的转换、交替等关系,表现为解构—建构的双向动态过程,这是文体演变所采取的基本形式。新时期以来,小说结构的实践与创新有了长足的进步。为了适应抒发感情、表现内容的需要,作家对各种已有的结构进行了大胆的锤炼和发展,对各种新兴和外来的结构形式进行了充分的学习和实践,从而使新时期文坛呈现出一派"百花齐放,各领风骚"的可喜局面。其中戏剧化结构、散文化结构、心理结构、块式结构、生活流结构、家族史结构等形成了一定规模,出现了一批颇具代表性的作家。刘震云可以算得上是生活流结构的代表人物之一。

　　作家采用什么样的结构形式与他想要表达的思想内容有着重要联系。新写实作家之所以选定生活流结构,是因为这种结构能较好地表达他们的创作意图。在新写实作家看来,现实生活就像一条持续不断向前奔腾的河流。按照现实生活的本来面目,不加粉饰地反映出来,这样才能显示出生活的鲜活状态,揭示出生活的原生美。我们知道,文学作品一般具有双重结构。表层结构是对文本各部分的组织安排,它给作品物化形象层次提供了组织规则和系统秩序。刘震云小说的生活流结构在表层结构上有两大特点:其一,努力再现真实的生活,努力写出生活的本来面目——所谓生活的"原生态"。刘震云以其系列小说给世人展现出这样一片艺术天地:粗糙素朴的不明显包含文化蕴含的生存状态,不含异质性的和特别富有想象力的生活之流,简明扼要的没有多余描写成分的叙事,纯粹的语言状态与纯粹的生活状态达到统一。他特别注重写出那些艰辛困苦的,或者无所适从而尴尬的生活情境。这方面,《塔铺》是一个突出的例子。这部小说以尤为冷静的笔触,写出了农家子弟的实在生活,写出了他们参加高考辅导,试图跳出农门时的一段光阴。在小说中,作者并没有着力刻画所谓"底层人"的生活艰辛,而是写出了生活的方方面面。"艰辛"与"不易"被推到背景,偶尔才在那钩心斗角的间隙,在那些想入非非的瞬间流露。叙述人没有任何悲天悯人的流露,他始终保持了一种超然的眼光,笔力所及不过尽可能地给出一种生活状态或心态,一种"艰辛而尴尬"的状态。生活流结构把生活的定义全部交付给人物本身。生存的意义是有限的,因为它只局限于自身的那些微不足道的事实,那些恩恩怨怨,那些悲欢离合,那些沮丧和憧憬都不过是转瞬即逝的生活之流,这就是生存的本身,一种状态中的生活或生活的一种状态。其二,努力强化细节。注重细节描写是刘震云生活流结构的另一特点,刘震云小说人物刻画、形象塑造的成功很大程度得益于出色的细节描写。在刘震云笔下,无论是高考竞争、新兵生涯,或是家庭纠纷、夫妻吵架,以及官人争斗,相互倾轧都写得详尽细致,入木三分,活灵活现,情趣盎然。一个个令人难忘的细节组成一股颇有色彩的生活之流,散发着生活的原汁原味,闪烁着生活的本色光泽,反射出普通人的生存本相。

深层结构是为作品主观意象层次向物化意象层次的转化提供秩序和规则的,其结果是给飘忽无形的内在意蕴赋予完整的物化形象。塑造一个物态化的形象体系,并不是艺术创造的全部目的,通过物化形象表现内蕴于形象之中的深邃内涵和情感运动过程才是作家的最终目标。如果说,表层结构是将有形的东西秩序化,那么深层结构就是将无形的东西形体化。在刘震云的小说创作中,在其作品的物化形象层次上,把一系列形形色色的小人物和长长短短的日常琐事连缀起来,描绘出一幅平民百姓现实生活的全景图,而上述形象的连缀正是小说深层思想内涵的形象化,它传达出作者对人生的一种理解,对现实的一种阐释,以及对未来之路的一种思想探索和文化选择。它告诉人们,我们这个时代的生活已彻底丧失了乌托邦式的冲动,人们为日常生活所左右,为眼前利害所支配,生活本身进入了一个散文化时代,它告诉人们真实生活的另一面,许多严肃的话语在它这儿全都变了味。这种现象从表面上看是一种并无多少恶意的玩笑,但从深层次上却可以看到许多主流话语的严重失重。刘震云以其颇具特色的小说结构表达出极为深刻的思想内涵,在其中不仅包含了作者对现实生活的理解、把握,而且反映出平民百姓内心深处的层层波澜,反映出社会生活平静而巨大的变化,这也是刘震云小说以平实的手笔写平实的生活却有令人震惊的力量的重要原因所在。可谓:一本流水账,满纸含笑泪。都云故事浅,此中有真味。

三、语言的魅力

语言风格作为作品语言构成上的总体特性,是作者"语感"外化的产物。这里所说的语感,实际上是指作家某种独特的语言能力,它不仅包含语言感受能力,还包括运用语言的综合表达能力。这种语言能力表现在创作过程中,就是作家为塑造具体形象而对语言材料的独创性运用。F. S. 司各特说:"一个作家的风格可以通过他的选词特点体现出来,也可以通过他所偏爱的语法句子和语法结构体现出来。"①以刘震云的创作为代表之一的新写实小说有许多出"新"之处,其中十分重要的一条是它的载体——语言文字的"新",而语言文字的创新,正是新写实小说家近几年来所刻意探求的。他们正为此进行着一场"语言实验",以促进文学语言的"变异"。几年来,经过新写实小说作者们的大胆实践,不懈努力,"语言实验"可以说获得了一定的成功。为表现新内容而进行的"语言变异",给小说创作带来了新气象,给读者带来了新享受。我们在阅读刘震云小说时,在语言方面,的确感到了新鲜、有力,感到了一种与众不同的味道。究竟是什么打动着读者,吸引着我们,造成这种引人入胜的艺术效果呢?

其一,高密度、大容量的语言。进了信息时代,人们的生活节奏大大地加快了。读者对小说的语言,形式上要求快节奏,内容上要求新颖感,内涵上要求大容量。刘震云的小说在这几个方面无疑都满足了读者的要求,无论是写乡村生活,还是写城市人生;无论是写小人物的奔波,还是写官员们的钻营——刘震云的小说语言都是简洁明快,内容紧凑,从不拖泥带水,令人读来十分爽快。而在这简明扼要的语言中,却包含了较大的信息量。《官人》中有一段对办公厅副主任老曲的描写:"这个老曲表面和善,但这和善后面,也似乎藏着很大的干练和机谋,因为他滴水不漏,从不向任何人透一句调查结果的话。这工作方法,就让人感到恐惧。和善与恐惧并存,老袁在政界这么多年,深知这号人的厉害。"这段话夹叙夹议,明晓易懂。但这简单的话语中,却包含了十分丰富的社会内容,渗透了浓郁的官场体味。为什么和善反而令人恐惧,何以这号人就特别的厉害?这里面的层层奥妙、人生况味浓缩在这几句话中,让人读来触目惊心,意味无穷。正因为如此,刘震云的小说常常在平民百姓心中引起强烈共鸣,激起绵绵的联想。

其二,强有力的反讽语言。反讽语言的出色运用是刘震云小说语言的另一重要特色。反讽手法——对某一事件的陈述和描绘,却原来包含着与人感知的表面意思正好相反的含义——来刻画人们所处的"类喜剧式"的生活状态。它不仅拆解了那些虚假性的价值使它显得尴尬,而且也使得那些普通寻常的事物变得非同凡响而妙趣横生,甚至使那些平淡无奇的小人物也拥有一些特殊魅力。

---

① 转引自雷蒙德·查普曼:《语言学与文学》,春风文艺出版社,1988年,第52页。

"反讽"作为一种修辞方法,在文学史上由来已久,鲁迅先生就是一位熟练运用反讽语言的高手。不过,刘震云的"反讽"手法在继承鲁迅传统以及中国古典笔记小说传统的同时,更多地借鉴了西方"黑色幽默"等流派的风格。刘震云把"反讽"的触角伸向生活的方方面面,深刻地揭示了日常琐事中令人震惊的事实。通过把"权力"与"反讽语言"捆绑在一起,刘震云多少解开了人类本性与制度化存在结合于一体的秘密。那些习以为常的生活小事,那些凭借本能下意识做出的反应行为,因为他们与权力构成的暧昧关系而显得滑稽可笑。《新兵连》之所以能把军营生活写得如此真实而亲切,在很大程度上要归功于刘震云的反讽语言剔除了生活的虚假面具。年轻的兵们为了求"上进"、争"骨干",陷入窘境而妙趣横生。《一地鸡毛》则在写出琐碎生活侵蚀个人的意志和热情的同时,刻画了主人公如何在世俗权力运作中被任意摆布的状况,然而一有机会就会自觉使用权力。因为把反讽语言和权力结合为一体,刘震云的小说往往轻松幽默却具有特殊力度。他的那些主角,不论是苦苦挣扎的小人物,还是掌握部分权力的"官人",总是自觉地把权力庸俗化,最精彩的反讽效果正是在他们自觉确认被权力歪曲的社会角色时产生。刘震云常常巧妙地运用人物自己的语言给出人物的社会位置——这些位置被角色自己看成是天经地义的、合理的、甚至是理想化的,然而正是这些自以为是的"位置",把人物置放在一个失重的和尴尬的戏剧性边缘。

其三,泼辣强悍,入木三分的语言。刘震云小说追求细节描写的逼真感,描写不避讳,不净化,不掩饰,把生活的原生态端给读者。用词选语泼辣强悍,追求穿透力,使人读后感受强烈。以《官场》为例,小说开头:"县委书记到省城开会,就像生产小队长进了县城,没人管没人问。四个人住一间房子,吃饭到大食堂排队买菜。三天下来,个个嘴里淡出鸟来。"短短几句,把世态人情、等级关系、官员心理等等,描绘得生动形象,淋漓尽致。"三天下来,个个嘴里淡出鸟来"这尖锐泼辣的语言极具穿透力,一下子刺破了罩在官员们身上的种种装饰,让人们看到一群真实的人,感受到一种真实的生活。还是这篇小说,当了副专员的金全礼遇到一件棘手的事,有人状告几位县委书记。他想把难题推给地委书记陆洪武。然而,当天下午,信便被退了回来,陆在上面批道:"建议全礼同志亲自带人下去查一下。"下面,小说写道:"金全礼看了这批示,全身冰凉。这是他上任以来,受的第一次打击。接着就怪自己太蠢,不该与陆洪武玩心眼,不该将球踢给陆洪武,现在陆洪武又踢了回来,自己就陷入困境。真是搬起石头砸自己的脚,聪明反被聪明误。"这一段无论是形象描绘还是心理描写都有极强的表现力,"全身冰凉"、"搬起石头砸自己的脚",寥寥数句,入木三分,使我们对这位身处夹缝,上下为难,但又想明哲保身的官员的尴尬处境感受极深。读者手捧此书,如临其境,如见其人。个中滋味,岂三言两语可以说得。

关于刘震云小说的语言特色,我们还可以举出许多,比如出色的心理描写语言、造形具象语言等等,这种种特点融汇在一起形成刘震云小说独具特色的语言风格。这种风格贯穿于他的一系列重要作品中,吸引、影响、感染着读者的阅读情绪,让我们时时感到一种语言的魅力。

从文体学角度研究文学作品,从叙述、结构、语言等方面分析文学创作,在我国毕竟还是一门较新的学科。韦勒克·沃伦的《文学理论》翻译过来也只有十余年的时间,而布斯的《小说修辞学》和华莱士·马丁的《当代叙事学》介绍过来则更晚。我们对这门学问的研究尚处在起步阶段。许多概念、问题、原理尚未搞清,许多理论有待深入研究。因此,本文的分析只能是皮毛的和肤浅的,有些地方甚至有生搬硬套的痕迹,这是笔者想特别指出的。但是,正如本文开头所强调的:从文体角度研究文学作品毕竟是一种进步,是一个新的角度,贝森特的下述观点是颇有道理的:"我的论点是:一首诗中的时代特征不应去诗人那里去寻找。我相信,真正的诗歌史是语言的变化史,诗歌正是从这种不断变化的语言中产生的。"①这倒并不是说到诗人以及社会文化背景等地方去寻找时代特征本身有什么不对,而是说我们还应当或首先应当在诗的语言中寻找,扩而言之,还应当在文学作品的文体形态的种种方面寻找。正如沃思勒所说的:"一个时期的文学史通过对当时语言背景所做的分析至少可以像通过政治的、社会的和宗教的倾向或者国家环境、气候状况一样获得同样多的结论。"②这话是极为深刻和富有启发性的。

行文至此,读到《中国青年报》的一则消息。题目是《严肃文学在南京升温》,讲的是五六十元一套的《刘震云文集》在南京极为畅销。由此可见,刘震云的创新和努力正越来越受到读者的注意、认可和欢迎。刘震云在接受记者采访时说了这样一段话:"原以为文学是一条流动的河,现在才知道它是一个不动的海;原以为它是一种职业,现在才知道它是一种人生修炼的方式。"我愿用作者的这段话作为本文种种分析的一个注脚。

原载《山东大学学报》1997 年第 4 期

---

① 〔美〕勒内·韦勒克、奥斯汀·沃伦:《文学理论》,刘象愚等译,文化艺术出版社,2010 年,第 234 页。
② 〔美〕勒内·韦勒克、奥斯汀·沃伦:《文学理论》,刘象愚等译,文化艺术出版社,2010 年,第 263 页。

刘震云:"拧巴"世道的"拧巴"叙述

马俊山

一、"拧巴"一词拿住了刘震云小说的精魂

我想首先说说什么是"拧巴"。"拧巴"(nǐngba),是个流行于中国华北一带的口语词,由"拧"和"巴"两个语素合成。"拧"的意思是别扭、抵触,可以单用为形容词;"巴"在这里是个表示状态的词尾,一般读轻声。"拧巴"的意思很多,也很含混,除了别扭、互相抵触之外,纠缠、错乱、不合适、不对付、不入流、不顺利、不合情理等,也可以用"拧巴"来表述。

把"拧巴"这顶帽子戴在刘震云的头上,是基于这样的观察:首先是刘震云在接受专访时,曾重点解释了自己和"拧巴"的关系。他说:"我肯定觉得这个世界拧巴了,但是的话,当世界把我拧巴到一定程度的时候,我想试图通过写作,把拧巴的理儿再拧巴过来。至于我拧巴回来的是不是另一种拧巴,我觉得那是另外一件事。"其次是新世纪以来,刘震云的作品里也频频出现"拧巴"的字样,如《手机》:

> 严守一——开始担心费墨放不下大学的架子,大学和电视台,正像费墨说过的那样,一个是阳春白雪,一个是下里巴人,同样的话,两种不同的说法,担心费墨给弄拧巴了,没想到费墨能上能下,进得厅堂,也下得厨房,从深刻到庸俗,转变得很快。

又如《我叫刘跃进》:

> 由老婆说开去,严格感叹:中国人,怎么那么不懂幽默呢?过去认为幽默是说话的事,后来才知道是人种的事。幽默和不幽默的人,是两种动物。拧巴还在于,人不幽默,做出的事更幽默。出门往街上看,他们把世界全变了形,洗澡堂子叫"洗浴广场",饭馆叫"美食城",剃头铺子叫"美容中心",连夜总会的"鸡",一开始叫"小姐",后来又改叫"公主"。

第三,有些评论也开始用"拧巴"一词来论说刘震云。如李晋晖和安志烁的论文《"拧巴"的口语——论刘震云小说的语言特色》,张彦斌的评论《刘震云〈我叫刘跃进〉写骨头缝儿里的"拧巴"》,以及李建军的评论《尴尬的跟班与小

说的末路——刘震云及其〈手机〉批判》等。当然后者是在否定的意义上使用这个词的:

> 他拿人物当玩偶,像王朔和冯小刚一样嘻嘻哈哈拿人物开涮。他倾向于抡圆了把人往拧巴里写,非得把人写得不人不鬼、不伦不类他才过瘾。虽然,玩这种任性的游戏,他也许可以得到有限的快乐,也许可以获得商业上的成功,但是也必须付出高昂的代价:在文学上一无所获。

总而言之,说刘震云"拧巴",既不是我的发明,也不是哪个人的发现,而是作家自己说的。其他人,不管说好还是说坏,都是跟着说说。

我觉得"拧巴"这个词很好,传神,真把刘震云小说的精魂给拿住了。刘震云曾经多次提到,他的文学启蒙老师是一个天赋极高的战友,复员回乡后却被人们视作疯了和精神病。再就是他的母亲,大字不识几个,却把文学跟生活的关系看得那么透彻。由此可见,对"拧巴"的感悟,跟刘震云的文学启蒙是连成一体的。从成名作《塔铺》到新近推出的《一句顶一万句》,中间横亘着"官场"和"故乡"两大系列,离题和跑题的作品自然不在少数,但横行斜出中仍然游走着一个精魂,而且越来越浓重,越来越清晰,那就是"拧巴"。他写了一群"拧巴"的人,有平头百姓走卒贩夫,也有名流富豪高官大佬,如杨百顺(吴摩西)、刘跃进、严守一、小林、女老乔、金全礼、许年华、老袁、老曲,等等。这些人,个个都像一节绳子,粗粗一看,顺溜平滑,仔细端详,才发现原来是那么"拧巴"。尊卑高下、善恶美丑、是非对错、虚实真假,这些极其矛盾的东西,竟能奇妙地汇集到一个人身上。刘震云小说的故事也是"拧巴"的,它既不按读者的期望发展,更不按人物的意愿走,而是不断被新的人物和新的事件引向新的方向。结局都是开放的,好像故事还没有结束,只是叙述停止了。我甚至怀疑,刘震云的小说,是否有预设的结局。我想,即使有,也很难固定,因为中间变数太多。事实上,除了极少数例外(如《塔铺》),刘震云小说的情节一般都是在叙述中随意游走的,从不对读者藏着掖着什么。

"拧巴"既是一种现实存在,是言说对象和小说内容,同时也是一种认知方式和审美境界。"拧巴"就像拧麻绳一样,有一种很难说清楚的中间性质。它既不是对,也不是错,而是又对又错;不是美,也不是丑,而是又美又丑;不是善,也不是恶,而是又善又恶;不是好,也不是坏,而是又好又坏;不是高尚,也不是卑鄙,而是又高尚又卑鄙;不是伟大,也不是渺小,而是又伟大又渺小;不是荒谬,也不是合理,而是又荒谬又合理……总而言之,当你这样说它的时候,实际上它却是另一副模样;当你认为看清它的时候,它已经变成了你不认识的东西。你越想看清它,却越看不清,一片模糊,瞬息万变。这,就是"拧巴"。

二、"拧巴"的来龙去脉

刘震云 20 世纪 80 年代的小说,如《塔铺》、《新兵连》等,仍可划归传统现实主义的范畴。如真切的细节描写,轮廓清晰的人物,合乎情理的故事情节,等等。作者写的是他身边的人物和故事,自己也作为叙述者侧身其间。这说明刘震云当时还没有从对象的束缚中解脱出来。小说中的"我"不只是一个叙述者,也是一个潜在的基准,事情的是非对错,人物的美丑高下,通通是用"我"这把尺子来度量的。《塔铺》里有悲剧也有喜剧,两者界限分明。李爱莲、王全演的无疑是悲剧,而马中、"耗子"、"磨桌"则倾向于喜剧。高尚与卑微,可敬与可笑了了分明,这正是那个时代的特点。

《新兵连》跟《塔铺》相比,虽然也是第一人称叙事,但悲剧与喜剧的边界就不那么清晰了。情节的发展开始变得不合情理,不可思议,甚至有点儿荒唐,如吃排骨,如告密,如阅兵,如考核,如进步,如入党。人物则呈现出表里不一,善恶相依,对错难辨,高下颠倒的情形,如"老肥",如"元首",如"王滴",如"军长"。作家开始从生活表象的束缚中走出来,反思生存的真相、歧义和道理。我记得这篇小说当时曾经引起过很大的争议,原因是它揭露了当代中国社会人生长期被遮蔽的一面,并对人们已经习惯了的审美方式提出了挑战。这套建立在阶级斗争或政治需要之上的审美方式,从 1942 年以后,统治了中国文学将近半个世纪,直到 80 年代中后期才被打破。

我觉得刘震云真正找到自我,是从官场小说开始的。换句话说,《塔铺》、《新兵连》、《头人》之类的小说,在当代中国文坛上,虽然令人耳目一新,但并非难以企及。直到《单位》、《一地鸡毛》等官场小说,刘震云开始摆脱传统现实主义的束缚,在艺术审美上跨入一个新的境界。相应的,第一人称叙述也被全知视角所取代。

从 90 年代的官场小说开始,"拧巴"逐渐成为刘震云小说的主要特征。人物品行是"拧巴"的,情节发展是"拧巴"的,写法也是"拧巴"的。或许,这句话应该倒过来说,是"拧巴"的写法造成了"拧巴"的人物与故事。如《我叫刘跃进》,由借条引出 U 盘,U 盘引出一系列黑白两道的人物和事件,事情的发展远远超出了刘跃进的想象和控制能力,也超出了一般读者的理解能力。按照通常的写法,刘跃进等人的故事,或许可以写成一个下层社会的悲喜剧,或写成武侠加侦探的黑幕小说,或写成婚变加图财害命的世态小说,等等。但是,不管你写成什么,读者都有权要求你写得入情入理,即合乎常理,也就是人们通常所说的人情世故。然而,问题恰恰就出在这里。

在谈论"拧巴"的合理性之前,我们首先应该问一句,所谓的"常理"和"人情",是什么时候,由什么人确立的,依据是什么,标准又是什么,现在还行之有效吗?这些问题,大概需要写一系列的专著来讨论,远非三言两语所能说清的。我只能说个大概,否则我们的讨论便无法进行下去。我想说的是,我们现在秉持的,基本都是启蒙运动确立的社会准则和价值观念,如人权、个性、理性、秩序、效率、平等、自由、民主、财富、幸福,利己与利他、自爱与博爱、自由与限制,等等。在此之上建立起来的现代社会,也应该是一个合理有序、合乎人性的社会。这是陈独秀、李大钊、鲁迅、胡适等"五四"先贤们为之奋斗的理想。但是,"五四"以来的中国却一直处于战争、党争、政争的祸患动荡之中,人性和理性从未成为全民的共识。特别是道德建设,"五四"以后,旧道德被打破了,新的却没有建立起来。中国长期处于道德失范状态,近几年甚至弄到完全破产的地步。在理论上,善与恶、美与丑、真与假之类的概念的确是存在的,是非对错的边界也是清楚的,而在现实生活中,道德观又是极为淡薄,极其含混,严重扭曲的。当然,这只是就现象而言,至于原因,大家都心知肚明,就不用我说了。在此情境中写出来的小说,或用小说来描写这个社会,叙述其中的人情世故,我真不知道,除了"拧巴"之外,还有什么更好的办法。

三、"拧巴"叙事内化为小说主题

社会是"拧巴"的,人性也是"拧巴"的,但在小说里,却让刘震云用叙述给一步步地解开了,一节节地"捋顺"了。这个"捋顺",不是指生存状态的改观,而是指"拧巴"过程的叙述。他把"拧巴"的生存,变成了一种"拧巴"的叙事。

"拧巴"叙事的魅力主要在于,小说里的一切人和事,看起来都是邪恶的、错误的、不合人情、不合事理的,但是随着叙述的展开,你又会觉得这一切都有根有据,有来头,是合情合理的,如《官人》、《手机》、《我叫刘跃进》等。不是人一开始就想"拧巴"的,而是人所处的情境是"拧巴"的,所以他不得不做"拧巴"的事,做"拧巴"的人。原来这个世界本身就是"拧巴"的,没有改变什么,也不可能改变什么,一切照旧,好像什么都没发生。好像是悲剧,又像是喜剧,最后什么都不是,又什么都是,五味杂陈,一应俱全。互相对立,互相矛盾,互相牵制,互相渗透,相辅相成,一体多面,共同构成当代中国五彩斑斓的社会图景。"拧巴"是一种错综复杂的社会状态,一种永无止境的心灵扭曲过程。我觉得这就是作者想告诉读者的"拧巴"背后的那个根本道理。

在刘震云的小说里,经常出现这样的情节:人物说话的方式和时机常常决定着故事的走向和后果。如《单位》里小林的入党问题,几次都被说话问题给耽搁了。《官场》《官人》里,所有人的命运几乎都跟"通气"、汇报、告密等话语行为有关。而三部"故乡"长篇,更是叙述的狂欢,人和事全部淹没在作家的随心所欲的唠叨中。人物的自主性和故事的自主性完全丧失,情节的表意功能大为降低,叙述畸形膨胀,远远超出讲述的需要而成为小说主体。正如作者所说,真正仔细读过这三部书的读者,是屈指可数的。无论作为一种实验,还是作为突破自己的努力,这是无可厚非的。但读者有权拒绝这样的小说。

刘震云是个很聪明的人,他马上意识到这种实验的风险,把叙述从外科手术转化为小说内容。于是就有了关于心/口问题的《手机》,有了说不清话的《我叫刘跃进》,有了人跟着话走的《一句顶一万句》等小说。作者自己也认为,"我觉得到《手机》,我找到了一种精神和物质的契合点,就是人的说话"。

《一句顶一万句》的主题是说话,所有的人物与故事都跟说话有关:生存的"拧巴",在作家的叙述中逐步转化成一种"拧巴"的叙述。最常见的句式是:不是……,而是……,不是……,而是……。文字如此铺排开去,生存的"拧巴"真相便一层层地剥展出来。被叙述拿住的"拧巴",或"拧巴"的叙述,呈现给读者的既不是荒谬也不是荒诞,而是生活表象背后的非常之理,或超乎读者想象的生活逻辑。"拧巴"就是"拧巴",它是繁复的,也是流动的,你很难用悲剧、喜剧、反讽、黑色幽默之类的概念来定义它。《一句顶一万句》把"说话"的主题发挥到极致。"传说"或"叙述"在情节发展过程中,起着重要的催化、裂解作用,"说话"左右着每个人的命运。例如秦李两家反目和秦曼卿与杨百业的婚事,便都是"说话"造成的。

> 李金龙和他爹老李性格不同,老李爱说话,李金龙不爱说话。老秦与他坐在一起,老秦说啥,他听啥,老秦不说,他也不怕冷场,对一个事情肯定或否定,仅以点头或摇头表示。老秦与别人在一起时,是老秦让别人说,老秦来听,现在与李金龙在一起,李金龙成了老秦,老秦成了别人。老秦不禁感叹:
> "操他大爷,还有比我沉得住气的。"

正因如此,他才答应把女儿许配给李金龙为妻。但是李金龙在酒桌上听说未婚妻缺一只耳朵,立马派人去退婚。然而,中人发现缺的不是耳朵而是耳唇。中人想打回环,李金龙却借故躲开,不见了。"全是误传害的,明明是一只耳唇,却传成一只耳朵。"一桩好事,就因为"叙述"不真确而泡汤。经过这番折腾,老秦决定公开招亲:"无论贫贱,凡有不嫌女儿少一只耳唇者,皆可来谈。"

老秦自将话放出去之后,大家皆知是做个样子,听了也就听了,无人认真,并无一家前来求亲。几天过去,老秦就将这事放到脑后。现在突然冒出一个卖豆腐的老杨,真把这话当事说,前来求亲,老秦有些哭笑不得。话说到了前头,人来了又不能不说。令人没想到的是,一场话说下来,杨家和秦家竟假戏真做,真成了亲家。

"说话"的厉害,由此可见一斑。世事就是这样,一错再错,皆因"说话"的迷惑。秦李两家反目与秦杨两家结亲,原因不是门第,不是文化,也不是人才的差异,而是"说话"的错误(假话当真,以真为假,曲解误会,等等)造成的。

叙事的主题化意味着表现对象和表现方式逐渐化而为一,人物和故事的表达功能降低,而叙事的重要性上升,最后取代情节结构(逻辑)而成为小说创作的核心。叙述方式也向传统的"说话"艺术靠拢,描写越来越简洁传神。如《我叫刘跃进》描写丢包的一段,很容易让人联想到《水浒》笔法:

这"王二姐思夫",刘跃进过去在村里听过,自个儿倒入了戏,闭上眼睛,随着曲调摇头晃脑。突然,刘跃进觉得腰间一动,并不在意;想想不对,睁开眼睛,用手摸腰,原来系在腰里的腰包,已被身后那人,割断系带抢走了。急忙找这人,这人已钻出人圈,跑出一箭之地。由于事情太过仓促,刘跃进的第一反应是大喊:

"有贼!"

待醒过来,才想起自己有腿,慌忙去追那人。那人一看就是惯偷,并不顺着大街直跑,而是蹿过邮局身后,钻进一卖服装的集贸市场。

又如《一句顶一万句》,描写猴子金锁死后,染坊老板"看想"的场面:

老蒋盯着死去的金锁看,又盯着老顾看,然后低下头想。老顾被看想得筛了糠,这时不敢论亲戚,论着主仆说:

"掌柜的,我赔你一只吧。"

老蒋又盯老顾看,又想。想了半天,说了一句话:

"它已经死了,怎么赔?再赔就是别的猴子了。"

后来老蒋又买了一只猴子,并把它"看想"成了另一个金锁。

老蒋像对人一样,不打它,也不骂它,自己也不睡了,就坐在它的对面看它,然后低下头想。果然这猴像人一样,不知老蒋的路数,一下被老蒋看毛了,也想毛了。杨百顺白天挑着水,一趟趟走来过去,看老蒋在枣树下看想猴子,不禁笑了。果然看想治百病,十天之后,银锁就被老蒋看想成了金锁,白天开始在枣树下打瞌睡栽嘴,到了晚上才活泛。

没有背景,没有琐细的铺陈,极省俭的大笔勾勒而人物形神毕现,这就是白描。白描既非纯粹的描写,亦非纯粹的叙述,而是两者的融合,人和事完全消融在叙述里。可以说,刘震云的风格与个性到这个时候才真正形成了。

四、"拧巴"叙事是刘震云对中国现代小说艺术的独特贡献

"拧巴"是一种小说形态。首先它是审美的,其次它是写实的。在审美的层次上,这种小说具有多义、随机、扭动、无定的特点。以情节设计为例,近代写实小说讲究的是基于人性之上的合理性或必然性,情境、人物、情节之间存在明确的动力关系,结局往往也是可以预见的。但刘震云的"拧巴"小说,人与人的关系定数极少,便是常态。就连父子、夫妻这样的血缘亲情关系,也很容易在外力的作用下,发生断裂或离散。情节的发展不是趋附一个预设的目标,而是经常被一些偶然出现的人事所打断,并扭转到新的方向。因而,人物总处在扭动流变之中,其所作所为的善恶对错,便很难说清楚了。难以判断,无法说清楚,根源不在作家,而是由我们这个时代的发展态势和道德状态所决定的。《我叫刘跃进》写的就是这样一幅社会道德图景。置身其中的打工仔刘跃进,除了出力挣钱之外,揩过油、赖过账、偷过人,也被人打过、坑过、蒙过、骗过、偷过,行过善,也使过坏,你说他是好人还是坏人? 真是一言难尽,无法说清。

在写实的层次上,"拧巴"是个渐变的过程,一点儿一点儿地变,最后弄得面目全非,事与愿违。无论是老袁等"官人"的升沉得失,还是刘跃进等农民工的生死福祸,每一次选择都是一些偶然出现的人事因素促成的,既非主动,亦非自愿。特别是《一句顶一万句》里杨百顺出延津的故事,从卖豆腐开始,经过上学、剃头、杀猪、挑水、破竹、种菜、娶妻、卖馍等,直到丢失养女,名字也是改了又改,每次变动都不是他自己的意愿,而是外力作用的结果。不是选择而是被选择,这就是近代以来中国人生存的真相。

世事就是这么复杂,你想要的总得不到,得到的却不是你想要的。在这个"拧巴"过程中,事变了,变得越来越离谱,人也变了,变得越来越复杂。又如杀猪师傅老曾续弦之于杨百顺,先是以礼代兵收服了两个儿子,使杨的借宿希望完全落空,再是插手分下水,压缩了杨的自主空间,最后是借刀杀人把杨百顺逐出师门。这个结果杨百顺万万没有想到,可是拧巴来拧巴去,它就这么自然而然地来临了,你能说它无厘头吗? 人生不是直线,也不是规则的曲线,而是一堆不断被外力扭曲、撕扯、抛掷、离目标越来越远的乱线。如何刻画这堆乱线,把

它们"拧巴"在一起也许是最好的办法;如何解释这堆乱线,"拧巴"也许是最好的解释。

刘震云小说里的人物,无论灰色还是黑色,大都具有一种人性的质感。其官场小说,写的不是当代官场现形记,而是当代官场的能量传导链、关系变易图、利益输送网。每一个人,都不过是当代官场这台机器上的一个螺丝钉,他们只能跟着这台机器一起运转止歇,无法自拔。一不小心,就会弄得前功尽弃,甚至粉身碎骨。所以,他们行善作恶,正直虚伪,无论如何,都事出有因,可以理解。许多事情,从这边看可能是错的,但换个角度就成了对的。人之善恶也是"拧巴"在一起,今天之善,明天可能就是恶,你说他善,我可能认为是恶。所以,刘震云的"拧巴"小说,形同一面镜子,既忠实地映照着当代中国的人生世相,也深刻地揭露了当代中国的社会和精神危机。一个信奉"猫论"的民族,价值失范,道德破产,唯利是图,没有操守,什么坏事都能做得出来。当他们一步步走向富裕,甚至一天天强大起来的时候,很可能会变得越来越邪恶。当代中国,正在重复着日本、德国、俄罗斯曾经上演过的历史戏剧。换句话说,这一切都是制度造成的,而这种制度又是由人构成,由人运转和维护的。

李建军批评《手机》时提到,刘震云"倾向于抡圆了把人往拧巴里写,非得把人写得不人不鬼、不伦不类他才过瘾"。特别是对小人物,作者缺乏应有的公正、同情、关爱与怜悯。这种貌似为下层社会说话的观点,近年来在国内很是流行。好像只要站在下层的立场上,就意味着正确,就可以指责别人。其实,下层社会或小人物,从来就是一个极其复杂的社会群体,鱼龙混杂,泥沙俱下,既有可怜、可爱、可敬之人,也有愚昧、保守、无耻之徒,不可一概而论。对于文学创作来说,我们不能要求每一篇都必须展现生活的全貌或人性的全部,更不能以小人物的可爱或可怜,来冲淡或遮蔽其可恶、可恨之处。特别是在中国特定的社会情境里,下层社会既是腐败政治的最大牺牲品,同时也是极权主义和社会邪恶的渊薮。近三十年来,中国的上下层社会,虽然交流基本中断,但精神上却没有剥离。因而,对下层社会的批判跟对上层社会的批判,性质是相同的,都是国民性批判。正是在这个意义上,我认为刘震云继承并拓展了鲁迅开创的现代小说传统。

当"拧巴"的生存转化为"拧巴"的艺术以后,刘震云小说的独特价值和创新意义也就凸现出来了。近代以来,中国人一直活在"拧巴"当中,一切都是那么别扭,那么纠结,那么稀里糊涂,说不清道不明,剪不断理还乱。然而,不无遗憾的是,"五四"以来的白话小说,除了极少数例外,还没有找到与之相应的审美方式与表现手法。你大概已经猜到,我说的例外是指鲁迅、师陀、路翎,还有后来的马原、徐星、刘索拉、洪峰、孙甘露等人。鲁迅的小说,刻画了一批可悲、可怜、可笑复可恨的人物,如阿Q、孔乙己、魏连殳、华老栓等,从而打破了中国小说善恶昭彰、爱憎分明、因果报应的线性思维定势,开创了现代小说的复调传统。当然,无论是从生活本身来看,还是就艺术需要而言,20世纪80年代以前都不可能出现后现代性质的小说。从鲁迅到路翎,小说写人物,虽然追求丰富多彩,但也要求圆整统一,因而常常把人物性格限制或封闭在一定的阈界之内。相应的,情节设计也是以必然性和可然性为基准的,偶然性基本被排除于小说视界之外。直到马原、徐星等人出现,生活中随机的、偶然的、多义的人事变动才成为小说审美的内容。折射到叙事方式上,则是视觉的交叉、错位、流动与嵌套,"故事中的故事"加"叙述中的叙述"一时间成为小说艺术革新的标志。刘震云大约也是这个时期登场的,但他走的是另一条道儿。中途虽然也曾玩过马原、孙甘露式的花活,还带着点儿王蒙式的铺张,如《故乡面和花朵》之类,但这只能算个插曲,最后刘震云还是回到了"官场"系列所敞开的道路,并继续前行,创造了完全属于自己的"拧巴"小说。

刘震云的"拧巴"小说,以叙述为核心,写出了一个世纪以来,中国人民被各种话语、口号所绑架,所扭曲,所糟践的痛苦,及其突破话语的重围,寻找自我,构建自我的种种努力。它成功地把本土特色和后现代技法融为一体,重变化,重过程,大大扩张了当代汉语小说的艺术表现能力,打破了"五四"以来按照启蒙理性的原则建立起来的审美模式,如个性化的人物、整饬有序的情节、爱憎分明的主题等等,给中国小说带来了新的气象,展现出新的发展前景。

原载《当代作家评论》2011年第6期

回到文本:刘震云小说的"双声话语"及其他

董之林

刘震云因小说《新兵连》、《塔铺》、《单位》、《一地鸡毛》而成为"新写实"麾下的一员主将。尽管"新写实"这个概念的准确性值得怀疑,它是否能概括它涉及的创作现象,但这个概念的提出以及围绕它的争议,却使人们对这部分作品的印象产生了某种定式:或者认为,它们突破了经典现实主义的创作模式,使作品回到现实的"原生态";或者认为,它们欣赏的是人生种种琐碎庸常的现实欲望,实际上是对平庸的认同。的确,这些概括或由概括产生的印象都具有现实的依据,它们为我们研究近年来的小说形式提供了一个热点。但是,正如任何一种概括都是以牺牲另一部分鲜活的、具体的感受作为代价,如果按照这样的起点进行推演,本文的具体分析及其多样性就变得无足轻重。库恩(Thomas Kuln)在论及学术革命时曾说:"一个规范只是一项具体的科学成就(achievement),它不是为取得未来的成就或对其评价的一套严谨的指令。它也不是一个规则的系统:它不能提供类似于许多机械推理的规则,以便使科学家遵循这些规则去解决问题。"①在此意义上,如果对"新写实"小说的已有概括,有可能形成评论作品时潜在的规范;那么,它们只代表过去研究的结论,而不应该成为引导未来的"指令"。一旦我们介入具体的作品,新的感受就使固有的成规退入背景。在阅读领域,本文永远充满活力,具有难以穷尽的生产性与可阐释性。因此,刘震云小说中的"双声话语"现象,就成为一个令人感兴趣的话题。

喜剧性与聪明的呼唤者

读刘震云的小说,读者的确可以看到一些人物灰色的命运,他们在现实生活中做无望的挣扎。所谓无望,并不是他们的能力或手段不足以应付眼前的沟沟坎坎,而是那种挣扎本身没有意义,无非是循着一个先在的怪圈永劫难返。

---

① 〔英〕巴里·巴恩斯:《托马斯·库恩》,见社会思想丛书《人文社会中大理论的复归》,王绍先、张京媛等译,社会理论出版社,1991年,第79页。

然而,当我们就要得出结论,说这是作家以一种无可奈何的心境向平庸认同时,我们感觉到了"故障,这故障告诉我们有什么东西出了问题——告诉我们文学和意义并不相配"①。华莱士·马丁(Wallace Martin)曾指出这种现象:"作家们常常直言不讳地告诉我们,不要照直接受他们的故事。文学传统和日常语言中有很多表示文字表达与意义之间不符的名称——反讽,讽刺,夸张,寓言,嘲弄,滑稽模仿,这类词汇的众多证明了这种现象的普遍。"为了得到进一步的证实,他引用20世纪俄国批评家巴赫金所说的"双声话语",强调只要"作为滑稽模仿对象"的本文的代码"同时存在,就有两种意义"②。刘震云的小说恰恰具备类似的功能。

如果从社会学、人类学的角度分析刘震云的小说,不难发现"进行滑稽模仿者"的本意在于揭示现实生活中许多悲剧的因素。无论在"文化大革命"中,新兵连里积极争取进步的新兵们(《新兵连》),还是现实机关里要求入党、提升的大小职员(《单位》、《官场》、《官人》),人与周围的环境之间无不存在着一种紧张。这两者相互抗衡的结果,是人的妥协与让步。《单位》与其续篇《一地鸡毛》中的小林,刚参加工作时是个学生气十足、张口"贵党"闭口"阴阳失调"的大学毕业生,清高里透着鄙俗的可爱。但在机关生活一段时间之后,为爱人调动、孩子入托、住房问题,不得不千方百计讨好领导、见人脸色行事,最终"成熟"了,成为瘸腿老头的微波炉的受礼者。虽然作品并没直接描写环境对人的胁迫与腐蚀造成的人的精神痛苦,读者只能沿着小林的视角去体味环境对他的压抑,但作品结尾的梦境描写,却是对这种心态所做的生动的隐喻,小林梦见他睡在"许多人掉下的皮屑"上,"上边盖着一堆鸡毛",固然"柔软舒服",但梦境的虚幻缥缈,映现出人的精神在"一地鸡毛"的琐碎之中无以附丽,那也是一番"生命中不能承受之轻"的慨叹。

然而,关键在于表现深层结构所采用的语言是颇具喜剧性的,这就增加了作品的复杂多向的蕴意,而并非仅是悲剧的内涵所能囊括。用滑稽的语言表现悲剧性的内容自然不是刘震云小说的发明,但在这里,它的确是文本的主要特色。文本的叙事往往令人忍俊不禁,并感受到作品在情节设置与人物描写上显示出的机智。库·费舍(Kuno Fischer)对机智的特征做过这样的概括:"机智是一种玩笑判断(playful judgement)。"同时他认为,玩笑判断来自于审美的自由,

---

① [美]华莱士·马丁:《当代叙事学》,伍晓明译,北京大学出版社,1990年,第227、228、229页。
② [美]华莱士·马丁:《当代叙事学》,伍晓明译,北京大学出版社,1990年,第227、228、229页。

它"摆脱了世俗约束和行为法则的判断",因此,"机智不是别的,而是观念的自由自在的游戏"①。在刘震云的小说中,文本的机智首先在于它使读者与角色拉开一段距离,文本中的隐含作者似乎正带领读者观看一场熙熙攘攘的闹剧,而他本人也是台下特别热衷于看热闹的观众之一。因此,尽管台上演的就是台下的生活,角色与观众也是你中有我、我中有你,但台下的人此刻毕竟是在观看别人的表演,而不是被别人观看。这种观察的视角或距离感,使主体获得一种审美的自由。于是,我们在《单位》中看到的是,小林为了入党而上下周旋,在办公室扫地打开水,挨着满身"狐臭"的女老乔谈心,为张副局长搬家擦便池、倒手纸;老孙为当处长先是巴结讨好张副局长,在张副局长的丑闻传开后,他又带头揭发,最后"机关算尽太聪明",不但没当上处长,反而气得得了肝病;女老乔平时爱随便乱翻别人的抽屉,这种窥视欲不但被"头脑也容易发热"的女小彭狠狠地当众羞辱一场,她本人还被老张的老婆"捉了奸"。这些人物都自以为聪明地在生活中竭力表演着,结果"搬起石头砸自己的脚",陷入十分尴尬的境地。同时这也构成喜剧的氛围,它成为使作品"增色生辉的那部分,而且我们和它的关系是一种优越的主从关系(Superior Subject),绝不是顺从关系(Voluntary Object)"②。因此,角色才有可能成为颇具滑稽色彩的揶揄嘲讽的对象。

在这里,文本的机智主要表现为它对"喜剧性之种种有意识的聪明呼唤,不管喜剧性因素是存在于个人见解抑或是情景本身之中"③。里普斯在《喜剧与幽默》中为机智所下的定义,使人进一步思索"聪明的呼唤"的具体所指,以及喜剧性因素的构成。这里举《一地鸡毛》中的后段为例。《一地鸡毛》是紧续《单位》之后,叙述小林家庭生活的流水账。故事的起因是小林家的豆腐馊了,为此,小林的老婆大发脾气,当夜深人静、老婆入睡后,小林暗想:

> 过去总说,老婆孩子热炕头,是农民意识,但你不弄老婆孩子弄什么?你把老婆孩子热炕头弄好是容易的?老婆变了样,孩子不懂事,工作量经常持久,谁能保证炕头天天是热的?过去老说单位复杂不好弄,老婆孩子炕头就是好弄的?过去你有过宏伟理想,可以原谅,但那是幼稚不成熟,不懂事物发展的规律。千里之行,始于足下,小林,一切还是从馊豆腐开

---

① 〔德〕费舍:《论机智》,转引自西格蒙特·弗洛伊德:《机智与无意识的关系》,张增武、闫广林译,上海社会科学院出版社,1991年,第3页。
② 〔德〕里普斯:《喜剧性与幽默》,转引自西格蒙特·弗洛伊德:《机智与无意识的关系》,张增武、闫广林译,上海社会科学院出版社,1991年,第2页。
③ 〔德〕里普斯:《喜剧性与幽默》,转引自西格蒙特·弗洛伊德:《机智与无意识的关系》,张增武、闫广林译,上海社会科学院出版社,1991年,第2页。

始吧。

对小林这个大学刚毕业、涉世未深的年轻人来说，琐碎而平庸的生活正铺天盖地向他砸来，把他的生存空间挤得越来越狭窄，这种现实是滞重且全无喜剧性的。但是在文本的具体运作过程中，"馊豆腐"与"宏伟理想"的间距却形成一种滑稽的对比。或者说，文本中滑稽的对比，构成一种喜剧性的表达方式。"弄好""老婆孩子热炕头"成为比单位的工作更为旷日持久的"工作量"；负载"宏伟理想"的"千里之行"，皆始于从处理这块"馊豆腐"做起。这些似乎并无正常关联的语言，此时却不期然地构成一种合理的联系。这种对比造成的反差，并没有顺从小林的苦恼，将读者直接带入悲剧性的情景，而是展示了小林内心独白本身具有的一种幽默。与此同时，我们看到构成喜剧性的"个人见解"与"情境本身"的那个聪明的呼唤者——文本，它使叙述与蕴意的"双声话语"效应成为可能。

通过喜剧性的语言来表现现实的平庸与滞重，使叙述本身具有一种离间的效果，它在表现人物面对无奈的现实的同时，表明文本中隐含作者对这种现实的察觉，以及调侃背后的难以认同。或者说，隐含作者与其叙述之间"绝不是顺从关系"。实际上，不向平庸认同的方式并非只一种，它既可以表现为洁身自好的孤独，也可以采取激烈的批判，还可以是一种机智的幽默。像《单位》、《一地鸡毛》、《官人》这样的作品大概倾向于后者。它构制的反讽的氛围，使读者在世俗庸常可笑的人生状态中，感受到一种鄙俗的叙述视角；换言之，只有文本与其叙述者并非视角合一，才会出现这种喜剧性的叙事效果。

当然，人们完全有理由不满足于这种结论，因为它毕竟没有清楚地阐释文本之所以采取不同方式的原因。如果我们深入那种喜剧性的反讽，从其特有的对平庸并不作激烈的批判，来推断本文视角与角色之间在情感上的联系，就会觉察一股对小人物命运的流连与体恤之情始终回荡在文本的语境中。

隐含者"自白"

《塔铺》是刘震云小说中比较引人注目的一篇作品。在其他作品中，如《新兵连》、《单位》、《官人》，人物和隐含作者的视角具有一定距离感，或者说，"双声话语"的效果比较明显；而《塔铺》中的主人公"我"则与隐含作者的视角比较一致，或者说，比较直接地承担了故事说话人的角色。这是一个描写农村青年"我"经过一番努力，终于考上大学的故事。虽然我们不能据此说主人公"我"

的经历就是作家本人的经历,但作品对当代农村青年的生活景况感同身受的描写,流露着对人物命运真切的同情,这些都展现隐含作者的真实意向,基本顺从文本的叙述。

这篇作品对人物命运的同情褪去了文本语境中常有的对生活的反讽之色。对于那些在贫困的环境中苦苦挣扎的"磨桌"、王全、李爱莲们来说,现代生活与他们所处的环境之间的反差实在太强烈了,因此,他们对命运采取的抗争的手段,以及他们的形象本身,都是在许多冠冕堂皇的"奋斗者之歌"中很少见到的。例如,作品描写"磨桌"在准备考试期间饿得烧蝉充饥:

> "磨桌"盯着那火,舌头舔着嘴巴,不时将爬出的蝉重新投到火中。一会儿,火灭了,蝉也不知烧死没有,烧熟没有,"磨桌"满身兴味地一个个捡起往嘴里填。接着就满嘴乱嚼起来。我见此情状心里不是滋味,不由向后倒退两步……

"磨桌"、王全也许并不具备考取大学的才能,他们如此执着以求,虽与报效国家的宏图伟愿没有直接的联系,但生动地展示了他们不屈从于现实命运、背水一战的情景。在这种特定的生存环境中,他们比起理想化的人物来有些形容委顿,却深得同一处境下"我"的同情,并唤起"我"发自内心深处的情感共鸣。于是,这些人物与"我"的视角合在一起,或者说,"我"从这些人物的身上意识到真实的自我,不论今后每个人的境遇如何,他们都将是具有共同出身背景、不可分割的一体。

"我"与李爱莲的爱情也写得异常凄美。在他们之间,几乎任何一种现代人的缠绵都显得奢侈,只有物质上虽然很少、却十分真诚的接济,赶考前共同复习的焦虑以及对前途的希冀中潜在着对命运未卜的不安。在这一对农村青年特有的与恋人的结识和体察中,他们的爱情透出自然的美的光泽。最后"我"考取大学,李爱莲却因为家里急需一笔钱抢救病重的父亲而放弃高考嫁了人。这是一幕爱情悲剧,但李爱莲与"我"告别时的话却意味深长:"以后不管干什么,不管到了天涯海角,是享福,是受罪,都不要忘了,你是带着咱们两个。"这虽然说不上是"在天愿作比翼鸟,在地愿为连理枝"的千古绝唱,但的确是长久地回旋在刘震云小说中的一种叙事格调,而且不仅是指爱情。人物永远背负的是这样的故乡情节,贫困的煎熬与不甘命运的抗争。即使"我"终于冲出困境,也仍然是来自乡土中国那广袤无垠的农村中的一员,无论"是享福,是受罪",奋斗有成者所经历的痛苦与失败者加倍的痛苦都积淀在他的意识深处,因而不断生发出他对小人物——那些来自乡土或沾着乡土气的人们特有的宽宥与同情之心。

随着作品视角的不断延伸,从农村青年的生活到乡镇、城市的生活场景,

"小人物"概念的范围也在不断扩大。例如,《官场》、《官人》中那些地区专员、局长一级的领导干部也都逐渐纳入这样的叙事氛围。当然,隐含作者的那份同情并没轻易地施予这些人物,而是伴随着对他们种种弱点的展示。以《官人》为例,作品描写某部机关的一个局内,七名局长之间闹不团结,最后由部领导出面调整:离休的离休,调整的调整。作品从七个局长的不同角度,描写他们相互拉帮结派、攻击检举对方,每人却又是他人争取或排斥的对象,人事关系因此而变得复杂微妙。在这种权利的角逐中,这个部或这个局究竟是做什么的已无关紧要,因为人的才智与精力全部卷入"窝里斗"的内耗中。然而,当我们还来不及对这种社会学的分析表示赞同,就立即被隐含作者对人物同情的视角攫住而不知所措。例如,在这种显而易见的"内耗"中,整人的与挨整的人不仅都有苦不堪言的一面,而且还有义正词严、堂而皇之的理由。前任局长老袁面对六个副局长搅成一锅粥的局面,他的内心独白是:

> "头疼还头疼不过来,哪里还恋战?所以有时倒早点盼望六十岁到来,早点退下,离开这是非之地。"但等到听说新部长到任,真要让大家离开,连老袁也不例外,老袁心里像刀割一样疼,感到万分委屈。这几年单位没搞好是事实,但这纯粹是下边几个副手闹的,他并没有加入宗派斗争,还在苦苦维持大局,等待有一天重整局面;现在新部长一到任,就不分青红皂白连窝端,这就有点是非不分了。

不但老袁,其他几位"副手"也都是满腹壮志未酬的牢骚。原来的班子经调整被解散后,这人与人之间是非恩怨的糊涂账总算一笔勾销,但是在作品的结尾,新局长又开始扩充自己的力量,局长队伍日渐壮大,人多自然分派,于是老调重弹,酝酿着新的争端。这种经验的轮回对于那些"当事者迷"的官人们来说是悲剧性的,因为他们已被预先安置在又一轮内耗之中。他们仿佛被吸入一只巨大的轮盘不能自已,随着轮盘无情地转动,有的人被碾碎,有的人被挤出,但更多的人跃跃欲试,全不顾及前行者的下场。尽管人物自身对悲剧的意味并无觉察,或有所觉察也无法不承担这样的角色,才不遗余力地把攻击对手作为自我拯救与自我发展的途径;然而,那个站在一旁始终窥视这一次次官场角逐全景的隐含作者,却看到他们由于无法摆脱这种角逐,内心产生的疲惫、厌倦与痛苦,这也就是作品向读者展示的官人生活中的那一份尴尬。

语言在这里同样扮演了双重角色。从叙事的表层话语来看,人物的表白是推诿、扯皮,文本呈现的仅是不加判断的现实;而无形之中,由于最终承担责任的角色的缺席,人物的表白就有言不由衷的一面,因而成为隐含作者为角色所做的一种开脱。对此,既可以看作是文本通过不同的官人的角度进行叙事所追求的艺术效果，同时，这种叙述效果也可以看作是个人之间的紧张状态的一种消解。这些人物绝非通常所理解的"敌人"或"坏人"那一类角色，尽管这种角色在描写官场生活的作品中是屡见不鲜的，但它显然不是《官场》、《官人》这类作品的意旨。

如果从刘震云小说语境中上下文的关联来看，那种出自《塔铺》的乡土情结，使文本对生活在乡土中国文化场中的人物具有一种特殊的理解，对他们的命运，甚至对他们在人生舞台上一些滑稽的表演也赋予一定的同情与宽宥。因此，作品虽然流露出契诃夫式的对小人物命运的关注与同情，但在对人物的整体描述上，却不同于契诃夫式的愤懑与冷漠。对这些作品来说，故乡永远是难以割舍的话题，是文本中无时不在的背景。即使小林这样的人物已远离故土，在大城市工作、安家，也还得接待家乡的客人，为他的小学老师的去世"难受一天"，尤论他怎么抱怨，甚至想躲开那些家乡人，都无法逃脱这种命定的安排。当然，文本并不想以此展示人物对故土的恋情，而是通过人物对故乡那份"剪不断，理还乱"的思绪，来细细打量小林们在现实中的生存景况，以及他们并不如意的城市人生。如果说，这种叙述视角确定了作品特有的表达方式，那么，这种表达方式不是别的，正是从文本与之相系的乡土文化的纽带中生发出来的对现实的体察。这也是刘震云的小说在1985年后于瞬息多变的文坛取得成功的原因之一。

历史机缘的背后

对文本分析或许可以更清楚地展示刘震云小说的历史机缘。回顾80年代中期，随着西方现代文学艺术的不断引进，"新潮小说"异军突起，一批青年作家不再延续以"伤痕"、"反思"、"改革"、"寻根"为旨归的创作流向，于是，文学以其特有的不安分，发起一场小说文体的革命。应该说，这场变革80年代初已经兴起，只是至此时声势显赫，形成高潮，但也即将成为强弩之末。这场革命带来的喧嚣，随着小说形式不断花样翻新而渐渐吞没了作家对现实人生经验的表述，于是曲高和寡，从者寥寥。因此，1987年刘震云的短篇小说《塔铺》，以及其后发表的《新兵连》、《单位》等作品，在形式上虽没有立意求新的借鉴与模仿，反而给那些受到文体革命困惑的读者以耳目一新的感觉。

当然，从一定意义上说，作家执着于个体经验是一种自言自语，自说自话，这在强调一种中心话语的时代是难免要受到排斥，或驱之于边缘的。只有在文学多元化格局逐渐形成之后，这种执着才能找到成就的土壤。刘震云的小说恰恰是在小说的写作背景与小说的自身发展这两个方面都适逢历史的机缘。

作家创作上的成功,固然离不开外部的机遇,但是,当我们看到这种历史机缘的同时,也看到了文本对历史自身的思考所显示的力度。这一点具体地表现为《温故一九四二》这部中篇小说对过去文本语境所做的一种追述、强调或补充。在这里,作家似乎要为他的人物寻找他们的历史位置,或者证实他们在历史上的来龙去脉已经被现实社会的霓虹遮掩得踪迹不清。虽然作家本人并没有做这种解释,而仅仅是文本语境提供的线索,但这种分析的方式也许更加符合作家本人的想法:作家的"人生体验"和"对人情世故的特别洞察,这一切都凝聚在作品中,作品本身就足以说明作品的价值"。①

《温故一九四二》以纪实的笔法叙述1942年河南省110个县遇到的"水旱蝗汤"特大灾害。尽管全篇引证了许多史料,并且是在一种采访式的客观实录的口吻中进行的,但文本反讽的意味特别强烈。作品呈现的是1942年河南灾荒期间死亡300万人口的历史背景,平静的叙述展现的是老百姓"易子而食"、"易妻而食"的惨不忍睹的场面。就像这一幕人间惨剧被历史无关痛痒地一笔带过,叙事与事件本身的反差形成对历史猛烈的抨击,历史疏漏了它决不应该疏漏的人物:

> 300万人是不错的,但放在当时的历史环境中去考察,无非是小事一桩。在死300万的同时,历史上还发生着这样一些事:宋美龄访美,甘地绝食,斯大林格勒大血战,丘吉尔感冒。

这是有关历史疏漏的反讽,历史所关注的只是声名显赫的一族,面对小人物的命运熟视无睹。与此同时,历史的失误不仅是忽略与遗忘,而且在于它剥夺了当事人说话的权利。记者去采访那次灾难的具体承受者——小李庄一位姓蔡的老婆婆。她曾在逃荒的路上被人"卖给窑子,从此做了五年皮肉生涯"。这五年不光彩的非人生活"一直埋藏在她自己和大家的心底",可是到80年代后期,她的经历却被那些热衷于"我的妓女生涯"的畅销书的写字的人们发掘出来为自己赚钱。

> 于是她的儿女们,这些普普通通的庄稼人,突然感到自己受了骗,受了侮辱。于是对再来采访的人就怒目而视。

文本对蔡婆婆的这段描写无形中构成一个隐喻,历史在制作的过程中,使历史的真实承受者变成她的儿女们脸上一块不光彩的胎记,叙述人嘲弄的并不

---

① 刘震云:《官人》跋,长江文艺出版社,1992年。

是灾民的经历,而是现实趋时逐势的人们逃避历史的态度,特别对那些为自己赚钱"写字的人",似乎已割断了与历史的最后一丝血缘的联系。这段描写使文本从历史直接指向现实,使刘震云过去作品中那些来自农村,却与大城市的文化始终隔膜的人物突然站在"寻根"的立场上,发现他们陷入的困顿具有如此深厚的历史之源。

因此,叙述人以那些从实地搜集的资料,汇编成一张真实的历史之网,借以说明这些灾民或历史上的小人物在时代的天平上实际的分量:灾民事件牵动了从美国《时代》周刊到英国《泰晤士报》的记者们、从西方传教士到南京政府的官员们,直到河南战役中"5万名中国士兵被自己的同胞缴械了"这样触目惊心、牵动战争整体格局的事件。于是在文本中,这些被历史一次次遗忘、衣衫褴褛的饥民们承担着重要的角色:

> 没有千千万万这些普通的肮脏的中国老百姓,波澜壮阔的中国革命和反革命的历史都是白扯。他们是最终的灾难和成功的承受者和付出者。但历史历来与他们无缘,历史只漫步在富丽堂皇的大厅。

这些犹如唯物主义启示录的言辞,只有放在文本特定的语境中,才能发现它们真正的含义。换言之,从文本对小人物命运不无调侃的慨叹,到它对乡土社会中人的同情,刘震云小说在表层叙述结构中一直潜藏着的某种愤愤不平之气,终于在《温故一九四二》中得到淋漓尽致的宣泄。在这部作品的结尾,有两则启事文告显得意味深长。这是当时的报刊标榜"时代的进步"而刊登的两对男女离异的声明。将此作为现代社会人性解放的进步也未尝不可,但把它放在文字表征如此鲜明的位置,与300万人丧生的惨剧在文字的记载中那种默默无闻的景象相比较,那么,文字记载的历史则显得实在过分注重时髦了。

或许这是作品隐含者的叙事导向所致,或许这就是文本不甘于做现代文明的俘虏,以至丧生自身的一种挣扎。尽管读者难以穷尽文本的动机,但无论如何它为我们留下了这样的痕迹,使我们在象征现代都市文明的那些肥皂剧、卡拉OK、时装表演等等似乎将吞没一切的历史的喧嚣声中,看到我们自身也许并不光彩照人,而是真实存在的历史。或者说,文本将读者的视线从现代声色的骚动中引向本土的历史与故乡的文化。

原载《当代作家评论》1993年第5期

在故乡的神话坍塌之后
——论刘震云九十年代的小说创作

程光炜

一

八九十年代之间的界限,在刘震云笔下是模糊和困惑的。1988年到1991年间,他创作了以"官场"为总题,但实际是"人生境遇"三部曲的《单位》、《官场》、《官人》。此间,充满存在主义意味的《一地鸡毛》也悄然推到读者的眼前。他曾不无解嘲地说,"前一半是一个苍蝇从瓶子里竭力向外撞的伤痛记录,当然那是非常可笑的了;后一半是当苍蝇偶然爬出瓶子又向瓶子的回击,当然也是非常可笑的了",而且发现"自己还是一个跌跌撞撞的孩子",在新时代尴尬地"站在他铁皮四处翘起的甲板上"。①

在刘震云早期作品《新兵连》、《塔铺》中,贯穿全篇的是道德理想主义和激情的叙述。《新兵连》中一个个原本纯朴的乡村灵魂,不意遭到了城市文明的玷污。在《塔铺》里,人们听到的是另一支沉重而悠长的乡村道德的颂歌。深爱着"我"的乡下少女爱莲,为了生存被迫嫁给村里的暴发户吕奇,但最终想的却是:"你是带着咱们俩上大学的。"无论"天涯海角","是享福,是受罪",生生死死,都要痴痴相守。而到了《单位》和《一地鸡毛》里,已经成为"城里人"的小林,似乎已忘却了对现代文明的本能敌视与批判,在生活和诠释的双重压力下,不仅放弃了对乡村灵魂的坚守,甚至在无奈中有负于过去老师的"师恩"。不管刘震云承认不承认,这些情节都叫人不禁联想起二三十年代之交的沈从文。他耿耿于怀的小说《棉鞋》,以及痛不欲生的另一篇小说《丈夫》,好像早就在冥冥之中,照亮了从"乡下"走向"城市"的现代中国作家们无法逃避的那条"宿命之路"。在论及这一非常典型的"中国式"的文化现象时,金介甫曾以《棉鞋》为例对沈从文的"自卑情结"进行过入木三分的剖析。② 凌宇也认为,沈从文的小说"最终是以道德和精神的优势,去否定都市上流社会人生的荒谬"。作家深刻的

---

① 刘震云:《向往羞愧》自序,江苏文艺出版社,1996年。
② 金介甫:《沈从文传》,湖南文艺出版社,1992年,第80~84页。

洞察力和文本的复杂性或许还在于:"他意识到'乡下人'的主观精神与现代社会环境的脱节,他笔下的'乡下人'的命运,大多表现在带崇高色彩的悲喜剧的组合。"①

但刘震云不可能回到沈从文。像这一时期的诸多作家那样,生活的严峻不仅粉碎了他在故乡形成的人生观,使他重新思考与生活的关系,进行一种"道德观的重建工作"。而且,90年代个人化、历史化和无名化的叙事学,亦彻底改变了80年代整体性叙事学的运行轨道。刘震云甚至无法像沈从文那样,即使在复杂的文化环境里还拥有一个小小的"审美空间"。从事文学创作的作家们不再占据话语的中心,他们对自己的文化身份也不能不产生深深的怀疑。这通常被解释成宏大叙事走向终结的标志。在这个意义上,《一地鸡毛》里恍恍惚惚的主人公小林,与其说是京城里愤怒的文化青年,还不如说是夹在城乡、过去和现在之间的灰色人物。他被夹在两种叙事之中:他与故乡的精神联系,由于杜老师在自己家中的被冷落而出现了危机;在都市的一连串人生故事,使他最终发现自己仍然是一个失败的"局外人"。用小说的话说:"老家如同一个大尾巴,时不时要掀开让人看看羞处,让人不忘记你仍是一个农村人。"《单位》、《官场》和《官人》仿佛是"单位"生活中的"黑色幽默",但它们使人更尖锐地品嚼到的是人生矛盾和狼狈的生存况味。作者对故事所作的是一种典型的"90年代式"的处理:这里没有真正意义上的胜负和荣辱,当然也不会有传统小说那样悲与喜的人生结局。小说象征性地表明了人的主体性和启蒙理想的失败,表明了人之存在的危机。如果说小说是种隐喻,那么同时它也在对隐喻进行着拆解。如果说这些人物的记忆中本来还有"故乡"、"学校"的文人背景,那么它们在这些小说中只能说是虚设的,其中精神的内核早已经荡然无存。正像这些人物已经无法重返个人的历史,倘若让作者再去重复他80年代道德反省和温情伤感的人生叙事,也是不可思议的。

二

这就是刘震云和90年代作家共同的"尴尬"。几乎所有关于"新写实"小说的评论,都把刘震云、方方和池莉等对鸡毛蒜皮的日常生活的描述看作是一种叙事的爱好,认为他们尊奉鄙俗为新的小说美学。至少这对刘震云是不公平的。除前面提到的几篇外,他写于90年代的大多数小说都应该归于"历史叙事

---

① 凌宇:《从边城走向世界》,生活·读书·新知三联书店,1985年,第394页。

"学"的范畴。说他更感兴趣的是杰姆逊的"不断历史化"的命题,倒是比较符合实际。

"尴尬"一方面表现在认识生活的层面。刘震云和其他新写实作家都是在"重新叙事"的50至70年代奠定自己最初的人生信仰的,在读大学的80年代,这种信仰又着上了浓厚的"五四"启蒙思想色彩。然而,这些人生知识的"谱系"在90年代的文化环境中虽不能说完全紊乱,至少也摇摇欲坠了,出现了对过去生活世界的信任上的危机。于是,"记忆"与"现实"在刘震云等人的创作中发生"错位",情感与表现对象严重脱节。不妨说,对一代作家而言,这的确是一个异常痛苦和狼狈的精神历程。"尴尬"还表现在叙事的层面。在布鲁姆看来,几乎所有的作家都在前代作家的阴影中产生过心理层面上的"影响的焦虑",因此,他们把自己的创作力都看作是对前者的"偏离","这种误读是一种创造性的校正,实际上必然是一种误译"。① 池莉对武汉市民阶层琐细人生少有的热衷,方方把历史"颠倒"过来看的特殊视角,都是其中的显例。

不难想象的是刘震云重新审视"故乡"历史的困难。在"震惊"之余,他发现回到历史现场的故乡和它林林总总的各色人物,并不像过去记忆里那么光彩照人、令人感奋。一切原来都是那样普通和稀松,无非是吃喝拉撒之类的东西。另一方面,历史又让他发现了叙事的虚构性功能。在1992年的《故乡相处流传》中,刘震云借叙述者之口说:"这次检阅,开始长久地留在我们心中,鼓舞了我们几十代人。可惜的是,1992年4月,我到北京图书馆去研究历史,研究到这一段,发现这次检阅有一个疑点。即这次检阅及它的壮观都是真实的,但检阅者是假的,即曹丞相本没有参加这次检阅,一驰而过的检阅人马中,并没有曹丞相。"——"这让我心里很不好受。"一句话,《塔铺》里站在大路旁噙泪为"哥"送行的象征着乡村道德的痴心乡下女子爱莲,早已成为历史。那个曾与历史共悲欢的浪漫主义时代,已经一去不复返了。

在80年代,假如故乡是一种灵魂的寄托,那么在转眼即到的90年代,它更像是二者之间有距离的关于历史的叙事。

长篇小说《故乡天下黄花》的题词是"献给我的外祖母",内容却是围绕着"村长一职"而展开的故乡几代人之间的家族仇杀。有意思的是,人物命运和故事的结局,没有被处理成五六十年代小说那种阶级仇、民族恨的题材类型;它也不像80年代农民出身的作家如贾平凹、周克芹、邵振国所写的小说那样,农民的悲剧里多半有一个城乡对立的缘由,作为参照的总是历史无处不在的宿命感。主人公的耻辱与道德的胜利往往是一步之遥。作品、作家和读者的关系无

---

① 〔美〕哈罗德·布鲁姆:《影响的焦虑》,生活·读书·新知三联书店,1989年,第31页。

形中被价值观念所左右、所控制。我们在这部长篇中仿佛看到的是"回到历史现场"的自然主义法则,在那里支配着家族与另一个家族、男男女女、各种政治力量之间的关系:村里两个最大的家族孙老元和李老喜,为当一个"吃烙饼"、"断官司"的村长,不惜明争暗杀,虽然死了数条人命,却很难与民族的历史命运联系在一起;第二代人孙屎根和李小武的恩恩怨怨,与抗日战争、解放战争倒是扯到了一块,但两人对为何要这么处心积虑、九死一生,竟然也感到懵懂;在国家宏大的政治叙事中,翻身农民赵刺猬、赖和尚最终把孙、李两家推下了历史舞台,扬眉吐气地当起村里新的领导人。然而,在一轮又一轮变幻莫测的游戏棋局中,他们"农民"的根性不但丝毫未改,生理的冲动倒为读者留下一连串令人捧腹的人生故事。也就是说,在这段关于"王楼"的历史中,"叙述者"向人们讲述了一波三折的故事,但所有这些都可能是虚构的,都可能夹杂着作者主观想象的成分。

不可否认的是,在这样的叙事之中,很难真正产生感情上的激动。从传统历史主义的角度看,你可以说它的缺陷在于牺牲了故事本身的主体性因素;但为了寻找小说文本的新的张力,它又不能不被看作一种有趣的尝试。在杰姆逊看来,第三世界作品的文本冲动来自以下几个因素:即故事里力比多、民族寓言、作为文化生产者的作者的作用和故事的双重结局。而新的小说观,则得自新历史主义的态度,小说的阐释是在写作的语境、接受的语境和批评的语境上全面地展开的。在这个意义上,小说家的"愿望是想要同死者对话。然而我们如何同过去对话,怎样透过时间的距离来理解过去要说些什么呢?我们试图理解某一事件在它发生的时代里意味着什么,同时也要理解对于我们今天具有什么意义。"换句话说,"'再现'历史",也是作者在"显露出自己的声音和价值观"。①

人们也许更关心的是,刘震云是怎样以"再现的方式"进入故乡的历史叙事的呢?《温故一九四二》采取的是悬搁"价值"的方法。在作品中,1942年发生在河南省、饿死三百万人的大饥荒,令人发指和全景观地展现在读者的眼前。作家一开始就告诉我们,关于"家乡饥荒"的故事,一部分来源于北京图书馆资料的叙述,一部分来自传闻、采访、或者对历史的某种有距离的想象,叙事人还承认个别史实是出于他的加工编排,所以,"姥娘"的故事很难说是十分可靠的。因此,叙事人与作家的关系至少可以分析出三个层面:一、他代作家说出了故乡的历史社会的"农民式的愤怒";二、小说中的材料,只有一部分取自作家的故

---

① 张京媛:《新历史主义与文学批评》,北京大学出版社,1993年,分别见第237页和该书"前言"。

乡,大部分则是无数个历史灾荒材料的缩写;三、正因为真正的"历史"和"死者"是不可能对话的,因而二者的关系中充满了某种游戏性和戏剧性。在小说中,"附录"一节写得最为精彩:国家大事、结婚离婚启事、寻人声明都被"烩"在一起,历史正剧与日常生活合而为一,其中的用心大有深意,然而,这一切又被遮蔽在一种不确定的"叙述"当中。

"回到故乡"的叙述策略同样也发生在《故乡相处流传》中。在关于作家故乡"河南省延津县王楼"的一场群众检阅中,整个故事被"魔幻"成东汉时的曹操、袁绍之战和1985年大炼钢铁两个完全不搭界的历史镜头。"我"、"孬舅"、"瞎鹿"、"猪蛋"是一些盲目、可悲又带有民间英雄意味的乡村人物。他们因为失去替曹操"洗脚"的权利而苦恼,一旦被集中在麦场、村头,扛着锄头铁锨天天操练,在心理上乃至在人格深处,又陡然会产生难以抑制的兴奋和快感。看得出来,作者试图赋予小说以"狂欢"的结构,从故乡的狂欢看历史的狂欢,然后又通过故乡诸多的人物,将历史的狂欢"细节化"、"遗址化",从而引出关于人的命运的大悲痛的思考。

有趣的是,叙事无论被呈现为历史生活还是现实的场景,在材料的层面上它都是物质的;而刘震云则力图借助物质的拼接、拆卸和重新组装展开他对故乡的反省。麻烦在于,单纯的叙事最容易导致形象感染力的消失,它与其说是一个艺术的,不如说是一个思想的过程。在这个节骨眼上,相当一部分作家陷入了圈套和无聊。刘震云虽然得以"幸免",但这毕竟对他作品原有的饱满度、幽默感和流畅充沛的思想光彩,带来了不大不小的损害。

三

1998年秋,洋洋二百万字、历时八年之久、可谓"呕心沥血"的四卷长篇小说《故乡面和花朵》的问世,对刘震云的小说创作无疑是一个大事件。但奇怪的是,评论界的反应却出奇的冷静和平淡。

对一代人来说,在本该实施人生理想和抱负的年代,却遭遇了太多甚至是太荒唐的苦难。紧接着是失学和回乡(下乡)的漫长人生历程。充满理想色彩的大学时代,洞开了一扇通向未知世界、也充满各种诱惑的大门。然而,毕业后为生计而奔波和苦恼的世俗生活,又把刚刚张开的想象的翅膀挤压到了一个狭小的空间。一边是萝卜、白菜的无端烦忧,一边是怒气冲冲浮士德的无限畅想;一边需要扮演人文精神的文化斗士,一边则被迫在商业大潮中喘息未定,维系最起码的生存。就像那个站在现在与未来门槛之间的但丁老人,人生的步履愈来愈近,而岁月则所剩无几,能不心理负担太重?"生不逢时"这句格言,恐怕是一代人心中一道最深的"阴影",是最秘密的心理沉淀。"一万年太久,只争朝夕。"——这也许就是 1998 年作家们纷纷披起战袍、大写长篇小说的根本动机。

《故乡面和花朵》分前后四卷。第一、二卷为"前言卷",人物众多、时空倒错、场景频繁转换,给人光怪陆离的印象。实际上,它是对一个大事变之后中国社会各个阶层生活的形象缩写,一个在阅读上故意设置圈套的有关历史的隐喻。几乎在刘震云以前作品中出现过的人物,都在布置一新的历史舞台上先后登场。例如孬舅兼有曹操麾下新军、60 年代老农、90 年代秘书长的多重"身份",孬姈是农妇和世界模特冯·大美眼的奇妙组合,"我"则成了叙述者"小刘儿",其他人物也都古今身份不详,形象古怪。在前两卷中发生的故事,明显的贯穿着价值与无价值、混乱与有序相混合的时代特征,孬舅的话可以说是最形象的概括:"敌人在哪里?敌人就在身边;朋友在哪里?朋友却在远方。"占去作品三分之二篇幅的,是第三卷"结局"中文化精英们无休无止、但显然是毫无意义的"讨论"。倒是"我"对姥娘之死如泣如诉、深情而绵长的凭吊,成了该卷中重重的一笔。经过时间不算很短的精神的困惑和游移之后,刘震云对"故乡魂灵"的呼唤是极其突然、也是撕心裂肺的。它无疑是对 90 年代文化现状中一代人思想历程的质疑和反思,是一个发人深省的反讽。值得注意的是"结局"这个题目所具有的惊人历史洞察力。"结局"既可以说是对一种历史结果的指认,但也可以说,另一种更为自觉的历史正是在"结局"之后开始的。在第四卷中,作品的叙述最大限度地回到 30 年前"故乡"的"现场"。具体地说,就是返回了 1969 年的故乡。故去的姥娘、姥爷、三姨,现实中的猪蛋、瞎鹿,叙述者小刘和新添的作者白石头,在"王楼"齐集一堂。现实与幻觉、死亡与新生、历史与未来在小说中交叉穿梭,精英文化和世俗文化杂糅共存,人生的片段被切割、交换。1969 年不再是一个单纯的时间概念,而是多重记忆和意识中时间的一个隐喻。小说中这样写道:

> 雷电之下的村庄,毕竟托起过我们童年和少年的梦想;在我们成年之后的梦境里,它总是一个不变的背景;当我们出门远行走到一个陌生地段时,我们总是拿它来矫正我们的方向和丈量他们的距离,这时我们就已经在重回和温故我们的村庄了。

在我看来,刘震云发自内心的"呼喊",意义不下于他对故乡的一次无意识的魂游。四卷小说就像是历史的循环,从春到夏到秋到冬,然后再周而复始地四季轮换,它给人一种重返大自然、重返人性之初的强烈而深刻的感觉:"我"的记忆,永远停滞在 1969 年的故乡泥土路上第一次学会骑自行车时的光景;牛顺香无论怎样努力,都不能摆脱对"16岁时"女孩经验的惊惧;而白石头天天唱的,竟是一支1969年的老歌:"南飞的大雁/请你快快飞/捎个信儿到北京/革命战士永远怀念毛主席"……我想,这正是刘震云面对90年代文化的种种困境的严肃思考,并表露出对90年代纯粹叙事艺术倾向的某种疏离。当然,这是一次心情复杂的选择。

许多读者和评论者都希望刘震云写出他真人真事的故乡。他们太熟悉肝胆俱裂的《塔铺》和《新兵连》,爱憎分明、感人肺腑的人生悲剧,容易与自己的身世发生强烈的摩擦和共鸣:《一地鸡毛》里的小林尽管是一个灰色的小人物,但他骨子里未脱农家子弟的本色,与他相关的悲喜剧,难免会叫人心绪牵挂、回肠荡气。但小说既是叙事的,也可能产生诗意的表达;它是坐实的故事,有时不妨也可以想象与虚构。虚拟的小说总是以追求思想的宽阔和精神高度为指归。刘震云说:"我提高的余地可真是太大了。这种缺陷使我对自己充满信心。"① 他写的是"邮票大小的土地",却幻想要把它建筑在一个充满复杂意象和多重视角的虚构世界之中。他胸怀福克纳式宏大的文化抱负,渴望在有生之年写下一部伟大的诗歌。应该说,这是一个多么矛盾的现象:每一个热爱作家的读者都固执地希望他一如既往地生产自己所熟悉的文学作品,而作家则愿意通过不断的艺术实践来显示创作的活跃状态。作家渴望有自己统驭的文化市场,趣味超前的读者,但他无法担保大胆的实验中不充满着风险。

四

《故乡面和花朵》与读者、评论者之间的麻烦,不是由于思想和精神无法沟通,而是由于它庞大、紊乱的结构所带来的阅读的困难。

有人指出:"福克纳创造了一套'约克纳帕塔法'世系。这套小说规模庞大,人物众多,时代漫长。""他在乔伊斯以后进一步运用'意识流'手法,在发掘人物的内心生活上达到一种新的深度。他尝试各种'多角度'的手法,以增加作品的层次与逼真感。他运用'时序颠倒'的手法,借以突破历史和现实的因果联系。此外,他还采取'对位式结构'、'象征隐喻'等艺术手段,企图使他的作品像万花筒般繁复、杂乱并且引人入胜。在语言风格上,他想突破常规,试图通过晦涩、朦胧、冗长、生硬的文体取得特殊的效果。"②不管作家是否愿意承认,这

---

① 刘震云:《温故流传》自序,江苏文艺出版社,1996年。
② 李文俊:《福克纳评论集》,中国社会科学出版社,1980年,第2页。

大概也是他所追求的艺术目标。

在刘震云80年代的小说中,总是有一个关于主人公命运的固定视点。故事情节围绕这个视点展开,所以它容易与读者进行比较直接的交流;它与社会的价值观的同步性,也是显而易见的。因此《塔铺》、《新兵连》、《官场》等作品一问世,立即好评如潮。与前者相比,他90年代的小说,明显增加了视点的多样性和叙事的虚构性。叙事的层面不再是单一的,而是向着多重的层面滚动和发展。《故乡天下黄花》里有政治、文化和民间三个叙述层次,在民国初年到"文革"的历史空间中,它们用相互交叉和渗透的手段来推动故事的进展,对抗的主题被推向幕后,共生和对话的关系则呈现于前景。《故乡相处流传》是依赖汉末曹操、袁绍之争和1958年大跃进两个层面展开的,人物张冠李戴地分别出现于不同的历史场景中,而作品无疑就是历史与现实的共谋。如前所述,《温故一九四二》是典型的图书馆档案、个人记忆、民间传闻和作家想象力等材料在案头的制作,是多种声音、意识在40年代空间的"众声喧哗"。这种叙事结构处理显然增加了历史容量,与此同时,它也丰富了我们审度历史的眼光。

《故乡面和花朵》则极大改变了作家与读者的传统关系,赋予文本以现代性的艺术旨趣。当然,这种"福克纳式"的表达,也极大地影响到它在今天读者中的接受性。试以第一卷为例。在这一卷中,我们唯一能够找到的叙述焦点是"丽晶时代广场",却始终找不到一个贯穿前后的线索。虽然,孬舅、孬妗、叙述者小刘儿、瞎鹿,以及众多无名的群众都曾在这里滚动、表演,思想意识也在流动,然而它作为一个被叙述的"中心场景"是不确定的。故乡和一千年前的故事,显然是作为次要的场景存在的,它们与广场没有必然、因果和逻辑性的关联。时序的颠倒,多重视角的切换,以及人物啰唆、冗长和废话连篇的讲演和自白,像一堆胡乱重叠在一起的巨大的光盘,它们似乎能够与你每一种意识活动产生感应,在细微处达到新的深度,但却不能引起你全身心的感动。这里就像是一个多种小说文体的实验场,传统小说的全能视角,意识流小说的心理独白,魔幻小说的亦真亦幻和新小说的客观镜头,都在作品中占据着各自的叙事空间。的确,这是一个多元价值共存、多种趣味交叉、多样审美观并立的时代。它的确是这么一个令人疲惫、也令人盲目兴奋、更是独一无二的"丽晶时代广场"!

再看第三卷中刘文玉的一段独白:

> 我们对历史还不能原谅吗?我们能原谅的前提是:我们就是不原谅它不照样已经发生了吗?亡羊补牢,已经晚矣,我们还是原谅它吧。故乡向何处去呢?当我们刚刚迈向学术新时代的时候,我们的心头就遇到了这样至关重要的原则问题。——我们虽然不愿意回忆过去,但是我们还担心未

来呢。这时代我们倒难以决策了。当我们看到前边的光明和前途时,我们以为到了光明的新时代一切问题都迎刃而解了,当我们走入这个时代的当口,我们才知道一切麻烦都卷土重来。不是一个事情的结束,而是另一个事情的开始。刚才如果不是一句话的限制我们还能勉强对过去说一下,现在你就是把一句话的限制取消了,我们也不准备说什么了。这个时候我们已经恢复到当面而不是当年了。我们和当年已经没有什么关系了。我们在会议桌前都正襟危坐,这时倒带着心平气和的微笑。

首先,映入读者眼帘的是"词汇重叠"和"同义词"多解现象。"历史"、"过去"、"故乡"、"当年"在时间概念上均指一种过去的事件,在这里它们被挤压、重叠成了一个同义词;然而,在20世纪90年代的语境中,它们又因个体、集体、国家、悲剧、正剧、喜剧等多种词的能指,而可以做各种各样、互相矛盾的阐释。即如"历史"一个词,你既能在作者、叙述者、读者、自我、民族等诸多层面上辨析,虽然,它的含意千差万别。显然,这是能指而不是叙述的游戏,是词与词之间严肃的思辨,而不是历史主义的虚无。其次,我们不妨从三段话里抽出一个句式,进行语义学的"抽样分析":"我们对历史还不能原谅吗?我们原谅的前提是:我们就是不原谅它不照样已经发生了吗?""我们"是这个复句共同的主语,支配着一群人的思想,以及他们的行为方式——这是无可置疑的。但是,它的主体性选择却在与"历史"错综复杂的关系中逐渐丧失了,失去了思考和批判的功能。从第一个分句看,它潜在的"台词"是:我们对历史是可以行使"原谅"的权利的;从第二个分句看,它又构成对前一个分句的"语义颠倒",证明第一个分句和其思想的存在是虚妄的,它本身就是一个语言的虚空、叙事的虚构。因为它一开始就潜伏了对相对主义、荒谬性的命题预设,包含着自己对自己的质疑。

可以说,这即是解读《故乡面和花朵》文本的一个重要密码。无论作者怎样上天下地,欲盖弥彰;无论他怎样设置叙述的圈套,利用修辞制造一个又一个阅读的"误区"。在潜意识里,他都无法摆脱历史阴影对他灵魂的纠缠和撕扯;他在文本里装得若无其事,多嘴饶舌,放松潇洒,然而,在字里行间却把自己撕得血肉模糊、痛不欲生。正是在这一时刻,他的整个魂灵飘飘忽忽走回了故乡,尽管他是那么的形单影只!

的确,在90年代现有的小说中,《故乡面和花朵》是一个只有少数读者能心领神会的超高文本。但它也是一个迄今为止最为枯燥、冗长和难以进入的小说。它庞大复杂、沉重的结构,拒绝了人们刚想发出的热情欢呼,在写作与阅读之间关上了沉重的大门。刘震云不外乎是要打破传统和封闭型的小说艺术手法,这种传统只能使作家局限在客体世界的窄促的经验里。它要求作家的主体愿望突破客体经验的囿限,把传统小说的一般叙事变成一种能够包容社会、历史、时代不同时空领域的开放性的现代小说叙事,让叙述者意外地出现在读者和小说中间,从而改变读者对文学文本的依赖关系。但刘震云分明忽略了中国读者顽强和持久的阅读心理对"福克纳小说观念"含有蔑视的挑战,这使他的写作失去了控制、充满了叙事意向的冒险性。他的读者不仅未能经受审美趣味的考验,而且抱怨他建立在这一趣味上的小说越来越难以卒读。对刘震云这部长篇连篇累牍的议论,频繁切换、倒腾的叙事镜头,连一些专业批评家也失去了职业性的耐心。实际上刘震云一直对甜熟、媚俗的叙事倾向保持着警惕,他所进行的是一项将陌生化的效果带进小说创作的工作。完全可以预料,这部小说既难被大众审美习惯承认和接受,也难以在现实主义传统方面赢得好感。在我看来,这不是刘震云小说创作的问题,而是福克纳的写作身份在中国的危机,是前瞻性小说艺术实验在 90 年代文化语境中的艰难之所在。

五

现在讨论"故乡"在 90 年代创作中的丰富性意义,还为时尚早。这是因为,故乡不只意味着它是作家的"出生地",还应该有历史、民族、社会、心理和生存境遇的诸多层面。对于作家或许还有更多的人来说,它是一个核心的但外延宽泛、内容复杂的词语,一个现代性的概念。对一个具体的写作者来说,它则是生命中一个不能承受之"重"。

从 1982 年 2 月刘震云第一篇公开发表的小说《被水卷去的酒帘》起,关于故乡的情结、意象、焦虑和矛盾,一直贯穿在他主要的作品中。作家经常用"向往羞愧"、"黄土花塬"、"河南省延津县王楼"、"俺那故乡"、"俺姥爷、姥娘"等一些充满社会学和心理学含义的措辞,有意无意地向人披露对故乡精神的神往,包括对它历史的反省。即使在故乡的神话坍塌之后,这种破碎和彻骨的故乡之恋,一日也没有休止。相反,它在更深的存在主义的思想层次上植根下来,逐渐形成了刘震云个人性的精神世界,形成了他独特的小说创作的视角。读他的小说,一个最强烈的感觉就是其中的"气味":一个来自王楼乡生命深处的泥土、阳光、马粪、红薯和男男女女身上的特殊味道。

与同时代的作家余华相比,刘震云的笔头没有他那么"狠",不像他那样,喜欢在木刻般简单的人物形象上进行人的形而上的思考,但刘震云深厚、结实,他小说中的人物往往被浓厚的存在主义意蕴所包裹,有一种促你深思的东西。从 80 年代末开始,刘震云一方面接受着存在主义的思想影响,另一方面又从福克纳等现代主义作家那里吸取新的感受力和艺术营养,尤其是在对现代文明的批评和对现代人存在状态的揭示上,其人生观和艺术观发生了根本的转变。由此刘震云也就为自己由浪漫主义抒情诗人向存在主义意义上的现代作家的转变奠定了基础。在90年代初,刘震云的创作又出现了一个活跃期,先后写下了《一地鸡毛》、《故乡天下黄花》、《官人》、《土塬鼓点后:理查德·克莱德曼》、《故乡相处流传》、《温故一九四二》、《新闻》,以及迄于1997年最后写竣的《故乡面和花朵》。说存在主义观点是刘震云这一时期创作主导思想,这一点也不夸张。在这些作品中不难发现,作者最关心的是人的生存态度或人在特殊环境中被严重异化的问题。刘震云反复强调的是,作为自觉的生命主体,人应当正确地面对生死,保持生存的本色。年逾花甲的许布袋,在赵刺猬企图借助政治强势搜走他心爱的猎枪的时候,提出用摔跤的胜负作为交出自己最后人格尊严的条件(尽管这个古典英雄式的举动,在一个把人彻底扭曲的时代里是多么可笑)。而姥娘这个目不识丁的农妇,在临死前的"十二天"里,却能对必然的死抱以从容不迫的态度,表现得如此宽宏大度。所谓"像故乡的泥土一样"本真的存在方式,在刘震云那里不具有民间伦理学的意义,而是一种带有存在主义色彩的人生态度,他力图通过对人生命形态的观察与拷问来唤醒所有人的存在勇气和良知,这显然是一种故乡之思的精神升华。"故乡"一直是刘震云小说中最为耀眼和醒目的一个核心意象。看得出来,到了90年代,它被总体地提升到存在主义思想的层面上来。而存在的问题又是一个极具现代性的概念,因此"故乡"的内容就失去了它原本单纯的词义,实际已变成现代人生存处境中的异常复杂、难言的感受。这就是为什么我们在讨论了刘震云的创作与沈从文、福克纳的关系,以及它所体现的叙事学意义等问题之后,又把这一讨论引向小说的外围,即故乡主题与人的生存层面的一个主要原因。下面我们将以问题为线索,把几个方面结合讨论,并且加以互相参照。

  首先是对在生死的中间地带里所引发问题的探讨。在刘震云关于故乡人物或与其相关的作品中,死始终不是异常突出和尖锐的主题。他强烈地意识到死是生存最后的界限。但是对生存这种有保留的态度,并没有使刘震云对死产生虚无主义或彻底的苟且思想,相反,他认为:"美好的东西像夕阳一样总是瞬间的,持久的倒是阴雨连绵的天气或者是烈日当空在地里割毛豆的时候。少年和青年时代是多么值得怀恋,它的根本原因就在于:那时我们是多么的无知或者说是傻得可爱。"①由此我们感到,在一个既无法真正生、又无法真正死的"中间地带",映照着人们生存的真实状态——这也即有人所言的那种状态:"漫无

---

① 刘震云:《一地鸡毛》自序,江苏文艺出版社,1996年。

边际的工作,恐怕要一无所成,漫无节制的游戏,等于病态的消耗。"① 在这样一个人生的"中间状态"里,盲目、彷徨地站着《单位》里的老孙、老何,《官人》里的老袁、老方、老张、老王,《一地鸡毛》里的小林夫妇,以及《新闻》里那群"跑穴"的记者等一大批现代人。他们在现代社会中失去了精神上的"故乡"变成了都市中的"漂泊者",是90年代最具"无名"特征的一群人。他发现,生存环境对人可怕的异化,使人于真实与虚伪、生存与游离、严肃与滑稽之间,变成了一种可阐释的、相对主义的荒谬的关系。正像《单位》所描述的那样:

> 虽然大家都仍在上班,但心里都很烦躁。就像下雨前的天气一样,天上布满了云,地上闷热,无风,没有一点声音。但稍有政治经验的人都知道,沉闷包含着酝酿,酝酿包含着决断,闷热无风之后,必是一场暴雨。你骑着自行车在街上走,看到天气这样,你最好加劲往家赶,免得暴雨下来,你躲闪不及,弄成一个落汤鸡。

出现在这幕人生场景中的人们,竟有几分像《等待戈多》中那个不知道为什么要"等"、但又必须要"等"下去的张目四望的戈多。他们不明白的是,生活为什么像下雨之前闷热的天气,没有开始,也不可能有真正的结束。在这个意义上可以说,"烦躁"是现代社会中人们普遍性的心理特征,它象征着一个始终不会令人满意的生存境遇。我们注意到,刘震云先前的小说对人物生存哲学的讨论是不太感兴趣的,而到了《故乡面和花朵》,这种"讨论"不仅成为人物活动的一种常见方式,而且在很大程度上支配着这部小说的整体构思。

由于对人与环境的这种"粘着"状态清醒的认识,使得刘震云对普通人的生活倾注了极大的兴趣。他的小说不是圣贤英雄的世界,而是芸芸众生的世界。这不是由于刘震云放弃知识分子的精英立场有意迎合民间意识,而是在作家看来,"民间性"、"世俗性"的蛰居状态恰恰反映出中国现代社会最普遍、最根本的生存特征。于是我们发现,他的作品不仅为广大读者推出了一个乡村的和都市的"小人物"系列,即便是那些处于社会上层的官员、知识者们,精神人格里未必就没有小人物的那种卑琐、苟且的气质,所以,纯粹从存在主义的角度看,刘震云的大多数作品是完全可以当作"黑色幽默的小说"来读的。在《头人》、《官人》中,人们下意识的服膺着那个无形的"二十二条军规"的权威。《新闻》中的那帮记者对"出穴费"和当地的"接待规格"斤斤计较、蝇营狗苟,出尽了洋相。可他们对自己如此可笑、糟糕的"处境",居然毫无觉察,相反,还把这出人生的丑剧当成正剧津津有味地来演。开头一段叙述就颇为精彩:

---

① 转引自解志熙:《生命的沉思与存在的决断》(上),《外国文学评论》1990年第3期。

各报记者经过协商,决定十九点三十分至二十点十五分,在火车站收费厕所前集合。当然,大家都是文化人,候一个车,何必非在厕所?在车站钟楼下集合不就行了吗?抑或是在车站大幅电子广告牌下,在车站大厅,都可以集合,何必非跑到厕所?

　　这当然也是一种"活着"。这样的人生虽然是普遍性的和真实的,但刘震云更关心的是,在此之前是否还有另一种存在的可能呢?比如说,从有限的人生中获得自由,对这个问题的回答变被动为主动,在现在的存在中先行根据未来的死亡来安排和筹划自己的人生,等等。因此,尽管刘震云的小说在深入揭示小人物的卑琐精神状态的过程中,很少对其作直接的价值评断,但事实上他并不是沉默的叙述者,在作品的"缝隙"里,作家仍然有他个人的选择性和倾向性:在庸俗、日常的人生之外,幻想着去筹划另一种形式的人生;在荒谬和可怕的存在中间,思考着怎样做诗意性的追寻;否定本身就包含着对否定对象的某种程度上的肯定,正像表面肯定的事物里,已经潜隐着怀疑的种子。所以,刘震云的小说也是可以作为双重叙述结构来看的,所谓的"弦外之音"、"言外之意",文本之外的意义阐释,语言与非语言的相互参证,等等。

六

　　像大多数作家那样,刘震云的创作在90年代经历了诸多的变化。但这种变化却不能用"由此及彼"一言以蔽之,这是因为:尽管作家对乡村精神情操的维护逐渐转化为对日常琐碎状态的注意,对生活诗性的表达转变为一种平实和日常的叙事,而且愈来愈具有个人性的特征,但它们之间的关系不是此消彼长,相互取代的。相反,价值的共生性正日益突出地表现在作家创作的视野里。在表现的内容上,关于人的道德表现开始演变为对人的存在状态的精神深度、复杂度的持续地关注;在叙事形式上,则呈现为多重视角和立体交叉的艺术结构。

　　价值的狂欢性和文本的游戏性,曾被视为90年代小说的基本特性之一。一批作家通过滑稽嬉戏荒诞随便的叙事对传统的严肃崇高的"宏大叙事"加以解构。王朔的《千万别把我当人》把当前的文化现状与义和团故事拼接杂凑,希图达到对传统价值和民族精神的消解。叶兆炎的《王金发考》将历史悲剧本来的深度从作品中淡出,用叙述过程的偶然性取代人们对价值观的焦虑,从而实现了把历史"历史化"的目的。确实,狂欢和游戏所包含的文化意蕴和思想内涵十分复杂。狂欢是突破叙事的人为体制的一种应对策略。它营造的乌托邦的氛围,将小说表达中的自主性推向了一个可以想象的高度。而游戏则瓦解了文学创作中的等级秩序和人为界定,它使作家的创造潜力得以充分的发挥。然而我们不能忽略这一现象的另一面;即严肃、责任的被嘲笑,人文立场的被排斥和压制,对旧有价值观的怀疑导致了人生意义的"无主名"性。陷入另一种简单化倾向的对是非界限的取消,同时也付出了将滑稽与严肃崇高并存、悲壮与逗笑夹杂的更成熟复杂的艺术境界逐出 90 年代文坛的沉重的代价。

我想,刘震云之所以千方百计、历尽艰辛地一遍遍地寻找"重返故乡之路",理由正在这里,但它却面临着意想不到的艰难;他先把探索的眼光投向沈从文,后来发现用 90 年代的文化处境阐释城乡对立的主题时却不免捉襟见肘。继而他试图将故乡"历史化",为小说赢得更自由的言说的空间,但察觉叙事的确能达到技术性的狂欢,然而不能把情感、思想、悲悯和反讽真正整合在一起,从而也失去了追求复杂的意义。他或许应该知道,真正伟大的小说文本绝不只是写作时尚的附属,文本的复杂性并不等于复杂的问题;伟大的小说既是最令人发笑、也是最令人伤心的故事,它是崇高与滑稽的杂存,是悲雄与柔情的互诉,是多种声音的"众声喧哗",更是在分裂或合流中体现着文学精神的统一性。

因此,可以说,"通向故乡"的精神之路的说法是很难成立的。当刘震云把一个故事称作"随处可见的成年朋友的游戏"和"永不再来的童年朋友的游戏"时,他实际已深层次地意识到写作手段与精神追求关系的全部悖论性和复杂性。① 事实证明,从《故乡天下黄花》到《故乡相处流传》,再从《温故一九四二》到《故乡面和花朵》,在近十年的时间里,刘震云的创作不是走向了形式的新颖,而是进一步享受了思想和文本复杂性的喜悦。

原载《文学评论》1999 年第 5 期

---

① 刘震云:《故乡面与花朵》,华艺出版社,1998 年,第 2 页。

论《一地鸡毛》
——刘震云小说中的"生存"与"本能"

宋剑华

关于刘震云中篇小说《一地鸡毛》的艺术价值，国内学界早已用"新写实"或"零度写作"对其做了盖棺定论。然而重新去阅读这部篇幅不长但却内涵丰富的作品文本，我却发现了一个曾在中国现当代文学中丢失了的思潮现象——"自然主义"。其实刘震云、方方、池莉等人所谓的"新写实"小说，正预示着"自然主义"文学思潮在中国文坛上的悄然兴起。《一地鸡毛》以"庖丁解牛"式的细腻笔法，生动地描写了知识分子小林夫妇的日常生活：他们既没有崇高的政治理想，更没有远大的人生志向，就像普普通通的平民百姓一样，为生存问题而整天忙碌着——不是为工作的调动而闹心，便是为孩子的入托而烦恼，他们不断地争吵又不断地和解，真实地揭示了知识精英的窘迫人生。但我们必须对《一地鸡毛》的创作意图，有一个全面而正确的认识态度：它并不是什么对"文明社会里全体现代人的真实写照"①，也不是揭示了现代知识精英"价值失落"后的"精神危机"②；《一地鸡毛》其实就是以"对现实进行锲而不舍地观察，认真的辑录事实"以求艺术再现的"真实性"，进而去深刻地阐释"人"受"环境"而非"意志"的抑制与支配，最终导致了在生存环境中迷失"自我的荒谬地步"。③ 刘震云在其《访谈录》里曾多次使用了"丈量"一词，④而"丈量"恰恰就是自然主义小说所刻意坚守的科学理性态度——"只有当作者以科学家分析的客观性去处理题材时，我们才能称其为自然主义作品。"⑤这也是我高度关注《一地鸡毛》现代文学史价值的一个重要原因。

---

① 王立：《〈一地鸡毛〉的意蕴》，《文学自由谈》1991年第3期。
② 苗祎：《传统人格的消隐与重建——论刘震云小说中的当代知识分子形象》，《河南师范大学学报》2007年第4期。
③〔英〕利里安·弗内斯：《自然主义》，昆仑出版社，1989年，第16~21页。
④ 周罡、刘震云：《在虚拟与真实间沉思——刘震云访谈录》，《小说评论》2002年第3期。
⑤〔英〕利里安·弗内斯：《自然主义》，昆仑出版社，1989年，第50页。

一、《一地鸡毛》:"精英"与"平民"的双重尴尬

  我向来主张读懂一部小说作品,理解文本中所出现的第一个"意象",是把握作家创作思路的重要前提;因为作家既然要去人为地设定这一意象,并有意将其放在篇首的显赫地位,那么它就一定具有不同寻常的象征意义。《一地鸡毛》的第一个意象,是那斤发馊了的"豆腐":"小林家一斤豆腐变馊了。"这既是个完整独立的语义单元,也是个故事叙事的中心线索,应该说后续展开的所有事件,几乎都与那斤变了味的"豆腐",有着千丝万缕的因果关系——"豆腐变馊"与"人的变异",体现着"形"与"神"的辩证法则,两者都是在暗示环境影响的必然结果。故"豆腐"与"人"之间的相互印证,便形成了作者思考世俗人生的逻辑起点。令人感到十分纳闷的是,为什么批评界迄今为止,都对"豆腐"意象视而不见呢?刘震云曾发牢骚说:"《故乡天下黄花》我觉得现在评论家看懂的不多。"[①]其实真正读懂了《一地鸡毛》的评论家们究竟又有多少?因此我个人认为,《一地鸡毛》通过讲述一个既平凡又琐碎的生活故事,旨在冷静地解剖"人"受环境影响而发生的思想变异;作者无非是想要告诉读者,其实"人"就像"豆腐"一样,在自然环境中放得久了,必然会发生不可逆转的"质变"过程。

  "大热的天,哪有不馊的道理?"这是主人公小林在不经意之中,对忘记把豆腐放进冰箱里的自我解嘲。但是我们仔细去阅读作品文本的故事情节,便会发现"变馊"绝不仅是在专指一种"物质"现象,更是被作者转化成了一种"精神"现象——它深刻而逼真地反映出了现代知识精英,在生存环境中卑微而无奈的尴尬处境。小林夫妇虽然都是受过现代高等教育的知识分子,但他们同时也都是现实生活当中最普通的平民阶层,他们平凡得甚至连一个完整的名字也没有,精英气质早已明日黄花不复存在。作者似乎有意将读书人小林夫妇,置放于理想与现实的矛盾冲突中,让时间去打磨掉他们身上的固有锐气,只能像"平民"那样去适应环境而平庸地"活着"。用作品文本中的语言来加以表述,就是他们往昔那种自命不凡的"精英"姿态,早已演变为成了都市马路上的"千人一面"。因此,《一地鸡毛》以形象叙事的艺术手法,精确地传达出了作者所理解的人生经验:"人"的价值与理想的最终实现,并不是取决于"人"的自身愿望,而

[①]周罡、刘震云:《在虚拟与真实间沉思——刘震云访谈录》,《小说评论》2002年第3期。

是取决于"人"的环境因素。曾经拥有远大抱负的小林本人,每天早晨六点便必须爬起身来去排队买豆腐,然后便急急忙忙去挤公车赶往工作单位;小林必须接孩子哄老婆安抚小保姆,在喋喋不休令人心烦的家庭战争中,去寻求和谐与安宁的平衡支点。而"小林的老婆叫小李,没结婚之前,是个文静的、眉目清秀的姑娘,别看个头小,小显得小巧玲珑,眼小显得聚光,让人看了从心里怜爱——甚至还有一点淡淡的诗意。——哪里想到几年之后,这位安静的富有诗意的姑娘,会变成一个爱唠叨、不梳头、还学会夜里滴水偷水的家庭妇女呢?"作者对于读书人小林夫妇精神面貌的前后变化,从环境社会学的角度切入作了精妙绝伦的透视分析:

> 两人都是大学生,谁也不是没有事业心,大家都奋斗过,发奋过,挑灯夜读过,有过一番宏伟的理想,单位的处长局长,社会上的大大小小机关,都不在他们眼里,哪会想到几年之后,他们也跟大家一样,很快淹没到黑压压的千篇一律千人一面的人群之中呢?你也无非是买豆腐、上班下班、吃饭睡觉洗衣服,对付保姆弄孩子,到了晚上你一页书也不想翻,什么宏图大业,什么事业理想,狗屁,那是年轻时候的事,大家都这么混,不也活了一辈子?——过去总说,老婆孩子热炕头,是农民意识,但你不弄老婆孩子弄什么?你把老婆孩子热炕头弄好是容易的?

这段被评论家们由衷喜欢并频繁引用的语言文字,其并不复杂的思想内涵往往却被评论家们自己的宏大立论而人为地消解了。作者绝不是在述说小林夫妇的人格"堕落",而是在述说他们人格"堕落"的客观原因。曾经为信仰"奋斗过"的小林夫妇,大学校园赋予了他们"宏图大业"的浪漫理想,可现实生活却又给他们带来令人沮丧的灰色人生。你要生存就得像"大家"那样去"混",你就得把自己"淹没"在"千篇一律千人一面的人群之中",你就得去经营好"老婆孩子热炕头"这些生活琐事,你就得从里到外"俗"气十足自甘平庸。非常有趣的是作者用"老婆孩子热炕头"的"农民意识",自然而然地解构了现代知识精英的启蒙使命——知识精英已不再是那么的神圣与崇高,他们首先被作者还原为普通的市井小民。

当然,这其中包含有对于现代教育弊端的极大失望,但归根结底却是表达了对于现实生存环境的极度绝望。主人公小林终于觉醒并懂得了"事物的发展规律","千里之行,始于足下,小林,一切还是从馊豆腐开始吧"。作者正是通过这种诙谐幽默的形象比喻,暗示着读书人小林夫妇就像那斤"馊豆腐"一样,必须去完成他们脱胎换骨去"精"还"俗"的身份转换——"环境"促使他们的思想与行为"变"得庸俗不堪,"环境"促使他们的精神与人格"变"得萎靡不振——"发馊"了的"豆腐"与"异化"了的"人",以其化学反应方式上的同质结构,向读者展示了一个绝对科学的人生道理:"人"也是一种"物质",而一切"物质"都将因环境因素而起"变化"!所谓"完美"的人格或人性,其实都是人类可望而不可即的虚无幻想。

"馊豆腐"式的思想转变,使读书人小林夫妇陷入了二元对立的两难境地:从"精英"降格为"平民",这并不意味着他们真正成为了"平民":对门那位"印度女人"把他们看成是穷酸文人,而单位领导又把他们看成是"国家干部",他们生活上的"平民"水准和思想上的"精英"意识,无时不在折磨着他们那高度紧张的脆弱神经。为了"生存"他们并不情愿地学会了"平庸"、"世俗"与"忍耐",为了"生存"他们更是学会了"脏话"、"骂人"与"偷水":小林每天的必修功课就是早晨起来要去排队买豆腐,睡觉之前要去仔细检查房间里的"灯火水电",他既要注意观察老婆的脸色变化防备保姆的偷懒耍滑,又要为每天衣食住行的必须开支精打细算量入为出。更有甚者他还学会了世俗社会的人情世故——不但要去为老婆的工作调动挖空心思地寻找关系,还要为孩子的入托低三下四地去上门"送礼"。有一个细节值得引起我们高度重视,即小林对老家不断"来人"的内心恐惧:他们"全不知小林在北京也是社会的最底层",不是让其帮忙搞化肥买汽车,便是让其帮忙搞物资打官司。只有"吃臭带鱼份"的小林当然没有那种呼风唤雨的天大本事,"爱面子"的他就得通宵达旦地去排队给乡亲们购买返程归途的热门车票。"老家如同一个大尾巴,时不时要掀开让人看看羞处,让人不忘记你仍是一个农村人。"这一艺术细节的深刻寓意性,就在于"老家"意象的双重象征性:一是它时时提醒着读书人小林不能忘怀自己出身的文化之根,二是它又时时引起读书人小林对于自己脱离乡土的自豪之感!小林厌烦"老家"经常"来人"的真正原因,是他们看到了自己的现实窘境,也就意味着自己最后一点读书人的脸面也被彻底戳穿了。其文本细节的潜台词无非就是想要告诉读者一个真相:读书人除了一张斯文脸面其他一无所有!从家乡人对自己的强烈期盼中,小林终于感到了自己百般无用的精神痛苦——"学"却不能"优则仕"的生存法则,不仅使他对自己重病在身的救命恩师都爱莫能助拒之门外,就连自己也深陷"房子、孩子、蜂窝煤和保姆"等生活琐事难以自拔。已经成为了"平民"但却仍旧顶着"精英"桂冠的小林夫妇,实际上承受着比纯粹平民阶层更大的精神磨难:他们可以像众多北京市民那样骑着三轮车满街去拉大白菜,可内心世界里却始终躁动着"精英"意识的人格尊严——尤其是当小林得知妻子是托单位领导人的小姨子之福"蹭"上了方便快捷的直线班车,而孩子也是靠为他人"陪读"才进入条件最好的机关幼儿园时,"小林第一次流下了眼泪,还在漆黑的夜里扇了自己一耳光":你怎么这么没有本事,你怎么这么不会混!

小林的屈辱眼泪和那记耳光,集中反映出了知识精英必须屈服于生存环境的哀鸣心理:他们虽然都接受过名牌大学的高等教育,但却只能在现实生活中充当"二等公民"的社会角色;他们想要做出一番轰轰烈烈的伟大事业,但生存环境却迫使他们走向堕落变得庸俗。"现在这年头儿,还不是这么回事!"小林虽然是这样去劝慰老婆愤愤不平的满腹牢骚,可他内心世界里却同样潜藏着一种难以抑制的爆发情绪——当他从报纸上看到某大人物是如何地"尊师爱教"并将自己的恩师接到北京游览观光时,他立刻便把那张废话连篇的报纸撕成碎片扔到废纸篓里且充满苦涩地呵斥道:"谁不想尊师重教?我也想让老师住最好的地方,逛整个北京,可得有这个条件!"小林的愤怒固然是表达了知识精英的失衡心理,但也生动地揭示了知识精英难以泯灭的人格自尊——由于"精英"比"平民"有着更加强烈的欲望冲动,所以他们也就会比"平民"表现得更为愤世嫉俗。《一地鸡毛》让读者看到了知识精英真实生活的另一侧面,他们同普通平民百姓一样在为生存问题而顽强地"活着";无论他们的思想境界有多么的神圣与崇高,归根结底他们仍旧是一种现实环境中的生存动物:无论你是"精英"还是"平民",在"生活"的天平上根本就没有什么身份上的本质差别;"精英"只是人曾经接受过教育的一种经历,它只能给你带来更多苦恼而不是幸福!我们大可以去指责刘震云创作思想的过于消极,不过我们真能摆脱"一地鸡毛"式的生存烦恼吗?每一个知识精英在现实生活中屡屡受挫的生存困境,实际上都是对于《一地鸡毛》艺术价值的充分肯定。

二、《一地鸡毛》:"知识"对"权力"的无奈臣服

小林夫妇从"精英"降格为"平民",集中凸显出生存环境的一个客观问题。但是作者所描写的生存环境,到底又是一种什么样的文化背景呢?细读《一地鸡毛》我们可以发现,小林夫妇不再"理想"而趋于"现实",他们抛弃"崇高"而走向"庸俗",导致他们这种思想"质变"的根本原因,就是传统文化当中潜藏着一种"知识"与"权力"的对话模式:小林夫妇作为知识分子的象征符号,他们处

在权力社会的边缘地带;虽然具有"知识",但却并不拥有"权力";所以他们就必须受制于"权力",成为"权力"治下的臣仆顺民。作者如此去设计"知识"与"权力"博弈的故事情节,实际上是深刻地表现了作者本人的人文情怀与忧患意识:"传统"并没有因"现代"而衰退消失,相反却借助于"现代"而依旧张扬!

  看到老婆坐在床上"发呆"的样子,小林突然意识到了"调动工作",明显要比"馊豆腐事件还复杂"。"我们都无权无势,两眼一抹黑,哪个单位会要你?"这是作者在文本当中,第一次提出"知识"与"权力"的二元对立。小林老婆上班很远,每天都要坐四个多小时的公交汽车;"无权无势"便不能换个近点的工作单位,它所涉及的核心命题就是社会"权力"。具有"知识"却不拥有"权力"的小林夫妇,他们为了自身生存利益而只能向"权力"意志低头屈服;向领导"送礼"以解决老婆的工作调动,便是"知识"在"权力"面前苍白无力的最好佐证。在是否"送礼"的问题上,小林老婆明显要比小林的思想更为"俗化":"现在在社会上办事,光动嘴皮子如何行?我考虑,咱得给他上供,现在苍蝇没有不见血的。你不出血,他能给你来真的?还是得出血。"小林老婆早已有过成功从"俗"的社会经验,"上次你入党,给女老乔送了什么?那时咱家里困难,孩子吃奶都没有钱,我不照样让你送了?"作者让知识女性早于知识男性率先入"俗",这固然与女性自身所承担的家庭角色不无关系;而中国社会"男主外女主内"的家庭结构,其实正是传统文化农民意识的集中反映。由于"家"在中国文化模式中,只不过是"国"的缩写而已;故"家"的观念演绎为"国"的观念,则是作者本人对于"权力"文化深刻反思的关注重心——"权力"作为传统"俗"文化的基本性质,它不是褒奖"高雅"而是鼓励"入俗"——"家"的"俗化"与"国"的"俗化",也就构成了"知识"价值必然失效的环境背景!因此小林只好听命于老婆大人的"权力"指令,从屈服于家庭"权力"延伸到屈服于社会"权力",从商场里买了一箱大减价的"可口可乐",硬着头皮去到人事处长家中行贿"送礼"——"我这里还缺少几筒饮料?扛回去自己喝吧!""送礼"失败使小林终因人格受辱而情绪发怒:"操他妈的,送礼人家都不要!"乍一看上去小林夫妇的确有点太不谙于人情世故了,像调动工作这样天大的事情一箱"可口可乐"当然不行!但作者本人的主观意图似乎并非在说小林夫妇"俗"得不够,仅就他们二人每月那少得可怜的一两百元的工资而言,一家三口再加上雇佣保姆的费用支出,能够拿出几十块钱去"送礼"已经实属不易了。这一细节恰恰说明了"知识"的"贬值"与"权力"的"升值"。孩子"入托"是"知识"与"权力"的第二次较量:小林夫妇抱着这"世上就没有好人了?"的侥幸心理,找到了附近条件优越的机关幼儿园园长,那位五十多岁的老太太"人倒挺和蔼",但却提出了一个让他们帮忙搞到基建指标的先决条件——"权力"与"权力"之间进行利益交换!"小林一听就泄了气,自己连自己都顾不上,哪能帮人家搞什么基建指标?"

在孩子"入托"问题上,我们发现《一地鸡毛》还有一大创作特点,就是形象化地揭示了中国传统的"权力"文化,在现实生活中仍旧存在的两种现象:"权钱交易"与"权力泛化"!小林夫妇因为手中没有掌握"权力"而孩子不能"入托",可是对门邻居"印度女人"同样手中也没有"权力"孩子却照样能够"入托",这其中最大的奥秘就在于"印度女人"那个出入神秘的富有丈夫。"印度女人"的丈夫具体从事什么职业文本并未清晰交代,但是我们从他整天骑着摩托车到处奔走的情景来看,他应该是属于经营私人经济的个体商贩。"印度女人"的丈夫不费吹灰之力便搞到了两个"入托"名额,后来由于他姐姐的孩子"不去"了,所以他才慷慨大方地"让"给了小林夫妇。虽然小林夫妇后来意识到这种"恩赐"的代价无比"沉重",是让自己的孩子去给"印度女人"的孩子当"陪读",两口子之间还为此事感到心中窝火满腹委屈;不过这一细节所要反映的社会问题,除了知识精英自身价值的失落之外,另外还掺杂有更为厚重的象征意义:并不掌握"权力"的"印度女人"的丈夫,他之所以能够一下子就拿到两个十分紧俏的"入托"名额,在小林看来原因其实非常简单,无非就是"人家家里富,家里摆设好",说穿了就是"钱"这东西在起作用!"钱权交易"正是在作者漫不经意的叙事当中,被赤裸裸地呈现于广大读者面前。与此同时,"权力泛化"则更是作者深刻忧虑的社会现象。"孩子突然出了毛病",这毛病原来是出在阿姨身上:"他们太大意了",元旦节"所有家长"都给阿姨们送了"礼",只有小林夫妇因"大意"而给"忘"了,"于是迹象就出现在孩子身上"。没有送"礼"孩子便受到歧视与冷落,这是一个看似荒谬但却真实的生活现象,结果害得小林顶风冒雪跑遍了整个北京城,才以"高价"为阿姨买了冬天涮羊肉所需要的礼物"炭火"——"第二天,女儿就恢复了常态"。教书育人的神圣教师,早已习惯于将自己所承担的启蒙职责,自然地转换成营私舞弊的"权力"工具;而"权力"意志的全民化倾向,又从某种意义上来说,生动地展示了传统文化的历史弊端。迷恋"权力"而使"权力泛化",就连已经变"俗"并且饱尝了没有"权力"之苦的小林夫妇,最终也难以逃脱"权力"魅力的巨大诱惑:查水表的瘸腿老头,背着一个沉重的"大背包",恳求小林帮忙把他们家乡的一个文件早点批复下来。"大背包"里装的是眼下时兴的"微波炉",小林先是大吃了"一惊",后来得知文件就在自己的办公室里,所以他们夫妇二人便欣然地将"礼物"收下,并心安理得毫无愧色地想着:"人家几千几万地倒腾,不照样做着大官!一个微波炉算什么!"从受制于"权力"到学会运用"权力",小林夫妇思想与人格上的"质变"过程,不仅令我们对读书人走向"堕落"深感痛心,同时更使我们清晰地看到他们从崇尚"知识"到崇尚"权力"的心灵轨迹——在世俗文化的"权力意志"面前,"知识"只不过是块"文明"的"遮羞布"而已!

　　读书人小林夫妇终于从工作调动与孩子入托事件当中,懂得了"权"与"钱"的重要意义和生存价值,所以他们不再相信"知识就是力量"这句人生格言,而是逐渐转向了对知识与理想的彻底否定。"你还写诗吗?""狗屁!那是年轻时不懂事!诗是什么,诗是搔首弄姿混扯淡!如果现在还写诗,不得饿死?"这是小林偶遇大学同学"小李白"时的一段对话。"'小李白'很有才,又勤奋",大学读书期间"平均一天写一首诗,诗在一些报刊还发表过,豪放洒脱,上下几千年,秦皇汉武,唐宗宋祖,都不在话下"。"小李白"毕业后同样也被分配在了国家机关工作,可后来他却看破红尘辞职下海卖起了"安徽板鸭"。同学相聚亲切之余却又往事不堪回首,"小李白"早已不再是什么文质彬彬诗人气质,他家境殷实腰缠万贯结过三次婚并有了三个孩子。"看,还说写诗,写姥姥!我可看透了,不要异想天开,不要总想着要出人头地,就在人堆里混,什么都不想,最舒服!""小李白"虽然是口无遮拦满嘴脏话骂语连篇,我知道你是爱那个面子!你还是天真幼稚,现在普天下谁还要面子?要面子一股子穷酸,不要面子荣华富贵。就你小林清高?看你的穿戴精神,也改不掉的穷酸模样。你下班来替我收账,帮我十天,我每天给你二十块钱!"小李白"对"理想"与"信仰"的全然放弃,固然体现着知识精英对自我价值的重新认识;而小林经过一番思想斗争真的去卖了"板鸭",则极大地强化了知识精英群体失落的内心痛苦。"小李白"的一席话在"爱面子"的小林心中掀起了阵阵波澜,没曾想"二十块钱"的收入诱惑却首先得到了老婆小李的全力支持:"管他呢!讲面子不是穷了这么多年?你又不找老婆,我不怕你丢面子,你还怕什么?"于是乎小林鼓起勇气"穿上白围裙",每天下班"就坐在板鸭车后边卖鸭子收款"。读书人小林加入到了市场"摊贩"的人群中间,"一开始还真有些不好意思","可干了两天,每天能捏两张人民币,眼睛、脸就敢抬了,碰到熟人也不怕了"。作者这样描写小林卖"板鸭"时的复杂心态:"就像当娼妓,头一次接客总是害怕,害羞,时间一长,态度就大方,接谁都一样。"我们不应忽视此处作者对于"穷"与"娼妓"这两个意象的使用意义:"穷"既是指知识精英在实际生活中的经济窘迫,也是指知识精英在生存环境中的精神状态;而"娼妓"则与"文革"中"臭老九"的蔑视称谓紧密相连,它强烈暗示着知识精英在现实社会中所处的尴尬地位。

三、《一地鸡毛》:"生活"向"生存"的价值滑落

　　从纯粹艺术审美的分析角度去阅读《一地鸡毛》,人们都不约而同地发出了这样一种惊叹之声:它绝不是一部传统意义上的现实主义小说,"环境"与"人物"都不具有反映生活必然趋势的"典型意义"。因此批评家们挖空心思杜撰出了一个"新写实"或"零度写作"的全新名词,试图以此概括和总结刘震云、方方以及池莉等人的创作现象。其实,批评家们惯于"就事论事"的浮躁心态,往往会把他们的研究视角导入歧途。

　　《一地鸡毛》的创作倾向,更接近于"自然主义",对此我们不能视而不见。尽管国内学界缺乏对"自然主义"的理论认识,但只要我们稍加分析便可以清晰地发现,《一地鸡毛》恰恰是具有中国特色的"自然主义"作品。"自然主义者有意把人降格到动物的层次,完全剥离了他较为高尚的意志。用左拉的话说'精神的人'正为'肉体的人'所取代。""自然主义"强调"人是一种动物,其演化过程由遗传、环境影响和时代迫力所决定。这种极其沮丧的观点剥夺了人所有的自由意志,所有对于自己行为的责任,因为人的行为仅仅是外部力量和外部环境条件不可避免的结果",所以"自然主义小说中的主人公只是受环境而不是受自己的意志支配","他们往往看起来没有自我"。[1] 刘震云曾说他的小说创作,自己是和作品中的人物"站在同一个台阶上,用同样的心理进行创作"[2]。这与"自然主义"的"心理实验室"主张不谋而合。《一地鸡毛》强调客观"环境"对于人的制约作用,强调文化"遗传"对于人的潜在影响,无一不闪烁着自然主义的冷酷锋芒。

　　小林夫妇由"读书人"变成"小人物",其真正内涵是在昭示着"生活"向"生存"的价值滑落。因为"生活"追求生命质量,而"生存"则只呈现生命本能——小林夫妇整天忙忙碌碌,就是为了一个没有质量的"活着"。小林每天一睁开眼,就必须爬起来去排队买"豆腐",没有"豆腐"家里便没有了可口的下饭食物;小林每天都要察言观色,"老婆的脸一无血色",便预示着家庭战事即发狼烟

---

[1] 〔英〕利里安·弗内斯:《自然主义》,昆仑出版社,1989年,第20~21页。
[2] 周罡、刘震云:《在虚拟与真实间沉思——刘震云访谈录》,《小说评论》2002年第3期。

将起;小林每天都要防备保姆,只要你稍加放松一不留意,她就会偷吃为女儿补充营养的那些鸡蛋;小林每天"先吃剩菜,剩菜吃完再吃新的",不然工资收入就会入不敷出。大学读书时那些理想与信仰,早已被现实生存环境挤压得踪影全无。小林夫妇因环境关系由"意志"之人逐渐变成了"动物"之人,这是《一地鸡毛》绝不遮掩的创作主题。作者意图明确地告诉读者,人不是生活于书本之中而是生活于环境之中,无论你小林夫妇读过多少书有过多大抱负,你首先遇到的实际问题还不是"生活"而是"生存";要学会"生存"你小林夫妇就必须首先变得世俗平庸婆婆妈妈,你小林夫妇就必须首先学会自我解构自甘堕落,你小林夫妇就必须首先学会应付环境演绎本能。从前酷爱看"足球"比赛的小林自从结婚有了孩子以后,再也没有了那种为"世界杯"亢奋躁动的狂热激情,"一个鸡巴足球,有什么看的!我从来不看足球"!这是一个新分来的大学生问小林有关"世界杯"观感时,小林充满着蔑视且十分不耐烦的一句回答。在因生存环境所迫而变得精神委顿的小林看来,足球再好看也解决不了自己"身边任何问题"。"环境"迫使小林还原为"动物"本能之人,他曾经拥有过的宏大抱负,也逐渐转变成了一种最基本的生存愿望:"如果收拾完白菜,老婆能用微波炉再给他烤点鸡,让他喝上啤酒,他就没有什么不满足的了。"最能够体现小林夫妇动物本能性"活着"的一个细节当然就是他们在对待小林恩师问题上的人性丧失。小林在上小学时有一次在冰面上玩耍,没想到冰面突然炸裂把小林沉入了河底;是杜老师不顾寒冷跳进冰水里把他救了起来,这份救命之恩感人至深终生难忘。可是当杜老师生病来北京求医找到小林时,短暂的激动之后便是无限的冷漠:"去你妈的,谁没有老师!我孩子还没吃饭,哪里管得上老师!""我这里不是旅馆!再这样下去,我实在受不了了!"听着老婆的骂声看着老婆的眼泪,小林面色难看沉默无语进退两难不知所措,还是杜老师自己用"俺已经在外面吃过饭了,俺住在劲松地下旅馆"的谎言,打破了让小林陷入尴尬的被动局面。望着老师临别前从车窗里露出的慈祥笑脸,"小林的眼泪刷刷地涌了出来,自己上小学时,老师不就是这么笑"?小林的眼泪似乎表明了他仍保留着一息尚存的人性良知,然而这种人性闪光很快便被他生存本能的自私欲望所全然取代:小林夫妇不仅津津有味地吃着杜老师从家乡带来的两桶香油毫无愧色,即便是知道了杜老师病故的消息小林也只是"伤心了一天"随即又变得麻木了。作者在表现这一细节时这样描写到:

> 等一坐上班车,想着家里的大白菜堆到一起有些发热,就把老师的事给放到一边了。死的已经死了,再想也没有用,活着的还是先考虑大白菜

为好。

　　这段文字的绝妙之处,就在于它精确地揭示出了小林对待人生的"务实"态度:与人的"生存"比较起来,人的"情感"又算得了什么!漠视人性良知而机械呆板地"活着",《一地鸡毛》以自然主义的冷酷笔法,使我们看到了"人"作为"动物"本能的客观存在。这应是刘震云小说最为突出的艺术风格!

　　阅读《一地鸡毛》,我们研究者还应该注意到这样一个客观事实:小林夫妇思想与人格上的巨大变异,实际上直接折射着一个文化"遗传学"的敏感问题。对于小林来说,"一听院子里有外地口音,他就心惊胆战"!这是一种荒谬而深刻的语义结构:"外地口音"是小林心中挥之不去的情感忧虑,因为它不断提醒小林"是一个农村人";即便是你读过大学进了京城,它仍旧像幽灵般地纠缠着你。"早知道你家是这样,当初我就不会嫁给你!"老婆经常是这样充满抱怨情绪地大发牢骚,而小林则也是"时常提心吊胆"地洗耳恭听。小林怕听"外地口音"显然是具有作者思想上的主观意指性:无论小林如何去转换自己原有的社会身份,他都无法从骨子里彻底祛除"农村人"的文化根性!文明教育使你可以不再去"毫不犹豫地将烟灰和痰弹吐了一地",但现代启蒙却难以改变你自私狭隘目光短浅安于现状不求进取的习性。小林思想与人格上所发生的深刻"变化",其实并非是"精英"沦落为"平民"那么简单,而是作者以其强烈的理性批判精神,向读者展示了文化"遗传学"的历史延展性——"农村人"小林通过上大学变成了"城里人",但社会身份的置换却并不意味着他思想意识的本质转变;所以小林的"俗变"绝非是事物走向其自身反面的"异变",而只不过是"城市人"外包装褪色后"农民"内质的暴露重现。小林之所以会产生羡慕老婆是"城市人"的自卑心理,这正说明他十分清楚自己与"农民"之间的血缘关系。可问题又恰恰出在小林本人的思维错觉上:文明本身并不是"农村"与"城市"之间的二元对立,而是一种能够体现人生价值与生存环境的文化背景。当整个大的文化环境根本就没有发生真正的"质变"时,"城市人"与"农村人"实际上都是承载"传统"的社会符号。小林老婆不能脱"俗"就像小林本人没有脱"俗"一样,这其中喻示着作者对于现代都市文明重新认识的哲学思考。作为一个已经身份转换完毕的"城市人",刘震云自己就曾公开地向社会坦言道:"农村生活对我来说,不是创伤而是烙印。"①既然"农村"是一种难以磨灭的文化"烙印",那么它当然也就是一种刻骨铭心不能释怀的永恒记忆;而"城市人"小林老婆浑

---

①周罡、刘震云:《在虚拟与真实间沉思——刘震云访谈录》,《小说评论》2002年第3期。

身上下所释放出来的庸俗气味,则更是形象化地把这种情绪记忆演绎到了淋漓尽致无以复加的逼真地步。

的的确确,小林老婆这一血肉丰满活灵活现的艺术形象,使我们强烈意识到了一个文化理论的核心焦点:物质极大丰富的现代"都市",究竟是传统文化自身发生了断裂,还是传统文化自身被遮蔽性地表现?当学界目前仍在为此而展开激烈争论且倍感困惑之际,《一地鸡毛》却通过小林和小林老婆这两个作品人物,给人们做出了令学界颇为震撼与汗颜的大胆推断:由文化"遗传"因素所派生出来的都市文明,只能是传统人文精神的现代表现,而不是西方人文精神的简单移植;从"传统"走向"现代"并不意味着"中国"走向了"西方",这就是"农村人"小林与"城市人"小林老婆,在共同接受过现代高等教育之后仍不能"脱俗"的原因所在!《一地鸡毛》的故事结尾,是主人公小林所做的一个"怪梦":他"梦见自己睡觉,上边盖着一堆鸡毛,下边铺着许多人掉下的皮屑,柔软舒服,度年如日。又梦见黑压压无边无际的人群向前涌动,又变成一队队祈雨的蚂蚁"。十分显然,"一堆鸡毛"是在暗示生活琐事的没完没了,"人"的"皮屑"则是在寓意传统文化的历史积淀。作者本人的主观意图,无非是在告诉我们:"读书人"其实就是一个"普通人",无论他们过去曾经拥有多么崇高的人生理想,他们最终都只能屈服于文化遗传的环境制约,从"思想之人"转变成为"生物之人",并在伴随着"人群向前涌动"的过程之中,逐渐地迷失"自我"与消解"自我"!

我丝毫不掩饰我对《一地鸡毛》这部作品的由衷喜爱,因为它深入浅出绝不装腔作势地高谈阔论,把思想巧妙地融入故事情节的叙事当中,真正达到了像"天才那样思考"而又"像普通人那样说话"[1]的艺术境界!

原载《文艺争鸣》2010年第11期

---

[1]〔德〕亚瑟·叔本华:《叔本华论说文集》,范进等译,商务印书馆,2004年,第325页。

乱语讲史 俗眼看世
——刘震云《故乡相处流传》漫评

张新颖

刘震云的长篇小说《故乡相处流传》又一次让我感觉到批评的多余。面对优秀的作品,批评能够说出些什么?它能够提供与作品的优秀程度相比肩的思想吗?事实上对于优秀作品的说三道四,除了显示出批评和作品之间的差距之外,其他的意义并不大,所以,聪明人不说话。倒是相对不那么优秀的作品需要批评,因为这时批评比较容易站得比作品更高,能够发现作品里被语词遮盖的最有价值的部分。我无意把这样一种一般的感受在理论上普泛化,只是想以此点明我将要说的一切和《故乡相处流传》这部作品之间的关系:它基本上是多余的,作品本身已经说得很清楚了;其实尴尬还不仅止于此:在一个巨大的话语规则之内,我所做的可能并不是真正的批评,毋宁说成言不及义的闲言碎语。

一

小说包含四个部分,分别涉及的历史和政治大事是:曹操、袁绍之争;朱元璋移民;慈禧下巡和太平天国的失败;1958年的大炼钢铁和1960年的自然灾害。因此,这部作品很容易被看成是历史小说或政治寓言。但是这种类型化的看法很可能极大地局限了小说的价值,实质上它正是以类型化的方式来显示自身的,在这样一种意义上,可以称它为"非历史化"的历史小说或"非政治化"的政治寓言。历史与政治,在我们的现实和意识中,总是要人正襟危坐、一脸严肃去对待的,它"内含"了一种超越众生之上的威仪、神秘和禁忌,并通过一套奇特的意识形态话语作用于我们的无意识,使我们在不知不觉中被震慑、同化和催眠,认为它具有一种不为任何人的意志所动的铁律,我们只能屈服它、跟从它,对它顶礼膜拜,讨好谄媚。但刘震云从卑躬屈膝的行列中跳了出来,他像喊出皇帝没穿衣服的小孩,像大闹天宫的孙猴子,无所顾忌,不知深浅,随随便便讲出他眼中的历史和政治。讲话的方式和讲话的内容是紧密联系的,小说的意义也正在这一点上有所突破:以一种嘻嘻哈哈的方式来讲,历史和政治也就变得嘻嘻哈哈，非常好玩起来。因此，小说对于"历史化"和"政治化"的拒绝是彻底的，不仅拒绝它的"内容"，而且拒绝了它所要求对待它的方式。它被"解冻"了，我们的脸色也可以放开一些。

事实上，小说对待历史和政治的方式并非小说家的独创，它更多地来自民间，来自"地下"，来自你我的嬉笑怒骂、异想天开。但异想天开、嬉笑怒骂没有成为"文章"，是小说家让它成为"文章"——即浮出历史地表、以合法化的形式存在。它本来是"野史"，但正、野之分本身便是历史偏见的产物，它对抗这种偏见，登堂入室，独立成体。曹操、袁绍闹翻，焉知就不是为了争夺对沈姓小寡妇的性特权？而朱元璋千里移民，从一开始就是一场政治骗局；慈禧太后下巡，说穿了不过是寻找旧情人，鸳梦重温。历史原来是几个特权人物为掩盖一己目的的幌子。

这幌子是怎样挂起来的呢？《故乡相处流传》演示了一套意识形态话语的奇特逻辑和巧妙操作，比如说，几十万浑浑噩噩的庸众，什么也不懂，曹丞相来了，就"教"他们"明白"了两件事：一、谁是我们的敌人？刘表；二、谁是我们的朋友？袁绍。刘表赤眉绿眼，烧杀奸淫，罪大恶极，虽说谁也没见过刘表和他的军人，可是"每日这么讲，几个月下来，我们也真恨上了刘表。我们过去素不相识，无冤无仇，你来吃我们小孩奸我们妇女干什么"？有人从刘表所占的地面回来，说刘表的军队并非如此，激起众怒，"刘表是十恶不赦的罪人，他的军队怎么会不是红眉绿眼？怎么会不吃人奸人"？于是一致认为此人摇唇鼓舌，涣散军心，便乱棒打死。等时过境迁，刘表成了朋友，袁绍变了敌人，自然也会有化敌为友和化友为敌的道理。所谓"教"人"明白"什么"道理"，就是意识的作用，它是一个从"无"到"有"、从"外"到"里"的过程，所以先要"教"，要不断地讲，等听众"明白"了，"内化"便是毫无困难的了，便是自然而然的了，最终就可能达成意识作用最初期待的效果，即一种所谓的"发乎于心"的"自觉"的实践性行为，像把异己分子乱棒打死、集体归顺某个政权等等。值得深思的是，意识形态话语逻辑之奇特、操作之巧妙，常常达到使众人皆迷的高超境界，仿佛集体吸毒一样，陶陶然不能自主。只要肯正视事实，被意识形态话语"催眠"后的历史情境就会纷至涌来，不仅中国，而且世界，或隐或显，时强时弱，显者如希特勒政权及其发动的世界性战争，灾难和残酷的结局谁都接受不了，所以容易回过头来反思；隐蔽性特别强的话语作用几乎就无从说起了。尤其是正在"催眠"的过程中时，谁敢保证自己是个特殊的清醒者？于是，意识形态话语的作用以一个悖论显示了它的不凡成就：等你以为你已经"明白"了什么的时候，其实正是它使你最迷糊的时候。

也正因此，历史的幌子在风雨中招摇，一招摇就是几千年，总也不见收起来。这是为什么有句话是:你方唱罢我登场。把历史比喻成一个舞台不免有些滥俗,但想想还就真是那么一回事。刘震云想得更简单,历史舞台上唱戏的其实只是同一拨人,这个朝代死了,下个朝代活了,甚至连名连姓都不改,你就是古人,古人就是你。小说写千年历史,一幕幕大戏小戏,就是由这几代人从头唱到底,让人生出无限的悲哀:同一拨人借尸还魂,唱来唱去,能唱出什么新花样来?"无非过去大路旁粪堆上插的、迎风飘的是'曹'旗,现在换成了'袁'旗。"所以,人的进化、社会的进步、历史的前进,以及改朝换代、改造社会、创造历史等等,如果不是善意的神话,就是蓄意的欺骗,也就是说,历史不是历史,因为过去的都不会过去,太阳底下无新物到如此彻底的程度,后来者似乎不必再多啰唆什么,且只听先辈的至理名言:

> 曹成语重心长、故作深沉地说:"历史从来都是简单的,是我们自己把它闹复杂了!"我一通百通:"是呀,是呀,连胡适之先生都说,历史是个任人涂抹的小姑娘。"曹、袁都佩服胡的说法。袁说:"什么涂抹,还不是想占人家小姑娘便宜。"天下没有不散的筵席,只有历史的幌子——占历史的"便宜"——从古挂到今。

二

在历史的舞台上折腾来折腾去的人又是什么东西呢?人不是一个抽象的概念,分三六九等,这不仅是高居最上等的大人物的思想,最下面的普通百姓也明白这个道理,比如曹丞相,日理万机,多个捏脚的,多玩几个妇女,大家都想得通:二十万大军一律不准强奸民女,延津几十万人,管一个丞相连吃带日,还管不起?这算不上"生活特殊化"。但是,如果仅仅看到大人物和小人物之间的区分,那就太肤浅。大、小人物之间其实难解难分,小人物"需要"大人物,"丞相,离开了你,我们变成了一堆毫无趣味的人。我们前进没有方向,我们生活没有目的。我们成了几十万浑浑噩噩的、没头没脑、多一个不嫌多、少一个不嫌少的苍蝇。"接下去讲,大人物之所以能够呼风唤雨,是因为芸芸众生就是风和雨,等待着呼唤,像小说中人物真切感受到的,"曹丞相把我们这些糊涂愚昧的人带进了一种大事业,使我们人人都成了英雄,变得只关心大事,一切大而化之,不计小节","记起我们是身负重任、天下皆在我身的人,不是稀里糊涂过日子、只惦着柴米油盐没有开化和觉悟的老百姓"。但是这一点也未尝不可往俗里看:芸芸众生,是墙头草,随风倒,曹操与袁绍,大清王朝与太平天国,谁得势拥护谁,

"毕竟都是见利忘义的小人",但也没有什么好惭愧的。往深里说,大人物小人物其实都一样,一样到就是一个人,当初一国丞相沦落为猪狗,前朝柿饼脸姑娘脱生成慈禧太后,甚至说今天在朝为官,明天即为阶下囚,哪有一成不变的事?

不固执于大小人物之分,明白这二者其实相通、相同,通、同到"人"字上来,才好明白人是什么东西。人是什么东西在《故乡相处流传》的世界里,答案倒也简单,平时人自己把它复杂化了,讲一下孬舅的故事,就该明白了:孬舅当村支书,大跃进办食堂时安排两个炊事员,后来撤掉一个,只剩下了肯和自己睡觉的曹小娥,再后来,曹小娥也撤掉了,支书亲身做炊事员,因为粮食少到了连一个人也吃不饱的地步。"再支书也是间接,不如直接当炊事员。"关于撤掉曹小娥,孬舅说得很干脆:"当初让她当炊事员是为了睡觉;现在睡不动了,还让她当干什么?"曹小娥后来被乱棍打死,孬舅看着一堆肉酱,却更可惜一只风干的猪尾巴随风而散,化成尘埃。

就《故乡相处流传》的众生相来说,任何个人的故事都是普遍的人的故事,孬舅的故事同样具有类的意义、抽象的意义,同样是普遍的人的故事,那么,人是什么东西,还有什么好说?

三

《故乡相处流传》展示给我们看的,就是这样的历史,这样的人物,这个世界热热闹闹,嘈嘈杂杂,声色犬马,一应俱全。但是这个世界毫无意义。世界和生活的意义是什么?之所以没有人能够做出圆满可信的回答,是因为意义本身不可能被具体指实。意义的存在依靠抽象性、差别性做保障,需要超越性的精神能力来感知和体会,但是这一切与《故乡相处流传》的世界无缘,意义几乎是彻彻底底地从这里被放逐了,让人禁不住想:这个世界怎么了?这样一种惊怪化为一个实质性的提问,即是:意义是怎样放逐的呢?

刘震云眼光太毒,看得太透,他所刻画的芸芸众生,一举一动,无不具体、实际,目标直接、干脆,不含糊,不玄虚,食色权欲,都是基本的大性,精神、抽象、超越之类,比较起来全都矫揉造作,华而不实。更重要的是,一切的差别在这里都消失了,历史/现实、伟人/庸众、真实/虚假、庄严/嬉闹、大事业/小事情、表面文章/幕后新闻、国家战争/个人性欲,这一切全都搅和在一块,你中有我,我中有你,对立消解了,差别取消了,而没有对立和差别,对个人来说,即没有选择,干什么都一样,都天经地义;对社会来说,时代的变化也毫无意义,因为所谓的变化其实是假相,不过是时间的流逝而已。二元对立的瓦解和等级差别的消失据说是社会进化的标志,特别是在所谓的后现代神话中,它成了最基本的文化规则,一时之间,好像只有在这种"超前"的社会形态中才能实现某些理论奢侈的欲望,不知道《故乡相处流传》的出现,是否可能成为新潮理论近在眼前的理想文本,庖丁之刀,或正可用。

但是,如果不只为寻求理论游戏的快乐,以比较不那么理论的眼光看,意义的丧失其实正源于《故乡相处流传》这个世界的创造者的观察眼光。站在特别高的高度,以大智大慧的眼光俯瞰尘界烟火,或许会觉得一切皆是徒劳,一切皆是空幻,一切皆无意义。但是刘震云显然不是这样的大智大慧者,与其说他居高临下看世界,倒不如说他是从比平常的高度更低、并且尽可能低的层面看历史、看现实、看人生的,不料想从更低处看,却看出了更多的破绽和真相。说得更明确一点,从更低处看,即是把所入眼者皆"庸俗化"。曹成曾一针见血,说"我""把庄严的历史庸俗化","我惭愧地一笑"。

历史本来是庄严的还是庸俗的,这且不去说,我们应该关心的是,这种"庸俗化"的眼光与《故乡相处流传》的写作之间的关系。《故乡相处流传》显示出来的写作心态的自由在当代创作中是不多见的,作家从心所欲,随兴而至,意到笔到,往往令人忍俊不禁。《故乡相处流传》的特殊效果事实上正导源于对一切的"庸俗化",对历史、对世界、对伟人,太正经、太严肃、太当回事,历史、世界、伟人往往就可能太不把你当回事,甚至把你压垮或者把你玩弄于股掌之间。刘震云反其道而行之,即何不把历史、世界、伟人玩弄于股掌间?但区区一个写字的,能有这么大的本事?刘震云的做法就是:先把这些庄严的东西"庸俗化","世界观"先确定了,剩下来的大多属于技术操作层面,是基本功,相对好办得多。

"庸俗化"观念的产生和强化,亵渎意识的涌动和释放,从根子上说是个现实问题,这样一种创作心态、创作方式说绝对一点是"无中生有"的"创作"。如果在"创造"和"虚构"的意义上理解小说,强调小说世界与现实世界之间的隔绝,这未尝不可以说是文学理论和文学批评精致化、机械化的人为"神话",许多创作上的问题,按照这种受宠的"神话"去解释,常常显得做作与不适,相反,倒是一些"古老"的观念来得自然、容易理解,而且能够获得一种现实的深度。就《故乡相处流传》的写作心态和写作方式与现实之间的关系而言,不妨把这样一段自我交代看作一种"象征","象征"了现实向写作的过渡:一个非同寻常的大人物,栽了一棵狗尾巴树,可没有过三天,就死了,村支书偷偷换了一棵新的。"我"面对着新的狗尾巴,不禁"吃吃"乱笑一阵,觉得心中无名的解气。"支书,你真是伟大。狗尾巴是假的,大槐树焉知一定会是真的?别人可以顺嘴乱说,我为什么不能顺嘴乱说?"世界的意义就在刘震云"解气"地亵渎一切冠冕堂皇的东西的时候流失了,也就是说,写作能够创造意义,也能够把意义杀死。中国人感受不到上帝之死的灾难性后果,我们也从未有上帝,换一种说法,也许却是我们从未追求和献身意义,《故乡相处流传》的世界也许只是有点夸张地显示了某种真相,但这对我们不构成强烈的冲击和震撼:刘震云杀死的也许只是虚假的意义,真正的意义是什么,既然我们从未拥有过它,现在明白了自己没有,也就没有什么可在乎的,我们怎么过来,就怎么过去,时间还在走,戏还在唱,人还在活,如此而已。

但是,"世界混沌纷繁,千古一泡血泪,谁又能说得清楚呢"?

原载《小说评论》1994 年第 4 期

向故事蜕变的历史
——刘震云的《故乡天下黄花》及其他

董之林

如果从认识历史的角度看刘震云的长篇小说《故乡天下黄花》,民国至土改再到"文化大革命"的那段历史实在显得莫名其妙。因为近几十年流行的文学书籍和历史教科书,已经使我们对过去生活的认识形成某种定势:它们应该是这样的,不应该是那样的。但刘震云的这部作品却没有顺延既定的写作模式,而是将以往史书中很少问津或不曾问津的话题渲染铺衍开来,使我们看到了另一种历史,其间充满了生活的偶然性,人物性格及行为的反复无常,事件和巧合,以及隐藏在复杂的事件下面的,叙述者对人的贪婪本性和近乎原始的欲望的揭示。历史在这一系列充满新奇、生动感受的叙事中被消解了,在叙述者对人性的揭示和感叹中断裂成无数碎片。换言之,使我们恰如身临其境的首先不是小说构制的历史概念,而是它关于人性的精彩的故事。与其说,这是一部历史,它以反叛者的姿态向意识形态发起挑战,不如说,它迎合了读者对小说的阅读兴趣,是由单色的历史向彩色的故事的一种过渡。因此,尽管我们可以说,历史不像刘震云小说中所写的那样,历史应该包含更为深厚广博的政治、社会、人文、地理等多种要素,历史需要更为翔实确凿的资料占有,历史需要史学家更为意识形态化的观念与胆识,但是我们仍然被故事新颖别致的外观所吸引。也许一个重要的原因在于小说毕竟是小说,它不是严格史学意义上的历史,尽管它或许可以为史学家提供某种见解或思路;小说家毕竟是小说家,他也不是真正意义上的历史学家,尽管他本人也许对历史有特别浓厚的兴趣。

一

刘震云的小说一向被归属在现实主义这一路。从他的《塔铺》、《新兵连》、《单位》、《一地鸡毛》和《温故一九四二》等等作品来看,无论小说的叙述手法还是艺术风格,相对文坛这几年与写实派旗鼓相当、双雄并立的先锋小说,他的作品在秉承写实一脉的营垒中的确很有代表性。因此,分析刘震云的小说必然涉及对现实主义概念的理解,涉及这一概念今天在我们的文坛发展演变的现实。

文学进入80年代,对历史生活的反思成为写作一时的潮流。在对历史的倾诉中,作家的责任首先是作为正义的声音的代表,是历史真实的代言人。但是,在"真实"的旗帜上面却掩映着文学反抗传统的辉煌。也许作家在不期然间找到了文学的现实主义真谛,尽管他们投入写作时怀有强烈的干预现实、参与意识形态之争的欲望,并不以为它是属于文学的,或主要是属于文学的。当文学带着反叛的色泽一路发展下来,例如从一定的意义上说,"反思"文学是对"伤痕"文学的反叛,"寻根"小说是对"反思"及"改革"文学的反叛,"先锋"小说是对写实意味较强的前期文学的反叛,"新写实"又是对"先锋"小说的反叛,等等——笛卡尔的"反叛即救赎"几乎成为小说写作隐在的,却能够令世人瞩目、获得成功的一项规则。

在《小说的兴起》这本书中,伊恩·瓦特认为现实主义首先是一个哲学上的认识论概念。"哲学上的现实主义的总体特征是批判性的、反传统的、革新的;它的方法是由个体考察者对经验的详细情况予以研究,而考察者至少在观念上应该不为旧时的假想和传统的信念的本体影响。"他在对18世纪的英国文学的研究中,找到了它对文学的影响:"最初的、强有力的表现形式,凭借一种类于'现实主义'含意转化的语义学变义,'original'一词在这时呈现了它的现代含意。……在中世纪意指'从最初就已存在的''original'这一术语,开始意指'无来源的、独立的、第一手的'等义。"因此在文学的叙事中,"与众不同"就成为"真实性"的代名词。

这当中一方面体现了西方的一种人文精神传统,即强调了个体及个体的经验在小说创作中应占主要的地位;另一方面它也瓦解了具有绝对意义的"真实性"的概念,至少在文学创作的领域是这样的。现实主义不再是、或不仅仅是意识形态的盟员,同时它正在逐渐蜕变为获取写作成功的一种运作策略,它"力图描绘人类经历的每一个方面,而不仅限于那些适合某种特殊文学观的生活"①,并且以此作为它吸引读者的魅力所在。

成功的小说家往往不是根据理论家和批评家的某种理论从事写作的。因此,引用西方文艺理论家对现实主义的理解,并不意味着《故乡天下黄花》的作者是出于对现实主义的这种理解来组织自己的故事,而是说明当前的小说写作所处的一种文化语境,而这种文化语境是不可能不对小说的写作发生影响的。起码由于几十年来现实主义小说创作所取得的成绩,作家希望对以往的叙述模式或写作成规有所开拓,有所创新;读者也希望从作品对以往故事进行新的叙

---

① [美]伊恩·瓦特:《小说的兴起》,生活·读书·新知三联书店,1992年,第3~8页。

述中,获得一种新鲜感,也可以说那就是带有"陌生"意味的"真实性"的刺激,以得到一种阅读的享受和对语言艺术的欣赏,甚至也许只是以此作为对精神的一种调节和对生活节奏的一种缓解。摆在我们面前的《故乡天下黄花》,应该说是这种文化语境的产物。它是建筑在这种文化语境中的真实与虚构,却不是传统意义上的历史。

二

现代小说叙事向故事的回归,是90年代文学发展的一种趋向。《故乡天下黄花》可以作为其中比较明显的一例。这部长篇小说基本上继承了传统长篇小说的表现手法,叙述多于描写,不侧重描写人物的心理和情绪变化,不像借鉴西方模式的一些现代小说那样,大段地描写、铺陈人物的内心活动与情绪波动,而注重讲述人物的行为举止,交代事件发展的过程。这种具有古代平话特点的表现技法,使这部小说突出地展示了作者讲故事的叙述才能。

小说由四个大故事组成:一是"民国初年",从"村长的谋杀"开始讲述孙、李两家的明争暗斗;二是写"一九四〇年""鬼子来了"以后,孙、李两家后代的故事;三是发生在"一九四九年""翻身"中的故事;四是写"一九六六年至一九六八年"的"文化大革命"故事。每个故事又套着故事,而且这些故事都是以人物的命运贯穿始终。例如第一部分开篇写"腊月初四夜里,村长孙殿元被人勒死在村西一座土窑里"。这是一个引子,由此引出村长的父亲孙老元和他的对头与仇人李老喜的发迹经过。他们每个人从发迹到围绕村长位置的争夺战都是由一些生动完整的故事组成,如李老喜吊唁孙殿元,孙老元计杀李老喜,许布袋单刀赴牛市屯等等,只是作家将这些故事都拆开来,揉到一起,使作品突出表现人物性格,从而使那个潜在的故事模式,也可以说是一种构思技巧不露痕迹。以村里开会这件事为例,李老喜当村长时虽然知道若论经济实力,后发迹的孙老元与他已经旗鼓相当,但他不服气,依然希望保持先发迹的大户人家的光荣。所以他对儿子说:"我就喜欢村里开会,一开会,我才觉得我是李老喜了!"因为开会时他"不在前排放凳子,不沏茶,故意让孙老元和一帮衣不遮体、满身汗腥味的佃户坐在一起"。他自己却可以端着茶水坐在前面,居高临下地看着"杂坐"的孙老元。而孙老元这时却"浑身不安,脸一赤一红的窘迫的样子"。这两个人互不服气,杀来杀去,都是用这样一些表现人物性格的细节描写串联起来的。中国传统的故事大多有一定的套路,例如"乐极生悲"、"破镜重圆"、"先抑后扬"、"欲擒故纵"、"暗度陈仓"等等。这些叙事的套路固然具有纯粹技巧的意义,但也不排除它们往往还体现着小说家和讲故事的人对人生的某种看法。因此,随着时代的发展,有些故事的叙述策略还在当今的小说创作、特别是通俗文学中沿用,但属于对生活的认识的那部分因素却必然发生变化,由此引起故事套路的相应改变。

《故乡天下黄花》也采用了传统小说的一些套路,如对个人命运的描写,那些处境相对好些的人物往往是乐极生悲,祸从天降;而那些处境相对不好的人物,他们的命运又往往时来运转,柳暗花明。例如小说的前两部分以孙、李两家的矛盾争夺为主要线索,后两部分则以赵刺猬和赖和尚从共同发迹到相互火拼为主要情节。虽然在小说的后两部分中,出场人物发生了很大变化,前两部分的主人公都已经死的死、亡的亡,但是赵刺猬与赖和尚的世事沉浮,与孙老元和李老喜却有某种异曲同工之妙。李老喜的李家是马村的老户,"据说这村子就是他家祖上开创的"。而孙老元的孙家是从外地"搬迁过来的","孙老元的太爷还给李老喜的太爷当过佃户"。但最终李家村长的牌子被孙家摘走,孙家成了比李家更威风的大户人家。赵刺猬是土改工作员老贾最先发展的积极分子,贫农团团长,赖和尚是经他动员出来参加土改的,因此,从土改到"文化大革命",赵刺猬始终比赖和尚官大一级。但赖和尚后来在与赵刺猬的较量中,势力越来越大,最终当赵刺猬不得不找赖和尚说出"十几年中,我要哪些地方对不住兄弟,还望兄弟高抬贵手,原谅我一次"的告饶话,赖和尚不但不理睬,而且装醉,"响起了鼾声"。虽然这时那个象征权力的木头疙瘩还掌握在赵刺猬的手上,但他在马村曾经不可一世、不可动摇的位置已经名存实亡。弱者逐渐转变为强者,强者逐渐衰败为弱者,成为两组人物共有的命运。

但是,人物命运在短时间内大起大落,世事动荡,身世飘零,这一切又不是乐极生悲、否极泰来一类比较封闭型的故事套路所能包含的。其间传递出讲故事的人对人物命运的感慨。他不是将同情寄托在哪一个人物或哪一派人物的身上,无论杀人的还是被杀的,都不是他怜悯的对象;而是对"故乡"昨日动荡不安的生活,对人在权力问题上不甘寂寞所导致的一幕幕悲剧叹息不止。人生无常的感慨,伴随人物命运表现出的偶然性遭遇,从故事的字里行间流露出来。老得和老冯因受孙老元的指使,为杀李老喜的许布袋牵马,竟被当作凶手砍头示众。老得的儿子小得为孙毛旦带来的日本兵做饭,突然间祸从天降,被小冯不曾麻翻的两个日本兵刺死。孙毛旦以为做了汉奸就可以飞扬跋扈,没想到竟被一个怀念家乡、性情阴郁、看不起中国人的日本军官开膛破肚。孙实根历经民国、抗日、土改,官至县委书记,也许是他的乡亲和同学中境遇最好的一个,却只因为少吃了一顿"夜草",引起赖和尚的不满,被村里人"一捆大字报"逼得跳楼摔成终身残废。

人生遭遇的偶然性还往往表现在那些于权力位置、境遇较好且受到某种程度道德教化的人身上。例如，李老喜死前正被闺女接到婆家看戏，外孙让他买梨糕，平时吝啬、狡诈的李老喜在晚辈面前完全是一副慈善的面孔，故事这时的叙述氛围也透出温暖的色调：李老喜"从口袋摸出一块光洋，递给外孙让他买。亲家在一旁看到，呵斥孙子：'在家怎么给你说的？又让你姥爷破费！'李老喜笑说：'小孩子家，何必说他！'"可这场面刚过一天，李老喜就被要杀他的许布袋吓死。老得是主人孙老元忠实的仆人，他有知恩必报的侠义心肠，为了主人送的一袋杂豆，他做了孙老元和许布袋的替死鬼。许布袋过去曾是杀人不眨眼的土匪，后来做了村长，当孙毛旦替日本人到村里要粮，他也知道说一句"咱村的佃户可成天煮槐树叶，哪里还有粮食"？最后被李小武冻死在铁笼子里，他生前是那种不知有父母的人，而死前留下的最后一句话竟是"爹啊，你生我……"大有人之将死，其言也善的意味。

　　然而，这些所谓的"恶人"在心灵或外表迸发出善的灵光的一刹，当他们的内心隐隐地泛起温柔的情感，似乎侵蚀了那历经风霜的铁石心肠，表现出"立地成佛"的意愿的时候，那种传统的善恶有报的因果关系在这里并不存在。在一个个人完全无从把握、动荡不安的环境中，那些富于同情、怜悯和道德感的情调，像是一剂对血性、谋生的意志和力量的软化剂，仿佛使人物在恶运到来的时刻，失去以恶制恶的抗击能力，束手就擒，死无葬身之地。当然，小说并没有向读者进行反道德的说教，也没有达到所谓"零度写作"的叙述效果，而是揭示出在这种矛盾尖锐、世事纷乱的生活场景中，道德或宣讲道德的苍白无力。在这个杀人如麻、权力更迭的图景下面，在理直气壮、冠冕堂皇的语言底层，隐藏着人对实际利益不可调和的争夺。透过那些关于人的命运的偶然性，以及人生无常与难以预测的描写，小说展示了人物难以抗拒并无法摆脱由贫穷、落后造成的愚昧和残忍的命运的可悲。

三

　　因此，如果说《故乡天下黄花》是具有传统小说韵味的故事，那么，它不像许多传统小说那样，是宣讲或阐释道德的故事、是文以载道的故事，它比那些故事更大胆、更放手地扩展了自己的叙述空间，即使对不同人物命运轮回的描写，也不是对某种意念的演绎，而是在简洁生动、洗练传神的语言表述中，关注故事本身所具有的魅力。正是在突破传统叙事某些囿制的同时，作品表现了今天的故事讲述人与过去不同的叙事视角与特点。

在作品中,叙述人对各个人物的命运都保持一定距离。传统小说对人物惯有的善恶褒贬被一种冷漠、平静的叙述方式所代替。这种冷漠与平静的方式不仅表现在故事即使讲到人物命运的极其悲惨处,也仍然不作融汇着叙述人情感色彩的抒情描写,而且表现在叙述人带着一种参透人的本性之后,对人生表现出的讥讽与调侃的态度。每个人物都在自作聪明地表现自己,像戏剧舞台上的角色与玩偶,被无形的命运之神操纵着,浑浑噩噩置身其中,却意识不到他们需要摆脱那可悲的境地;甚至还可以,他们即使意识到这种人生的无望,也必须在这无望的背景下尽职尽责地扮演命运赋予他们的角色。这是个人无法超越历史、超越自身的可悲之处。因此,在那些人物当中,争权夺势的最终失去了权力,杀人的最终被别人所杀。如果说,作品在冷静的叙述下面还潜藏着某种悲天悯人的情怀,那么,每个人物命运自身的悲剧性所引起的读者对人性的思索,则属于作者对人性看法的内心独白。这一点作为他主观情感极为隐蔽的流露,使故事染上了某种人文主义的色彩与光环。

然而,还有必要说明,即使我们说它并不缺少对人或人性的命题的关注与关切,从上述的叙述视角中也可以看到,讲别人的故事的欲望在这部作品中逐渐代替了主体倾诉的欲望。换句话说,故事讲述人的叙述动机与80年代初期文学的叙述动机已经发生了很大的不同。那时的文学是主体倾诉的文学,人们需要倾诉在过去时代被压抑、被禁锢得太久的欲望与要求。不论那种欲望与要求能否实现,叙事的空间却给大家提供了这样的机会,或者说,那是一种倾诉的机会。因此,同是写实性的作品,当时文学的写实背后孕育着个体在历史中被压抑的欲望,"伤痕"和"反思"就成为主体在写作中通过重构历史突现自身的主要方式。但是,对于《故乡天下黄花》这样的作品来说,情况发生了很大的变化,它所叙述的已经不是当事人的历史。这就像后人戏说"三国",笑谈"水浒",当时历史构成的政治倾向已经被时间的河流冲淡,或者消隐了。历史留下来的是可供人们思考回味、引申演义的素材,至于那一段历史给予当事人是非功过的评说,和当时叙述者带有主观情绪的讲述,都阻止不了后来的讲述者立意求新、寻找突破的努力,从而又给读者带来新的故事。这部小说要是出版在80年代,延用《大墙下的红玉兰》、《李顺大造屋》等反思的叙述模式,那么它是在重新评价历史,而且仅就它对抗战历史的勾勒,那一段历史中正义与非正义的界限就成为现实评论中一个棘手的问题。但《故乡天下黄花》显然没有延续反思文学的模式,那种当事人的心境和表现自我的愿望在这里已经十分淡漠了。它只是从历史的素材中截取一些偶然性的、对现实主义小说的表现力有所帮助、对热衷于现实主义小说的读者有吸引力的事件,构成一个个有趣的关于人性的故事。如果我们一定要说,这种庶民的、民间的故事也表明了作者一定的历史观念,那么,至少应该分清文学进入 90 年代,它的关注点与 80 年代主要倾向的差异。出于这种文化语境,用评价过去作品的意识形态模式去评价现时的《故乡天下黄花》,无论对作者的写作立场持肯定或否定的意见,都显得有些过时而不大适用了。

如果说,这也是对现实主义创作的一种深化,那么,它主要不是表现在意识形态与政治的层面,而主要表现在叙述自身的层面,表现在小说家对故事的创造性、题材的新颖性,以及雅俗共赏的语言艺术性等方面的开拓。从主体的倾诉到讲述他人的故事,文学的位移将现实主义创作注重的大众欣赏趣味,从写作的幕后推到了台前。

原载《当代作家评论》1995 年第 1 期

通往故乡的路
——刘震云《故乡面和花朵》

李敬泽

很多条路通往故乡，《故乡面和花朵》也有多种读法，你可以从正门进去，穿堂入户，从第1页一直读到第2183页，对此我没什么意见。而我的办法是，先读第四卷，第四卷不是"正文"吗？那就不妨放下"卷一 前言卷"、"卷二 前言卷"、"卷三 结局"，先看看"正文"。当然这"正文"又是"对大家回忆录的共同序言"，也就是说，可以把卷一、卷二和卷三视为相对于卷四的"正文"。所以，如果你有足够强的"正文"期待，事情的结果就是你读完了整部长篇。

《故乡面和花朵》的前三卷和第四卷互为正文或前言，这就像地狱和天堂是人间的正文或前言，人间也是地狱和天堂的正文或前言，在刘震云这里，一种二元论模式被编织起来，同时遭到拆解。

所以，前三卷和第四卷之间，是我们可以恰当地提出和探讨问题的关键地带。作者是怎样把这两部分榫合起来的？他完成这一工作时，面临和克服了怎样的艺术困难从而达到对世界的本质性的"纵览"？

再比如，这部小说的叙述者是谁？表面上看，卷一至卷三的叙述者均为小刘儿，到卷四变成了白石头。翻到第四卷，劈面第一句话就是："1969年，我学会了骑自行车。"再往下翻翻，发现这个"我"名叫白石头，于是我们就放心了，以为往下都是这个"我"了，殊不知正好就错了，往下说话的除了"我"，还有"我们"，还有一个无人称的声音指着"你"或"他"说话，你要是认真看了是不是会有点糊涂呢？

汉语中有"你"、"我"、"他"、"你们"、"我们"、"他们"等人称代词，当然其他语言也有。离了这些词人类就说不成话，因为它们界定了语言交流的空间和情境。日常口语中，任何说话都预设了"我"与"你"，但在小说中，情况可能极为复杂。在《故乡面和花朵》中，人称代词惊人地活跃，它们站在语流的潮头，看似在前，忽焉在后，舒卷自如，摇曳多姿："我"说着说着忽然一换位就成了"我们"，"我们"一不留神又成了"你"，指着"你"一番话数叨完缓一口气峰回路转又成了心平气和的"他"。"你"在小说叙述语言中的运用直接建立起说话的现场，这就像说书人滔滔不绝夹叙夹议，忽然指着一位现场听众的鼻子问："你说是不是?"这时听众或读者就被强制地带入文本,构成虚拟的对话情景。当然他并不指望你回答"是"或者"不是",如果是你读小说,你也无从回答。因为这是一个姿态,它的表面效果是在寻求共识,但实际上它已经预先肯定了你对叙述的认同,它的真正目的不过是要强调这一点,由此说者和听者构成了具有共同立场的"我们"。

的确,《故乡面和花朵》中到处都是"我们",说到眉飞色舞,"我"就不知不觉地膨胀成了"我们",由"我"到"我们",这可能是这部小说根本的言语姿态。这个"我"可能是小刘儿,也可能是白石头,无论是谁,按照第一人称叙述的基本规范,他本来是不应该溢出"我"的,他应该是个自足的主体,世界在他的主观中呈现。但是,刘震云并不相信存在自足的主体,不相信有纯粹的主观视境,"我"所发出的声音在很多时候和很大程度上实际上是"我们"的声音,当"我"说话时,他的背后站着无数人,他的面前坐着无数人,他的声音是声浪的顶点,所以能被清晰地听到。

第一人称的、主观视角的叙述的可信性早已遭到质疑和颠覆,而《故乡面和花朵》进一步颠覆了它的可能性。刘震云的隐秘意图是将"我"的单纯语境还原成嘈杂的、众声喧哗的公共场所,"我"是对"我们"的模仿,或者说,我们选定了"我"扮演"我们","我"所说的话贯注着集体的欲望、梦想和激情,具有公共场所那种不负责任的庞杂、冲突、悖谬。

"我"是被命名的、具有主观的表面效果。"我们"则是无名的,在刘震云的构想中,它包括书中的所有人物,包括作者和读者,进而包括所有操持汉语的人。相对于"我",它更具权威的客观性立场,这个立场中包含着"我",但有时声浪涌动,"我"被抛入浪谷,竟会沦落为"你"或"他",也就是说,"手把红旗旗不湿"是不容易的,你驾驶着汽车时你是"我",可当汽车超速,你被甩到大街上时,你就成了"他",你被汽车"他者化"了。在《故乡面和花朵》中说话的"我"经常遭此命运。——这也正是我们在语言中生存的真相,我们以为我们是"我",其实"我"往往是"我们",而当"我"舌灿莲花时,我们以为是"我"说话,殊不知已是话说"我",这时的"我"就是"他"或"你"了。

那么,在《故乡面和花朵》中,这个"我"究竟是谁? 在卷四的开头,小刘儿和白石头郑重地举行了交接仪式:"送君千里,终有一别,过去的叔叔大爷们,我们就在这里分手吧,感谢你们在过去一千多个日日夜夜对我的照看,临分手之前,请受小儿一拜。请原谅现在操作文字的已不是我而是白石头了。"

这一番做作与其说澄清了疑问,不如说是把水搅浑,我们——这些"过去的叔叔大爷们",本已接受了前三卷中小刘儿"花马掉嘴"、巧言令色的叙述,当然小刘儿不是诚恳的叙述者,我们对他的可信性始终抱有警觉,但我们对小刘儿本身在每个具体情境中作为行动、思想和言说着的人物的存在并无怀疑,"我说故我在",小刘儿的存在是那个世界存在的前提和证明,而现在这个小刘儿躬身一拜就不存在了,不仅如此,他还怀着临去拆台的恶意透露,他仅仅是文字的"操作"者,而且白石头也是。这样,他就在一个微小的缝隙里对前三卷和第四卷各自的情境提出了根本质疑。

小刘儿意欲何为?最终的问题是,刘震云意欲何为?前卷是显而易见的反面乌托邦,一个反讽性的叙述者在读者面前自行碎裂是可理解的,但其连带后果是为第四卷留下了一个不"真实"的叙述者,而第四卷本来是要刻意求"真"的,是要在前三卷的狂想之后建立一个稳定的、合乎经验的日常世界。

现在,由于小刘儿恶毒的背叛行为,一切都成了疑问,究竟哪个世界更"真实"?

在第四卷里,白石头偶尔仍然提到他的童年朋友小刘儿,语调冷漠,仿佛小刘儿只是无关紧要的外姓旁人。但有时小刘儿却像阴魂一样飘荡过来,与白石头鬼鬼祟祟地嘀嘀咕咕,他们似乎共同保守着一个秘密。这个秘密就是:白石头是"假"石头,而小刘儿是"真"石头,或者说白石头是"真"小刘儿,而小刘儿是"假"小刘儿。这听上去像绕口令,其实只要想一想《红楼梦》里有个贾(假)宝玉——也是石头——还有个甄(真)宝玉,事情就明白了,他们互为对方的影子,当白石头出现时,他是小刘儿的影子,反之,当小刘儿出现时,他是白石头的影子,他们相互取消了对方的真实性,而他们各自所讲述的世界也在真实的价值等级上被拉平,反面乌托邦的幻想世界不比日常生活的经验世界更不真实,而经验世界也并不比幻想世界更真实。

这个秘密尽管云遮雾绕,细心的读者还是能看出蛛丝马迹草蛇灰线。我们至少还记得第二卷第八章的最后一段话:"但是,从此,小刘儿和姥娘,在这个故乡就不存在了,小刘儿再在故乡天边的缝隙中出现,就已经是又一个魂灵了。"什么"魂灵"呢?在接下来的第九章"一块石头、一副剃头挑子和一只猴子的对话"中,我们得知,原来小刘儿变成了一块"石头",这块"生活在往昔"里苦苦"等俺的姥娘"的石头不正是第四卷中白石头的本相吗?况且该石头沉甸甸硬邦邦正好可以拍死人,而据《故乡面和花朵》第1页"部分写作资料来源"记载:"1991年我开始写作本书的时候他(指白石头)还是我的好朋友,1997年我结束本书写作的时候——秋高气爽的十月,他在故乡神秘死亡——被王楼乡粮站一块从天而降的石头当场拍死。"——白石头死于"石头",这意味着他已经完成了他作为叙述者的角色,于是小刘儿这块"石头"就从前三卷那巨大的幻想世界中掉了下来,大幕拉开,新戏开场,第四卷"对大家回忆录的序言"结束,第一卷就开始了。

尽管《故乡面和花朵》是规模宏大千门万户的迷宫,但它有一块最初的基石,就是"石头"。早在第一卷中,礼义廉耻恢复委员会刘老孬秘书长在发给小刘儿的传真中就已经透露了秘密:"热泪撒别之时,我再告诉你一句知心话。当然这句话也不是我的发明了,而是我在一部叫《石头记》的书中看到的。这是书的结束语。我觉得这句话结束得很有道理。这一群鸡巴人,不是好弄的。"

我们知道有一本书叫《红楼梦》,《红楼梦》有个本名叫《石头记》,但我们想直了肠子也想不出来《石头记》里哪有这么一句粗话,莫不是孬舅他老人家另有孤本秘籍?现在我们明白了,原来孬舅是在点拨我们呢,他借此透露了《故乡面和花朵》对《红楼梦》这部汉语小说最伟大的典籍处心积虑的指涉。这块基石提供了一个具有全景性视野的立足点,由此我们可能比小说的叙述者、甚至比作者本人更准确地把握作品的总体构成——

> 本书作者白石头说,我要在这张扬的《故乡面和花朵》飞舞和飘动了三卷之后——你是三个大气球吗?现在要坠一个现实的对故乡一个固定年份的规定性考察为铅陀。或者哪怕它是一个空桶呢,现在要在这空桶里装满水。去坠住那在天空里任意飘荡的三个气球或是干脆就是风筝,不使它们像成年之后的人一样过于张扬和飞向天外或魂飞天外,自作主张或装腔作势。

这是卷四开头的一段话,细心的读者当然能看得出来,白石头此时直接僭占了全书讲述者的地位,以一种溢出他本人身份的声音说话,这再次提醒我们,白石头作为讲述者的每一句话实际上也是小刘儿的声音的回响。

而刘震云曾经引用这段话阐述《故乡面和花朵》第四卷与前三卷的结构关系,这就使这段话获得了最终的权威性,它是经过作者和讲述者双重认可的标准答案。但是,在《故乡面和花朵》的讲述者与读者之间,维持着一种恒定的关系格局,读者永远在智力和道德上高于讲述者,这是精心扮演的、极富诱骗性的姿态,讲述者就像读者面前的"弄臣",当我们感到明显优越于对方时,我们就能够容忍和欣赏他那肆无忌惮的言辞和行为,而与此同时,我们的智力——或者不如说是"理性"——和道德感却在不知不觉中被搁置。事情之吊诡正在于此,我们感到我们是有理性、有道德的,所以我们能够容忍他们的胡闹,但这种胡闹却从根本上嘲笑了我们的"理性"和"道德"。所以,对《故乡面和花朵》的作者和讲述者共同给出的这份标准答案,我们不能认真对待,安知这不是又一个小小的玩笑,实际上你要是据此以为卷四终于曲终奏雅要"现实"、"写实"了,我们终于要摸到一块沉甸甸的"生活"了,显然你就又上当了。卷四写的是一个"固定年份"也就是1969年,但1969年并非以现在进行时直接呈现,而是三十年后,在白石头的回忆中被讲述,而白石头这位讲述者又身份诡异,他实际上是飘在空中的小刘儿在大地上印下的影子,经过这一道又一道的拆解,我们眼前这结结实实的"现实"显然失去了"铅砣"一般的重量。

《故乡面和花朵》出版后刘震云在答记者问时除了引述上面那段话之外还说:"我到了三十多岁以后,才知道一些肯定性的词语譬如'再现'、'反映'、'现实'……对于文学的空洞无力。""在近三千年的汉语写作史上,'现实'这一话语指令一直处于精神的主导地位而'精神想象'一直处于受到严格压抑的状态。"可见在刘震云那里"现实"不是一种摆在阳光下等着人们去反映、去再现的事物,"现实"是幽深的海底,被想象和梦想的汪洋所覆盖,我们对"现实"的任何言说都是在测量和证实海水的深度,当谈论"现实"时我们不过是在穿越我们的想象和梦想,所以我们需要一块沉重的石头,让它从海面下落。由此我们就知道为什么《故乡面和花朵》的前三卷是梦想而最后一卷是"现实",按照通常的逻辑也就是刘震云所说的"现实"这一话语指令的主导地位,本应是梦想生于现实,卷四应该是第一卷,而一至三卷变为二至四卷,但刘震云把整个结构翻转了过来,在他看来"现实"也许是梦想中比较重比较粗糙比较不真实的成分,是梦想的沉淀或剩余。所以,尽管刘震云自己把《故乡面和花朵》的结构形容为三个气球和一个铅砣,但我还是认为它更像一个圆圈,演示着梦想和现实生生不息的循环。在卷四的最后,经过大规模的流血械斗,老庄村"成了一个有'会'的村庄。从此每年到这一天,我们熟悉的村庄里,就开始行走着成千上万的陌生人。"

"成千上万的陌生人"——那些"同性关系者"回到了故乡。在《故乡面和花朵》开头的"部分写作资料来源"中,有一个词被反复强调,那就是"关系"——"可作名词,也可作动词,分正当关系和不正当关系"。于是翻开《辞海》,找到"关"条,有趣的是,"关"字下面竟无"关系",搜索两遍,还是没有。便合上书发一会儿呆,琢磨为什么没有"关系"。

琢磨的结果是这样的:编《辞海》的老先生们认为这个词太简单太日常,不证自明,你要是不知道"关系"是什么你还翻什么《辞海》呀!——我当然知道"关系",实际上我天天在处理"关系"。但"关系"于我仍是不解之谜,就像我们不证自明地生活着,而生活永远有待于阐释和解说。据说一只蝴蝶在阿姆斯特丹振翼翩飞,可以导致太平洋上的一场风暴,同理,你偶感风寒打个喷嚏也许最后就化为纽约市的倾盆大雨,其间起作用的正是事物与事物无比复杂的关系。在如此漫无边际的关系中,因与果的意义也就成了问题——因之因果之果又在哪里呢?任何关于因果的情节和论述也许都不过是一次快刀斩乱麻的专断言说,而"关系"由此成为一座庞大的迷宫,其中埋伏着吞噬意义的怪兽。

当然谈到"关系"完全不必把风筝或气球放得那么远那么高,在你的身边关系就围绕着你包裹着你,这在汉语中叫做社会关系。社会是一种虚拟,但后边加上"关系","社会"就获得了血肉,变得具体、日常,我们的"现实"就是由这些关系所构成,你被你的关系所说明所界定,当然你也力图在这些关系中说明和界定自己。

关系"可作名词,也可作动词",但它的本质是动词:甲关系到乙,在每一次的陈述中谁是甲谁是乙,谁是主语谁是宾语,这是生存的根本问题。因为甲就是主角乙就是配角,甲就是原因乙就是结果,甲就是主动乙就是被动,你在各种情境下如何被"关系"这个动词表述关系到你在这个世界中的相对位置。

关于"关系",黑格尔在《精神现象学》第四章"意识自身确定性的真理性"中讲述了一个题为《主人和奴隶》的故事:黑格尔说,这个世界上有两种人,主人和奴隶,前者"是独立的意识,它的本质是自为存在","后者为依赖的意识,它的本质是为对方而生活或为对方而存在。"

> 主人通过独立存在间接地使自身与奴隶相关联,因为正是在这种关系里,奴隶才成为奴隶。这就是他在斗争中所未能挣脱的锁链,并且因而证明了他自己不是独立的,只有在"物"的形式它才有独立性。那另一种意识(奴隶)扬弃了他自己的自为存在或独立性,而他本身所做的正是主人对他所要做的事,同样又出现了另外的一面:奴隶的行动也正是主人自己的行动,因为奴隶所做的事,真正讲来,就是主人所做的事。

这个故事可以作为《故乡面和花朵》的"关系"主题的重要参照。在《故乡面和花朵》中,四种关系模式的斗争和更替构成了前三卷的基本框架:异性关系、同性关系、生灵及灵生关系,还有自我关系或合体关系。谁都知道这是"玩笑"——小说的《题记》写道:"为什么我眼中常含泪水,是因为这玩笑开得过分。"但这是一场庞大的玩笑,刘震云对"历史"作了一次狂欢式的戏仿。在这里历史之所以被置入引号,因为被戏仿的与其说是实然的历史,不如说是关于历史的宏大叙事,一种线性的、在变革中不断进步的历史观。

据"部分写作资料来源"说,该小说最重要的来源除了"关系"一词还有"他"、"她"、"它"三个词。所以你还可以把这四种关系模式翻译成他她关系、他他(她她)关系、它他关系或他它关系、他+她关系。在《故乡面和花朵》的伪历史中,这些代词的组合变化被一本正经地宣称为"历史"的内在规律的表征,每一次变化都是一个重大进步,都调动和消费了浩瀚的激情、欲望和言辞。

刘震云对世界作了元素化的还原:男—女,人—物,对此最直接的解释是从人类生活中最基本、恒常的关系出发可以达到"一本万殊"的效果。但同样明显的是,当他把诸如"男女"这样通常不能进入历史的宏大叙事的"关系"作为这个历史乌托邦的基本动力时,其中含有对乌托邦梦想的尖刻反讽——也许的确是"一本万殊",当我们自以为已经走得很远时,我们实质上总是准确无误地落在原地。

有位朋友对我说过:刘震云写的同性恋根本不像那么回事儿。——说得或许不错,但对于"异性关系时代"、"同性关系时代"等等小说家而言你不可不认真也不可太认真,不可不认真是因为它确实构成了对于宏大的人类活动和梦想、对宏大的"历史"极具本质力量的模仿,但正因为是"模仿",能指与所指之间有一个相互指涉的游移的空间,无论对能指还是所指你都不能敲钉转角地坐实了去看,"玩笑"而已,虽然"眼里常含泪水"。

实际上,"他"、"她"、"它"不仅是上帝眼中世界的基本元素,而且是在任何一个"说话"现场用以指称第三者,指称你我之外的广大世界的最基本的词,如果我们言说世界,我们正是在言说"他"、"她"、"它"这三个代词,《故乡面和花朵》中它们之间的排列组合刁钻地表明,世界可以被不同的话语系统所言说、所界定,"历史"的本质也正是这些话语系统之间的斗争。

"关系"一词有一层暧昧的深意,这就是男女关系,或者更宽泛一点是性关系。"部分写作资料来源"指出:关系"分正当关系和不正当关系",这种分法在现代汉语中通常也正是用在男女关系或性关系上,当然还有"拉关系"、"搞关系"等等,都隐含着负面的伦理判断。可见谈到"关系",总是预设着价值立场,在词语的运用中隐含着秩序的强制力量。但是,就像"部分写作资料来源"所载:"二十世纪九十年代,美国军队中已不再歧视同性关系。在冷冰冰的原则面前,对关系的看法发生了改变。"——当然,"发生了改变",从此赦你无罪,旧的原则旧的秩序改变了,部分失效了,美国那些同性关系者的梦想和斗争终于取得了重大胜利,但这胜利的实质是什么呢? 实质是他们确立了自己对于"关系"的言说的权力,当"他"或"她"拥有这种权力时,"关系"就由"不正当"变为"正当"。世界并无改变,改变的只是对世界的言说。

显然,谈到"关系",谈到关系正当不正当那得看话由谁说、话怎么说,人类生活和"关系"中一个恒常的"现实"就是争夺话语权力的斗争,你在这场斗争中的强弱胜负取决于你在关系中的角色,同时也决定了你在关系中的角色。你要知道某一种关系是怎么回事,你当然要去查资料翻书本,但在查资料翻书本的时候你也别忘了这些资料这些书本说的是有权力"说话"的人的话,比如《故乡面和花朵》,很不幸但是很自然的,这部书据刘震云说是小刘儿或白石头写的,小刘儿是什么人? 他两面三刀看风使舵喝彩下暗绊儿推倒了油瓶不扶做梦都想当贵族当上等人,这种人当然是奴隶是弱者放到任何一种关系一台戏里也只配演个匪兵甲群众乙,你看着他在那忙活个不停喋喋不休谁也没他话多,但其实他是在心里在梦想中念叨主角的台词呢,真让他当了主角你以为他就会妙语惊人别开生面?他顶多不过是把他学会的背熟的再演一遍也不管台下的观众烦不烦。所幸小刘儿在艺人圈里混得久会码字儿会写书,于是,他就写了《故乡面和花朵》,他不写我们还不知道,他这一写他可就自我暴露了,原来不管戏码儿怎么变不管话怎么说,你看着是天翻地覆血流成河,其实舞台上只有两种人只有一种关系:说话者和学话者。《故乡面和花朵》正是在这一点上敞开了人性的奇观:广阔、丰饶、欢乐、恐怖。

附录一

现代汉语的历史十分短暂,从白话文运动至今也不过八十多年,对一种语言或一种语言的文学来说,一切才刚刚开始。20世纪上半叶的大师们力图使现代汉语成为一种审美语言,他们做的是草创性的工作,我们至今还在承受恩泽。

但是,对现代汉语的形成和演化起主要作用的从来不是文学或文学家。在20世纪的大部分时间,主宰着我们的想象、思考和表达的是意识形态,或者用刘震云的话说是权力关系。当然意识形态或"关系"在任何语种中的作用都至关重要,但在每一个语种的正常状态中语言的运用是有不同的界面不同的区隔的,比如男女谈情,应是柔情万种甜言蜜语,但在现代汉语中有的时候你就算是柔情万种也没有甜言蜜语可说,你说的是"让我们互帮互学共同进步"。这种话不应该是在两情缱绻的私室里说的,而应该是在众目睽睽的广场上说的。现代汉语的特点就是公共的、意识形态的语言全面地侵占私人领域和日常生活,一统江山一极世界以至于作为私人的你无话可说,精神和梦想全面失语。

当然现在情况有些不同,我们写家书不再是"干了一辈子革命工作,好好歇歇吧"然后就"此致那个敬礼",二十年来许多中国作家苦心孤诣于开辟或建设现代汉语的私人领域,让你找到话表达你的精神你的梦想不至于连说梦话都像作报告或念检讨。

但是,由"我们"的话到"我"的话,显然不仅是主语转换问题,更不是"灵魂深处爆发革命",如果说刘震云对"我们"对"我"的覆盖有深刻洞察,那么他也尖锐地意识到,纯粹的"我"是虚幻的梦想。这里有一个触目的矛盾:只有通过"我"的语言个人才能被识别,才获得意义,但"我"又有一种深刻的冲动,它要扩张成我们——"我"在自我确立的同时也是自我取消的。这是人在语言中、在现代汉语中充满疯狂和谬误的困境,远不是"我"—"我们",私人—公共这些二元对立方案所能解决的。

所以,当刘震云在1991年开始写作《故乡面和花朵》时,他心里一定有一个宏大的场面,他在与现代汉语这种中国人所操持的语言对话,他对"我"和"我们"所能说的话展开了一次规模惊人的戏仿,在戏仿中,"我"和"我们"都暴露出极限和枯竭,同时遭到祛魅。

由此我们可以理解《故乡面和花朵》的语言策略,理解刘震云或小刘儿或白石头这么写这么说——

1. 说话

《故乡面和花朵》在滔滔不绝地"说话",它的语言基本上是口语,这是菲勒斯中心主义无限膨胀的闹剧。相对于书写,说话有强大的交际功能,任何说话的地方都是具体的活生生的"生活"现场,都发生着"关系"之中必有的对抗、闪避、欺骗、威胁,发生着控制与反控制的冲突斗争,所以口语是语言的拳击台,是"关系"的谈判桌,无论何时何地当你说话时你就会获得明确的角色感,宛如面对世界面对人声鼎沸的广场,而且说话还有一种来自语音的权威感,当一个声音从众人的声音浮现出来时,这简直是对上帝的一次模仿,你很难不认为自己是在宣叙真理。所以,通过说话,语言中"我"—"我们"之间复杂的腾挪转换尽展无遗。

2. 延异

《故乡面和花朵》的语言无限延异——语流如一棵树不断地似乎是没完没了地分杈,从北京去天津如果你坐上火车汽车用不了两个小时就到了,可在《故乡面和花朵》的语言中,他可能路上下车买东西偶遇美女于是不上车了就地展开强大的追求攻势一波三折千回百转等他抵达天津可能孩子都快上小学了。

这种延异、这种不断离题不仅表现了精神活动的真相,更重要的是,在每一个具体的说话现场这种语言都是精心设计的圈套,是老谋深算的诡计,就是要把你绕晕,把你绕晕了我就合了适了,你看着我离题万里天外云游以为我回不来了,其实我心里有数我时刻没有忘记我的主题我的目的,等你迷糊了疲惫了,这个主题这个目的就像一把尖刀顶在你的喉咙上了。

所以《故乡面和花朵》暴露的是语言中精微的权力策略,这是一种艰苦卓绝又若无其事的互相淹没互相麻痹的努力。

3. 广场

《故乡面和花朵》中有许多公共场所,如广场、会场、集市等等,其实至少在前三卷中几乎没有私人场所,因为到处都架着摄像机,夫妻吵架也是一个被千家万户共享的大众娱乐事件——美国影片《楚门的世界》后来对一个类似的情景做了浪漫+悬疑的敷演——所以正如我们在上文中所分析的,《故乡面和花朵》中讲述者的声音有一种奇异的喧哗,广场上人声鼎沸,讲述者的声音在声浪中盘旋跳荡,表达着、引领着集体精神的翻腾,我想这种感觉类似于收听电台的足球比赛直播,那个激动的解说员总能把你带入癫狂的现场——但愿这将是20世纪的蛊惑家们的最后职业。

附录二

摄像机与舞台

《故乡面和花朵》中有多重、复杂的模仿和扮演。举其大者,比如一至三卷的所有人都在扮演历史这台大戏。第四卷是白石头对1969年的回忆,这在当代文学中独传一脉叫做"童年视角"或"童年记忆"中那迷惘、但同样一本正经的自我成长被放大被夸张被嘲笑;同时遭到模仿的还有"历史"的叙事逻辑,但这种模仿是以小拟大,人们通常用来分析和论证宏大之事的一套话语被用在一个乡村少年身上,这就像小孩穿了大人的衣裳,或者更准确地说:奴隶在说主人的话。奴隶说主人的话固然可笑,但主人的话经过奴隶模仿也显得滑稽,一副袍带由庙堂流到民间,乡野匹夫穿上它招摇过市,在这个狂欢节般的场面中主人和奴隶煮在一个锅里咕嘟咕嘟冒泡煞是热闹。

整部《故乡面和花朵》,前三卷和第四卷都在互相模仿,就像小刘儿扮白石头,白石头扮小刘儿,前三卷是极度夸张狂放地模仿第四卷的个人史,而第四卷的个人史则是前三卷的"宏大叙事"的一段遥远日常的回响。

模仿、游戏、真真假假虚实难测,《故乡面和花朵》是一个戏剧的迷宫,许多时候人们还以为他在台下看戏,看到得意处一拍大腿喊一声好,谁知道千百只眼睛也在看着他呢。他自己就在舞台上就是演员,聚光灯明晃晃正照着他,他以为正看着别人做梦,殊不知他自己也是梦中人呢。

所以,注意摄像机!《故乡面和花朵》里到处埋伏着摄像器材灯光设备,这使得许多场面最终变成了舞台。

原载《南方文坛》1999年第3期

故乡面与后现代的恶之花
——重读刘震云的《故乡面和花朵》

陈晓明

1998年,华艺出版社隆重推出90年代以来最具规模的长篇小说:刘震云的《故乡面和花朵》。一部四卷本的长篇小说,作者倾尽心力写了八年之久,要么是20世纪末最大的骗局,要么是当今时代最伟大的著作;如果不是刘震云和文学界开的最大的玩笑,那么我们只有承认它是划时代的作品了。对此人们依然没有把握。迄今为止,这部皇皇巨著已经出版了六年,当年曾经有过专门的著作讨论,随后也有不少研究者殚精竭虑破解其奥秘。但从总体上说,人们对这部规模庞大且如此怪异的作品的研究探讨还显得非常不够,使得这部作品已经濒临被忘却的边缘。我相信刘震云的小说是值得反复读解的,这部作品也是值得不断被提起的。正如刘震云本人也不得不放弃经典的梦想,我的解读也必然以对经典的哀悼而告终。

从理论上说,这部作品有先锋派的种种特色,也可以说,它有后现代的所有思想因素。作为一部如此规模宏大的小说,少有人能从直接的审美经验感受到它的动人之处,这到底是人们的耐心有限,还是作品本身的问题?刘震云名满天下,文学积累相当丰富,为什么要以这样的方式来写作这样一部宏大的作品?这本身是一个很值得我们探讨的现象。刘震云当然不是一个胡闹的人,他也声称过自己的认真和严肃。他从1991年开始写这部作品,1997年完成,写了整整六年。刘震云当然把自己的这部作品说成是他的创作历程中极为重要的一个转折,当时书还没有面世,他就对他的创作动机作了如下的表白:"《故乡相处流传》对我的写作有决定性的意义,通过并不成熟的它,我开始醒悟写作是海而不是河,是不动而不是动……"也就是说,刘震云通过《故乡天下黄花》和《故乡相处流传》这些作品开拓了他的小说艺术领域。《故乡面和花朵》则以它200万字的篇幅,变本加厉地发挥了前两部长篇积累的经验和势态,甚至是革命性的飞跃。刘震云认为《故乡面和花朵》和他以前的写作非常不一样。过去的写作打通的是个人情感和现实的关系,像《一地鸡毛》、《故乡天下黄花》、《温故一九四二》等,表达的是现实世界映射到他心上的反映,从心里的一面镜子折射出了一种情感。《故乡面和花朵》则完全不同。刘震云说,写作《故乡面和花朵》时,他产生了摆脱现实的任何束缚而写诗的欲望,想进入角色虚拟混沌的虚构空间。确实这部作品的写法是很令人感到奇怪的,令大家感到迷惑不解的是,他花这么大的篇幅喋喋不休地谈论同性之间的关系,谈论很多令人难以接受的、我们文学的叙述始终要回避的那么多的主题、细节、人物和心理。以往现实主义典型化原则就是要表现生活的本质规律,去粗取精、去伪存真,然而他恰恰就是"去精取粗、去真存伪",对传统现实主义文学规范进行完全颠倒。最令人惊异的当然在于,他用后现代的方式来谈论乡土中国,他强行把乡土中国的故事推到一个后现代的荒诞化的时空,这是一种恶作剧,还是一种开创?

一、在历史碎片中重绘乡土/后现代图景

《故乡面和花朵》(以下简称《故乡》)无疑是个超级文本,这不只是就它的篇幅与容量而言,更重要的在于它的文本建构方式,它的一整套的表意方法论活动。传统的现实主义小说通过全知全能的叙述人对时间和空间进行有序的全方位控制,来展示历史的客观性存在。现在,刘震云通过对时空的任意处理,以看不见的隐形之手,任意地敲碎完整的历史,把玩那些历史碎片,在时空错位的更具虚拟特征的场景中重新拼贴历史碎片。在这里,刘震云把乡土中国强行引入后现代的消费现场,就这一点而言,刘震云是开创性的,他第一次用后现代手法书写了乡土中国,也是他第一次把后现代与乡土中国联系在一起。这是中国现代性文学最大胆的开创。在他之后,阎连科的《受活》才以另外更具历史直接性的方式,把乡土中国引入后现代视域。这一开创迄今尚未引起人们足够的重视,它所带来的中国文学的广阔前景可能要多年后才会让人们认识到。

这部小说叙事摆脱严格的时空限制,把过去/现在随意叠加在一起,特别是把乡土中国与现阶段历经商业主义改造的生活加以拼贴,以权力和金钱为轴心,反映乡土中国在漫长的历史转型中,人们的精神所发生的变异。刘震云并不直接去表现那些重大的历史性命题,也不去表现重大的历史场面和事件,他根本就不关心这些宏伟叙事。但他有意从侧面关注那些生活琐事,在枝节方面夸夸其谈,用那些可笑的凡人琐事消解庞大的历史过程,让历史淹没在一连串的无止境的卑琐欲望中。这就是刘震云用四卷两百多万字的篇幅为人们提供的乡土中国的"历史图景"——不在的历史。刘震云的叙事如同对历史行使一次"解魅化"(disenchant),失踪的历史因而变成一个无处不在的隐喻,使刘震云那些散漫无序的叙述具有了某种思想底蕴。当然,刘震云的整部小说也并不只是荒诞无稽,经常可见一些对人性的内在的复杂性和微妙的心理变化的刻画,

这类细节有时也表现出刘震云对人性的某种古典主义式的观察。但就小说叙事而言,荒诞感和对人性的嘲讽,以及毫无节制的夸夸其谈还是占据绝大部分篇幅。在那些看似混乱不堪的表述中,其实隐含着刘震云对一些崭新而奇特的主题介入的特殊方式。例如:对个人与本土认同关系的复杂思考,特殊的怀乡母题,乡土中国历经的奇怪的现代性,对权力与外来文化瓦解本土性的奇特探究,等等。

小说的开头写了舅甥两人历经时代广场,这些人在广场上骑着小毛驴。在 22 世纪最时髦的已经不是开奔驰而是骑毛驴。如何辨别这些人的身份,是看毛驴身后所带的粪袋。这是一种反讽性嘲弄性的叙事。刘震云在这里运用的是一种修辞性叙事,而非在一定时间空间的理性化结构中展开的叙事。叙事的动力机制来自语言自身的修辞关系,语言自身的扩张使文本的疆域无限拓展。

世界恢复礼义与廉耻委员会秘书长俺孬舅与我谈起同性关系问题,是在丽晶时代广场的露天 party 上。用元宝一样的驴粪蛋码成的演台上,一群中外混杂的男女在跳封闭的现代舞。我与孬舅周围,站满了各色社会名流和社会闲杂人员,个个手里端着一杯溜溜的麦爹利……我与孬舅一人骑一头小草驴,站在时代广场的中央。到了 22 世纪,大家返璞归真,骑小毛驴成了一种时髦。就跟 20 世纪大家坐法拉利赛车一样。豪华的演台,都是用驴粪蛋码成的。小毛驴的后边,一人一个小粪兜。粪兜的好坏,成了判断一个人是不是大款、大腕、大人物和大家的标志。大款们娶新娘,过去是一溜车队,现在是一溜小毛驴,毛驴后面是一溜金灿灿的粪兜。①

这是非常典型的修辞性的叙事,这使刘震云可以任意打捞历史和拼贴历史碎片。它是通过舅甥二人在一个 22 世纪的后现代广场的行走与对话来展开小说的场景,这个场景对于我们现在的阅读时代来说,无疑是一个时空被严重戏谑化的场景。后现代的时代却回到了故乡,被乡土中国蛮横地侵犯了。这里出现的是乡土中国的关系——舅甥关系,这个关系其实是不存在的,对于未来中国来说,独生子女政策不可能存在舅甥关系,所以这个乡土中国的传统人伦关系已经死亡了。但就是这个虚拟的不存在的关系,重建着未来世纪的人伦关系,这就隐含着强烈的反讽。而乡土中国的毛驴,最为没有时间和空间特色的动物,却被当作了时尚。这是对未来的强行嘲讽,在刘震云看来,未来只是一幅可笑的漫画。

《故乡》首先要认识到它始终隐含一个双重结构:一个现代/未来的都市(也

---

① 刘震云:《故乡面和花朵》(卷一),华艺出版社,1998 年,第 1~8 页。

是后现代的都市)和故乡构成的隐喻关系——这就是故乡面和花朵的关系,什么样的故乡面?什么样的花朵?故乡面显然是变了质的故乡面,而花朵更像是波德莱尔式的"恶之花"。刘震云的写作中有很巧妙的一点:所有写城市和乡村的并非二元割裂的,也并非单纯对立的。通过乡亲关系或家乡关系,把都市与故乡重叠在一起,把过去、现在与未来也混淆在一起。所有在都市发生的故事都是关于家乡的故事,都是对故乡的一种隐喻。孬舅等城里人都是家乡的人,他们的身份经常会变,他们的辈分很凌乱。当乡村变成一个后现代都市的时候,二者构成了一种隐喻关系。刘震云完全打乱了历史的结构,他试图用语言本身的修辞力量来推动小说。整部小说显示了他把握语言的魅力,任何情景中这种语言都会跳跃出来,在此过程中去捕捉对事物本质的一种认识,构成一种强烈的反讽意味。就像第二章的开头引了一句农村谚语歌谣:"马走日字象走田,人走时运猪走膘",令人惊异的是,这幅标语挂在"丽丽玛莲大酒店"的大堂里。刘震云显然又在把乡土中国的文化强行塞进后现代的消费空间,乡村在这里无赖式地嘲弄了未来的后现代消费社会。丽丽玛莲大酒店每天在大堂里都要换上一幅不同的标语、口号、俚语、俗语或者干脆就是知心话。在刘震云的叙述中,"这是文雅之后的粗俗,这是拘谨之后的随便,这是珍馐佳肴之后的贴饼子煎小鱼,这是纵欲之后的一点羞涩和大恶之后的一点回头是岸。富丽堂皇的大厅里悬挂着一条街头标语,不啻在炎热的夏天突然吹来一阵凉爽的风或在冰天雪地里突然出现了一个温暖的驿店"①。乡土对都市的侵入是无所不在的,而且乡土还顽强地抵制着都市的存在,对都市的存在加以扭曲。在刘震云的叙述中,都市都是滑稽可笑的,都是没有本质也没有真实的历史根基的表象化的存在。它们在乡土的嘲弄下显出了真实的面目,因为乡土就在面前,它的历史、本质、根源就是乡土,它还能往哪里逃逸呢?正如,那个小刘儿面对着瞎鹿,他洞穿了瞎鹿的内在无本质的虚弱,他的无法抹去的乡土根源。小说这样写到:

> 我发现,过去的朋友、现在的影帝瞎鹿在我面前有些矜持。他似乎对我的突然成功也有些猝不及防,不知该调整到怎样的心态来对待我。不过我没有责备他,我知道这是人之常情。过去抱成团已经形成一个动物圈生物场和气场的一群动物,对突然而至的一头野山羊,虽然明知道要承认它,接受它,它是我们过去失散的一个兄弟;但看着它怪里怪样的神色、动作、迫不及待的心情与眼神,心理上还是一时接受不下。没有外来的这位,我们在一起的心情、习惯、气味、相互多么熟悉,多一个外人搅在中间,相互多

---

① 刘震云:《故乡面和花朵》(卷一),华艺出版社,1998年,第36页。

么别扭。①

刘震云反复捕捉的就是这种反讽意味。但在这样一种语言表述中,一方面是极为抽象的哲理,另一方面又把现实融汇进去。他对都市生活的表面状态、虚假性和有限性都进行了揭示。他不断要揭示的是后现代式的生活现场的虚假性,揭示它所具有的乡土本质,并带着乡土的愚蠢与狭隘顽强地把"后后时代"拉回到乡土的历史之中。但实际上,乡土的历史也已经瓦解崩溃,结果,刘震云只好在时空错位的场景中来拼贴乡土与后现代时代。对于刘震云来说,既没有单纯的乡土,也没有单纯现代/后现代的都市,只有一个"后后时代"——就是"后"之后,还是"后"。这也是错过的、延搁的、找不到起始也没有结尾的历史,这是一种稗史,无法被纪念与书写铭刻的历史。刘震云的书写既是针对现实,也是面向未来,这就是我们已经或者必将处在一个"后后时代"。通过把后现代强行拉进乡土中国,同时也是把乡土中国强行推入后现代场域,刘震云在文学方面无疑开创了一个崭新的局面,这就是把乡土中国的叙事改变成一个后现代的叙事,并且在历史实在性的意义上对二者进行了双重解构。就这一点而言,刘震云的意义是史无前例的。

《故乡》建构了一种乡土与后现代都市超级的时空关系。在空间结构关系中,时代广场是后现代的都市和故乡遭遇的一个场所。故乡是什么?直到第四卷他才真正回到故乡,但故乡在他的叙述中始终是在场的,所有都市的场所,都被故乡的人际关系所填满,亲友的活动不断勾连起故乡的存在。在时间关联方式上,重叠着一个未来时和过去时。卷一中他也写道,时间上始终不敢写到太往后,一个明确的时间是1969年。作为叙述人的小刘儿(刘震云有意的自谑)此时11岁,是他的少年时代,是他告别童年长大成人的时间之窗。对于他来说意义不止于此。1969年是"文化大革命"年代,并且是比较有象征性的年份,往前有1949年、1919年,往后有1989年,在此他选择1969年作为他时间叙述的基点,是有很强的象征意味的。

刘震云是如何书写故乡的? 一般来讲,寻根或者怀乡总是充满温馨和感伤的基调。但刘震云在此对故乡不是美化,而是接近一种批判的态度,他几乎把亲友关系全部解构了,唯一给他保存一份美好记忆的是姥娘。关于故乡,刘震云在小说中是这样描写的:

> 当风雨袭来的时候,在霹雳雷电的不断闪射下,村庄一下就缩小得看不见了,如同镭射的迪士高舞厅中人们的抽动一样,村庄也在那里无力抽

---

① 刘震云:《故乡面和花朵》(卷一),华艺出版社,1998年,第43页。

搐。阳光灿烂的日子里,我所有的乡亲和亲人们,我的大舅、二舅或是表哥们,我的姥娘、舅妈或是表姐们,又在那里上演着一场和煦温情的乡村社会中表面雾气和静水之下的刀光剑影的宏伟话剧。美好的朝霞或是夕阳是暂时的,更加持久和耐心的是阴雨连绵的天气或是烈日当头我们在地里割毛豆的时候……①

  这是刘震云对故乡所作的一次最清晰和明白的描绘。"故乡"在他的记忆中是在雷鸣闪电中突然缩小的一种状态,并且是卑微、可怜与不幸的地理存在。这里有他成长的记忆。相比较起前面三卷反复颠覆的历史/时间的真实存在,1969的时间标记显得如此倔强而深刻有力。关于1969年,小说中反复提到两件事情,一个是白石头的自行车,另一个是白石头去接媒车。在此小刘儿和白石头经常互换角色。小刘儿是超历史的叙述人,而白石头是一个无法逾越的历史标记的回忆者,是关于故乡真实性存在的讲述者。刘震云并不想构建故乡与城市的简单对立,他的思想有更值得我们认真对待的一面。一些理想主义的作家,例如张承志、张炜以及韩少功的某些写作,他们总是有一个原点,有一个基础,一个根基,这个根基就是城市与乡村的对立、传统历史与现代化的对抗,他们用这个根基来向世界拷问。张炜的《能不忆蜀葵》,用关于蜀葵的记忆来怀疑现代城市,怀疑现代性的历史变换。张承志用对草原的寻找,对哲合忍耶宗教的寻找,这些是绝对真理的藏身之地,来反思异化的历史,异化的现代性的此在与未来。张炜最近写的《丑行与浪漫》则发生了变化,他在批判现代都市文明时,对乡土中国也给予了深刻质疑。但刘震云始终没有一个乡土/故乡的根基,他的故乡是很模糊的,虽然他有关于故乡的记忆、他的经历,但并不是他对抗城市的一种根据。刘震云要质疑和解构的是历史的整体性(它的全部),我们全部的根基。最后残留的是什么? 刘震云还是有他的故乡之梦的。他隐约提出了他的姥娘,这在文本中篇幅不大,描写也并不特别充分。小说提到的细节是,他参军的时候姥娘让他弟弟牵着小毛驴在他离开家乡的头天晚上去看他。他感到这样一种亲情,看到他对家乡对故土对亲情的眷恋。但这种东西是一闪而过的,更多的是置疑。在文本中他不断攻击他的老爹,天天叫嚷他们三兄弟去买夜壶,否则就让兄弟三人的媳妇轮流去当夜壶。老爹贪生怕死,在家欺压儿子,在外面惧怕当官的,但是一天见不到当官的就像丢了魂一样。老爹在此是一种符号,一种象征,是对父辈的一种象征性的批判。

  是否说刘震云对母系社会是持认同态度的,大地母亲的恩惠对作家来说是

---

① 刘震云:《故乡面和花朵》(卷四),华艺出版社,1998年,第1627页。

永远无法逾越的坎。德里达说过解构是有底线的,正义是不能解构的。对作家而言,母性是不容置疑的。很少有作家敢于去丑化母亲。第四卷中他回到故乡,吕桂花一方面被想象成一个放荡的女人,做姑娘时就与配种站的老王发生关系。象征的力量、隐喻的力量、影射的力量在他的作品中构成了一个密集的网络,在文本中十分活跃。后来她嫁给了牛三斤,牛原来的老婆是石女,在此可以看到刘的底线:对母系社会的悲悯和感恩。这点可能是文本中值得我们探究的。这部作品全面解构了很多的传统人伦关系,重新编织了很多新的关系:同性关系——错乱的关系;父子关系——反常的关系;异性关系——经常是被颠倒的;亲友关系——很虚假;偶像和权力关系——包含对秩序社会的强烈反讽。从古代到现代,人类社会的建构经历了从血缘关系、家庭关系到社会关系,这种建构要以伦理关系为基础。但在刘震云这里,可以看到这种种关系都受到质疑。

二、同性、同乡及其颠覆同质化的历史

刘震云的这部小说中的人物基本社会关系是同乡关系,但传统的同乡关系又被他赋予了后现代时代的同性关系。他把同性关系从城市引申到乡村。家乡的土包子也搞起了同性关系,刘震云的颠覆显得不留余地。"同性关系"在这部小说中到底表达了什么意义?象征什么?当然,首先表达了他对时代潮流的反讽。由于差异性政治的崛起,同性恋问题变成少数族群的权益,对同性恋的态度牵涉到"政治上正确"的问题。尽管我们无疑要尊重少数人的选择,但少数人的选择成为一种时尚,并变成一种潮流就很值得怀疑和忧虑了。关于差异文化的想象演化为当代文化时尚的动力机制,这正是同性恋文化愈演愈烈的当代意识形态根源。在刘震云的叙事中,同性关系更主要的是关于政治权力的隐喻,和对权力秩序的一种反讽和批判。因而,这部小说更倾向于是一部政治寓言。

刘震云在这部小说中展示的同性关系是任意的、非理性也无逻辑性,所有人之间的关系都变成同性关系。他没有对这样一种重大的颠覆性的人际关系进行铺垫式的叙述,也没有当成重大的行为,好像就是一种偶然的动作,也是自然的行为。在小说中,在任何一个同性关系发生的时候,他都没有直接的任何的情感的铺垫和行为动作的展开,一笔就带过了。通过一种简单的、简洁的描写把这些人都编织进这样一个同性关系网络中,最后就都变成这样一种同性关系。在《故乡》中,前面一、二、三卷都被刘震云叫做一种前言,第三卷叫做结局,

但是第四卷才叫做正文,所以前面的这些描写都是一些虚幻化的描写,前面三卷也可能是一个梦境,这一切完全没有现实的真实的逻辑。刘震云在这里所写的人与人的关系以及人与人身份的转换都是突然间冒出来,头绪混乱,漫无边际,所有的人都非常简单轻易地进入杂乱的同性关系环境中。在这些同性关系中没有情感的、身体的激烈交流,也没有深刻而内在的情感交流,它就是一个命名式的,非常轻易地就把性的关系扯进去了,他的性其实是"非性化"的。

同性关系表征的意义是什么呢?显然,这种认定的前提是我们认定这部作品是严肃认真的,它包含着某种深刻的寓言和象征意义。

刘震云可能在进行很严肃认真的叙述,他试图对我们这样一个当代文化、当代历史表达出他的独特评价。他这里的"同性描写",更像是一个政治性的描写,我把它理解为这样一个特殊时代的一种政治关系的理解。1885年,马拉美曾经写过一封信给魏尔伦,那个时候在法国文化界弥漫着一种情绪,这个情绪就是对"历史空荡"的一种理解,他使用的一个词,叫做"王位空位时期"。那封信的中间有这样一段话:"其实我把当代视为一个对诗人来说的'王位空位的时期',诗人没有必要介入这个时期,它既过于落伍,又过于超前,因此诗人除了为未来或者是永远不能到来的未来进行神秘的创作之外,没有其他事可做。"马拉美在那样一个时期表达了一个"王位空位时期"的诗人和相当一部分知识分子的一种普遍的感觉。很显然,面对20世纪90年代的历史,刘震云也采取了某种历史虚无主义的态度,他试图去表达这个时代的人们内心虚弱与惶惑的感觉。刘震云试图描述出历史的不真实性,在历史的虚空与无谓的行为中来表达存在的空洞,和漂浮在半空中的那种状态。在这里,刘震云的同性关系所要表达的含义有这么三点:

其一,他持有拒绝历史化的态度。这就是一个"历史同质化"陷入的一种困境。同性化实际上是一种同质化的关系,同性恋关系也被称作一种"同志关系",刘震云在这里显然隐喻政治意义上的"同志"关系。而同志关系是一种特殊的同质关系,在这个关系中,其根源与目的都是"同质化"的,但又包含着复杂的权力/等级关系在其中。刘震云一方面要表达这种同性关系中的权力关系,另一方面又以它的"同质化"意义表达权力终结的状况。我想说的是,当这些人不再按照我们以往的那种情感的人伦观念去建立关系的时候,这种同质关系中间是以一种非常奇特的权力关系去结构、去建立的。当一个礼义廉耻委员会的秘书长本身进入一种同性关系以后,其他的人都以不同的方式进入了这样一种同性关系。在这种同性关系中,他感受到一种所谓的"轻松自如"的状况。同性关系具有一种双重性。在刘震云的所有写作中,总是包含了一种双重的对立意义。这种对立意义不是导致黑格尔式的对立统一,而是对立中的一种破裂,或者是对立中的一种分离,其意义的结构是和过去所有的修辞不一样的。我们过去有分离会导致一种统一,在一个意义表面总是包含了另一个与它相反的颠倒的一个意义。比如说,这样一种同质关系里面是一种权力关系,刘震云没有用过去那种人伦的情感来建立人与人的关系;但是反过来,他又赋予这个关系一种轻松的自由,自如得超越了所有约束。他试图做一个对立的修辞手段的实验,所以如果我们按照常规去阅读它,发现这个意义完全是个迷宫,完全不能理解。但进一步发掘也不难发现,刘震云是有意进行这样一种二分法的。我现在还不能断定这种二分法真的是非常非常高妙的,是一个伟大的创作和开拓,还是另一种简单化的方式?这点我们还可以再去分析。正如他所追问的那样,例如他对同性关系的描写,在第二卷中曾经说过这样几句话:

> 为什么同性关系深得人心呢?为什么同性关系者回到故乡得到了故乡人民的衷心拥护呢?就是因为它一到来,解决了我们生活中每时每刻具体存在的难题呀。在大的浪潮面前,过去的小的难题不就荡然无存了吗?同时具体问题也在新的浪潮中得到了具体解决呢。

包括小刘儿的老爹,在异性关系中找不到老伴的爹,不是也在同性关系中找到了白蚂蚁这样的人吗?这就是他把这样一个同性关系当作解决生活中所有矛盾,消除差异的一种简化方式。在这里,同性关系包含了一种双重性:一方面,他确实表达出刘震云对一种权力关系的强烈的批判愿望,在这种同性关系中始终包含一种权力关系、一种支配关系;但另一方面,刘震云声称从中找到了自由,找到了把所有矛盾解决的一种方案。

其二,对乡土中国的宗法制度的一种解构。这些搞同性关系的全部是来自他故乡的人,无论在城市或者返回故乡,他们都进入了一种权力关系。大家知道中国宗法制的社会是以一种家庭、家族伦理为结构纽带,才会建立一个封建的家长制。当这一切都变成"同性关系"以后,这里面又出现了一种平等,权力在这里面只是一个初步的关系,其内在关系又隐含着一种相互消解的性质,因为你是这个性别,他也是这个性别,变成一个单一的性别了,所以性别的政治、性别的权力和性别的权威在这里面被消解了。刘震云描述这个传统的宗法制社会结构的完全被颠倒,在此基础上,他又试图重新写作一个关于中国宗法制社会的状况。但是对这个状况的书写,我想刘震云并未完成他的方案。《故乡》也许是一个伟大的设想,但是就像一个伟大的现代性方案一样,它是一个未完成的永远被延搁的方案。例如刘震云过去的作品《故乡天下黄花》,从中我们还可以看到历史的那种可以辨析的过程以及那些相对明晰的含义。《故乡相处流传》就非常混乱,就是把整个中国历史完全打碎打乱。在此,刘震云确实感到要去颠覆中国宗法制社会的那种结构,所以他在寻找一些新的关系项去描述这个关系,最后找到了"同性关系"。在这里,后现代社会的"同性关系"被引申到故乡,并且被故乡的人伦关系所糅合了,"故乡面"现在揉进了后现代都市的时尚,或者说,后现代时尚被故乡面所糅合了——就像花朵被面团糅合了一样。故乡面与城市时尚的恶之花的糅合,就是刘震云这部作品的最深层的含义。

很显然,刘震云对故乡的书写无疑是最为奇特且大胆的。在他对"故乡",对这样一个乡土中国宗法制进行书写的时候,他有一个潜在的对手,就是《白鹿原》。陈忠实的《白鹿原》一开始也引用了对宗法制社会关系的一种隐喻式的书写,即男性的生殖力出现了问题。白嘉轩生殖力极端的旺盛,但是和他结婚的7个女人有6个女人都死掉了。陈忠实把男性性权力和能力进行神化,那么这个神话的隐喻就意味着宗法制社会以血缘为纽带建立的关系陷入危机。刘震云肯定在书写乡土中国、进行一次狂妄的历史概括的时候,也想着怎么去介入这样一种宗法制的社会。他选择的方案是彻底的颠覆,即把故乡卷入了所谓"同性关系"。"故乡"是人所共知的生殖力极其旺盛的地方,当这个地方的生殖力出现问题时,故乡会如何?它会获得真正的解脱吗?尽管说生殖力与生命力并不是刘震云思考的主题,但对故乡旺盛生殖力的消解,也是对故乡的强烈嘲弄。当宗法制的社会陷入同性关系的时候,这种状况是什么?是预见还是对历史的嘲讽?这是一个奇特的解构方案,但可能只是一个戏谑性描写的方案,但其挑战的勇气不无可贵之处,从这里或许可以找到一种解构的起点。

其三,"同性关系"解构现代性和后现代性的大都市文明。在所谓的都市文明当中,或者说当这些人到了都市的时候,都陷入了同性关系的结构中。这是刘震云对现代和后现代都市文明的虚假性的揭露。在1991和1992年的时候,关于"同性恋"文化及其潮流的相关报道讨论并不流行也不普遍,刘震云何以会运用这个资源,而且如此不留余地?当然这包含着他对未来都市未来文明的某种看法,对我们生活进一步发展变化的一种看法。在90年代后期,整个世界都卷入了这一狂潮,特别是西方70年代的知识分子,他们是激进的左派知识分子,他们是性解放的开路先锋。到了90年代后期以后,他们又变成了同性关系的开路先锋。这本身确实是文化的一种病症,它主要变成了一种时尚。现代的都市生活不断被时尚潮流卷进去。这些东西到底能给我们的生活带来一些什么呢,我想这本身也包含了刘震云对某种历史真实性的思考。在这个层面上,包含了一种现实的批判态度。

三、故乡的迷失与对文化母本的追踪

当故乡所有的人都陷入同性关系以后,过去的文化不见了,消失了,小说完全重新建立了一种文化,重新确立了一种关系。当然过去的权力偶像等等还依然存在,但是人最真实的情感和欲望在这里已经异化,文化完全以另一种方式来展开。刘震云以这种文化糟粕的形式,来表达对文化糟粕的一种戏谑。他首先把自身变成一种"糟粕",是对当代或预期的文化崩溃的状况、文化碎片状况的一种"同流合污"。通过打碎自我,把自身变成一个文化碎片,搅到了他所构造的一个后现代式的群居现场里去。在此乡村侵入了都市,而都市本身陷入了一种返祖式的困境——比乡村、比母系社会、比原始氏族更古老的前人类时代(同样也是无限未来的超人类时代)。在这样一个结构关系当中,他的故乡已经完全消失了,这些人都来自故乡,他们都保持着亲友关系,保持着传统的称谓,在他们的结构关系当中,还保留着故乡最后的那点记忆,但整个故乡消失了。所以在经过三个所谓的"前言"之后(前三卷都被命名为"前言"),第四卷他回到了他的乡村。

这里颇有点戏仿《追忆似水年华》和《尤利西斯》的意思。《追忆似水年华》叙述了在一个时间节奏中缓慢地回到童年、回到过去的故事,叙述人对自我的心理或记忆进行了细致的梳理。《尤利西斯》隐含了一个古希腊神话,俄底修斯翻船之后有一个寻找故乡的故事,一种归乡的情结。刘震云经过了前言中一个漫长混乱的巨大的历史崩溃之后,第四卷回到了故乡,回到了所谓的正文。但回到了故乡,故乡有什么故事呢?在卷三第六章"欢乐颂,四只小天鹅舞之一"中,故乡居然出现了美容院:"到故乡不用看别的,这是故乡的一个缩影,这是故乡的一个窗口,这是故乡的一个标志,相当于故乡过去门楣上的夜壶和春风中野外小店门口飘荡的一把爪篱。"美眼兔唇连着感慨故乡的变化:"故乡确实不是以前的故乡了。""故乡确实是让人陌生的。"①

第四卷故乡的叙事人变成了白石头而不是小刘儿,这是他儿时的玩伴。时间却被扣紧在1969年,从这个意义上来说,刘震云对时间结构的考虑颇具匠心。1969年在中国历史上是一个标志性的时间。其隐喻是明显的,隐喻一个革命的不断发生异化的历史。从这里可以看到刘震云对时间叙述的一种把握。整个第四卷所有叙述都集中在1969年,主要是三件事情:白石头学骑自行车,

---

① 刘震云:《故乡面和花朵》(卷三),华艺出版社,1998年,第1335页。

白石头接媒车,以及白石头与吕桂花、牛顺香两个女人的关系。1969很像一个成长的故事,突然出现感伤的温馨的细致的叙述。学骑自行车在每一个人经验中都是一个象征仪式:一方面表示你长大成人了,另一方面表示了你和一个机械化的时代联系在一起了。特别对农村青年来说,会骑自行车表明你和机械化发生关系,这是非常神气的。当你骑着自行车对别人的速度进行超离时,那样一种抛离乡村、超越乡村的感觉是十分美妙的。刘震云选择这样一种书写是非常有意思的。写白石头骑着自行车去接媒车,这是大人做的活,但是白石头11岁了,觉得他已经变身了。他跟吕桂花等玩的游戏,对女人身体的窥视,细致描写了与牛顺香她们玩的家家,陷入了对乡村的一种亲密生动的回忆。最后你发现他穿越了一种历史迷雾,回到了故乡来找寻和整理对故乡的记忆。但对故乡的记忆并不都是美好的,他不断颠覆了记忆中的故乡:是在电闪雷鸣中不断缩小的一个村庄,是在历史的风暴中一个微不足道、很卑微的故乡。

相比《边城》的故事和"寻根派"对乡土的眷恋,刘震云的写作是对乡土中国的记忆全方位的颠覆。他写到了故乡对成人仪式的怀疑和失望。白石头原来非常崇拜麻老六,麻老六的声音很长,送丧的时候都让他去喊丧,村头村尾都听得到。他脸上长着麻子,拿着牙签剔着牙从村里走过,白石头觉得他很有大人气概。结果有一天他在村里劳动时,一群大人在休息时把麻嫂(麻老六的老婆)压翻在地上,把衣服都脱掉。突然间他觉得成人的世界是如此卑劣。麻嫂并不介意,麻老六依然保持着一种讨好的笑容。报工分的时候,麻老六报了15个工分(满的是16),表示了他的谦恭,但白石头对这个成人偶像非常失望。后面他还写到牛顺香的父亲在她出嫁的时候交代女儿要戴避孕环,他不断揭示农民文化的愚昧、卑琐、自私。在此刘震云的书写是一个彻底的解构,失去故乡的悲哀感。从现在的历史去寻找故乡非常困难,历经三卷混乱的历史,叙述人回到了那个他学自行车的故乡。但他发现故乡在消失,离他远去,故乡变得如此陌生。第四卷并不是单面的情感,大悲大喜地揭露故乡的失败,但他(白石头?小刘儿?)依然有他的温馨、他的记忆,这种记忆是很真实很内在的。

通常写故乡都是有二元对立的模式:一方面贬抑城市,另一方面则尽力美化故乡。故乡是生我养我的地方,它是不能完全被否决的。刘震云的底线是乡土中国所保留的"母系社会"的文化。他写到了几个女性,他描写故乡时姥娘是他解构的底线。他没有写他的母亲,姥娘显然更有超越性的象征意味,是对母系社会的一种理解和象征。吕桂花这个人物也很重要,她是一个放荡的女人,未出嫁就跟别人发生关系,但后来他对她不断有了新的认识,力图在她身上写出农村妇女的朴实和真实。如果把这一问题进一步推论,刘震云对"同性关系"的揭示以及预见未来"同性关系"对社会的破坏,隐约表达了他对母系社会的向往和眷恋。这是一个文化恋母似的书写。这点表明刘震云对我们形成的庞大的现代性文化的怀疑和颠覆,也包括对后现代文化的怀疑和摧毁。第四卷的结尾是很有意思的,突然间写到古代去了。小刘儿变成太尉,里边的人都发生变化,白石头变成禁军教头,小刘儿要迫害他。这里有一个历史宿命性的影射,影射林冲的故事、高述的故事。重新书写《水浒传》,作为一个文化母本放到最后,这并非胡闹。我们文化的根在哪里?刘震云最后发现这个根被权力斗争所盘踞。但是白石头尽了孝道,逃亡中一路都带着母亲。这里出现了传统的孝道,对母亲的孝道和对姥娘的情感。这是对现有文明的一种看法,既很坚决也很绝对。在我们这个时代,孝道显得很无力,最真实最内在的东西是最无力的东西。

当然,"白石头"这个人物显然也隐约带着对《红楼梦》这个母本的挪用。《红楼梦》的另一种文本就叫做"石头记",而刘震云把他的叙述人(或主人公之一)称为"白石头",这是更为虚无的没有历史记忆的"石头"。但刘震云最后寻找文化记忆或文化之根时,他找到了《水浒传》,而没有找到《红楼梦》。这既是他的高明之处,也是他的狡猾习性在起作用。《水浒传》似乎更具有中国民间的历史传承性,不管从文学文本的角度来看,还是故事所包含的文化价值认同。

在艺术上,反时间性的叙述意义何在?在后现代城市中重建了乡土关系:城市被乡村的人所占据,所有关于城市的写作又是对乡土的写作。农民在城市发财致富,他们外表是城市的,但都来自农村。这个构思颇为巧妙,在双重背景上使时间与空间的表现性被反讽化了。解构主义关于在场与不在场的相互颠倒的关系在这里充分体现:第一,城市被乡村占据后,这是一种双重颠覆,城市消失了,乡村也消失了,在此是一种历史的空当的状况。第二,以虚拟叙事为基础的修辞性表意,完全是话语的奔放,进入语言自身的碰撞。虚的语言中总有实的关系,现存的权力关系、真理与权威秩序都在修辞性的废话中涌现出来。刘震云并不直接在完整的人物性格人物命运和故事的结构中对现实批判和抗议,而是在语言碎片中进行直接的抨击。第三,将反讽描写、戏谑机制、恶作剧融为一体,是一种内暴式的语言修辞。麦克卢汉说过,进入电子化时代我们的感觉是一种内暴式的。在汉语言的结构内部,特别是在叙事单元中,刘震云做到了内暴式的叙述,语言本身可以构成一种对立,构成一种冲突,完全不同的东西他敢于把它们捏在一起构成一种审美冲击。在每一个叙述单元中都包含正与反、肯定和否定、美和丑、善和恶。刘震云有意使这些对立的东西混合在一起,让它们本身产生冲突,从而不断生产出语言自由播散的动力,这是语法与修辞的一次彻底自由的解放,还是无所顾忌的破坏与疯狂,需要未来时代的人们才能做出更为恰当的判断。

关于差异性的自我。当代文学最缺乏什么?理想?崇高的品德?对农民的关怀？但我觉得最重要的东西是叙述的智慧和记忆,是差异性自由。只有将差异性自由投放进去,所有思想文本修辞才能被激活。刘震云的小说在叙述上的做法就是差异性自由,他的每一部小说在向前推进时都突然岔开,在此他找到了语言在语法与逻辑的突然断裂与崩溃之后的一种后文学语言状态。多年前,格非在他的《迷舟》、《褐色鸟群》、《大年》和《风琴》等作品中,对小说叙事的结构进行了差异性的解构。另外,马克思的博士论文在研究伊壁鸠鲁(和莱布尼茨)的原子偏斜理论时,就强调了这种偏斜状态所表达的自由意义,原子在运行中突然出现了一种偏离,这种偏离是一种自由。马克思就是以此为基点去理解康德、黑格尔的。在文学叙述中,作家的才华在哪里闪现出来？就是在偏斜中闪现出来,这种闪现它的能量是最真实最有力量的。2000年,大江健三郎在北京的讲演里提到他近年来找到一个非常有效的表现方式,这就是"可变异的重复",即过去出现过的事物,现在又重复出现了,但某些性状发生了变异。这就是差异性自由。这与格非当年学习博尔赫斯的"空缺"如出一辙。就是这种在叙述语句、修辞、表意关系中产生的差异性自由,使得小说叙事充满了自由崩溃的动力,出现多米诺骨牌倒塌的那种效果。艺术的思想的能量在此找到了一个支点,它与文学语言的光彩、艺术的能量共同迸发。

刘震云在此构建了一个话语的帝国策略。(这是一个比喻性的说法,帝国意为对集团国家——对众多的 states 的控制。这是一种话语控制的欲望,也是表意的霸权愿望。)帝国策略意欲为话语建构成不断扩张的叙述空间。刘震云有意去发掘假恶丑,这是一个假恶丑的狂欢节。但是,他的假恶丑本身也是表象化,它并不是那么绝对地进行深刻而彻底的批判,它只是戏谑式地嘲弄。既然"后后时代"并没有什么值得认真或真正对待的东西,也就没有巨大的愤怒和仇恨,不过是"故乡面"与都市的"恶之花"的混淆与相互掺假而已。

在此,刘震云选择了一个最重要的审美的解构性力量:荒诞感。用荒诞感来解构世界,所有的东西都陷入不真实和荒诞中。他用同性关系去探讨人种学的关系,他觉得异性关系已经出现危机,而发展到同性关系是世界末日的灾难。但刘震云似乎怀着一种潜在的愿望去寻求母系社会,在同性关系的背后,这种寻找实际也是在寻找一种人类的变形记。也许人类社会发展到未来的时候,一切社会关系都变成这样的反权利与反债务关系,变成了这样一个丧失过去的人伦关系的荒诞事件。

当然,刘震云对生活于故乡中的母系社会也并没有足够的把握,他从中并没有看到一个纯粹的希望。小说最后一章被称为"村庄的诺言",实际是村庄如何违背诺言,而这一违背经常变成了村庄的终结与新生。但这一次村庄违背诺言却是父亲(牛文海——白石头的舅舅)对家族生殖延续的设计,精于算计的牛文海用换亲的方式为两个儿子换来媳妇,结果大儿子换回来的媳妇跟小炉匠跑了,这使牛文海留了一手,让16岁出嫁的女儿牛顺香戴上避孕环。结果引发了两个村庄的大规模的凶恶械斗。很显然,故乡的母系社会事实上是被男权所规划的,它被男权的阴谋推向一个又一个危险的境地。女人被作为一种物件来为家庭交换生殖关系,而留给女性的永远只是屈辱与灾难。在刘震云的叙事中,少有女性的命运有美好的结局,牛长富换来的媳妇本来生活得幸福,但这种幸福并不长久,她死于丈夫骑自行车载她去看病的路上。

  回溯过去,白石头/小刘儿找到了他的姥娘,找到了一种母系社会存在的故乡的源头。这个源头的本质是什么呢?它是创世纪还是反创世纪?这是关于亚当、夏娃神话的一种重新的解构。这里蕴涵的思想令人惊异的丰厚——当然,这种视角建立在对刘震云的文学态度保持高度信任的前提下。刘震云本来也许有建构一部划时代经典作品的冲动,但最后他发现了他的困难与徒劳。这样的建构经典的冲动只能把它摧毁,否则就成为他的陷阱。这个对经典的重建到最后的结尾就显出了它的勉强与困窘。它变成了一次文化的寻根,一次对寻根的模仿。它似乎找到文化的最终价值(比如说孝道);另一方面,也是对经典文本的一个寻找,最后他找到了《水浒传》,找到了民间的文化传承(甚至口头传承)。其实《水浒传》是一个历史与民间的巨大的象征,一个不死的民间神话。刘震云怀着经典冲动的书写,最后却在民间神话这里落脚,他就成了当代文化中的梁山好汉,一个道地的草寇——这是刘震云真正想获得的角色吗?刘震云真正是一个历史与政治的虚无主义者。这一点上,这个时代无人能与之比肩。仅只这一点,他就有当代人少有的冷静与深邃。只有他,以如此大的手笔,冒天之大不韪,把变了质的故乡面与后现代的都市恶之花强行"和"在一起,既怪诞又虔诚,既狂妄又卑琐,创建了一个"后后时代"的末世图景。对历史与现实、现在与未来进行全面的拆解。由此把乡土中国叙事与后现代性强行结合在一起,这无疑是一次最为狂妄而冒险的开创。他摧毁历史又逃避现实,我们除了赞叹他是一个胡闹的先知外,难道不应该望其项背吗?

原载《南方文坛》2009年第5期

尴尬的跟班与小说的末路
——刘震云及其《手机》批判

李建军

    我无意把文学与影视简单地对立起来。在我看来,它们不仅是同样伟大的艺术样式,而且,也是依存关系最为密切的姊妹艺术:文学为影视提供内在的滋养和有用的资源;影视则以其更直观、更具视觉效果的优势,扩大了文学的生存空间和影响力。可以肯定地讲,倘若没有电影艺术的支持,当代中国的一些"著名作家",根本就不会像现在这样"著名"。但是,我们必须看到,文学与电影毕竟又是两种不同的艺术样式,它们各有其独特的生存方式和内在品质。倘若作家为了获得更多的声望资源和市场份额,低首下心地向影视文化屈膝称臣,亦步亦趋地按照影视文化的模式写作,就必然会导致文学品质的丧失和文学精神的异化。

    那么,什么是文学品质呢? 所谓文学品质,就是指文学所特有的品性和特质:它是一种以文字为媒介,通过细致耐心、生动、可信的叙述和描写,以一种渐缓而内在的方式,对读者的想象力和理解力发生作用,从而引领他们深入到作品的形象体系的内部,赏玩、体味到丰富的情思和意蕴。它具有形象显现的间接性和阅读体验上的可反复性,具有远比影视艺术更大的想象空间和象征内涵。它属于丹尼尔·贝尔所讲的"印刷文化"。它不同于"可视文化":"印刷文化不仅强调认识性和象征性的东西,而且更重要的是概念思维的必要方式",而视觉文化则"由于强调形象,而不强调词语,引起的不是概念化,而是戏剧化"。[1] 确实,影视文化本质上是一种"近距离"的文化,无论是与意义相关的"内在距离",还是与形象体系相关的"外在距离",都是这样。[2] 而文学品质则要求作家要善于保持距离,对叙事文学来讲尤其如此。法国作家居埃蒂斯说:"写小说,乃是和自己、和世界保持距离。"[3]是的,只有保持距离,作家才能冷静、客观、完整地把握、叙写人物和事件。就此而言,小说完全可以被归入马歇

---

[1]〔美〕丹尼尔·贝尔:《资本主义文化矛盾》,生活·读书·新知三联书店,1989年,第175页。
[2]李建军:《小说修辞研究》,中国人民大学出版社,2003年,第132~149页。
[3]吕同六主编:《20世纪小说理论经典》(下卷),华夏出版社,1995年,第170页。

尔·麦克卢汉所说的"低清晰度"的"冷媒介"。① 与影视等"高清晰度"的"热媒介"不同,冷媒介"要求的参与程度高,要求接受者完成的信息多";另外,"热媒介有排斥性,冷媒介有包容性"。② 显然,麦克卢汉的观点有助于我们理解小说艺术的"文学品质",有助于我们认识文学与影视艺术的区别。

然而,一个普遍而严重的倾向是,人们似乎已经习惯于用热媒介的尺度来评价文学,甚至,有人索性将文学也归入热媒介。这些人强调"零距离"地介入生活,强调用文学来获得只有热媒介才能产生的刺激效果——刺激人们的消费欲望,刺激人们的外在而强烈的感官反应。他们无视印刷文化固有的特点,无视小说自己的"文学品质",把小说变成影视文化屁股后面言恭貌谨的小跟班。海岩、石钟山、周梅森、池莉等人的小说,无疑属于这样的角色,但最典型的小跟班形象,则非刘震云的《手机》莫属。刘震云的这部小说与同名电影的关系,典型地表征着小说艺术丧失文学品质的严重情形,典型地表征着热媒介奴役冷媒介所达到的可悲程度。

大家都知道的,著名导演冯小刚是一个很会巧妙地利用媒体宣传和"大腕"效应来创造票房价值的能人。但是,他的"贺岁片"其实不过是一些用夸饰的语言包裹着的文化垃圾而已:内容空洞,千篇一律;轻佻儇薄,境界甚低。他是个小玩意迷恋者。我们从他的电影里可以看到小打小闹、小情小调、小奸小坏、小腻小歪,但是,永远别想看到重大的问题、严肃的思想、深刻的痛苦、可怕的真相。在他的电影里,没有真正意义上的哲学和世界观,没有不满和愤怒,没有对于底层的弱势群体的怜悯和同情,没有令人欣悦和感动的伟大与庄严。永远是"没完没了"的闹剧,永远是比"一地鸡毛"还轻的"一声叹息",永远是一见面就闹的"甲方乙方",永远是"大腕"们喋喋不休的"一腔废话"。他坚定不移地实践王朔的"玩主"们的人生哲学。浅薄的嘲弄,被当作勇敢;油滑的饶舌,被当作机智;细小的情欲,被当作不变的主题;婚外的恋情,被当作诱人的蜜饵。总之,一句话,冯氏"贺岁片"每年都能让观众"不见不散"的秘密就是用情欲调治迷魂的汤药,——当然,不是说"情欲"不能写,而是说必须写出有深度、有价值的主题,否则,就会像傅雷说的那样:"情欲而无深刻的勾勒,便失掉它的活力,同时把作品变成空的僵壳。"③

按说,刘震云是从农村出来的苦孩子,与在"阳光灿烂的日子里"长大的王

---

① 〔加〕马歇尔·麦克卢汉:《理解媒介——论人的延伸》,商务印书馆,2003年,第51页。
② 〔加〕马歇尔·麦克卢汉:《理解媒介——论人的延伸》,商务印书馆,2003年,第52页。
③ 傅雷:《论张爱玲的小说》,见金宏达、于青编:《张爱玲文集》(第四卷),安徽文艺出版社,1992年,第405页。

朔和冯小刚们并无太多的共同之处。他早期的作品,写"塔铺"孩子的辛酸和艰难,写"新兵连"的屈辱和失望,写一个外地人在都市的"单位"里看到的恶心事情,都给读者留下深刻、难忘的印象,是任何一个在"部队大院"里长大的"玩主"作家写不出来的。遗憾的是,很快,他的底层记忆,就被都市上流生活的潮水冲刷得荡然无存。他开始凭着聪明,用荒谬、反讽的手法,写起了解构历史的小说,如《故乡天下黄花》、《故乡相处流传》等。虽然他这个时期的写作也显示出寻新求变的努力,但是,这些作品并不成功:过强的理念化色彩和生硬、做作的叙述方式及结构方式,都使这些作品给人一种消极的阅读感受。但刘震云似乎并没有意识到这些问题,仍然顺着已经走熟的道儿一气儿往前闯,凭着一股蛮性写出了长达200多万字的《故乡面和花朵》。到此,刘震云的小说写作,就进入了一个曲折、幽深的死胡同。随后写出的《一腔废话》不仅全然不像小说,没有故事,没有趣味,而且,还将理念化和露骨的调侃与反讽推到了病态的极致。我曾在一篇文章中这样评价过这部小说:"刘震云用从古典小说里取来的符号(如孟姜女、白骨精等)替代人物,用说话代替了行动,用话语代替了故事。小说的题目概括了全书的内容:'一腔废话'。""从文体上看,《一腔废话》把刘震云从《故乡面和花朵》以来的话语狂欢倾向发挥到了极致。这部小说的文体板滞、枯窘、笨拙、繁复,读起来给人一种喘不过气来的感觉,仿佛被迫在苦夏的火炉旁喝热茶。""最后,容我直言,刘震云《一腔废话》的写作,仍然是一次失败的努力。透过'废话'的空隙,我们看不到'想象的美妙',看不到独特的'经验',看不到有深度的主题。在沉闷的阅读之旅结束后,我们得到的,除了疲劳,便是失望:这是一次没有收获的阅读。"①

"没有收获"也是我读完《手机》以后的感受。这部小说是一个被同名电影挤压得扭曲变形的文本。它虽然具有小说的形式,但是本质上依然是烙有"冯氏"徽章的电影剧本。它不仅缺乏小说的文学品质,而且,还缺少一个深刻的主题。如果我们一定要给这部缺乏深度的小说概括出一个可能的主题的话,那么,这个主题似乎只能是:手机给人们提供了交流和沟通的方便,但也因其便于随时询唤,严重地挤压了私人空间,从而导致人们以伪陈述(即说谎)来逃避突如其来的询唤,并最终造成被询唤者的情感紧张和道德扭曲。如果这个主题能得到有力量的表达,那么,这部小说将有助于人们反思一种高度现代化的通讯工具的弊端。然而,刘震云对这个主题不感兴趣。他的眼光很快就滑向另外的地方。他把人们的注意力吸引到了男女之间的那点小事情上去了。他把自己的趣味、想象力和兴奋点,统一、约化到了冯小刚的道德视境和价值水准上。不

---

① 李建军:《一次没有收获的阅读》,《文汇报》2003年3月16日。

过,刘震云似乎也明白,仅用"手机"这么一个道具和几个男女的那点小事,是写不出什么名堂来的,于是,他把时间由现在推到了几十年前,把空间由都市推到了农村,然而,他的这种策略并没有收到预期的效果。过去与现在两个时代、农村与都市两个世界,仿佛两张大小和形状不一样的皮,永远缝不到一起。你不知道,作者为什么要写严守一陪着吕桂花到镇上的邮电局给牛三斤打电话,你不明白他以闹剧的方式写这件事的动机是什么,同样,你也看不到第二章与第三章之间有什么自然的、有机的内在关联。总之,如果细加分析,你会发现,第一章和第三章与小说的主题内容完全处于一种游离状态。

从具体的叙述行为上看,刘震云有利用电影剧本写作惯常使用的省略手法和概述方式的大胆,但缺乏对小说艺术来讲至关重要的细致与诚实。在小说《手机》中,你会惊讶地发现,刘震云好几次将几句话甚至一句话当作一个独立的章节,例如:第二章的第 15 节是一句话:"从山西老家回来,严守一和沈雪同居了。"①占了一页的篇幅;紧接着的第 16 节也只有短短的四个字"冬天到了"——整整一页就只印了四个字,真是懂得"不着一字,尽得风流"的奥妙啊!一般来讲,划分章节的修辞目的是为了控制节奏或强化读者的印象。刘震云显然是为了获得后一种修辞效果,例如,在第二章的第 15 节中,他想凸显和强调的是"同居"这一事象,而在第 16 节里,他想强调的不是季节的转换,而是用"冬天"来暗喻、强调"同居"的后果:严守一的麻烦来了,好戏开始了。但是,这样的强调既是拙劣的浪费,又是多余的点缀,因为,包含在这四个字里的冷漠和嘲弄,我们早就从他的叙述中感受到了。由于同样的理由,第二章第 23 节和第 24 节以几句话或一句话为独立一节的处理也是失败的,而第 24 节的"春天到了"四个字则连"冬天到了"的作用也没有,不仅是对文字和纸张的毫无必要的挥霍和浪费,而且,还显示了作者对读者的傲慢和不尊重。

冯小刚的电影还有一个特点,那就是,用热闹的外衣掩藏讽世的油滑和无爱的冷漠。刘震云受其影响,在写《手机》的时候,也采取这种消极的态度,也对怜悯、同情和善意表现出鄙夷不屑的态度。他怀着一种近乎诅咒的恶意嘲弄一切。他通过对他者的嘲弄,体验一种消极的快感。他对人与人之间的交流和沟通持一种否定的看法,认为人们所讲的话大多是"废话"。像贾平凹、莫言、余华等人一样,刘震云也是一个"善真美感受贫弱症"患者(即对善良、真实、美好的人情物事缺乏敏感,反应冷淡,而对暴虐、丑恶、病态、阴暗、残缺等消极现象大加渲染、乐此不疲的人)。在刘震云的相当一部分小说里,我们很少看到美好、善良的人。在他的笔下,人不仅内心世界残缺、丑恶,而且,也不配有美好的外

---

① 刘震云:《手机》,长江文艺出版社 2003 年,第 98 页。

在形象。他总是乐于把人写成丑陋、可恶的样子。

你看,严守一"他爹",一个"不爱说话"的人:"……每句话全是单词,……老严赞成是'弄',不赞成,是'弄个球';另四句是感叹词,不管是高兴或是愤怒,都是'我靠'。"①而与他一起卖葱的老牛也没长个好样子:"个头比桌子高不了多少,雷公嘴,说起话来娘娘腔。"②

你看,严守一的堂哥"黑砖头"(光看这名字,你就可以看出作者对他的态度):"长得跟黑塔一样,爱喝酒,爱吹牛,爱搅事,每一个事又被他弄得乱七八糟。"③严守一的好朋友张小柱:"头长得像个歪把南瓜,胳臂腿细,像马杆(麻杆);由于头重,每天像碾盘一样压在肩膀上;右眼玻璃花,看东西先揉左眼。张小柱他娘有些傻……"④

面对在城市的洗脚屋给人服务的农村姑娘,刘震云不去留意她们的眼神和表情,不去观察她们内心微妙的变化,不去关心她们敏感的自尊心是否受到了别人的伤害。他把心灵的事业交给了鼻子和一双只看得见外在形体的眼睛,因此,在他的笔下,这些农村姑娘暴露给读者看的,除了不佳的长相,就是不好的气味:"……一泡一个多小时,一个脚丫子让人搓来搓去,搓脚的小姑娘都是粗短的农村人——模样好的都去了夜总会,模样差的才过来捏脚,有的人刚来,身上还有褪掉一半剩下一半的汗臭味儿,就让人不耐烦。"⑤

在刘震云的眼中和笔下,农村人的形象委琐,城里人也不足观也。严守一的妻子于文娟说起话来"'嗒嗒嗒嗒',像机关枪似的,扫出半个扇面;脸色没变,还笑着,像上个世纪一个叫董存瑞的战士,拉响了炸药包,还面带微笑,意思是:宁肯粉身碎骨,也要让这碉堡炸了。"⑥严守一的好朋友费墨也与气质高雅、举止潇洒无缘,他"是个胖子,是个矮胖子,是个大学教授,北京人,脸上架一深度眼镜,无论春夏秋冬,都爱穿对襟褂子,冬天脖子里爱搭一条围巾,说话文白相间,严守一初见到他,就想起上世纪二三十年代的老派知识分子"⑦。

出版社的老贺"是个矮子,头上就一绺头发。但他对这绺头发却很心爱,让它从左边伸向右边,从整个光头上爬过去"⑧。一位新潮女作家的作品"全靠胡

---

① 刘震云:《手机》,长江文艺出版社,2003年,第4页。
② 刘震云:《手机》,长江文艺出版社,2003年,第5页。
③ 刘震云:《手机》,长江文艺出版社,2003年,第63页。
④ 刘震云:《手机》,长江文艺出版社,2003年,第8页。
⑤ 刘震云:《手机》,长江文艺出版社,2003年,第140页。
⑥ 刘震云:《手机》,长江文艺出版社,2003年,第27页。
⑦ 刘震云:《手机》,长江文艺出版社,2003年,第29页。
⑧ 刘震云:《手机》,长江文艺出版社,2003年,第137页。

编不说,而且老有错别字。她最爱用的一个词是'潸然泪下',一页得哭三回。但她强调用身体写作。所以她的作品倒畅销。可她长着一个倭瓜脸,五短身材,本身就没有身体"①。

在小说中只出现过很少几次的"激情三十七"的主持人马勇也难逃被刘震云戏弄的命运:"马勇长得一副猪相,扫帚眉,三角眼;但正因为长得丑陋,一说话观众就笑。"②

我们从这些夸张过度的公式化、脸谱化的描写中,看不到真实,看不到深刻,看不到美好,却看到了随意,看到了浅薄,看到了油滑,看到了诗意的死灭,看到了想象力的懒惰,看到了在一个具有仇智倾向的社会里,流行了半个多世纪的对知识分子的充满敌意的妖魔化狂欢。

刘震云不仅把冰凉的剑戟指向农村人,指向知识分子,而且还将冷漠的目光投向女性和孩子。唉!真是没有办法:一双缺乏爱意的眼睛看不到美好的光彩,正像一颗冷漠的心感受不到善良的热力。跟严守一"一块淘气的女孩"伍月,在刘震云看来,是不配有娇好的面容和绰约的风姿的:"……理一男孩头,脸长得并不漂亮,嘴角左边还有几粒雀斑,但身材好,细腰,翘臀,大胸,将手伸进内衣,像摸到了两只篮球。……最勾人的是她的两只细眼,老蒙着,半睁半闭;偶尔睁开,看你一眼,就将你的魂勾了去。"③刘震云对刚刚来到这个世界的孩子也缺乏温柔的情怀甚至正常的反应:"刚生下来的孩子就不像孩子,皱皮嫩肉,身子蜷在一起,像刚生下来的耗子。他们有的在闷着头睡,有的在闭着眼蹬腿,还有的在张着嘴大哭,一哭脸就没了。"④

不需要更多的例子了。结论很明确:刘震云在写《手机》的时候,缺乏一个小说家应该具备的那种情感态度,即对人物的冷静的理解和温柔的同情。他不明白,即使面对的是一个有罪的恶人,作家也必须有足够的耐心和冷静甚至同情和怜悯,否则,他就不可能真正地了解他,就无法写出埋藏在他内心深处的欢乐与痛苦、忧伤与希望。如果说油滑使人浅薄,那么,冷漠则使人褊狭,因此,我们反对油滑等于向作家要求深刻,否定冷漠等于向作家要求公正,是的,公正,没有比它更重要的了,因为,没有公正,就没有客观,就没有真实,就没有平等,就没有尊严。遗憾的是,刘震云忽略了这些。他拿人物当玩偶,像王朔和冯小刚一样嘻嘻哈哈拿人物开涮。他倾向于抡圆了把人往"拧巴"里写,非得把人写

---

① 刘震云:《手机》,长江文艺出版社,2003年,第137页。
② 刘震云:《手机》,长江文艺出版社,2003年,第51页。
③ 刘震云:《手机》,长江文艺出版社,2003年,第55页。
④ 刘震云:《手机》,长江文艺出版社,2003年,124~125页。

得不人不鬼、不伦不类他才过瘾。虽然,玩这种任性的游戏,他也许可以得到有限的快乐,也许可以获得商业上的成功,但是也必须付出高昂的代价:在文学上一无所获。是的,扮演娱乐场上的小跟班,固然热闹,固然实惠,但是,换一个角度看,说它是小说的没落,也未尝不可。

原载《小说评论》2004 年第 2 期

"喊丧"、幸存与去历史化
——《一句顶一万句》开启的乡土叙事新面向

陈晓明

引言：当代乡土叙事的"喊丧"声调

2009年，刘震云出版长篇小说《一句顶一万句》，令文坛颇为震惊。刘震云这些年不知不觉就成为中国当代最激进的写作者，从《故乡天下黄花》开始，他对"故乡"——乡土中国的家园的书写，就显示出与众不同的热情与力量。经过《故乡相处流传》到达《故乡面和花朵》，这是刘震云对故乡书写的无限激进化的路径。中间经历过《手机》的躁动和《一腔废话》的迷惘，《我叫刘跃进》已经很有些清醒了。但《一句顶一万句》还是让人惊奇，那么平静、平实、内敛地叙述乡土中国，却隐藏着那么深刻的忧郁。他仿佛徘徊在乡间，仿佛踟蹰在文坛，"生还是死"？关于书写乡土中国的疑问，这是关于写作的疑问，也是关于不写的疑问。

刘震云这部小说极为大气，手法也极其独特诡异，其包含的主题思想复杂且丰富。本文当然不可能全面阐释这部当代的神奇之作，只想就"喊丧"与"幸存"的经验这一点来进行阐释。

其"幸存"的经验可以从"喊丧"那里显示出来。"喊丧"或许是这部小说并不显眼的一个细节，对于刘震云来说，也可能并没有什么特别的隐喻，甚至有可能只是他玩弄的一个噱头。但作者不经意间玩弄的细节，却在文本中构成了一个极有生产性的机制。

小说的主要人物，杨百顺，后来叫杨摩西，再后来叫吴摩西——这个人物的生活史就是改名史。小说开篇不久就写杨百顺在少年时期喜欢听罗长礼"喊丧"。那是乡土中国葬礼仪式上的独特声调，罗长礼本来就做醋，但他不好好做醋却喜欢喊丧，远近闻名，谁家做丧事，都请他喊丧。小说这样写道：罗长礼仰着脖子一声长喊：

>"有客到啦，孝子就位啦——"
>白花花的孝子伏了一地，开始号哭。哭声中，罗长礼又喊：
>"请后鲁邱的客奠啦——"

同时又喊：

"张班枣的客往前请啊——"①

　　这或许是小说中一个不起眼的细节，众多故事中的一个小片段，但却是少年杨百顺最重要的经验，他一直想成为一个"喊丧"的人，偏偏事与愿违。后来在他丢失养女巧玲躺在黄河边的路边，他回想起他一生做过的无数职业都与"喊丧"无关。从做豆腐起，到杀猪，到染布，到信主破竹子，到沿街挑水，到去具衙门种菜，再到卖馒头……他都未能成就自己"喊丧"的梦想。到上部"出延津记"结尾时，路人问他叫什么名字，他想来想去，自己原来叫杨百顺，后来改叫摩西，"但细想起来，吴摩西从杨家庄走到现在，和罗长礼关系最大"。他回答说："大哥，我没有杀过人，你就叫我罗长礼吧。"杨百顺变来变去，他的本质还是罗长礼，还是一个"喊丧"的人。

　　当然，"喊丧"显得过于悲戚，这与中国乡土叙事惯常有的乡愁般的情调大异其趣。经典的乡村浪漫情调，被恶作剧般地改为"喊丧"。这显然并不是刘震云一人所为，三年前，贾平凹就让他的《秦腔》中的主人公白雪一直在丧葬上唱秦腔哭丧；而阎连科在《受活》中声称要在墓地写作，那个柳鹰雀就在他为列宁准备的水晶棺材下早早地刻下了"柳鹰雀之墓"，此前，阎连科的《坚硬如水》就让一对革命造反派情侣在墓地里交媾，随后，他的《风雅颂》里的杨科找到所谓的"诗经古城"废墟，要在那里建立最后的家园。这几位或许不具有全面的代表性，但他们代表着当今中国最激进的乡土叙事，甚至是中国当代最激进的叙事。在 21 世纪，令人意想不到的是，最前卫先锋的激进叙事是发生在乡土叙事领域，他们以"喊丧"的姿态与声调开始写作。

　　乡村中国的经验已经历经无限的写作，变得越来越困窘，越来越枯竭。在"现代的"乡土或者"革命的"乡土之后，20 世纪 80 年代的中国试图从"寻根"那里来发掘乡土新的经验，使之具有现代主义的内涵。"寻根"是中国文学走向世界，与世界文学对话所做的努力。但这场对话不了了之，并未有能力持续下去。取而代之的还是重写革命历史，把乡土中国的经验置入现代性的革命历程中，去看待它经历的历史变异。《白鹿原》《故乡天下黄花》《笨花》《生死疲劳》等就是这样的"向内转"。乡土中国还是回到自身的世界中，讲述自己的故事，对自己讲述自己的故事。显然，"向内转"的经验也已经被几部大书耗尽，留给进一步有所作为的乡土叙事的可能路径就十分狭窄，几乎只能在绝处逢生。如同幸存一般，能活下来，能活着走下去，那就是幸存的文学了。在这一意义上，

---

① 刘震云：《一句顶一万句》，长江文艺出版社，2009 年，第 15 页。

或许《一句顶一万句》创造的就是一种幸存的文学经验。

一、幸存的孤独：对友爱或家庭伦理的解构

"幸存"（survival）这一概念可以从德里达的《友爱的政治学》里找到哲学依据。德里达从蒙田的那篇谈友爱的散文里读出那个感叹的句子："哦朋友，没有朋友。"德里达从蒙田引述的西塞罗的论述中，读出友爱极为独特的意味。西塞罗书写的葬礼挽词，那是对朋友的哀悼怀念，在这里，友爱放射着启示希望的光辉，把朋友的名字许诺给遗嘱之中回归的亡灵，友爱因此超越生命投射希望。在这种投射友爱与激发友爱的希望中，西塞罗相信同一性，那是生者与死者，我的说话与墓地中的倾听者，我的现在的说话与我对身后的葬词的期许（我死后也能听到同样的朋友在赞美着我的美德）。这是一个同一性与友爱的共同话题。葬词对朋友的祭悼其实是与死人展开的相互投射和注视，友爱的表达总是在葬礼上被深化，此情此景的友爱总是感人至深。因而德里达会说友爱无论如何，都是幸存的可能性。"此乃哀悼的别名，其可能性绝对是不可期待的。因为没有哀悼，我们就无法幸存。任何一个活着的人都无法战胜这一重要的逻辑——这一幸存状态的逻辑，即使是上帝，也束手无策。"①因为朋友的故去，我的幸存，我才意识到友爱的重要。或者，死去的朋友是我意识到幸存的参照物，我与死者就构成了一种对视的关系。我也将死，终有一死，我死后，也有朋友对我注视。如此看来，德里达对友爱的解释显得异常奇特：友爱是人寻求同一体的一种方式，但更重要的是，它起源于幸存的可能性。

如此看来，友爱表达证明了幸存，友爱是为幸存，为幸存而友爱。友爱是幸存的可能性，而幸存则是生命的最基本也是最本质的意义。德里达说，"幸存"与名字的那些主题相联系，朋友的名字、名义以及生命的有限性，这些主题唤起记忆和遗嘱，友爱总是与此相关。也许"幸存"是理解友爱的全部起点，但德里达本人并未强调这点，也并未进一步发挥。但对于我们来说，则是可以以此作为起点，去理解刘震云的《一句顶万句》中作为幸存经验与他解构友爱之间的关系，由此构成这部小说极为独特的伦理经验和小说叙述的经验。

乡土中国的"喊丧"当然也与西塞罗在墓地的悼词有所不同，但作为一种丧葬的仪式，他也同样表现了生者与死者的关系，尤其是把亲人呼唤到葬礼前。"喊丧"显然是一种更为强烈的哀悼形式，也可能是更强烈的幸存经验。"哀鸿

---

① 〔法〕雅克·德里达：《友爱的政治学》，胡继华译，吉林人民出版社，2006年，第28页。

一片"是乡土中国丧葬的主导表现形式,它同时也以血亲纽带重建家族共同体的重要手段。在"喊丧"、幸存与友爱之间,这部小说构成了一种隐秘的关系。

"喊丧"在生与死,在场与不在场,个人与共同体之间构成一种多元的奇妙关系。杨百顺喜欢"喊丧",其实也是从这个行为中体会到面对死亡,生命超越的可能性(小说在后来解释说,"喊丧"和玩社火一样,都有些"虚",参见小说第165页)。确实,"喊丧"有双重性:一方面是借用死者的权威和恐惧,利用鬼魂的超自然超现实的力量,来规划和构建亲属的共同体;另一方面,"喊丧"的人却有一种他者的地位,他几乎灵魂出窍,他成为一个旁观者,他指使别人来到死者面前,而他超然于死者的权威之外。在死亡的现场,唤来其他存活的生命向死者顶礼膜拜,还有什么比这样的存在更为令人敬畏的呢?似乎只有罗长礼可以超乎死亡。在那样的场景中,罗长礼也是一个孤独之子,他是唯一的这一个,是唯一的与死者享有同等权利的人物,他实际上就是死者的替身,作为死者的代言人,把生者唤到死者面前,他本质上就是一个"鬼"。罗长礼是复活的"鬼",甚至可以说是不死的"鬼"。他是在场,是时间的停留。他前有死者,后有生者,都与他无涉,他是孤独的,绝对的那个人。他活脱脱就是死者的在场。

"喊丧"面对死亡的个人性,其本体论的意义则是一种巨大的孤独感。那是一个没有对象的呼喊,那是向死的呼喊,那种享有的声调、音频、音重——那种美声似的吟唱,与现场的哀号形成深刻的区隔与歧义。由是,幸存与孤独构成一种互补的关系。杨百顺着迷于罗长礼的"喊丧",也是他从中体会到那种截然的孤独、幸存的经验。刘震云的人物试图找人"说话",缘于内心的孤独,但越说越孤独,因为语言的误解,更重要在于人心的狭隘和自私。孤独的根本在于人作为一个如此绝对的个体,他无法构建一个共同体。杨百顺遭遇父亲的算计,让他弟弟杨百利去延津上新学,因为杨百顺比杨百利脑子更活泛,怕他翅膀硬飞离了做豆腐的家传祖业。从杨百顺的经验来看,小说中没有看透他的家庭有多少友爱,那只是一个乡村的自然的经济单位,家庭不是友爱的场所,只是生产作坊。杨百顺本质上是孤独的人,他的生存如同一个永远搁浅的"喊丧"事件。

杨百顺想成为"喊丧"的人,小说虽然并未更多地解释他为什么有如此向往,但我们从他后来的人生遭遇可以反证。少年的杨百顺只是羡慕罗长礼的脖子长,声音响亮。在小说中,杨百顺喜欢"喊丧"并非只是单纯的爱好的表达,喜欢看"喊丧"这一行为一出场,其实是少年杨百顺的颇为痛楚的经历。家里羊丢了,他正打着摆子,他不去找羊,却跑去看罗长礼"喊丧",结果却遭遇家庭暴力,被父亲拿皮鞭抽了一顿,晚上还是要找羊。因为惧怕狼和豺狗,他不敢回家,想在外面躲躲。家庭暴力在乡村生活中实在是司空见惯,它就是一种日常经验。这个"喊丧"的场景在小说开始不久,它所引发的故事,却是对家庭伦理的直接颠覆。杨百顺在路上遇到了剃头的老裴,被老裴带回家,受到友爱的关怀。小说兜了一个圈子,并非是老裴如何善良,而是路遇杨百顺让他打消了杀人的念头,杨百顺也无意中救下一条人命。对于刘震云的叙述来说,"喊丧"未必有意识地与这些随后的情节构成一种隐喻关系,但"喊丧"又实际上与这些随后的情节牵扯在一起,随后的事件、行为都与家庭伦理有关,也都与人伦友爱相关。在乡村的日常生活关联中,亲人与亲友之间,却是如此充满了怨恨与误解,一肚子的冤屈无处诉说。因而教书的老汪解释孔夫子的《论语》中的第一句话:"有朋自远方来,不亦乐乎?"说是因为身边没有朋友,没有人说掏心窝子的话,所以才想着与远方来的朋友能说个交心的话。而老汪是一个孤独的人,他平时每月有两次要在野外长走,他也是一个幸存者,他的五岁的女儿掉进水缸淹死了,他的孤独与幸存也构成了一种相互关系,有孤独处就有幸存的经验,幸存的经验也与孤独相通。因而刘震云想表达"千年孤独"的"说话",也同样是一种幸存的经验①。

　　孤独与幸存都与友爱的严重受损或缺失相关。杨百顺的弟弟杨百利上延津新学,上了半年就解散,解散后他遇到牛国兴,两人玩起了"喷空",按说两人是好朋友,也为着替牛国兴送情书,杨百利挨了打,两个却相互埋怨对方不够义气。杨百利后来又遇上老万,两个人的"喷空"游戏也十分畅快,牛国兴却憋气,他看着坐在马车上与老万说得眉飞色舞的杨百利,恨得牙痒痒的。"喷空"在小说中也是一个颇有隐喻性的情节,这部小说中的人物,如此强烈地寻求说话的朋友,而"喷空"也是两个人说话的方式,甚至使两个人意气相投,在虚构的话语中,在话语的虚妄之流中,两个人感觉到心灵交流的通道。刘震云甚至嘲弄了同性交流的方式,那是县长老史与戏子苏小宝"手谈"(影射同性恋),他们的"手谈"高潮让杨摩西倒夜壶时撞见了,这就破了"手谈"的好局。所有的"交流",在这里的动机都是虔诚而真挚的,但结果总是荒谬的,大都以失败告终。

　　亲人、朋友之间的反目在这部小说中几乎构成了"友爱"的二律背反。在小说上部,杨百顺为了猪下水觉得师傅师母太小气,结果另谋生路;杨百顺的哥哥杨百业白捡到一个富家女子秦曼卿,缘由是老秦老李两个大户人家因误解使气。这些故事都隐喻着朋友之间的误会、反目,以及婚姻的错位,友爱与婚姻都廉价化了。杨摩西变成吴摩西之后,与吴香香的婚姻充满戏剧性,这样的婚姻隐含着背叛。吴摩西的邻居首饰匠老高与吴香香通奸,其实吴香香在杨摩西结婚前就瞒着前夫姜虎偷情,后来两人私奔。杨摩西四处寻找他们,要杀了俩狗

---

① 在图书策划人安波舜为这部小说写的序言中,以及书的宣传语句中,这部书被称为表达了"千年孤独",显然这是与马尔克斯的"百年孤独"相比较而做的说辞。

男女。但一日在车站附近看到他们俩,生活于贫困中却有说有笑,他们全然不觉得背井离乡颠沛流离的生活有什么苦处,看上去生活得挺快乐。唯一让吴摩西恼火的是,"一个女人与人通奸,通奸之前,总有一句话打动了她。这句话到底是什么,吴摩西一辈子没有想出来"①。这又应了刘震云这部小说的题旨,"能说到一块"对于生存的首要意义。"友爱"在一个地方失效,在另一个地方被唤起、被重建,总是以"非法"的形式重建,但在这里的"非法"却是对原来的合法的伦理准则的挑战,在伦理法则之外,还有更高的"法",那就是友爱建立于说话与心灵的相通这一根本意义之上。在这部小说中,解构友爱或许是其突出的意向,但寻找友爱,去友爱,重建友爱,他们总是构成一个循环的戏剧学;但他们总是在细微的差别中来重建。牛书道与冯世伦,他们的儿子们,牛爱国和冯文修也在模仿他们重建友爱,然而最终却反目;牛爱国与庞丽娜,庞丽娜与小蒋,牛爱国与章楚红,他们之间都在爱欲的背叛关系中隐含着重建爱欲的可能性,其重建也是隐含着重复与延异的结构。

幸存与友爱本来是构成一种响应关系,这既是对个体的孤独感的意识,又试图寻找超越的途径。按德里达对蒙田与西塞罗的解读,幸存是起源于对亲友的哀悼仪式,通过宣读悼词这一仪式来体会自我的幸存命运。在德里达这里,幸存还是一个具有建构性的经验,友爱要在幸存的经验中来展开,幸存甚至构成了友爱发生和存在的基础。德里达本来是要解构友爱的基础,本来幸存是对友爱的解构,但德里达建立起来的友爱与幸存的关联域,也曾有可能暗示了它们之间的相互生产,特别是幸存经验有可能产出更为本真的友爱,甚至更具有普遍性的本真。这是反普遍主义和反基础主义的德里达始料未及的。在刘震云的叙事中,幸存与友爱的关系却是在一个相互背弃的结构关系中展开的,这里面的人物都试图寻找交流,寻找说知心话的朋友,但友爱终归要破裂,因为误解而反目成仇。在这里因为孤独的绝对性,友爱总是呈现为一个暂时的结构,它总是绝境中的友爱,总是幸存经验中的友爱;因而,它总是要以延异的形式展开,总是转向他处,转向他者,向他者重新开放。牛书道与冯世伦反目之后,他们的儿子们重建了友爱的伦理;但他们终归也要反目,牛爱国另辟蹊径,还有其他的朋友可以说话,他同杜青海、甚至少年时代的敌人李天智也曾有短暂的时间说过交心的话。因为刘震云书写的幸存经验一直处于世俗的焦虑之中,一直被恶俗的困境包围,不断地使之关闭。作为幸存者,意识到幸存的命运,却总是处于偶然开启与关闭的形式之中,而开启是一个可计算的现实经验。幸存经验中的友爱,或许在德里达的设想中,只能在神学的意义上具有纯粹性,例如,犹

---

① 刘震云:《一句顶一万句》,长江文艺出版社,2009年,第205页。

太教意义上的那种兄弟友爱,那种共同体的责任。友爱应该就是一项义务和礼物,没有回馈的礼物。但乡土中国的家庭伦理与友爱显然具有现实性,具有乡土的全面本性。刘震云看透了乡土中国的本性,他给予它一种想象和愿望,给予一定的开启性,却又看到它关闭的必然性。刘震云期盼它重新开启,这些开启总是落入情爱的陷阱。之所以说是陷阱,因为这些情爱都是绝境中的情爱——偷情、私奔、野合……在这种重新构建的情爱关系之中,友爱达到新的境界——但不管如何,它的本质都是绝境,都是绝境中的拓路。那里本没有步伐,没有方位,没有未来,通过说话,绝境处的不伦之恋、不义之恋都获得了独有的合理性,"说话",那是人存在的全部合法性,"说话"就成为人的存在的最高法则,因此,"一句顶万句"。

二、去历史化:乡土中国的另类现代经验

这部小说讲述的故事有一独特之处,他讲述的是乡土中国的贱民的经验。主人公杨百顺,后来叫杨摩西、吴摩西,一直在流浪,以各种形式流浪。他不是依附于土地的典型的农民,而是到处游走的"流民"。流民概念通常指的是遭遇自然灾害流离失所的流散在外的灾民,这里我们用"贱民"(multitude)这一概念,则是指那些不安分于土地上进行传统耕种的以小手艺为业的三教九流的农民。

这部小说的大结构分为上下两部,那就是"出延津记"和"回延津记","出延津"是吴摩西,"回延津"是吴摩西的外孙牛爱国。出延津是吴摩西丢了养女巧玲;回延津是牛爱国找母亲曹庆娥(巧玲、改心)的家乡,为的是娘去世前要说的一句话。但家乡已然面目全非,家乡的根不可辨认。牛爱国回延津纯属灵机一动的意外,并没有执着的有目的寻根意识。吴摩西并没有回他的家乡,而是七十年前二十一岁时去了陕西再也没有回到延津。他的名字也改了,不叫吴摩西,改为罗长礼。这就还了他少年时期要做"喊丧"的罗长礼的夙愿。但是牛爱国却找来找去没有结果,跑到陕西才知道了吴摩西的故事,最后却是听了罗安江的遗孀何玉芬说的一句话:"日子是过以后,不是过以前。"① 这或许是富有民间智慧的一句话,它针对牛爱国"寻根"的历史化举动给予了明确的否定。牛爱国最终要找的是章楚红,但章楚红据说到北京做"鸡"了。乡土中国是一个始终流浪的故事,一个离家的贱民的故事。"旧乡土"是吴摩西/罗长礼,那是"喊

---

① 刘震云:《一句顶一万句》,长江文艺出版社,2009年,第358页。

丧";"新乡土"是章楚红,最终可能是做"鸡"。这或许是乡土更加另类的幸存经验,妇女用身体与现代性博弈,这是试图超越幸存的方式之一。

我们不难发现,这部作品叙述的人物,主要是乡村中的三教九流,而不是传统农耕文明意义上的脸朝黄土背朝天的农民。虽然说乡村的农民在农闲时间也会走村串镇,去做点小买卖,以交换生活必需品。但这部小说中的农民主要是从事农产品买卖和农村手艺活动。杨百顺做过的职业有卖豆腐、杀猪、染布、破竹子、挑水、种菜、卖馒头……没有一项是与种地有关,其他与杨百顺发生关系的人物也大都与种地无关。这些人物从事的职业,除了与杨百顺的重合之外,还有赶车的、贩牛的、剃头的、打铁的、卖盐的、卖葱的、做首饰的……这在农村就叫手艺人,农村的生产应该以种地为主,北方农村的手艺人在那个年代并没有那么多,手工业也不可能那么发达。刘震云显然是回避了中国乡村主要的生产方式和生活方式,而去写颇为另类的生产方式和生活方式。这些人也都有些另类,他们未必是主流的农民,但却是一些不安分的农民。小说里写道:"杨百顺怵种地,在地里割麦子,大太阳底下割来割去,何日是个头?还是想学一门手艺。有了手艺,就可以风吹不着,雨打不着……"①看来这些手艺人都是不喜种地,他们并非是一边种地一边做着小手艺或小买卖,他们做手艺活就是为了逃避种地。当然,也是因为土地缺乏,他们并没有土地所有权,处于贫困状态,只能做小手艺,这就决定了他们的贱民社会地位。刘震云描写的这些人,尤其是杨百顺,就是一种流民的本性,他们就是要背离土地,终于背离家乡。

刘震云这部表面写实的小说实际并不写实,并不注重反映那个时期的中国农村的社会矛盾或社会问题。无论从生产力发展水平,还是农村的生产方式和生产关系来看,刘震云并没有实写那个时期农民与土地的关系,也没有写农村的阶级矛盾和冲突,在他这部作品之中,阶级的概念已经基本取消了。按毛泽东的《新民主主义论》和《中国社会各阶级的分析》来看,刘震云这部小说上半部讲述的历史阶段正是中国国内的阶级矛盾处于激烈冲突的阶段,中国农村当时处于地主与农民的矛盾加剧的时期。土地日益集中在地主阶级手中,而越来越多的农民失去土地。②但在刘震云这部作品中,一方面,我们只看到为数甚少的地主阶级,小说写到三十顷地的老秦与开着粮店药店的老李两家因儿女姻亲陷入困境,反而是老杨这样卖豆腐的农民占了便宜。阶级关系在这里采取了喜剧的形式,其冲突形式是地主阶级内部的矛盾,甚至也看不出他们超出农民的阶级身份。

---

① 刘震云:《一句顶一万句》,长江文艺出版社,2009年,第47页。
② 毛泽东:《中国社会各阶级的分析》,《毛泽东选集》(第一卷),人民出版社,1951年。

另一方面，我们也要注意到，在中国的经典历史叙事中的革命、战争与民族冲突也没有在这部作品中出现。这一时期的中国，社会矛盾剧烈，三座大山压迫人民，帝国列强与中国的矛盾日益尖锐，先是军阀混战、国民革命、随后是共产革命、日本帝国主义侵略中国，另有国内解放战争、土改……经典的现代历史叙事，如《生死场》、《八月的乡村》、《红旗谱》、《野火春风斗古城》、《地道战》、《太阳照在桑干河上》、《暴风骤雨》等，所有这些经典叙事表现的剧烈社会冲突、历史风云变幻，在刘震云这部横跨半个世纪的作品中均未体现。刘震云描写的 20 世纪上半叶的中国农村，几乎是一个与世隔绝，与中国大历史隔绝的社会。如何理解这种书写，这也是一个令人困扰的问题。

进入 20 世纪 90 年代，重写中国现代以来的历史，构成中国当代文学历史叙事的一次重要变革，这一重写改变了红色经典的叙事模式，即不再采取简单的被压迫阶级战胜了没落腐朽的地主阶级或资产阶级的历史胜利法则，而是极力消解了历史目的论的意义，也就是历史胜利法则完成的目标被虚化，或者被暴力的代价所质疑，其本质是对历史暴力的批判。背后的叙事理念则是对历史理性的反思和颠覆，刘震云也是这一重写历史的领军人物，他的《故乡天下黄花》、《故乡相处流传》、《温故一九四二》等作品，都重写了中国现代性的激进历史。现在，刘震云更要从这一当下的经典历史叙事中跳脱出来，他要写作一个更为纯粹的乡村的现代历史，这一"现代"显然是在我们经典的现代之外，这或许是真正另类的"现代"史，是"不现代"的现代史。

确实，在当代已经形成主流的历史叙事中，激进革命总是历史叙事的主导力量，历史暴力总是主角。从《白鹿原》到《尘埃落定》，从《丰乳肥臀》到《檀香刑》，从《圣天门口》到《笨花》……近年来这些重写中国近现代历史最有分量的作品，都可以看见巨大的历史冲突隐含于其中。其根本思想就是对历史暴力的反思，《白鹿原》试图用中国传统文化来消解现代革命暴力，革命暴力引发的社会历史的改变，不过是政治权利的更替，谁代替谁，一种观念代替另一种观念，没有本质的区别。既然如此，历史的存在之根基还是传统文化所起的作用，只有文化的传承才是民族生存之道，才有正义之永久价值。《丰乳肥臀》则对历史暴力的灾难性进行了全面的反思，暴力对民族和每一个体都没有带来任何肯定性的价值，只有无止境的对生命的破坏。《圣天门口》则试图把历史暴力视为对生命的欲望冲突，在欲望的结构中来重写暴力，暴力与欲望的同构同源，使暴力的神圣性进行消解。《尘埃落定》则看到历史暴力介入一种文明的不可避免性，其悲剧性无可逃脱。《笨花》则以更加含蓄的方式反思 20 世纪的革命及其暴力，它试图用乡土生活的坚实性来抵御历史暴力。那些历史暴力给予生命带来的当然也是灾难，乡土的人伦和生活则在历史暴力的介入下遭受破损，只残留下无限的眷恋与痛楚。显然,刘震云的书写完全是另外的路数。这样的乡土中国在20世纪漫长的七十年中实在令人惊异,是一种去历史化、去暴力化、去政治化的"非—历史"或"不—现代"的叙事。

按照中国当代经典化的现代叙事来看,刘震云的这部作品,很不现代,甚至有可能被认为是"很不真实"。因为"真实的"现代中国历史已经被现有占据主流地位的经典叙事所建构,我们理解的现代中国乡村就是被革命与暴力清洗过的乡村,刘震云如此具有小农经济特色的乡村,其中竟然未能贯穿民族国家启蒙与救亡的烽火硝烟,放弃了历史的元叙事,这未免让人难以接受。不过,我们是否也可以从另一角度来认识刘震云如此"去—历史/元叙事"书写的独特意义?

这或许是回到历史本身,回到乡土本身的一种尝试?在去除经典性的历史叙事之后,这是一种历史的剩余,也许是乡土中国的本真性的存在。那是人的历史,而不是历史中的人。上半部"出延津记"就是杨百顺的历史;下半部"回延津记"似乎是牛爱国的历史。但上下部都无法形成个人整全的历史,现代中国的历史在这里实在太过破碎,个人的生活没有完整性,贱民则没有历史,连自己的名字都无法确定,杨百顺、杨摩西、吴摩西、罗长礼……这就有如陈思和所言的"无名的时代","贱民"就是无名的人,他不知道自己的名,名字、名分并不重要,可随便更改,有时是不得不更改。不过《庄子》有言:"至人无己,神人无功,圣人无名。"杨百顺身为贱民,当然不可能成为"圣人",不过刘震云也有意以其"改名"来表达个人对其自身的历史,对身外的大历史之超越。

这就是那个历史中的人,这就是"他"的历史,无法被还原的历史,他干脆拒绝自己被命名的同一性的历史。在某种意义上,刘震云书写的历史更加令人绝望,并不需要借助外力,不需要更多的历史暴力,只是人与人之间,那种误解,那种对友爱的渴望而发生的误解,更加突显了内心的孤独。就是杨百顺这样的还算不坏的人,却动了多次的杀机,他要杀老马、要杀姜家的人,要杀老高和吴香香,在内心多少次杀了人。牛爱国同样如此,他要杀冯文修,要杀照相馆小蒋的儿子,同样不是恶人的牛爱国也是如此轻易地引发了杀人动机。当然,杀人并没有完成,但在内心,他们都杀过人。刘震云虽然没有写外在的历史暴力,但暴力如此深地植根于人的内心,如此轻易就可激发出杀人的动机。

刘震云的书写不能不说是在经典性的历史叙事之外另辟蹊径,过去人性的所有善恶都可以在"元历史"中找到根源,革命叙事则是处理为阶级本性,而"后革命"叙事则是颠倒历史的价值取向,但历史依然横亘于其间。也就是说,人性的处理其实可以在历史那里找到依据,而人与人之间自然横亘着历史。刘震云这回是彻底拆除了"元历史",他让人与人之间贴身相对,就是对人性赤裸裸的较量与表演。人们的善与恶,崇高与渺小,再也不能以历史理性为价值尺度,就是乡土生活的本身,就是人性自身,就是人的性格、心理,总之就是人的心灵和肉身来决定他的伦理价值。

我们说乡土生活的本真性,并不一定是就其纯净、美好、质朴而言,因为如此浪漫美化的乡土,也是一种理想性的乡土;刘震云的乡土反倒真正去除了理想性,它让乡土生活离开了历史大事件,就是最卑微粗陋的小农生活。在很多情势下,历史并不一定就是时刻侵犯着普通百姓生活的方方面面,百姓生活或许在历史之外,在历史降临的那些时刻,他们会面对灾难,大多数情势下,他们还是过着自身的"无历史的"或者不被历史化的生活。事实上,现代以来的中国文学要抵达这种"无历史"的状态并不容易,读读那些影响卓著的文学作品,无不是以意识到的历史深度来确认作品的厚重分量。一个没有战争、没有动乱、没有革命、甚至没有政治斗争的"现代中国历史",几乎是不可能的历史,但刘震云居然就是这样来书写中国现代乡村历史的。准确地说,是无历史的贱民个人的生活史。大历史/元历史终归要逃脱,刘震云就是一个越狱者,他当然极其独异,因而很难被重复,就像越狱者几十年如一日在地底下挖一条暗道,终于挖通了。现在,也没有集体暴动,只有各自心怀鬼胎的越狱者,不只是依靠超常的智慧与能力,还有侥幸,才能死里逃生。

越狱之路如此令人疲惫,刘震云连这种解构大历史的念头都没有,他要做一个"喊丧"的人。那个大历史/元历史消失得不见踪影,只有贱民的历史,蝇营狗苟,过着贱民自己的生活,贱民始终过着自己的生活,只要自己的生活,不要别的,只要有一个能说话的人,只要做一个"喊丧"的人。①

三、他者的伦理:个体醒觉意识或另类现代性

或许我们会说,刘震云去除大历史之后,他书写的农民再也没有现代意识,中国的现代启蒙算是白搭了。刘震云把乡土中国的叙事退回到一千年前。《水浒传》里面的农民还想造反,还能逼上梁山;刘震云笔下的农民,却如蚁虫般生活。如同鲁迅的阿Q,被小D抓住,就说"我是虫豸"。他们是"虫豸",芸芸众

---

① 这一部分大量地使用了一些与历史相关的有前缀词的复合词:去—历史、元历史、大历史、非历史、不历史⋯⋯因为这些界定都是在寻找一个接近的意义,在同一性中寻求微妙的差异性。对于笔者来说,这些词在不同的句子出现,都有着细微差异的概念,绝不是故弄玄虚的生造。因为篇幅的关系,无法一一重新界定,只好请同行朋友和读者仔细辨析了。

生,芸芸虫豸。刘震云没有廉价地美化历史之外的农民。只要乡土中国农民生存于历史之外,生存于启蒙与救亡的历史之外,他们就是虫豸。本来就是阿Q、孔乙己、祥林嫂……看看小说中的人物,杨百顺身上隐约可见阿Q的精神气质;老汪则是不折不扣的另一个孔乙己;而吴香香也不妨看成是对祥林嫂的另一种改写。祥林嫂的毛毛被狼吃了,痛苦不已;而吴香香自己却丢下女儿巧玲与人私奔,结果巧玲也被人贩子卖了。二者之间似乎有巨大的差异,却有着某种暗合。对于刘震云来说,不再有一种高于乡土农民的思想在观照他们,历史发展到今天,叙述者不再有迷信未来的前景,也无须召唤他们觉醒去面对现实。这可能是真正的零度叙述,没有历史,没有变革的奇迹,没有未来面向,也就是没有弥赛亚主义。杨百顺后来不过是到陕西隐姓埋名,与他十三岁时的愿望——要做罗长礼那样的"喊丧"的人——还差了一截,他不过是盗用了罗长礼的名字,让他的后代都改姓罗而已。现代性在这里是一个缺席的神话,谈不上破灭,因为它一开始就不存在,也没有结果。杨百顺终于成为一个徒有其名的"喊丧"的人——罗长礼。

然而,在"去历史化"之后,在回归贱民的生活本身时,刘震云或许惊人地写出了现代中国农民的另一种醒觉意识。这一醒觉起源于要交流的愿望,它既古老,又现代。人类之所以成为"人",或许就在于他与他人有交流,有话说,可以说话,可以说出自己内心的愿望和感受。农民的特征就是沉默寡言,说话与交流总是城里人、文化人的事。农民作为被书写的对象,作为被压迫者或翻身者,他们说的话,总是不可避免地被叙述的历史理念决定了。当然,在具体的文本中,在具体的情节和细节中,叙述人总是在力图还原农民的语言。赵树理的作品被认为如此贴近农民口语,但背后却也有"翻身解放"的历史理念在起作用。农民源自自己内心的交流愿望,要找个能说到一块的人,杨百顺看到(或听到)了那些能说到一块的人:老高和吴香香;牛爱国看到的是庞丽娜和小蒋,还有他自己和章楚红……他们都能说到一块。

刘震云笔下的农民几乎可以说是一次重新发现,他们居然想找个人说知心话!在这部作品中,几乎所有的农民都在寻找朋友,卖豆腐的老杨和赶车的老马,剃头的老裴和杀猪的老曾,更不用说上面提到的其他人。这部小说一直在讲底层贱民说话的故事,这是他们说话说出的故事,心里有话,要找人聊聊。这部小说不再是叙述人的心理描写,而是人物自己的说话,并且总是有对象的说话。交流——按照哈贝马斯的观点,交往理性是现代社会关系建立的根本基础。乡土贱民以他们的方式去寻求交流,并且以"说到一块去"作为生存意义的价值判断。刘震云显然在这里建构了一种新的关于乡土中国的叙事,一种自发的贱民的自我意识。他们也有内心生活,也有发现自我的愿望和能力。尽管这些贱民们的谈话和见识限于小农经济的生活琐事,限于家乡方圆百里,但是对他人的认识,对世界的认识的可能性在大大增强。

刘震云去除了现代性的大历史,在这里展开了贱民的小历史,那是贱民另类的现代性,乡土自发的现代性。它是中国的现代性的史前史,或许就是中国宏大现代性的他者的小史,这也是一种"被压抑的现代性"①。

在关于"现代性"这类论说中,通常没有贱民的位置。贱民总是被规划到前现代,或现代的史前史。但刘震云的关于贱民"说话"还是可以看出另一种现代性的起源。查尔斯·泰勒在其名著《自我认同的根源:现代认同的形成》一书中,分析了个体自觉在现代自我认同中的意义。当然,他思考的是西方的经验,不会是底层贱民的经验。不过我们可以由此来进行比较。泰勒认为蒙田关于现代个人主义的思考与笛卡儿根本不同,笛卡儿是以普通本质的意义来理解现代人的主体自觉,而蒙田并不寻找普通的本性;每个人寻找各自的存在。泰勒认为蒙田开创了一种新的、具有强烈个性的反省。"笛卡儿号召从日常经验中激进地分离出来;蒙田则要求对我们的特殊性以一种深刻的介入。"②这并非只是一个与笛卡儿不同的探索,而是在某种意义上与笛卡儿形成反题的思考。泰勒说,通过艰苦的自我考察,蒙田寻求对特殊性的具有穿透力的领悟,这种特殊性能够在深层友谊中自发地产生。他同时联系蒙田的生活经验说:"自我既由词语构造,也由词语来探讨;对这两种情况最好是用朋友对话的词语。因为失去了对话,自我的孤独争论在后边要缓慢费力地进行。伊壁鸠鲁或许也对这种理解范围有某种洞察,他把这类核心作用给予朋友间的谈话。"③这里讨论的问题似乎很难与刘震云的小说联系起来,且这里说的蒙田的经验与小说中的杨百顺的经验更是横亘着中西、古典与现代的差别。但有几个关键词是有参考意义的,那就是个体、特殊性、友谊、朋友间的谈话……这几个关键词,让人很意外地,都可以在杨百顺的经验中看到。显然,泰勒十分欣赏蒙田对个体特殊经验的开创,并且在朋友的友爱与对话中来深化这种个体性。在泰勒看来,这是现代开启的另一向度,甚至是比笛卡儿的普遍主体更重要的向度。如此说来,刘震云在杨百顺身上寄寓的那种经验就具有中国现代的独特意义,虽然说他们之间晚了近四百年,但研究中国历史的学者总是说中国的现代自19世纪中叶

---

① 王德威认为"五四"之前的晚清小说就有现代性,它显然是被后来的"五四"启蒙叙事压抑住了。参见王德威:《被压抑的现代性》,北京大学出版社,2005年。
② [加]查尔斯·泰勒:《自我认同的根源:现代认同的形成》,译林出版社,2001年,第275~276页。
③ [加]查尔斯·泰勒:《自我认同的根源:现代认同的形成》,译林出版社,2001年,第277页。

才开始,而要考虑"现代人"则是更为晚近的事。20世纪初叶中国乡村的农民并不是自觉地进入现代,因为,"现实"是作为社会外部条件来定义的。即使到今天为止,我们也并未发现多少自然本真而又深刻描写中国农民自我意识的作品。也许也有作品以其独有的方式触及这一现象或主题,但刘震云的表现则无疑是极为令人意外的。

一个卑贱的农民可以理解人与人之间对话的可贵,并把这种友情中的理解沟通看成是人的生活中最重要的价值,这无疑是一件令人惊异的事,它超出了我们过去对农民书写的所有"高度"。即使"十七年"时期或"文化大革命"中的作品,有"高大全"式的人物,例如梁生宝、萧长春,但他们都是在革命真理的启迪下,在党的教育下成长为先进分子的,他们都是历史化的人物。杨百顺还是彻头彻尾的贱民,他在历史之外,他凭什么具有这样的"醒觉"?他不是觉醒,也不是觉悟,而只是醒觉,后者只是个人内在的自然行为的副产品,只是因为需要朋友,想找朋友说话——杨百顺已经具有现代个体的独特性了。

刘震云的小说之所以令人惊异就在于他写得如此自然,如此质朴,小说不知不觉就形成了这种氛围:那就是朋友之间的说话相当重要,它是这部书里面的人物自然而然形成的最基本的人生态度,这也是人生哲学,贱民的人生哲学。确实,在小说中表达一种观念并不难,难的是不把小说变成观念的附属物,不把人物变成概念的传声筒。"文化大革命"前的当代小说我们不能说其概念不先进、不激进,但过于概念化则无疑是文学的死敌。虽然概念并不是小说好坏或高低的标志,但小说叙事中,或者人物形象中是否可以抽绎出有价值的思想和对世界的认识,则可以看出作家与作品的思想深度。《一句顶一万句》本身的叙事与概念无关,他似乎是不具有概念化的那种写作,所谓素朴的"新写实"。在这意义上,90年代的"新写实"并没有终结,"新写实"并不是什么文学的美学理念的变革,而是时代思想意识和历史背景变化的结果。原有的社会主义现实主义的意识形态理念解体之后,现实主义的最基本的艺术规约就具有创作方法的首要意义。刘震云在90年代就步入"新写实"领域,之所以说"步入",是指他在那时就没有建构恢宏大历史叙事的冲动,他较早就意识到那种历史叙事是过于强大的"元历史"理念在起作用,他从那样的"元历史"叙事中逃逸出来,他更乐于看凡人琐事,去看生活最平实、最原初、最本真的那种状态。刘震云后来一度有意与宏大历史叙事作对,他的那些"故乡"系列,试图把乡土中国从大历史中解放出来,但他也因此受困于大历史。《一句顶一万句》按说也是史诗结构,也具有为故乡写史的基质,但刘震云成功地逃逸了。他写的全是乡土中国的破碎的日常生活,三教九流,离乡背井,走村串镇,他们与土地无关,于是就与现代以来的农村土地革命及其战争无关。历史观念崩塌了,人物的存在获得了更多的独立性价值,这就使人物形象本身的意义不再对应历史理性,而是可以在他们身上产生思想性的价值。也正因如此,我们可以从杨百顺、牛爱国等人物身上,看到一种独特的思想的意义。

当然,这种在现代意义上的个人自觉意识,并不是刘震云有意识所为,他不过只是书写历史底层的贱民之间的交流,寻找朋友友谊,为的是说出心里话。而我们可以从这一行为中看到相当丰富的现代含义。

其一,个体对自我有一种反思性的行为,他要把自己的内心独白形象化,要把心里话说出来。能不能说心里话,会不会说话,能不能找到人说话,能不能说心里话,都成为底层贱民的"存在意义"之所在。这与泰勒解读的蒙田的个体自觉无疑有异曲同工之处。

其二,个体身上体现的民间智慧的原生态。找朋友说话,意味着个体对外界事物的认识具有广阔性和深刻性,因而需要交流、判断和选择。在典型的中国现代小说叙事中,农民总是沉默者,其社会的本质在于接受革命启蒙,这样他才有对世界和自身命运的正确认识。所有关于人的知识、智慧、选择与决断,都来自抽象的历史理性或革命的真理性。民间智慧的原生形态实际上很少在过去的现实主义小说中得到表现,不是没有表现,而总是表现得过高过大,而使民间智慧没有保持自身的认知范畴,民间智慧其实被历史/革命真理替换了。他们只要一说上现代语言或革命语言,他们的智慧就被真理性偷换了。但刘震云在这部小说中十分真切且朴实地给予民间智慧以自身认知方式和价值取向,保持了贱民的个体认识的特点,使他们在非历史化的交流语境中获得相互的肯定性价值。

其三,友爱伦理代替了家庭伦理。对家庭伦理的表现一直是中国乡土叙事的独特价值所在。社会主义现实主义典范式的乡土叙事,因为得益于对家庭伦理的出色表现而在文学上能够站住脚。但也正因如此,对家庭伦理的肯定性的描写,构成了历史暴力与激进革命叙事的内在质料,成为文学叙事的血肉。中国的现实主义文学因此过于依赖家庭伦理的肯定性表现,它几乎是真善美价值的全部资源。这一点也使中国的乡土的叙事表现的社会关系和人的自我意识,始终囿于家的结构之内。

刘震云无疑是最激进的挑战家庭伦理的当代作家。我们无法在这里详尽地去梳理他的写作谱系,他在过去的作品里把血缘亲戚关系加以戏谑,给予荒诞性。在这部作品中,传统的家庭伦理关系再次被解构,遭到深刻的质疑,杨百顺与父亲和兄弟之间的犯忌和怨恨、杨百业的婚姻(捡到的便宜)、杨百顺与师父老曾之间的反目、杨百顺的婚姻及其背叛、牛爱国夫妻之间的背叛、宋解放的家事……而转向寻求家庭伦理之外的友爱/朋友,构成了这部小说中的价值内核,尽管这一寻找依然是被解构的。

友爱/朋友,这就使人物摆脱了家庭和家族而成为个人,这里面的人物面对面的关系是朋友说话,作为朋友就不再是孤单的个体,而是一个在说话中相互肯定的个体,这样的交往被指认为是生活最积极的和最有价值的时刻,个人的存在有了友爱的支持而显示出独特意义。正如前面提到的泰勒评价蒙田时,把个人的自我意识与友谊联系起来所具有的现代意义,刘震云看到乡土中国的贱民其自我认识和塑造的独特方式,在与朋友说话的友情中,新型的乡村关系有了更深刻的内涵。中国现代启蒙是让农民意识到三座大山的压迫,意识到民族压迫和阶级剥削,这才使中国农民成为历史的主体。这是革命经典叙事对农民成为自觉的历史主体给出的现代路径。但在刘震云这里,或许揭示了中国农民进入现代的另一种方式,那是他们从内心发出在说话愿望而开始的新型的方式,不需要经过历史暴力和阶级斗争就可能进入的另一条现代路径。

四、无法叙述的叙述:汉语小说的另类可能性

这部小说命名为《一句顶一万句》,我们会把它理解为是对林彪那句名言的戏仿,小说中也玩了一个小花招,那就是牛爱国的娘曹青娥临死的时候有一句话没有说出,牛爱国后来跑到延津打听,最终也没有打听出来。只是罗长礼的孙媳妇说了一句话:"过日子是过以后,不是过从前。"这句话让牛爱国震动,似乎颇有生活哲理,但这句话可以顶一万句吗?似乎也不可以。哪句话可以顶一万句呢?没有,小说中没有这样的话,也并未执着于要找出这样的话。那是指朋友间的或情人间的说话。

然而,在小说的叙述方式方面,这一"顶"字,却有着隐喻意义。它只是表面戏仿林彪的话,实际上则是一句顶着一句,如同英文词的"against",这样,"顶"这个字,就有一种叙述的起承转合的意思。这样来理解,就可以看到这部貌似忠厚老实的小说,其实有着非常大胆的先锋倾向。我想这部小说在叙述方式上有以下几点可以归纳:

1. 顶与转:不可叙述的叙述。这部小说的叙述显得十分平静,娓娓道来,不急不躁,但却充满了转折。小说的叙述显得枝干横逸,一个叙述迅速转向另一个叙述,一个故事刚开始讲述,还未展开,就牵涉到另一个故事,结果转向讲述另一次讲述。第一节只有九页,作为开头却是引出了如此众多的人物和故事,其容量惊人,或曲里拐弯,或套中套,三五个故事结成一体,似乎相干,似乎又不需要拐这么多弯。"跑题"和"顺手牵羊",是这部小说的显著叙述特色。或许

刘震云这里面有着某种叙述哲学,那就是没有什么故事是重要的,一定要在文本中占据重要地位,一定要以它为中心来展开叙述。任何叙述都可介入,叙述就是游戏,就是此一故事与另一故事的随机关联。小说整体叙述都可以看出这一特点,每个故事都要牵扯到另一个故事,而每一个故事都无法独立存在,一个靠着一个,一个顶着一个。这么多的小故事随着不同人物转来转去,每个都十分精彩,都引人入胜,但都无法独立成篇,总是被其他的人物和故事侵入,打断。那种转折与一句顶一句的叙述,显示了汉语言小说在叙述方式上的自由与灵活,也就是其时间可以包容在空间里,无需要众多的句式或语法加以限定,只需要几个小时间副词,随时可转折,随时可以回到原来的时间中。

2. 延异式的叙述。小说叙述的转与顶,可以在更大的叙述单位里形成放大的形式结构,那就是延异式的叙述。刘震云叙述的故事绝不是在顺应的关系里推进,其转折也并不只是句法上的,或人物关系的表面转折,而是故事本身包含着变异与转折。一环套着一环,环环相扣,却又节外生枝。如此延异,使得故事简短却充满了无限可能性,每个故事都显得生机勃勃,因为它有可能变异出别的故事。叙述如同变魔术一般。这部小说里经常有这样的句子描述两个朋友在说话:倾听者听了半天才明白,原来"说着说着就说成二件事"了。刘震云玩的叙述花招就是把一件事变成了两件事,让它分岔,如同博尔赫斯的"小径分叉的花园",只是刘震云不搞形而上,他只是让乡土中国的故事自己变质、变味而已。例如,那个杨百利玩"喷空"的情节,那里面的转折令人惊叹。一个故事说着说着就变成了几个故事,看上去像是一场街谈巷议的大杂烩,实则是故事里面的自我延异。这部小说仿佛不是在说"我"的故事,总是在说"他",每一个他都与另一个他关联,都有可能被另一个他取代。每个人都是主角,都能在故事中出场,每个出场的角色都有一手的绝活。叙述就像是"喊丧",把每一个人喊到死者面前,死者不是别人,是作者正在写作的人物,本来是他的存在,他的故事,但他只好隐退,似乎无法再现,无法在文本中活下去。他被作者的叙述遗忘了,他隐匿了,也可以说他死去了。那些意外出场的人物,那些本来(按照小说常规的惯例)不要出场的人物,被隐匿的人物,现在都走到前台,讲着讲着,就讲到他们这些原本缺席的人物身上去了。只要作者把他们喊出来——叙述如同喊丧一般,"白花花的孝子伏了一地……",那个客观化的绝对的文本就隐没了,那个正在讲述的人物无法完成他的大文本,无法形成一个完整的故事,他的故事被他人替代了。生者以他的表演,以他的客串,以他的友情出演,要成长为文本的中心。但刘震云不允许这样的中心延续下去,他让它延异,让别的人物,别的故事出场。这是在场与不在场的游戏。刘震云的冷幽默玩到家了。这里的延异显得如此诡异,他仿佛是一些亡灵的复活,是一些古典文本的幽灵侵入,他们偶然在里面显灵,却不再有悲剧的情节,毋宁说是"鬼"的喜剧。想想罗长礼、杨百顺、杨百利、秦曼青……真是一群鬼,他们的出现,活脱脱就是上演一场鬼戏,影影绰绰,如同古典文本里走出的人物,如纸一般,似曾相识,捕风捉影。刘震云的叙述也是玩着"喷空",玩得如此认真,实在是假戏真做,弄巧成拙,这就不是叙述,而是随意的分岔,没有叙述的叙述,总是分岔向着他者,向着"鬼"的叙述。

3. 重复的轮回与宿命。这部小说的上下部时间跨度将近一个世纪,但我们看不到历史背景之剧烈变革,相反,历史总是以似曾相识的形式延续,这就是小说中时常使用的重复手法。小说一方面是求"变",那是每个人与自我的相异性和与他者的相异性:如杨百顺,他连名字都改变,而不管如何变,这些名字还是他自己的命名,他对这个名字拥有主权,但他最后却变成了罗长礼,那是另一个"喊丧"的名字,这个名字本来有其主权者,但杨百顺偏偏要失去自己的名分,失去自己的专名主权。小说"求变"也显示在前面分析过的那些随时出现的歧义和分歧,但另一方面,小说却又不断"重复"。吴摩西与牛爱国所处的时代不同,但命运经历却有着某种暗合。小说中如此的故事或情节还有不少,似曾相识,可变异的重复,细微的差别……使得这部看上去平实简朴的小说,其实玄机四伏。

"重复"并非只是某种小说诡计,而是包含着作者对历史和人生命运的一种理解。中国现代历史之变迁十分剧烈,刘震云的"去历史化"试图超越经典的历史叙事,它不只是去书写贱民的卑贱史和个人史,把那些历史戏谑化,同时它运用重复这种手法,来使历史的整体性荒诞化和虚无化。历史之绝对性与神圣性当然也不存在。贱民的历史如此,更大的历史也未尝不是这样。

五、结语:"喊丧"或者"去乡愁"

当然,要说到这部小说最蹊跷的地方,还是那个"喊丧"。"喊丧"在小说中或许是刘震云玩的一个噱头(就像杨百利玩"喷空"一样),就是这个噱头,它像幽灵一样在文本中游荡。它也并不只是颇有独特意味的细节,也不只是结构上起到转折作用的标识,我以为,刘震云玩的这个噱头实在是玩大了,他的文本已经被这个幽灵附体,他如此诡魅地把文本间的那些碎片结成一个阴谋的同盟。

"喊丧"是把生者召唤到死者面前,让生者对死者表示哀悼,同时也让生者正视死亡,面对幸存这个事实。"喊丧"这时具有掌控生死大权,它似乎有一种权威,它几乎置身于这个面对死者的血缘的共同体之外,但是生者可以在这个时刻面向死者哀号,以幸存者的姿态离去;而喊丧者却在这个仪式中一直处于生者与死者的临界线上,它代表着死者在呼吁亲友来到死者面前,他仿佛是来自阴间的人。"喊丧"既如这部小说的叙述姿态,又是它的基调——这是向死的叙述,这是吁请幸存的叙述,这是为幸存招魂的叙述。对于这部小说来说,罗长礼就是一个亡灵,给它戴上面具,让它发出指令,让它转世或者幸存。

正如我们在本文的开头部分试图提出这样的问题:为什么近期一些关于乡土的叙事,总是要用"喊丧"、"哭丧"、"墓地"这种哀悼死亡的活动来进行?他无疑表达了这些作家们对乡土的现代命运的一种态度,其批判与反思采取了一种悲观的形式。乡土不再具有浪漫主义的品性,毋宁说只是现代性的尽头,一种不再有其他可能性的绝境。它阻断了浪漫主义的经典乡土——那是逃离现代都市文明的世外桃源,沈从文、废名、汪曾祺、张炜、迟子建……他们笔下乡土的美丽与人性之美好,几乎是超越现代文明的一方净土,浓浓的乡愁,那是乡土叙事的魂灵。而在另一些具有批判性的作家看来,乡土是改造国民灵魂的去处,是期待人们重建现代民族心智与精神的大地。对于革命文学来说,那是生长生命热力和新生力量的热土。总之,现代以来的"乡土"都对乡土寄寓着各自的理想性,但现在,理想性是彻底隐退了,乡土不再是他处、别处或乌托邦,而是此在、此地,是面对的绝境。不再有思念故土的乡愁了,而只有哀悼之余的幸存。

哀悼、悲戚当然也未尝不是一种乡愁,但它不是现代之后的归宿,而是现代之前的绝境。这是现代到来之际,传统崩塌的困境。文化失去同一性,个体的心灵无处安放,于是个体要自觉,要寻求朋友说话,只有人与人面对的交流,心灵才能平静。刘震云书写的乡村现代到来时的境遇,实际上也是世界性的问题。乡土中国既是世界的他者,世界也是他的另一侧面。文化、传统、教育、信仰,在这部小说中,都陷入荒诞的境地,这种荒诞也散发着一种悲戚的乡愁。这是在"去乡愁"中再生出的"乡愁",这就是去死的乡愁了。

在刘震云解构乡愁时,他去除的是浪漫主义式的美化的想象,他要在向死的乡愁中,给出现代到来之际,乡土真实的境遇。这是绝境,它如何逢生呢?这是刘震云无法回答的问题。

当然,这一绝境,不会是现实性的批判,它依然是关于乡土的想象,也就是说,关于乡土,我们还能赋予它什么样的使命?还能给予它什么礼物?它还能回赠我们什么?乡土的历史是彻底终结了,我们所有关于乡土的想象都枯竭了,都不再有可能性。唯一的可能性就是幸存,就是面对终结和死亡的幸存。这就是主体自身的问题,主体意识到自身的有限性,主体意识到自己再也不可能给予、不再有浪费的情愫、不再有乌托邦冲动,不再有超出幸存者的非分之想。"喊丧",这是主体对自我的写作绝境的隐喻表达。文学写作变成"喊丧",只有这样的声调,这样的姿态,这样的悲悼仪式,才能呼吁幸存者存在下去。"他最想成为的人就是罗长礼",他最后借了罗长礼的名在异地他乡隐居/幸存,并且奇怪地保存着罗马传教士老詹画的那幅教学草图。写作知道自己再也没有主体身份,再也没有历史的主权,它/他就在向死的名下写作,这样的写作是对写作幸存命运的意识,这才是诚敬的、真实的写作。

于是,才有这样的写作,一句顶一万句,并不是一句多么重要,而是一句就顶住一万句了。于是只是不得不说,勉强地说,向死地说,更是幸存地说。

补记:小说在165页写到吴摩西想去舞社火:"舞社火有些'虚'。所谓'虚'是一句延津话,就像'喷空'一样,舞起社火,扮起别人,能让人脱离眼前的生活。当年吴摩西喜欢罗长礼喊丧,就是因为喊丧也有些虚。……日子太实了,正因为太实了,所以想'虚'一下。"或许还说出了这部小说的美学秘密吧?也说出了当代汉语小说在乡土中国经验里幸存的秘密吧?

原载《南方文坛》2009年第5期

叙述的窄门或命运的羊肠小道
——简论《一句顶一万句》

张清华

形式：寓言·史诗

不从内容说起，倒先说起了形式。因为我总是坚信，一部小说如果引发了人们谈论形式的冲动，那一定不是一部平庸之作。真正的好小说是能够"创造形式"的小说——或者更准确地说，总是能够根据内容来设置合适而无可取代的形式、并使内容完全地生长于形式之上的小说，而不可能是两张皮，这是真正知道何为写作和写作何为的作家所不会含糊的。一部小说如果没有好的创造性的形式，充其量也就是一部"问题意义"上的小说，而不可能是一部艺术意义上的小说，这样的作品当今实在是太多了。当然，好的创造性的形式，未见得就是"全新"的，它也可能只是对"老旧"形式的再发现和再利用。普罗普说得好，小说的故事是千差万别的，但故事的结构和功能却总是有限的那么几种。结构主义的视点确有助于我们认识这一点。好的作家总是表面上把小说写得纵横肆意或飞扬跋扈，但细看却是有板有眼、规规矩矩，在它纷乱或多变的表象下，有着一个与作品的思想与主旨完全生长在一起的非常简约的形式，甚至是很老套的框子。这也符合昆德拉的说法，"小说的精神是复杂性"，而小说的另一个精神却是"连续性"，"每部作品都是对它之前的作品的回应，每部作品都包含着小说以往的一切经验"。①"以往的一切经验"如何表达呢？其实也是靠形式——形式是一切经验的最精炼的、最终得以固定下来的载体，经验本身就是形式。只有那些最具有形式感、思想也最具有形式意味的小说，才可能在作品中最大限度地实现有效的复杂，并产生最大的"文学性"的可能。

《一句顶一万句》是这样一部富有形式感，同时又将其形式与内容牢固地捏合在一起的小说，它因此实现了在复杂中获得简单、在简单中实现复杂的叙事佳境，并得以将"寓言"与"写实"有机地结合在一起，将琐屑的个人故事与史诗叙事的意图有机结合在了一起。具体说，从细部与表层看，它是一部几近极尽

---

①〔捷〕米兰·昆德拉：《小说的艺术》，董强译，上海译文出版社，2004年，第24页。

"繁琐"之能事的小说,两个人物杨百顺和牛爱国,分别走过了人生的千山万水,仿佛各自穿越了一条无尽的羊肠小路,经历了无数"说得着"和"说不着"的人物,受尽了人间的冷暖与磨难,两个人的生命历程都是一部独立而细腻的、卑微而充满戏剧遭遇的书;而从整体看,这又是一部极力化升出"形式之简"的小说,两个人物所经历的不同的人生内容,是重复着相似的命运,而且他们彼此还构成了"出走"与"返回"的戏剧性呼应、宿命中的循环,并因而构成了类似《圣经》中"出埃及记"一类的"史诗结构"。这样的一个结构,非常巧妙地应和并升华了小说的内容,在整体结构上使之寓言化、甚至哲学化了——无论故事多么琐屑,人物如何卑微,但小说呈现出来的是由传统中国社会到当代社会的历史中,中国人的生存史诗。杨百顺所承受和经历的,是从他所生存的贫瘠与苦难之地、从种族文化的结构性陷阱、从亲人与乡邻的算计与欺凌、从命运的无底深渊中出走,他所承受的是中国传统社会的生存压力,小说所反思的是传统农业文化"本体性"的问题,而多年后,他的养女的儿子、并无真正血缘关系的外孙牛爱国,则在经历了几乎同样多的磨难、屈辱和命运的捉弄之后,鬼使神差魂牵梦萦地追寻生存故地与血缘之根,为了一个虚妄的目标费尽心思,这个故事所讲述的是上述传统的"延续"与"认识论"的困境与问题。事实上,无论是出走还是返回,无非都是他们生存之苦和精神之困的一种假借的宣泄形式,正如牛爱国的表姐何玉芬对他说的那句话:"你心里的烦闷,比你找的事还大。"她提醒牛爱国,"日子是过以后,不是过从前"。而这个结尾又呼应了他的外祖父杨百顺的人生,他生活在过去,"过的是以后"——不断更改自己的名字,离家乡渐行渐远;而牛爱国,他生活在现在,"过的却是从前",一步步接近祖先的土地和后人,这样的虚无而虚妄的寻找,正是从"结局或开始"的历史的自我循环的意义上,宣告了我们种族的生存悲剧,以及文化悲剧的宿命。

因此这是一个寓言,悲剧注定了这生存反抗的史诗性,与摩西带领他的部族历尽千难万险走出埃及的悲壮行程可谓异曲同工,这注定了它所包含的人类性主题的含量。但刘震云又没有停留于这样一个大而化之的处理,而是通过借助他自己一贯的"温和或隐蔽的反讽"风格,对这个叙事之"壳"进行了东方式或本土化的改造,使之展现为一幅"清明上河图"式的、散漫而无透视与焦点的长卷,成为浮生笔记式的、"说话"体的叙事。这是他的高明处,在最近几年中,成熟的中国作家都意识到了传统叙事形式与"本土经验"之间相依相生、互为依存的关系,都尽力使叙事获得一个传统的结构形式,刘震云当然也不例外。在这部小说中,东西方不同的形式理念和叙事技法,实现了有机的交融与互补:与西方史诗叙事之间的隐性关联,使它生发出强烈的精神性与宗教感;与中国传统叙事之间的紧密契合,则使之充满了丰富的历史意蕴与强烈的现实感,同时也生发出中国式的宿命意味、消解了一切历史进步论的神话与所谓的"现代性"价值。它的循环论、偶然与因缘命定思想,对人们习惯的历史主义的、或历史与道德冲突模式的乡村经验书写及其叙事规则,都是一种巧妙和有效的结构。从这个意义上,说《一句顶一万句》以它独到的形式重新构建了中国历史,特别是乡村历史与农民生存史的一种叙述模型,也并不为过。

叙事·窄门·对称·重复

余华在形容他的小说《兄弟》的叙事时曾使用了一个比喻:"上帝说,你们要走窄门。"他的意思当然首先是说他叙事的另辟蹊径与众不同,其次是说他的格局和切口之小和叙事动力之深远。这个说法无疑是好的作家都追求的,不过实在说,《兄弟》的叙事格局还是有"大"之处的,不但其中的"时代性"有清晰的交代,而且关于"文革"时游街与斗殴的场面,市场时代疯狂的"选美大赛"与商业推销的描写,都极为夸张和宏大,具有戏剧性、社会化的一面——这当然不是问题,也是其特点。而如果把这个说法用在《一句顶一万句》上,却似乎更为贴切,它真正是使用了"羊肠小径"般的叙事,所有人物无一不是蝼蚁般的底层众生,叙事中几乎删除了所有整体性的社会历史背景,时间也完全失去了"历史性",而变成了细小的"个体时间",这使小说抽去了所有宏大历史叙述的可能,而生成了它看不到尽头的细密而曲折的"窄门里的风景"。两个主要人物的足迹所至,是无数条枝杈丛生、根系纷乱的线索,他们沿途所经历的,是一幕幕缩微而稠密的芸芸众生的生存景致。但有意思的是,除了主人公的经历,小说对其他人物与事件的交代,只是使用了中国古典小说形式的随机叙述的笔法,所有信息都由"全知全能"的讲述人根据需要而予以交代,所有人的故事令人和命运都尽在掌握,一览无余,然而实际上每一个次要人物的故事,又都如"盲肠"或跳板一样,只是作为一个材料为主人公的命运服务,而不具有自足性,信笔抓来,随手扔去而已。真正一直延伸下去的,只有杨百顺和牛爱国两个人物的足迹。因此,虽说枝蔓丛生、人物众多、故事令人眼花缭乱,但叙事的线索却十分简洁。

"对称"式的结构是形式感得以呈现的一个重要因素。上部讲的是"出延津"的出走故事,下部讲的是"回延津"的寻根故事,虽然人物各只有一个,但从结构上却是使用了很大的时间跨度,两者恰好形成了对照与对称。它使得小说的散漫笔法获得了坚韧的支架与结构性,使外表的随意性和内部的严整性之间也形成了对称和张力关系,能够互相衬托和回应。这种结构法在当代作家中,特别是那些对直接介入当代历史叙事的作品中,常常有相近的处理方式,如莫言的《丰乳肥臀》、余华的《兄弟》都是采用了两段式,上部写相对较远的历史,下部写接近当下的历史,互相之间形成对照或反衬关系,其效果是,历史的断裂感、对立感、溃败感、戏剧感、宿命感在两段叙事的对应关系中得到凸显,其批判的内容、对当代历史的反思性,通过上述形式得以体现。像《兄弟》中上部虽然写的是"文革"时代的癫狂与残酷,但毕竟在这"命运惨烈"的时代仍然保有了人性的美好,一双异姓男孩走到了一起,成为了情同手足血脉相连的兄弟;下半部则是改革开放社会发展的新时代,然而就是这所谓的进步之中,一双手足兄弟终于自相残杀,演出了最为残酷和荒谬的一幕。这样的对称几乎可以说"挽救"了这部广受指摘的小说,使之批判性的主题、严肃的精神命题得以确立。在《一句顶一万句》中,对称带来的是对中国文化的一个结构性归纳,由于它删除了"社会历史"的具体性,所以反而突出了"命运感",突出了人和人的生存史。从杨百顺的遭遇看,不要以为这历史充满了田园诗般的想象、温馨的宗教传统、温情脉脉的人伦情感,这其实就是一块生存的绝地,没有人能在这个人心叵测充满算计的险境中找到真正的快乐,他的一生就是身份的不断丧失的过程,他的足迹与其说是"出走",还不如说是"被逐",他无法在出生之地、血亲之家中继续有尊严地活下去,必须渐行渐远,走向陌生的异乡;从牛爱国的经历看,当他经历最初的人生的磨难的时候,和他没有血缘关系的外公罗长礼(也就是杨百顺)当年所经历的是十分相似的,而当他逐步走上"寻根"之路的时候,则形成了与外公的出走相对照的逻辑,都是身不由己仿佛命中注定的。他的费尽周折、千辛万苦地奔走寻找,也再次证明了所谓血缘和亲情、所谓故地与根的虚无与虚妄。

还有"重复",这一点也与对称相联系,它也是形式感的生成需要。结构主义者希利斯·米勒曾说,"任何一部小说都是重复现象的复合组织,都是重复中的重复","一部小说的阐释,在一定程度上要通过注意诸如此类重复出现的现象来完成"。[1] 显然,他是从普遍性的意义上来看待重复的,主题、叙事、修辞等方面,确实存在着普遍的重复问题。但我们在这里所说的重复主要是在结构、故事和形式的意义上来谈的,鲁迅的《祝福》《孔乙己》一类小说中的细节重复是小说的戏剧性结构得以形成的重要方式,在《许三观卖血记》中,余华也成功地运用了类似的戏剧性重复,从而获得了极强的形式感。在《一句顶一万句》中,重复的运用非常类似:主人公每经历一个人物,虽然性格身份各有差异,但交往的过程却大致相同——从偶然相遇到互相接近,再到互有帮助,因为"说得

---

[1] 〔美〕希利斯·米勒:《小说与重复——七部英国小说》,王宏图译,天津人民出版社,2008年,第3页。

着"而成为伙伴或朋友,然后到出现矛盾或获知实情,终于因为"说不着"而分道扬镳。其次是命运的重复,"杨百顺"其实是"百不顺",他之所以信教不是因为"慧根"或者觉悟,而是因为被命运折腾得走投无路,剃头、杀猪、挑水、种菜,再到卖馒头、贩大葱,从读书不成到娶妻上当,他人生的每一次机缘给他带来的都只有挫折和失败的体验,因为屡战屡败,他对每一个身份的熟悉、体验、认定,最后都以破灭和放弃告结,甚至他连自己的"名字"也不能守住,信教之后改名"杨摩西";入赘延津县城西街吴记馒头铺家之后改名为"吴摩西",出门寻杀背叛他的妻子吴香香的途中丢了女儿巧玲,不得不出走陕西,在路上又忽发冲动改名"罗长礼"——借用了他从小崇拜的"喊丧人"的名字,完成了对自己身份的富有象征意义的最终"认定"。这种不断重复和"加深"式的叙述,在强化了故事的黏合力的同时也强化了人物的命运感。还有即是结构的重复:上下两部的叙述方式是一致的,而人物的轨迹是重合的,遭遇是近似的,比如都经历了职业的失败,蒙受了妻子不忠的羞耻,都颠沛流离转辗远行,等等。除此,还有细节的、局部的、笔法的大量重复,这些都在使小说变得更加稠密的同时也获得了舒朗感与形式意味,使小说的叙述充满了戏剧性的动力与吸引力。

意义:多重文本·批判力量

文本的多重性是检验一个作品思想含量、作家艺术能力的重要标志。好的作品总是有多个叙事界面和意义层面,能够从所隔界面进入。在我看来,《一句顶一万句》首先是一个关于中国文化的悲剧寓言,它虽然避开了近代中国的历史背景,但却把故事提炼为一个文化的思考,它所展现的人物的生存环境如同鲁迅所说,乃是一个"沙聚之邦",而非现代意义上的"人国"。从空间的意义上说,每个人之间在伦理上是紧密的,但在心理上是疏远的,没有信任,只有算计和猜忌,终生都在寻找"说得着"的人,但似乎这永远都是一个荒唐的梦;从纵向的时间逻辑中看,这种情况似乎也没有改变的可能——即使是乡土文明最终消亡,它也不会改变,牛爱国的脚步虽然已经迈入了市场时代,但他和外公杨百顺之间相隔百年的历史变迁,并没有显示出丝毫的"进步",他所承受的一切与外公的命运并没有任何本质的变化。他凭着本能对自己的血缘之根产生寻找冲动,最终表明是一种一厢情愿的误读,这种返回和寻找的虚妄比文化本身更为荒谬;还有,从横向上看似乎也没有"对话"的可能,老詹牧师在中国传教一生,他的信念和话语甚至找不到一个精神上的回应者,除了嘲笑和误解,他连一个真正的信徒都没有,吴摩西即便名义上信了教,拜了师,甚至改了名字,他也仍然没有理解和接受过詹牧师的信仰。从这点看，越出了历史叙事的刘震云仍然保有着他隐秘的启蒙情结与文化悲伤，这仍然是鲁迅式的绝望，对民族文化之弱点或"劣根"的一种彻底的清醒。

另一方面，这还是一个关于中国人生存与命运的寓言，在这样的文化结构中求生存，每个人不但在物质上忍受着蝼蚁般的残酷的生存竞争，在精神上也承受着孤独与隔膜。杨百顺在他的出生之地竟然混得无立锥之地，牛爱国转辗回乡也不是诗意的循环，而是命运的捉弄，"种族记忆"中的妄念，说到底什么问题也解决不了。生存中的"形式"甚至大于内容，吴摩西出门找出逃的妻子竟然是出于面子和舆论压力的"假找"，牛爱国千山万水寻亲还乡，则是出于说不清楚的"无意识假借"，是为了转移和掩饰自己的"自我危机"的屈辱感，以及情感与生存的困惑感，这都是典型的中国人的生存困顿。如果说刘震云在这部小说中表现了什么"诗意"的话，那就是平静中的悲怆和红尘中的绝望。他的没有出路、也没有尽头的绝地之思，使小说产生出了几许哲学、甚至宗教的意蕴——夸张一点说，小说也因此接近了一个关于人生的哲学和信仰的寓言。

不过，这种"提升"也带来了问题，即批判力量的减弱。因为"命运"主题尽管会提升小说的美学品质，使作品增加普遍的人性与哲学深度，但却也有可能削弱对现实的触及与批判力量。从这点上看，《一句顶一万句》似乎有一个两难。

再者是小说叙事中传统与现代、东方与西方元素的重叠。首先，这是一个"无法复述的文本"，或者说是一个"语言本体论的叙事"，也就是说，小说如果剥离了其语言本身，叙述和故事都几乎不存在，而不像其他的作品，在经过提炼和浓缩之后仍然有一个故事构架，他的故事可以说无法脱离他的叙述与语言的载体，就像鱼无法离开水一样。而且这种语言的自觉也不是"风格学"意义上的，而是本体意义上的，作者在其中非常清楚他的讲述对于故事和人物的命运所起着的全部意义与作用，并且自得于这样的作用。很显然，在这里作家还保留着他对另类或"现代"叙事的迷恋甚至炫耀；但另一方面，它又是一个十足传统、十足"土"气的叙述，通过乡村社会三教九流七行八作的生活与职业形态的细描，集中而稠密地呈现了一个"中国经验"的世界，他使用了与中国古代白话小说十分近似的语言与叙述方式，把故事讲得千回百转、巨细无间，所有"话头"都清清楚楚，在需要出现的地方迅速插接，在需要终止的地方挥之即去，自由而舒展。两种叙事要素居然能够几无缝隙地捏合在了一起。

最后要说的一点是，在阅读中我一直与小说的题目作着"斗争"。因为它给了我误导，"一句顶一万句"，这句话含藏的太多特殊的当代含义，曾将我对小说题旨的理解引入了世俗境地，直到阅读过半，对小说的感觉才渐渐牢系，并得出了自己的判断——它不是一部写"底层"的小说,也不是一部历史小说,更不是一部世俗主题小说,而是一部生存的悲歌,一部命运的戏剧,一部婉转凄凉的民间咏叹调,一部题旨与叙事完全统一的炫技之书,一部充满着生命的大悲凉和生存的真荒诞的小说。

原载《文艺争鸣》2009 年第 8 期

"说话"是生活的政治
——评刘震云的长篇小说《一句顶一万句》

孟繁华

在当下的中国作家中,刘震云无疑是最有"想法"的作家之一。"有想法"不是一个简单的事情,"想法"包含着追求、目标、方向、对文学的理解和自我要求,当然也包含着他理解生活和处理小说的能力和方法。这是一个作家的"内功",这种内功的拥有,是刘震云多年潜心修炼的结果,当然也是他个人才华的一部分。所谓的"想法"就是寻找,就是寻找有力量的话。他说有四种话最有力量:朴实的话、真实的话、知心的话和不同的话。如果说朴实、真实、知心的话与一个人说话的姿态、方式以及对象有关的话,那么不同的话则与一个人的修养、见识和思想的深刻性有关。因此,说不同的话是最难的。多年来,我以为刘震云更多的是寻找说出不同的话。这个不同的话,就是寻找小说新的讲述对象和方式。

大概从《我叫刘跃进》开始,刘震云已经隐约找到了小说讲述的新路径,这个路径不是西方的,当然也不完全是传统的,它应该是本土的和现代的。他从传统小说那里找到了叙事的"外壳",在市井百姓、引车卖浆者流那里,在寻常人家的日常生活中,找到了小说叙事的另一个源泉。多年来,当代小说创作一直在向西方小说学习,从现代派文学开始,加缪、卡夫卡、马尔克斯、罗伯-格里耶、博尔赫斯、卡尔维诺等,是中国当代作家的导师或楷模。这种学习当然很重要,特别是在过去的时代,中国文学一直在试图证明自己,这种证明是在缩小与发达国家文学差距的努力中实现的。许多年过去之后,这种努力确实开拓了中国作家的视野,深化了作家对文学的理解,特别是在文学观念和表现技法方面,我们拥有了空前的文学知识资本;但是,就在我们将要兑现期待的时候,另一种焦虑,或者称为"文化身份"的焦虑也不期而至扑面而来。于是,重返传统,重新在本土传统文学和文化中寻找资源的努力悄然展开。刘震云是其中最自觉的作家之一。《我叫刘跃进》的人物、场景和流淌在小说中的气息和它的"民间性"一目了然。但因过于戏剧化,被更多关注外部世界或表面生活的情节淹没了人的内心活动,好看有余而韵味不足。这部《一句顶一万句》就完全不同了,他告知我们的是,除了突发事件如战争、灾害等不可抗力因素外,普通人的生活就是平淡无奇的,在平淡无奇的生活中发现小说的元素,这是刘震云的能力;但刘震云的小说又不是传统的明清白话小说,叙述上是"花开两朵,各表一枝",功能上是"扬善惩恶,宿命轮回"。他小说的核心部分,是对现代人内心秘密的揭示,这个内心秘密,就是关于孤独、隐痛、不安、焦虑、无处诉说的秘密,就是人与人的"说话"意味着什么的秘密。

亚里士多德发现,伴随着城邦制度的建立,在人类共同体的所有必要活动中,只有两种活动被看成是政治性的,就是行动和言语,人们是在行动和言语中度过一生的。就像荷马笔下的阿基利斯,是"一个干了一番伟业,说了一些伟辞"的人。在城邦之外的奴隶和野蛮人,并非被剥夺了说话能力,而是被剥夺了一种生活方式。因此,城邦公民最关心的就是相互交谈。现代之后,交谈意味着亲近、认同、承认的交流,在这个意义上,说话就成了生活的政治。

在《一句顶一万句》中,说话是小说的核心内容。这个我们每天实践、亲历和不断延续的最平常的行为,被刘震云演绎成惊心动魄的将近百年的难解之谜。百年是一个时间概念,大多是国家民族或是家族叙事的历史依托。但在刘震云这里,只是一个关于人的内心秘密的历史延宕,只是一个关于人和人话的体认。对"说话"如此历尽百年地坚韧追寻,在小说史上还没有第二人。无论是杨百顺出走延津寻女,还是牛爱国奔赴延津,都与"说话"有关。"说话"的意味在日常生活中是如此的不可穷尽:

在老裴和老曾那里,"话"的意义是"过不过心";

在吴香香那里,养女巧玲与吴摩西是"说得着",与自己是"说不着";

在巧玲,也就是后来的曹青娥那里,与丈夫牛书道"两人说不到一块儿去",白天做各自的事,晚上"说话"就是吵架;

曹青娥欣赏的拖拉机手侯宝山会说话:不是话多嘴不停,而是不与你抢话,有话让你先说;

曹青娥与儿子牛爱国"说得着",但牛爱国只是听,却从不和母亲说"心里事";

牛爱国和庞丽娜虽是夫妻,但同床异梦,因此牛爱国再多的"好话",庞丽娜一听"就恶心";牛爱国不离婚,怕的是离开庞丽娜"连话和说也没有了";小蒋和庞丽娜有了私通,在"春晖旅社"两人苟且三次后一个说:"咱再说些别的",另一个说"说些别的就说些别的";这个对话后来牛爱国和章楚红也说过。

"说话"是一种交流,但更是一种"承认"。夫妻之间的关系,除了生理需要、传宗接代之外,"说话"就是最重要的形式。但吴摩西和老婆吴香香没有话,老婆说话就是骂吴摩西。理论上说就是吴香香在各方面对吴摩西的"不承认",或者说是不屑甚至漠视。吴摩西逆来顺受一年多并没有明确的认识,真正明白了是在郑州火车站见到了因奸情败露逃跑的老高和吴香香的恩爱场景。这时吴香香已有身孕：他们"为吃一个白薯，相互依偎在一起；白薯仍是吴香香拿着，在喂老高。老高说了一句什么，吴香香笑着打了一下老高的脸，接着又笑弯了腰"。这个场景照出了吴摩西和吴香香的关系——有说有笑的夫妻就是普通百姓的日子，但吴摩西没有，于是他打消了原来的念头，离开了郑州。这个关系的处理只有现代作家才能够完成。如果是明清白话小说，比如《水浒传》，只能处理成一个仇怨关系，是"辱妻之恨"。武大发现妻子潘金莲与西门大官人私通之后，回到家里捉奸又力所不及，只能被诉诸暴力，被西门大官人一脚踢在心窝卧床不起，最后被下毒害死。但刘震云处理吴摩西的时候，不是纠缠在市井风月不放，而是迅速回到了吴摩西的内心：他要离开这个让他伤心的地方，但去哪里呢？吴摩西既没有可去的地方，也没有指引他的人，一个人内心的无助和孤独在这里被刘震云写到了极致：人的一生可以有许多朋友，但真正为难和需要帮助的时候，你会突然发现，可以投奔的人竟然了无踪影。这一发现不仅表达了刘震云洞察世事的锐利和深刻，同时也表达了刘震云对人生悲凉或悲剧性的认识。

小说的下半部"回延津记"的主角，是吴摩西养女曹青娥的儿子牛爱国。牛爱国在情感上的遭遇与吴摩西没有本质差别。他也是为找一个能"说上话"的人返回延津。一出一进就是一个近百年的轮回，但牛爱国能够找到吗？我们不知道。我们知道的是，这些人物不知道存在主义，也不知道哈贝马斯的交往理论，但"话"的意味在这些人物中是不能穷尽的。说出的话，有入耳的、有难听的、有过心的、有不过心的、有说得着的、有说不着的、有说得起的、有说不起的、有说不完的还有没说出来的。老高和吴香香私通前说了什么话，吴摩西一辈子也没想出来；章楚红要告诉牛爱国的那句话最后我们也不知道；曹青娥临死也没说出要说的话。没说出的话，才是"一句顶一万句"的话。当然，那话即便说出来了，也不会是惊天动地的话。在小说中一定要这样表达，只是小说的技法而已，这和《红楼梦》中的黛玉临死也说出宝玉如何、《废都》中有许多空格没有什么区别。需要破译的恰恰是已经说出的话，是普通人在日常生活中的"说话"如何形成政治的。这些普通人是中国最边缘或底层的群体，在葛兰西的意义上他们是"属下"，在斯皮瓦克的意义上他们是"贱民"，他们是"沉默的大多数"，是没有话语权力的阶层。他们在日常生活中的言说被排除在历史叙事之外，是刘震云发现了这个群体"说话"的历史和隐含其间的伦理、智慧、品性等，最根本的是，说话就是他们的日子，他们最终要寻找的还是那个能说上话的人。小说也正是因为有了这些韵味，也就是理论上的萨特、哈贝马斯、米德、查尔斯泰勒等对人的存在、交往、有意义的他者和承认的政治的论述，普通人的"说话"才博大精深、深不可测,也正是因为刘震云发现了这一切,才使这部讲述市井百姓的小说超越了明清白话小说而具有了现代意义。

在这一点上,我认为刘震云和贾平凹异曲同工,虽然两人的路径不同,但隐含其间的追求大体相似。贾平凹在承继传统时更多的是文人趣味,比如《废都》、《高老庄》、《白夜》、《秦腔》、《高兴》等,对才子佳人的盎然兴趣他从来不避讳。特别是近期的《高兴》,虽然是写"底层"人群的作品,但一个妓女的出现,就显示出了贾氏印记或风情。刘高兴和孟夷纯两人都生活在当下最底层,生活是否有这样的可能并不重要。重要的是贾平凹以想象的方式让他们建立了情感关系,并赋予了他们的情感以浪漫的特征。他们的相识、相处以及刘高兴为了解救孟夷纯所做的一切,亦真亦幻但感人至深。我们甚至可以说,刘高兴和孟夷纯之间的故事,是小说最具可读性的文字。这种奇异的组合是贾平凹的神来之笔,它不仅为读者带来了巨大的想象空间,也为作家的创作提供了许多可能。但是,也正因为是"才子佳人"模式,刘高兴和孟夷纯之间才没有发生"嫖客与妓女"的故事。他们的情感不仅纯洁,而且还赋予了更高的精神性的价值和意义。贾平凹显然继承了中国古代白话小说和戏曲的叙事模式,危难中的浪漫情爱是最为动人的叙事方法之一。还值得注意的是,小说几乎通篇都是白描式的文字,从容练达,在淡定中显出文字的真功夫。它没有大起大落的情节,细节构成了小说的全部。我们通常都认为,小说的细节是对作家最大的考验,一个作家和一部作品,最精彩之处往往在细节的书写或描摹上。

《一句顶一万句》没有《高兴》的浪漫或文人气,它确实更接近《水浒传》的风范或气韵。无论是吴摩西和吴香香,还是牛爱国和庞丽娜,他们一直生活在"奔走"的景况中,只不过他们心中没有一个水泊梁山。就是这个"奔走"的设定,将吴摩西和牛爱国的全部人生艰辛呈现出来了。中国人对幸福的理解是"安居乐业",但这祖孙两代人却一直在奔波,无论他们为了什么,可以肯定的是他们不幸的生活或人生。

应该说,这是最近几年我读过的,最有意思、最有意味、最有想法的小说。这是一部不动声色的作品,是一部大音稀声大象无形的大书。它将开启一个小说讲述的新时代。

原载《文艺争鸣》2009 年第 8 期

怀着孤独感的自我倾诉
——读刘震云的《一句顶一万句》

贺绍俊

二十年前,《一地鸡毛》和《新兵连》让人们知道了刘震云的名字,同时也将刘震云与"新写实"紧紧铆合在了一起,仿佛刘震云就是一位写实性很强的、会讲故事的作家。事实上,刘震云讲述的那些非常世俗的故事和非常日常化的叙述背后充满着思想智慧,这些思想智慧很多时候不被人们所理解,于是刘震云会陷入一种孤独之中,一种不被理解的孤独。我知道,生活中的刘震云其实是非常随和也非常有人缘的,大家乐于同他交往,但即便如此,我也敢断定,人们面对刘震云的笑容可掬时并不十分了解刘震云内心真实的想法。我相信刘震云深深明白这一点,否则他不会对"说话"保持着持续高亢的兴趣。说话只是一个通俗的说法,却掩盖不了它的哲学意义,说话的问题就是语言的问题,文字的问题。人类的所有文明都是由语言和文字建构起来的,人类的先贤们从茫茫天际到浩浩生命不断地追问,于是有了哲学,哲学的追问到了现代,最后归结到了语言。当代的思想大家们告诉我们,语言哲学是最哲学的哲学,是元哲学。显然,刘震云关注说话,并不是纯粹关注人们在生活中说了一些什么话,他关注的是说话与人的生存和生命的关系。多年以前从《一腔废话》起,刘震云的小说似乎都是与说话有关的,《一腔废话》自不用说,又如《手机》,不就是写人们如何通过手机来说话的吗?后来又有了《我叫刘跃进》,这个标题就是一个人说的一句话。如今则是《一句顶一万句》。刘震云俨然是在以小说的方式来完成一个元哲学的猜想,关于说话的猜想。假如说他在这些小说中一直进行着这种猜想的话,那么,《一句顶一万句》可以说是他在这个猜想的攀登中达到了一个顶峰。

刘震云对于说话的思考在两个层面展开。第一个层面,他将小说叙述当成了说话的技术,他在小说中的追求可以看成是对于说话的艺术领悟。一方面他很讲究小说的叙述方式,叙述方式其实就是作者本人的说话方式。另一方面他从日常生活中的说话获取灵感,从而找到了属于他自己的小说叙述方式。他的小说叙述方式用一个民间的词汇来描述也许最为合适,这个词汇是"喷空"。"喷空"是我从《一句顶一万句》中向刘震云学到的一句延津话,什么是"喷空"?刘震云解释说:"就是有影的事,没影的事,一个人无意中提起一个话头,另一个人接上去,你一言我一语,把整个事情搭起来。"小说写了好几个"喷空"的高手,其中一个高手就是主人公的弟弟杨百利,他凭借自己的三寸不烂之舌和天马行空的想象,征服了许多的听众,并为自己谋得了一个在铁路上的美差。刘震云深得喷空的精髓,他才是喷空的真正高手,小说中的这些喷空高手也不过是他喷空的成果罢了。这恰是刘震云的聪明,他悟到了民间喷空的妙处,然后就把小说当成喷空来做,于是他的写实性的小说完全超越了现实生活的约束,达到一种天马行空的程度,却又不会堕入玄幻、虚妄的地步。注意到刘震云是在以民间"喷空"的方式来构思小说,这对于我们解读刘震云的小说非常重要。刘震云的小说叙述是写实性的,他与那种浪漫的、夸饰性的、虚诞的风格相去甚远。但是,真正彻底的写实性是建立在日常逻辑和常识基础之上的,而在刘震云的写实性叙述中,基本上不去遵循日常逻辑的因果关系,这恰是民间"喷空"的特点:"有影的事"和"没影的事"靠着人们不同的思维路径就搭起来了。人们正是在这喷空的过程中以摧毁日常逻辑为快事。

这就涉及刘震云思考说话的另一个层面。刘震云的"喷空"并不是纯粹为了获得一种摧毁的快感,他其实是对人们习以为常的日常逻辑表示深深的质疑。世界是一个关系的世界,人与人之间也构成一个关系的世界,人们通过对因果关系的判断来把握世界,演绎人生。日常逻辑是人们判断因果关系的基本前提。而人们是通过说话来维系这种关系,推演因果的实现。但刘震云发现,这种建立在日常逻辑基础之上的关系是虚假的。比如小说中的主要角色杨摩西从学杀猪开始日子一直过得不顺,遇到牧师老詹,当成了信徒,由杨百顺改名为杨摩西。后来在一次社火中,被人拉去顶替了扮阎罗的角色,没想到因此被县长老史看中,进了县政府当差。杨摩西感叹:"过去我以为帮我的会是人,或是主,谁知是个社火。"这个杨摩西终于发现,日常逻辑靠不住。但刘震云认为杨摩西悟得还不透,因为杨摩西在社火中是顶替了苏小宝的角色,苏小宝是因为他的老舅突然死了要去奔丧。所以刘震云说:"杨摩西能进县政府,以为该感谢社火,其实应该感谢锡剧中这位男旦苏小宝;接着应该感谢苏小宝的老舅,死的是个时候。"对因果关系的追问,是缘于对人们说话的不信任。说话所表达的意思往往与内心要表达的意思相去甚远。县长老史告诫杨摩西:"人在干东的时候,都在想西。"说的就是这个道理。刘震云借助小说中的人物反复宣讲这个基本的道理。如中医老胡他爹说:"好把的是病,猜不透的是人心。"这话说到了根子上。在人际伦理关系中,最考量人心的是朋友关系。朋友意味着坦诚相见,同甘共苦。但小说就是从解构朋友关系开始的。赶大车的老马和卖凉粉的老杨,在外人的心目中,他俩是好朋友。等到老杨瘫痪在床,老段来到他床前,告诉他一个事实:"不拿你当朋友的,你赶着巴结了一辈子;拿你当朋友的,你倒不往心里去。"这老段其实是来报仇的,报老杨从来不把他当朋友的仇,他讲出来的事实仿佛揭了老杨的伤疤。受到打击的老杨只好在杨百业跟前说了实话:他之所以要把老马当成朋友,是因为他曾经在"话上被老马拿住了",他对杨百业说了一句至理名言:"事不拿人话拿人呀。"不是人拿话而是话拿人,在这里,说出来的话成为了主体,成为了掌控者,说话的主体虽然是人,但一旦话说出来后,他就创造出一个新的主体,他反而沦为被掌控者,他被他说出来的话所掌控。这真是一个弯弯绕的道理。而刘震云在这一部小说中反复呈现的就是这个道理——话是如何左右着人们的行为举止乃至人生命运的。刘震云甚至还从中国传统文化的鼻祖孔夫子那儿找到了理论依据。这个理论依据是教私塾的老汪说出来的。老汪是刘震云笔下的又一位民间的高人,因此他对《论语》的理解往往与常人的理解大相径庭。如"有朋自远方来,不亦乐乎?",一般人都理解为远道来了朋友,十分高兴。但老汪说:"高兴个啥呀,恰恰是圣人伤了心,如果身边有朋友,心里的话都说完了远道来个人,不是添堵吗?恰恰是身边没朋友,才把这个远道来的人当朋友呢。"老汪说到这里还伤心地流下了眼泪,仿佛孔夫子正在等着他这个远道的朋友去说话呢。无论是朋友关系、父子关系,还是上下级关系,在这部小说中都有所涉及,每一个人生活在各种各样的关系之中,人的生存其实在处理各种关系。因此马克思说人是社会关系的总和。说话或语言,可以说是人际关系之间的链条和纽带,各种关系通过说话或语言得以实现交互作用。但刘震云提示我们,说话既是链条和纽带,又是一层无形的屏障。也就是说,人与人之间的交往和关系是由说话所构成的,它使得人们之间的关系不是直接的、真实的世界了,它转换成了说话的世界,因此,在说话的世界里实现人与人之间的交流,是不可能做到心与心之间的沟通的。哪怕是人与人处在零距离的身体接触,有时候也许两人都会感到心与心之间相距遥远。让我感到震惊的是,刘震云以不动声色的方式讲述着很琐碎的人与人之间的关系,却件件细节都在传达着这层意思:说话具有不可预知的力量,说话的结果又往往不是说话者的本意,人们每天都不得不说话,却又无法通过说话真正与人沟通。在说话中看似热闹,其实每个人都是孤独的。

这就说到孤独了。编辑将这本小说称为是写孤独的小说,甚至用上吓人的广告词——"千年孤独",似乎直追世界文学经典《百年孤独》。说这是一部写孤独的小说,又对又不对。小说中的众多人物,虽然相互之间说话说得顶亲热,但没有谁和谁能真正成为朋友,谁和谁能心贴心地相互了解,每一个人都是孤独的个人。这有点像萨特的"他人即地狱"的通俗版。也许刘震云就是一个存在主义者,他从写《新兵连》、《一地鸡毛》起,就有比较明显的存在主义倾向。即使是这一部《一句顶一万句》,我以为它仍有存在主义的影子,它通过普通人的日常生活,写了一种孤独的存在。所以要把这部小说看成是写孤独也未尝不可。但是,为什么说又不对呢?因为在这部小说中,虽然芸芸众生都处在孤独的存在之中,然而他们浑然不觉。他们甚至感到与周围的人相处融洽,他们常常把别人当成自己的朋友。这一切缘于说话,说话的世界虽然阻隔了心与心的真正交流,但说话的世界会给人们一个虚假的感觉,人们在这种虚假的感觉里就远离了孤独的困扰。也就是说,小说中的人物基本上是没有孤独感的。所以严格来说这部小说并不是在写孤独。这也是我们不能把刘震云的思想简单地等同于存在主义的地方。

刘震云探讨的不是社会问题,而是语言的问题,语言完全是一个形而上的问题。从他写《一腔废话》起,开始他只是感到人们所说的话缺乏实质性的意义,说话只是一种形式,因此说的都是废话。而到他写《一句顶一万句》时,他发现他过去的结论也许不准确,因为人们说的废话并非没有意义,这些废话其实是在制造一个屏障,掩饰住我们真实的内心。在他探询说话或者说探询语言的真实意义时,他也就对人际关系的真实性表示了公开的不信任。他用小说的方式表示了他的不信任。当他有了这层发现后,他也就洞穿了世事人生,也就看透了俗与雅之间的差异不过是通过说话设立起来的,他就可以自如地往来于俗与雅之间。因此当他去写大俗的电影时,他会把雅藏在里面;而他要写非常雅的小说时,他又故意采用一种非常俗的叙述。也许从一开始人们就没有真正读懂他在小说中所要表达的意思。这促使他对说话亦即语言有了更大的兴趣。但他既然发现了说话是一个虚假的世界,那么他自己就陷入到了一种尴尬的境地之中,因为当他要把自己的发现表达出来时,他又不得不使用这个虚假世界里的语言,他知道一旦他把话说出来后,就会把他的真实内心屏蔽起来。于是他变着法子破坏说话的规矩,或者反着说,或者拧着说,或者是戏谑,或者是反讽。有时他用特别正经、庄重的态度表达他的嘲弄,有时他又用非常亵渎、调侃的口吻表达他的忠告。然而这一切是否就能毫无阻碍地将他的内心发现完完全全地传达给读者呢?并非如此。于是他有了很强的孤独感,而且孤独感越来越强。在《一句顶一万句》里,我们分明能够感觉到,在那些活动着的小说人物和故事情节背后,有一个怀着浓郁孤独感的作者,他借助他笔下的人物倾诉着自己的孤独感,但他完全是一种自我倾诉,因为他本来就没有准备让别人来分担他的孤独感。他就怀着孤独感固执地追问着说话的问题、语言的问题,他把这些问题引向形而上的方向,引向元哲学的方向。元哲学就像是我们头顶上的浩渺而寂静的天宇,在这个天宇中漂泊,没有孤独感才怪。

小说的故事情节有很多头绪,人们为生存在奔波,但最终归结到了寻找一句话上。小说的主人公罗长礼,也就是后来改了名字的吴摩西,离开故土延津在外漂泊,临终时留下一句话给孙子罗安江,于是罗安江千方百计要回延津去找爷爷当年丢失的女儿巧玲,要把这句话当面告诉她。可是罗安江还未找到巧玲就去世了。为此,牛爱国千辛万苦回到了延津,想知道七十年前他的姥爷罗长礼到底留下了一句什么话。牛爱国仍然找不到这句话,但他自己有了一句新话,他要把这句新话告诉他过去的情人章楚红,于是他要去寻找章楚红。小说就在这里戛然而止。看来,罗长礼留下的一句话,就是刘震云认为能够顶一万句的那句话吧。那么,牛爱国的一句新话,会不会就是他姥爷留下的那句话呢,会不会也是顶一万句的话呢。刘震云没有提供半点线索让我们去寻找答案。其实未能寻找答案本身就是答案。因为只有当一句话人们不知道,而又迫切要去询问这句话是什么时,这句话就能够顶一万句了。也许我们的生存方式就是这样的,一方面我们没完没了地说了很多的话,一方面我们又在寻找一句顶一万句的话。这句能够顶一万句的话,或许就是哲学家们所称的元哲学。说到底,刘震云所做的事情不就是在寻找一句顶一万句的话吗?他明明知道没有这句话,但他仍要寻找。这就是刘震云的独特之处。因此他还会怀着孤独感继续漂泊。

原载《文艺争鸣》2009 年第 8 期

作品年表

刘震云作品年表

1979 年

《瓜地一夜》（短篇小说），北京大学五四文学社社刊《未名湖》。

1982 年

《月夜》（短篇小说），《奔流》1982 年第 4 期。

1983 年

《江上》（短篇小说），《安徽文学》1983 年第 3 期。

《村长和万元户》（短篇小说），《雨花》1983 年第 11 期。

《河中的星星》（短篇小说），《北京文学》1983 年第 11 期。

1984 年

《模糊的月亮》（短篇小说），《文学》1984 年第 4 期。

《大庙上的风铃》（短篇小说），《奔流》1984 年第 4 期。

《东边露出了鱼肚白》（短篇小说），《文学》1984 年第 11 期。

1985 年

《栽花的小楼》（短篇小说），《青年文学》1984 年第 4 期。

1986 年

《乡村变奏》（短篇小说），《青年文学》1986 年第 8 期。

《罪人》（短篇小说），《青年文学》1986 年第 10 期。

1987 年

《塔铺》（短篇小说），《人民文学》1987 年第 7 期。

1988 年

《新兵连》（中篇小说），《青年文学》1988 年第 1 期。

《爹有病》（短篇小说），《星火》1988 年第 2 期。

1989 年

《塔铺》(小说集),作家出版社,1989 年。

《头人》(短篇小说),《青年文学》1989 年第 1 期。

《单位》(中篇小说),《北京文学》1989 年第 2 期。

《乡村变奏之二》(短篇小说),《天津文学》1989 年第 3 期。

《官场》(中篇小说),《人民文学》1989 年第 4 期。

《老师和上级》(短篇小说),《长江》1989 年第 5 期。

《爱情的故事》(短篇小说),《作家》1989 年第 6 期。

1991 年

《一地鸡毛》(中篇小说),《小说家》1991 年第 1 期。

《官人》(短篇小说),《青年文学》1991 年第 4 期。

《故乡天下黄花》(长篇小说),中国青年出版社,1991 年。

《读鲁迅小说有感:学习和贴近鲁迅》(论文),《中国现代文学研究丛刊》1991 年第 3 期。

1992 年

《整体的故乡与故乡的具体》(论文),《文艺争鸣》1992 年第 1 期。

《官场》(小说集),华艺出版社,1992 年。

《一地鸡毛》(小说集),中国青年出版社,1992 年。

《土塬鼓点后:理查德·克莱德曼》(短篇小说),《芳草》1992 年第 11 期。

《官人》(小说集),长江文艺出版社,1992 年。

1993 年

《故乡相处流传》(长篇小说),华艺出版社,1993 年。

《新闻》(短篇小说),《长城》1993 年第 6 期。

1994 年

《我们需要什么样的贵族》(散文),《北京纪事》1994 年第 9 期。

1995 年

《长篇小说就像世界杯足球赛》(散文),《出版广角》1995 年第 6 期。

1996 年

《刘震云文集》(四卷),江苏文艺出版社,1996 年。

1998 年

《故乡面和花朵》(长篇小说),华艺出版社,1998 年。
《我对世界所知甚少》(散文),《时代文学》1998 年第 5 期。

1999 年

《我在人民大会堂给铁凝看过堆儿》(散文),《英才》1999 年第 4 期。
《灵魂在清晨的菜市场上飘荡》(散文),《文化月刊》1999 年第 11 期。
《刘震云小说集》(小说集),香港明报出版社,1999 年。
《她是迟子建》(散文),《时代文学》1999 年第 6 期。

2000 年

《刘震云小说集》(小说集),人民文学出版社,2000 年。

2001 年

《一腔废话》(长篇小说),《大家》2001 年第 5 期。
《三问三答》(访谈录),《大家》2001 年第 4 期。
《刘震云小说集》(小说集),文化艺术出版社,2001 年。
《巴掌与世界》(散文),《北京文学》2001 年第 9 期。

2002 年

《一腔废话》(长篇小说),中国工人出版社,2002 年。

2003 年

《童年读书》(散文),《语文教学与研究》2003 年第 6 期。
《手机》(长篇小说),长江文艺出版社,2003 年。

2004 年

《脱掉外衣》(散文),《时代教育》2004 年第 6 期。
《一地鸡毛》(小说集),长江文艺出版社,2004 年。
《手机》(长篇小说),台湾九歌出版社,2004 年。

2005 年

《那些微小又巨大的人》(小说集),台湾九歌出版社,2005 年。
《刘震云》(小说集),现代出版社,2005 年。

2006 年

《一地鸡毛》(小说集),人民文学出版社,2006 年。
《刘震云精选集》(小说集),北京燕山出版社,2006 年。
《温故一九四二》(长篇小说),中国书店(日本),2006 年。

2007 年

《我叫刘跃进》(长篇小说),长江文艺出版社,2007 年。

2008 年

《我向往的是"雪山下的幽默"》(散文),《晚报文萃》2008 年第 1 期。
《我叫刘跃进》(长篇小说),台湾九歌出版社,2008 年。
《一地鸡毛》(小说集),台湾九歌出版社,2008 年。
《纯洁的力量》(散文),《杂文选刊》(中旬版)2008 年第 8 期。
《生活就是"一地鸡毛"》(散文),《楚天都市报》2008 年 10 月 6 日。
《复调的新阶层》(散文),《中国企业家》2008 年第 24 期。

2009 年

《一句顶一万句·出延津记》(长篇小说),《人民文学》2009 年第 2 期。
《一句顶一万句·回延津记》(长篇小说),《人民文学》2009 年第 3 期。
《刘震云文集》(十卷),人民文学出版社,2009 年。
《一句顶一万句》(长篇小说),长江文艺出版社,2009 年。
《一句顶一万句》(长篇小说),《当代·长篇小说选刊》2009 年第 3 期。
《我叫刘跃进》(长篇小说),作家出版社,2009 年。
《故乡天下黄花》(长篇小说),作家出版社,2009 年。

《手机新文学:无限风光在掌间》(散文),《中国图书商报》2009 年 7 月 24 日。

《一句顶一万句》(长篇小说),台湾九歌出版社,2009 年。

2010 年

《一句顶一万句》(长篇小说),香港明报出版社,2010 年。

《雨中,想起顾城和谢烨》(散文),《半月选读》2010 年第 3 期。

《故乡天下黄花》(长篇小说),台湾九歌出版社,2010 年。

《俺村、中国和欧洲》(散文),《人民文学》2010 年第 6 期。

《写作是世界上最容易的事》(散文),《语文教学与研究》2010 年第 27 期。

《母亲的话,一句顶一万句》(散文),《时代青年》2010 年第 12 期。

2011 年

《我们幸福着大学的幸福》(散文),《视野》2011 年第 1 期。

《〈从手机〉到〈一句顶一万句〉》(演讲稿),《名作欣赏》2011 年第 13 期。

《明星外祖母》(散文),《喜剧世界》2011 年第 5 期。

《土耳其人和河南胖子》(散文),《时代青年》2011 年第 8 期。

《你们才是中国文学的脊梁》(演讲稿),《北京文学》2011 年第 11 期。

《阿克曼、外祖母和德累斯顿》(散文),《散文选刊》2011 年第 11 期。

2012 年

《关于幽默》(散文),《语文教学与研究》2012 年第 1 期。

《布拉格,面对坦克的英雄》(散文),《视野》2012 年第 5 期。

《胡思乱想·胡说八道·冷幽默》(访谈录),《西湖》2012 年第 8 期。

《我不是潘金莲》(长篇小说),台湾九歌出版社,2012 年。

《我不是潘金莲》(长篇小说),长江文艺出版社,2012 年。

《刘震云:想纠正一句话比说一句话更难》(访谈录),《中国图书商报》2012 年 8 月 21 日。

《我们缺的是见识》(散文),《理论学习》2012 年第 10 期。

《我不是潘金莲》(长篇小说节选),《芳草》2012 年第 11 期。

《"黑暗的地方不一定全是黑暗"——〈一九四二〉拍出和没拍出的》(访谈录),《南方周末》2012 年 12 月 6 日。

《知识分子》(散文),《文苑》2012 年第 12 期。

《温故一九四二》(长篇小说),长江文艺出版社,2012 年。

2013 年

《我不是潘金莲》(长篇小说),香港天地图书出版社,2013 年。
《我们的时代最缺乏的是远见》(访谈录),《视野》2013 年第 12 期。
《做有见识的知识分子》(散文),《秘书工作》2013 年第 8 期。
《文学梦与知识分子》(演讲稿),《甘肃社会科学》2013 年第 5 期。

2014 年

《前行者邱华栋》(散文),《文艺报》2014 年 1 月 13 日。
《中国人缺什么》(散文),《杂文选刊》2014 年第 7 期。

研究资料索引

刘震云研究资料索引

报纸期刊文章

延河:《人与时代的双重悲剧》,《小说评论》1988 年第 3 期。

王必胜:《躁动的灵魂和艰难的人生——刘震云小说主题论》,《当代作家评论》1988 年第 5 期。

方克强:《刘震云:梦、罪、现实主义》,《当代作家评论》1989 年第 3 期。

白雨:《"官场"人生,别样滋味——论刘震云的〈官场〉》,《小说评论》1989 年第 4 期。

李扬:《文化:作为意志的表象——论刘震云小说的文化内涵》,《当代作家评论》1990 年第 3 期。

余昌谷:《论刘震云小说的写实品格》,《安庆师院社会科学学报》1990 年第 3 期。

宾堂:《用心灵去书写生活——我所认识的刘震云》,《小说评论》1990 年第 5 期。

高秋:《感伤的人生三部曲——刘震云小说类型剖述》,《当代文坛》1991 年第 2 期。

王立:《〈一地鸡毛〉的意蕴》,《文学自由谈》1991 年第 3 期。

黄毓璜:《生活实感和文化品位——〈故乡天下黄花〉的一种读解》,《当代作家评论》1991 年第 5 期。

何志云:《读〈故乡天下黄花〉》,《当代作家评论》1991 年第 5 期。

陈晓明:《漫评刘震云的小说》,《文艺争鸣》1992 年第 1 期。

王必胜:《刘震云的意义》,《当代作家评论》1992 年第 1 期。

潘凯雄:《此系身前身后事,倩谁记去作奇传——刘震云小说漫评》,《当代作家评论》1992 年第 1 期。

白烨:《生活流·文化病·平民意识——刘震云论》,《当代作家评论》1992 年第 1 期。

张业松:《写实内外——说刘震云》,《上海文学》1992 年第 3 期。

文淑慧:《刘震云中篇小说评述》,《信阳师范学院学报》(哲学社会科学版)

1992年第3期。

张剑桦:《刘震云小说漫评》,《许昌师专学报》(社会科学版)1992年第3期。

金慧敏:《走向永恒的黑暗——刘震云小说历程》,《北京社会科学》1992年第4期。

陈旭光、翁志鸿:《视角、语体、模式与作家心态——刘震云小说文本叙事批评》,《小说评论》1992年第5期。

田帆:《〈一地鸡毛〉怎么整》,《新闻爱好者》1992年第11期。

李书磊:《刘震云的勾当》,《文学自由谈》1993年第1期。

陈旭光:《刘震云与新写实小说的终结》,《文学自由谈》1993年第2期。

翁志鸿:《环式结构:文本的整合和怪圈效应——刘震云〈故乡天下黄花〉结构论》,《丽水师专学报》(社会科学版)1993年第3期。

李元涛、傅慧敏:《新写实主义:一种颠覆的文本——〈塔铺〉文本解读》,《上饶师专学报》1993年第3期。

董之林:《回到文本:刘震云小说的"双声话语"及其他》,《当代作家评论》1993年第5期。

李万武:《强化昏暗:一种"削平价值"的小说智慧——刘震云的〈故乡相处流传〉》,《高校理论战线》1994年第1期。

叶木:《论刘震云的小说视角——兼及"新写实小说"论评》,《湖北师范学院学报》(哲学社会科学版)1994年第1期。

唐云:《离析与解构——〈故乡相处流传〉叙述研究》,《当代文坛》1994年第2期。

陈广录:《略论刘震云的两大系列小说创作》,《当代文坛》1994年第2期。

胡河清:《王朔、刘震云:京城两利嘴》,《当代作家评论》1994年第2期。

葛胜华:《沉重的轻佻 泣血的玩耍——评刘震云长篇新作〈故乡相处流传〉》,《当代作家评论》1994年第3期。

玉荣:《刘震云小说的写实意蕴》,《驻马店师专学报》(社会科学版)1994年第3期。

曾伯炎:《作家眼里的记者们——从刘震云的小说〈新闻〉谈起》,《新闻界》1994年第3期。

张新颖:《乱语讲史 俗眼看世——刘震云〈故乡相处流传〉漫评》,《小说评论》1994年第4期。

黄艾榕:《在理想的光照下书写生活的原形态——浅析刘震云的新写实小说》,《北京教育学院学报》1994年第4期。

曹书文:《生活、人物、情感的"还原"——刘震云小说简论》,《河南师范大学学报》(哲学社会科学版)1994年第4期。

陈思和、李振声、郜元宝、张新颖:《刘震云:当代小说中的讽刺精神到底能坚持多久——关于世纪末小说的多种可能性对话之四》,《作家》1994年第10期。

张献青:《尴尬:官人们的生活相——评刘震云的几部中篇小说》,《滨州教育学院学报》1995年第1期。

贺仲明:《独特的农民文化历史观——评刘震云的"新历史小说"》,《当代文坛》1996年第2期。

沈嘉达:《历史寓言与个人话语——评〈故乡天下黄花〉兼及其他》,《湖北大学学报》(哲学社会科学版)1996年第3期。

黄柏刚:《孤高的灵魂 沉静的目光——从视角和声音的差异看刘震云的小说〈新兵连〉》,《湖北民族学院学报》(社会科学版)1996年第4期。

王文颖:《历史的新解构——谈〈故乡天下黄花〉中的反讽》,《韩山师范学院学报》1996年第4期。

张均:《沉沦与救赎:无根的一代——重读莫言、刘震云》,《小说评论》1997年第1期。

贺仲明:《放逐与逃亡——论刘震云创作的意义及其精神困境》,《中州学刊》1997年第3期。

马跃敏:《人性的趋同——略论刘震云小说》,《平顶山师专学报》1997年第4期。

卢焱:《略论刘震云中篇小说的审美意蕴》,《郑州大学学报》(哲学社会科学版)1997年第3期。

尤杨:《权力意识和反讽意味——论刘震云新写实主义小说特色》,《牡丹江师范学院学报》(哲学社会科学版)1997年第4期。

郑春:《论刘震云小说的文体形态》,《山东大学学报》(哲学社会科学版)1997年第4期。

摩罗:《刘震云:中国生活的批评家》,《当代作家评论》1997年第4期。

卢焱:《权力意识:刘震云小说的"精髓"》,《焦作工学院学报》1997年第5期。

李辉:《从鸡毛、豆腐到历史——漫说刘震云》,《书城》1997年第6期。

陶敏:《刘震云小说的言语修辞透视》,《南京师大学报》(社会科学版)1998年第2期。

张冠夫:《论刘震云的反讽叙事特征》,《北京社会科学》1998年第2期。

毕新伟:《漫说"权力哲学"——刘震云小说论》,《文艺评论》1998 年第 4 期。

摩罗、杨帆:《刘震云:奴隶的痛苦与耻辱》,《当代作家评论》1998 年第 4 期。

沙丘:《刘震云在单位里》,《时代文学》1998 年第 5 期。

李国文:《闲话震云》,《时代文学》1998 年第 5 期。

何镇邦:《杂说震云》,《时代文学》1998 年第 5 期。

伊夫:《〈故乡面和花朵〉与刘震云》,《时代风采》1998 年第 8 期。

汪文汉:《平平淡淡才是真——读刘震云的〈老龟〉》,《语文教学与研究》1998 年第 10 期。

何镇邦:《著名作家刘震云》,《中文自修》1998 年第 12 期。

郑飞云、孟凡宏:《刘震云小说创作二题》,《临沂师专学报》1999 年第 1 期。

陈颖昊:《外观刘震云》,《吕梁高等专科学校学报》1999 年第 1 期。

李白亮:《刘震云〈故乡面和花朵〉之先锋意义解读》,《吕梁高等专科学校学报》1999 年第 1 期。

赵新林:《〈故乡面和花朵〉的形而上目的》,《吕梁高等专科学校学报》1999 年第 1 期。

高文月:《生存的荒诞与语言的快感》,《吕梁高等专科学校学报》1999 年第 1 期。

宫东红:《世纪末的反思与追问》,《吕梁高等专科学校学报》1999 年第 1 期。

张宗刚、刘震云:《油滑其肤 沉痛其骨——〈故乡相处流转〉文化分析及审美解读》,《名作欣赏》1999 年第 1 期。

杨道麟:《从〈一地鸡毛〉看新写实主义小说的特质》,《淮北煤炭师范学院学报》(哲学社会科学版)1999 年第 1 期。

沈浩波:《刘震云访谈》,《东方艺术》1999 年第 2 期。

何镇邦:《杂说刘震云》,《时代潮》1999 年第 3 期。

李敬泽:《通往故乡的路——〈故乡面和花朵〉》,《南方文坛》1999 年第 3 期。

王为生:《刘震云论》,《徐州教育学院学报》1999 年第 3 期。

张劲松:《刘震云小说研究综述》,《江西广播电视大学学报》1999 年第 4 期。

程光炜:《在故乡的神话坍塌之后——论刘震云九十年代的小说创作》,《文学评论》1999 年第 5 期。

沈梦瀛:《论刘震云小说创作的多面性》,《中州学刊》1999 年第 5 期。

于淼:《从反讽修辞透视〈官人〉》,《黑龙江省社会主义学院学报》2000 年第 1 期。

宫东红:《反思与突围——读刘震云〈故乡面和花朵〉》,《当代文坛》2000 年第 2 期。

王为生:《从现实世界到寓言世界——刘震云创作论》,《徐州教育学院学报》2000 年第 3 期。

郭宝亮:《反乌托邦:〈故乡面和花朵〉试解》,《小说评论》2000 年第 4 期。

傅元峰:《一种被推向极致的反讽叙述——试读〈故乡面和花朵〉》,《小说评论》2000 年第 4 期。

陈自然:《论刘震云小说的批判精神》,《唐山师专学报》2000 年第 4 期。

郑崇选:《过分的玩笑与意义的放逐——刘震云小说的主题探寻》,《怀化师专学报》2000 年第 6 期。

吕永林:《刘震云小说叙事的向"黑"现象》,《青年文学》2001 年第 1 期。

李敬泽:《结束于沉默——读〈一腔废话〉》,《大家》2001 年第 5 期。

陈戎:《对话刘震云》,《北京日报》2001 年 10 月 28 日。

俞悦:《温故:大师刘震云》,《北京日报》2001 年 10 月 28 日。

杨金玉:《〈一地鸡毛〉:以真实取胜》,《南方论刊》2001 年第 11 期。

王际兵、陈利娟:《刘震云"新写实"小说的夸诞艺术》,《写作》2001 年第 12 期。

姚晓雷:《故乡寓言中的权力质询——刘震云故乡系列的主题解读》,《文学评论》2002 年第 1 期。

曹佳:《小人物灵魂的蜕变与悲哀——刘震云小说琐议》,《山东文学》2002 年第 1 期。

王馨:《新写实小说:到位地描写生活——读刘震云〈一地鸡毛〉》,《南方论刊》2002 年第 3 期。

周罡:《乡村叙事戏谑与重构——论刘震云故乡系列小说的戏谑品格》,《小说评论》2002 年第 3 期。

周罡、刘震云:《在虚拟与真实之间沉思——刘震云访谈录》,《小说评论》2002 年第 3 期。

段廷良、郭伟:《略论刘震云小说中的权力批判意识》,《开封教育学院学报》2002 年第 4 期。

雷进荣:《论刘震云小说风格的转变——兼论其作品中的"权力意识"》,《莆田学院学报》2002 年第 4 期。

王忠信:《权力魔影下的生存尴尬——论刘震云的"新写实"小说》,《齐齐哈尔大学学报》(哲学社会科学版)2002年第5期。

危娜、周传荣:《河南刘震云:著名作家刘震云采访录》,《成功》2002年第10期。

朱丽:《刘震云:文字是我的自留地》,《文化月刊》2002年第18期。

梁鸿:《试论刘震云小说的闹剧冲动》,《河南社会科学》2002年第6期。

李继伟:《刘震云:权力场上的人性探索者》,《湖北大学学报》(哲学社会科学版)2003年第1期。

胡全章:《从〈一地鸡毛〉看新写实小说》,《周口师范学院学报》2003年第1期。

冯清贵:《中国狂欢化诗学的建构——评刘震云小说〈一腔废话〉》,《当代文坛》2003年第2期。

吴茂林:《矛盾地带:还原与反讽之间——刘震云小说创作小论》,《当代文坛》2003年第2期。

陈振华:《意义追寻与话语姿态》,《阜阳师范学院学报》(社会科学版)2003年第3期。

陈振华、刘学峰:《刘震云的意义及局限》,《淮北煤炭师范学院学报》(哲学社会科学版)2003年第4期。

宋坚:《对"单位症候群"的准确把脉——对〈单位〉〈一地鸡毛〉的解读》,《成都大学学报》2003年第4期。

韩红磊:《"无奈"的"嬗变"——对小说〈一地鸡毛〉中小林形象的思考》,《美与时代》2003年第8期。

郭素平:《寻找生活的阳光——刘震云访谈》,《中国艺术报》2003年12月12日。

吕永林:《写实不懈与艰难救度——刘震云论》,《当代文坛》2004年第1期。

西元、雪冰:《"文革反思"写作中的存在主义影响——刘震云长篇小说的政治历史阐释》,《当代作家评论》2004年第1期。

张英:《刘震云:"废话"说完,"手机"响起》,《南方周末》2004年2月5日。

陈振华:《刘震云:精神寻绎与叙事嬗递》,《理论与创作》2004年第2期。

梁振华:《文学与影视:暧昧的遇合——由〈手机〉小说与电影说开去》,《理论与创作》2004年第2期。

李建军:《尴尬的跟班与小说的末路——刘震云及其〈手机〉批判》,《小说评论》2004年第2期。

林晓云:《文本、电影、媒体三重语境中的〈手机〉——兼及〈手机〉现象解读》,《福建艺术》2004 年第 2 期。

万月玲:《琐碎生活 真实人生——读刘震云的〈一地鸡毛〉》,《辽宁广播电视大学学报》2004 年第 3 期。

刘瑜君:《〈手机〉的解构主义解读》,《江汉大学学报》(人文科学版)2004 年第 3 期。

姚小亭:《全球化对中国文化的历史影响——兼评刘震云的"触电"与"媚俗"》,《华北水利水电学院学报》(社科版)2004 年第 3 期。

陈晓明:《故乡面与后现代的恶之花——重读刘震云的〈故乡面和花朵〉》,《解放军艺术学院学报》2004 年第 3 期。

汤天勇:《语言欲望之声——读刘震云新作〈手机〉》,《平顶山师专学报》2004 年第 4 期。

梁鸿:《论刘震云小说的思维背景》,《中国青年政治学院学报》2004 年第 4 期。

杨晓林:《文学的尴尬与小说的末路》,《小说评论》2004 年第 5 期。

党艺峰:《小说叙事空间及其文化意味——刘震云论》,《小说评论》2004 年第 6 期。

陈振华:《存在的勘探与言说——刘震云小说解说》,《巢湖学院学报》2004 年第 6 期。

徐彦利、李哲:《1990 年代刘震云的另类叙事》,《兰州大学学报》2004 年第 6 期。

王光华:《刘震云〈故乡相处流传〉的"游戏"精神》,《中南民族大学学报》(人文社会科学版),2004 年第 6 期。

曾广丽:《〈一地鸡毛〉文本构建策略新探》,《三峡大学学报》(人文社会科学版)2004 年第 6 期。

车晓琴:《历史的"拧巴"——后现代小说的必然》,《江淮论坛》2005 年第 1 期。

刘希云:《论刘震云小说的艺术张力》,《德州学院学报》(哲学社会科学版)2005 年第 1 期。

李红秀:《试析电影与小说〈手机〉的复调分层》,《重庆交通学院学报》(社会科学版)2005 年第 1 期。

姚国军:《信息化时代的一个文化符码——评〈手机〉》,《名作欣赏》2005 年第 2 期。

姚晓雷:《刘震云早期小说文本的再解读》,《齐鲁学刊》2005 年第 2 期。

叶君:《意义的流失——刘震云故乡系列小说的一种解读》,《贵州师范大学学报》(社会科学版)2005年第2期。

刘倩:《论刘震云写实小说的反讽特色》,《遵义师范学院学报》2005年第2期。

刘希云:《面对权力的质疑和反抗——刘震云小说对权力的思考》,《德州学院学报》(哲学社会科学版)2005年第3期。

陈振华:《异化·沉沦·荒谬——刘震云小说存在主题阐释》,《晋阳学刊》2005年第4期。

王谦:《废话刘震云》,《出版广角》2005年第5期。

卢焱:《刘震云小说的批判意识》,《文艺报》2005年9月8日。

姚小亭:《"触电"极为成功的当代小说作家——文化消费时代的刘震云及其〈手机〉》,《信阳师范学院学报》(哲学社会科学版)2005年第5期。

郑秀珍:《新的叙述姿态——刘震云的"新历史"小说》,《商丘职业技术学院学报》2005年第6期。

陈海英:《现实生存与理想精神——刘震云小说创作论》,《浙江教育学院学报》2005年第6期。

孙先科、黄勇:《"鸡毛与蚂蚁"的隐喻:个人的磨损与丧失——对〈一地鸡毛〉中"鸡毛与蚂蚁"意象的精神分析与文化释义》,《名作欣赏》2005年第10期。

于忠晓:《反讽、异化与话语嬗变——刘震云小说〈手机〉的后现代解读》,《辽宁行政学院学报》2006年第1期。

史晓婧:《话语的狂欢和狂欢的背后——从〈手机〉论刘震云近期小说创作》,《六盘水师范高等专科学校学报》2006年第1期。

赵勇:《从小说到电影:〈手机〉的硬伤与软肋》,《理论与创作》2006年第1期。

秦剑英:《从〈手机〉看刘震云小说叙事策略的转变及主题的多元性》,《中州学刊》2006年第2期。

齐向党:《重读〈一地鸡毛〉:庸常的生命存在》,《现代语文》2006年第2期。

常玉荣、张世岩:《技术理性世界遭遇言说的尴尬——解读刘震云长篇小说〈手机〉主题意蕴》,《河北建筑科技学院学报》(社科版)2006年第2期。

郭青格:《对人生存困境的揭示——刘震云新写实小说探微》,《焦作师范高等专科学校学报》2006年第3期。

尹奇岭:《刘震云单位小说和新写实主义》,《南京工业职业技术学院学报》2006年第3期。

吴丽芳:《崇高的消解——试析刘震云小说中的当代知识分子形象》,《孝感学院学报》2006年第4期。

杨秀芝:《语言是我们的居所——小说〈手机〉对语言的思考》,《理论与创作》2006年第5期。

王光华:《刘震云笔下小林这一小人物形象的时代意义》,《湖北经济学院学报》,(人文社会科学版)2006年第5期。

徐健:《生存的焦虑与无望的抗争——刘震云"新写实"小说再探》,《长春大学学报》2006年第7期。

姬杰锋:《刘震云小说的创作困境》,《写作》2006年第7期。

刘传芳:《异己力量的拨弄 人对现实的无力——小论刘震云"官场小说"兼及〈手机〉对异化理论的体现》,《哈尔滨学院学报》2006年第11期。

杨士斌:《论道家文化在刘震云小说中的渗透》,《中州学刊》2007年第1期。

姚中旺:《刘震云新写实小说的出路》,《时代文学》2007年第2期。

葛苑菲:《从刘震云小说管窥新写实主义》,《新疆教育学院学报》2007年第2期。

李杰虎:《意象独特 怪诞夸张——浅论刘震云"故乡系列"小说人物形象塑造》,《青岛大学师范学院学报》2007年第2期。

梁晶晶:《试论刘震云小说创作中的存在主义因素》,《新乡师范高等专科学校学报》2007年第3期。

苗祎:《传统人格理想的消隐与重建——论刘震云小说中的当代知识分子形象》,《河南师范大学学报》(哲学社会科学版)2007年第4期。

陈思:《试论刘震云小说文本边缘的消解力量——以〈故乡相处流传·附录〉为例》,《厦门教育学院学报》2007年第4期。

王慧敏:《文化迷误和自我迷失——刘震云前期小说论》,《山东省农业管理干部学院学报》2007年第5期。

林宁:《刘震云小说研究综述》,《海南师范大学学报》(社会科学版)2007年第5期。

张珂珂:《从离俗到流俗——试析刘震云小说中当代知识分子形象的演变》,《郑州航空工业管理学院学报》(社会科学版)2007年第5期。

李杰虎:《刘震云小说的结构特点》,《河南科技大学学报》(社会科学版)2007年第5期。

张亚璞:《评刘震云以故乡为题的两部长篇小说》,《语文教学与研究》2007年第8期。

苗祎:《一声叹息——对转型期小林形象的另一种思考》,《电影文学》2007年第12期。

吕永林:《我们离苦难很远,离善良很远——温故〈温故一九四二〉及其他》,《名作欣赏》2007年第15期。

黄红彬:《重还是轻:生存困境中的选择——刘震云〈一地鸡毛〉解读》,《阅读与写作》2007年第10期。

高桥:《制片人刘震云与〈我叫刘跃进〉》,《大众电影》2007年第19期。

苏珊:《刘震云:写作对我是心理治疗》,《南方日报》2007年11月8日。

邹超才:《是零度写作还是潜流暗涌——从刘震云〈一地鸡毛〉看新写实小说》,《文教资料》2007年第33期。

徐梅:《谁同我一起去汴梁》,《南方人物周刊》2007年第30期。

石一枫:《机关算尽——读刘震云〈我叫刘跃进〉》,《当代》(长篇小说选刊)2007年第6期。

刘文浩:《权力场上的玩偶——论刘震云早期小说中人物的物化》,《文教资料》2007年第34期。

姚晓雷:《刘震云论》,《文艺争鸣》2007年第12期。

一盈:《"鬼马"作家 中原"瓜农"——专访刘震云》,《读者》2007年第12期。

马艳艳:《无奈的人生挣扎——论刘震云现实系列小说》,《理论观察》2007年第6期。

卢焱:《生命的叙述:从写真到媚俗——论刘震云现实生活题材小说的嬗变》,《郑州大学学报》(哲学社会科学版)2008年第1期。

黄轶:《在"华丽"与"转身"之间——评刘震云〈我叫刘跃进〉》,《扬子江评论》2008年第1期。

王重阳:《跟踪的快感与惊悚——读〈我叫刘跃进〉》,《出版广角》2008年第1期。

徐云芝:《〈一地鸡毛〉与刘震云式威权诅咒》,《景德镇高专学报》2008年第1期。

徐从辉:《上帝走下"神坛"——解读刘震云小说的反讽意蕴》,《阜阳师范学院学报》(社会科学版)2008年第2期。

柴建才:《新写实小说〈单位〉人物名字姓氏化意蕴初探》,《晋中学院学报》2008年第2期。

黄彩金、乔丽丽:《个人记忆下的历史——〈温故一九四二〉中的记忆》,《安徽文学》(下半月)2008年第2期。

吴杰:《〈手机〉:生存状态的多维度透视》,《写作》2008 年第 3 期。

王维强:《贫穷——刘震云小说中人性异化的外因》,《辽宁公安司法管理干部学院学报》2008 年第 3 期。

李炎超:《日暮乡关何处是 烟波江上使人愁——〈单位〉〈一地鸡毛〉中苍凉的生存意识》,《名作欣赏》2008 年第 4 期。

梁晶晶、黄卓越:《刘震云在创作转型中"人"的主题发展》,《云梦学刊》2008 年第 4 期。

王光华:《刘震云小说中的故乡情结解读》,《海南师范大学学报》(社会科学版)2008 年第 4 期。

胡瑛、王远舟:《在生活的海洋中沉浮——从〈单位〉〈一地鸡毛〉中看主人公小林的世俗化过程》,《安徽文学》(下半月)2008 年第 5 期。

郭艳红、王芳:《世俗中的挣扎与沉沦——从刘震云〈一地鸡毛〉看知识分子的困境》,《电影评介》2008 年第 5 期。

杨士斌:《论小说〈我叫刘跃进〉对道家文化的具象解析》,《郑州大学学报》(哲学社会科学版)2008 年第 5 期。

沈河清:《刘震云早期小说创作指向》,《求索》2008 年第 5 期。

李海燕:《论刘震云前中期小说中的权力批判意识》,《安徽文学》2008 年第 6 期。

王文军、朱元祥:《文明的困惑——评刘震云的小说〈手机〉》,《作家》2008 年第 8 期。

侯德健:《〈故乡相处流传〉的民间叙事立场》,《语文学刊》2008 年第 21 期。

刘珊珊:《羊与狼的荒谬性追求——评析〈我叫刘跃进〉》,《考试周刊》2008 年第 17 期。

王慧敏:《人性的磨损与畸变——刘震云前期小说论之二》,《作家》2008 年第 16 期。

卞策:《审视历史的一双冷眼——读刘震云〈故乡天下黄花〉》,《黑龙江教育学院学报》2008 年第 10 期。

王维强:《权力文化意识——刘震云小说中人性异化的根源》,《沈阳农业大学学报》(社会科学版)2008 年第 6 期。

刘睿、寇蕾:《论刘震云小说中"观察者"的生存哲学》,《作家》2008 年第 22 期。

张东旭:《论刘震云小说中的乡土文化》,《浙江工商职业技术学院学报》2009 年第 1 期。

李杰虎:《探寻人性的幽微——论刘震云小说的创作思想》,《河南工业大学学报》(社会科学版)2009 年第 1 期。

谢建文:《论刘震云小说诗性的存在》,《长城》2009 年第 2 期。

石天强:《角落里的幽默与悲哀》,《中国教育报》2009 年 4 月 11 日。

梁鸿:《走进乡村心灵的刘震云面目逐渐清晰》,《中国图书商报》2009 年 4 月 21 日。

严运桂:《刘震云小说中知识分子的生存状态思考》,《小说评论》2009 年第 3 期。

李晋晖、安志烁:《"拧巴"的口语——论刘震云小说的语言特色》,《现代语文》(文学研究版)2009 年第 3 期。

卢焱、王晓燕:《刘震云小说权力批判的审美价值》,《河南工业大学学报》(社会科学版)2009 年第 3 期。

小可:《评论家热议刘震云长篇小说〈一句顶一万句〉》,《文艺报》2009 年 6 月 4 日。

张敏:《刘震云与乡土审视》,《商丘职业技术学院学报》2009 年第 4 期。

杨亚林:《斑驳现实中荒寒人性的叙写——读刘震云长篇小说〈我叫刘跃进〉》,《作家》2009 年第 4 期。

郭大章:《人性在世俗权力中迷失——刘震云小说论》,《齐齐哈尔师范高等专科学校学报》2009 年第 4 期。

安波舜:《一句胜过千年——读刘震云〈一句顶一万句〉》,《出版广角》2009 年第 4 期。

陈新榜:《一次向"民间史诗"的进攻——评刘震云长篇新作〈一句顶一万句〉》2009 年第 7 期。

赵云华:《〈故乡天下黄花〉与新历史主义文学思潮》,《当代小说》(下半月)2009 年第 8 期。

张清华:《叙述的窄门或命运的羊肠小道——简论〈一句顶一万句〉》,《文艺争鸣》2009 年第 8 期。

孟繁华:《"说话"是生活的政治——评刘震云的长篇小说〈一句顶一万句〉》,《文艺争鸣》2009 年第 8 期。

贺绍俊:《怀着孤独感的自我倾诉——评刘震云的〈一句顶一万句〉》,《文艺争鸣》2009 年第 8 期。

曹霞:《滔滔的话语之流与绝望的生存之相》,《文艺争鸣》2009 年第 8 期。

张颐武:《书写生命和言语中的"中国梦"》,《文艺争鸣》2009 年第 8 期。

张晴:《感受刘震云》,《人物》2009 年第 8 期。

吴正华:《论新写实小说〈一地鸡毛〉》,《文教资料》2009 年第 18 期。

闫召峰:《刘震云小说的反讽艺术》,《飞天》2009 年第 10 期。

王凤玲:《解剖与伤痛:刘震云小说中人之完满人格的缺失》,《作家》2009 年第 10 期。

刘彬:《人生切片中的微熏诗意——试论刘震云的〈一地鸡毛〉》,《电影文学》2009 年第 15 期。

万海洋:《荒诞境遇下的存在状态——刘震云小说的存在主义解读》,《名作欣赏》2009 年第 24 期。

赵鹏:《习以为常和迷茫不解处见丑恶和悲惨——论刘震云小说中的鲁迅因子》,《贵州师范大学学报》(社会科学版)2009 年第 5 期。

董文桃、陈纯洁:《论刘震云官场系列小说的"权力"特征》,《汕头大学学报》(人文社会科学版)2009 年第 5 期。

陈晓明:《"喊丧"、幸存与去历史化——〈一句顶一万句〉开启的乡土叙事新面向》,《南方文坛》2009 年第 5 期。

王雪伟:《"原来世上的事情都绕"——评刘震云〈一句顶一万句〉》,《理论与创作》2009 年第 6 期。

付晓歌、刘程程:《〈一地鸡毛〉赏析》,《文学教育》(上)2009 年第 7 期。

卢焱:《后现代语境下作家的社会责任——刘震云批判角度的嬗变》,《郑州大学学报》(哲学社会科学版)2009 年第 6 期。

周家玉:《历史虚构的限度——〈温故一九四二〉中的历史叙事》,《绵阳师范学院学报》2009 年第 10 期。

丁佳蒙:《书写被遮蔽的乡土经验——关于刘震云的〈一句顶一万句〉》,《现代语文》(文学研究版)2010 年第 1 期。

方萍、吴长龙:《论刘震云〈故乡相处流传〉的狂欢诗学特征》,《淮北职业技术学院学报》2010 年第 1 期。

梁鸿:《"中国生活"和"中国心灵"的探索者——读〈一句顶一万句〉》,《扬子江评论》2010 年第 1 期。

高占伟:《解读刘震云的〈单位〉和〈一地鸡毛〉》,《长春教育学院学报》2010 年第 1 期。

杨艳平:《评刘震云的〈一句顶一万句〉》,《文学教育》(上)2010 年第 2 期。

覃春琼:《不留情面的权力批判——论刘震云系列小说》,《梧州学院学报》2010 年第 1 期。

丁纯:《正在体验的孤独——〈一句顶一万句〉主题探赜》,《广东广播电视大学学报》2010 年第 2 期。

徐继东:《远去的"自由人"——重读刘震云的〈一地鸡毛〉》,《赤峰学院学报》(汉文哲学社会科学版)2010年第2期。

张立群:《"历史"的缩减与重构——论刘震云的"故乡系列小说"》,《青海民族大学学报》(教育科学版)2010年第3期。

高占伟:《生存层面中话语蕴藉的意义探寻——读刘震云新作〈一句顶一万句〉》,《文艺评论》2010年第3期。

王艳敏:《〈故乡天下黄花〉的情节结构及其形式意义》,《现代语文》2010年第3期。

汪杨:《我们还能怎么说——刘震云〈一句顶一万句〉读札》,《小说评论》2010年第4期。

张玉秀、荣文汉:《从刘震云的早期小说看改革开放初期乡村生活的困境》,《云南电大学报》2010年第4期。

周新民:《〈一句顶一万句〉:书写"说得着"的终极价值》,《文学教育》2010年第5期。

陈胜州:《新世纪刘震云对人类困境的新开掘》,《大众文艺》2010年第4期。

张艳红:《从刘震云〈一句顶一万句〉看民族文化心理的审美关照》,《作家》2010年第8期。

照水玲珑:《〈一句顶一万句〉:中国式"孤独"解读》,《作家》2010年第8期。

刘震云:《刘震云:咬文嚼字使人进步》,《咬文嚼字》2010年第8期。

赵茜琦、赵兴元:《影视文化对刘震云小说创作的影响——以〈手机〉为例》,《黑龙江科技信息》2010年第9期。

赵淑梅:《生活的权力化与权力的生活化——刘震云小说的权力观》,《齐鲁学刊》2010年第5期。

郭少然:《非英雄主义的写实叙事及其意义——〈新兵连〉再解读》,《当代文坛》2010年第5期。

李存:《找寻那触动心神的一颤——浅析刘震云新作〈一句顶一万句〉的知己意识》,《名作欣赏》2010年第15期。

宋剑华:《论〈一地鸡毛〉——刘震云小说中的"生存"与"本能"》,《文艺争鸣》2010年第11期。

鲁辰琛:《一句话的三层言说——读长篇小说〈一句顶一万句〉》,《阅读与写作》2010年第11期。

杜文博、杨涛:《论刘震云〈一句顶一万句〉中乡土叙事的去历史化倾向》,《科技信息》2010年第22期。

郭蓉霞:《浓墨写实与权力意识:浅析刘震云小说的权力意识》,《成才之路》2010 年第 26 期。

张俏:《在生命的断裂中寻找认同——简评刘震云〈一句顶一万句〉》,《安徽文学》2010 年第 9 期。

王剑:《平民精神困境的另类书写——读刘震云近作〈一句顶一万句〉》,《写作》2010 年第 19 期。

乾直:《从"权力"、"民族"、"故乡"中看刘震云小说的现实性》,《神州》2010 年第 10 期。

马云鹤:《消解孤独的两种方式——浅析刘震云的〈一句顶一万句〉》,《当代文坛》2010 年第 6 期。

刘国强:《思想的狂欢——刘震云小说中的戏拟表达》,《名作欣赏》2010 年第 32 期。

赵东祥:《论刘震云对鲁迅小说传统的继承与发展》,《艺术广角》2011 年第 1 期。

荣文汉、张玉秀:《权力的祛魅——从刘震云新写实小说看 20 世纪 90 年代的权力乱象》,《海南广播电视大学学报》2011 年第 1 期。

周显波:《论〈单位〉和〈一地鸡毛〉的成长主题》,《河南科技大学学报》(社会科学版)2011 年第 1 期。

王玲玲:《文学描述中的社会底层精神状态——以刘震云的〈一句顶一万句〉为例》,《沧州师范专科学校学报》2011 年第 1 期。

周叶:《试论〈故乡相处流传〉的另类叙事》,《安徽文学》(下半月)2011 年第 1 期。

程德培:《我们谁也管不住说话这张嘴:评刘震云的长篇〈一句顶一万句〉》,《上海文化》2011 年第 2 期。

王春林:《围绕"语言"展开的中国乡村叙事——评刘震云长篇小说〈一句顶一万句〉》,《南京师范大学文学院学报》2011 年第 2 期。

许贻斌:《血缘历史中的"道路"母题——〈一句顶一万句〉中的"行走"意义》,《赤峰学院学报》(汉文哲学社会科学版)2011 年第 3 期。

王慧敏:《双重扭结的人性悲剧——评〈故乡天下黄花〉》,《河北广播电视大学学报》2011 年第 3 期。

刘颖:《言语向谁说——浅析〈手机〉的中年危机》,《青年文学家》2011 年第 3 期。

徐蕊:《刘震云历史情结三解》,《长江大学学报》(社会科学版)2011 年第 3 期。

周全星:《〈一句顶一万句〉:言语建构的民间史》,《小说评论》2011年第5期。

王慧敏:《论刘震云小说的反讽艺术》,《名作欣赏》2011年第6期。

郭岩:《浅谈刘震云的"作家电影"》,《现代语文》(文学研究版)2011年第5期。

关春芳:《变与不变之中的历史追求——再读刘震云的〈故乡相处流传〉》,《现代语文》(文学研究版),2011年第5期。

倪娟娟:《论刘震云小说的反讽艺术》,《文学教育》(中)2011年第6期。

王坤:《生存困境的悲哀——〈一地鸡毛〉中的意象解读》,《语文学刊》2011年第16期。

杨喆:《革命神圣意义的消解——论〈故乡天下黄花〉》,《青年文学家》2011年第23期。

张清华:《〈一句顶一万句〉:窄门里的风景》,《光明日报》2011年9月5日。

陈福民:《〈一句顶一万句〉:跋涉人心与历史间距的精神旅程》,《文艺报》2011年9月19日。

刘俊峰:《我们时代的精神症候——〈一地鸡毛〉的症候式阅读史》,《名作欣赏》2011年第6期。

赵明河:《用幽默化解严酷的现实——访作家刘震云》,《人民教育》2011年第7期。

成振鹏:《一部"孤独"和"寻找"的历史——试析刘震云的〈一句顶一万句〉》,《文学界》(理论版)2011年第6期。

路艳霞:《向木匠舅舅学习创作态度》,《北京日报》2011年8月24日。

任传印:《对民间生命主体性的关照——论刘震云的小说〈一句顶一万句〉的主题意蕴》,《平顶山学院学报》2011年第4期。

王军伟:《成长与轮回——关于刘震云〈一句顶一万句〉的一种主题意蕴》,《平顶山学院学报》2011年第4期。

郭颖:《论刘震云小说生命的异化状态》,《文学教育》(下)2011年第8期。

石天强:《沉默着刘震云》,《中国教育报》2011年8月27日。

陈晓明:《孤独与友爱的乡村变奏曲》,《中国艺术报》2011年9月2日。

姚晓雷:《"都市气"与"乡土气"的冲突与融合——新世纪以来刘震云的"说话"系列小说论》,《文学评论》2011年第5期。

王丹、王莹:《茅盾文学奖得主刘震云:青少年学生写作十分危险》,《中国西部》2011年第18期。

程革:《中国经验下的乡土另类叙事——评刘震云长篇小说〈一句顶一万

句〉》,《文艺争鸣》2011年第16期。

程锦、侯永超:《"花样文本"引发的思考——刘震云早期小说创作略论》,《牡丹江教育学院学报》2011年第6期。

叶雯雯:《孤独的言说——读刘震云的〈一句顶一万句〉》,《传奇·传记文学选刊》(理论研究)2011年第11期。

李彦芳:《亲而不信 信而不在——论〈一句顶一万句〉中人的生存状态》,《剑南文学》2011年第10期。

赵慧:《权力场中的人性异化——从〈头人〉〈单位〉说看去》,《北方文学》2011年第10期。

马俊山:《"拧巴"世道的"拧巴"叙述》,《当代作家评论》2011年第6期。

张玉秀、荣文汉:《走进新时代——从刘震云写作风格的变化看新世纪城市生活转变》,《海南师范大学学报》(社会科学版)2011年第6期。

王坤:《刘震云新世纪小说形式的影视化倾向——以〈手机〉〈我叫刘跃进〉为例》,《新乡学院学报》(社会科学版)2011年第6期。

赵明河:《用幽默化解严酷的现实》,《人民教育》2011年第7期。

刘同般:《一群带着"后英雄情结""柔"性挣扎"韧"性突围的人们——新世纪之初刘震云小说创作的另一种解读》,《兰州学刊》2011年第12期。

林小丽:《刘震云:巧妙地说真话》,《意林》2011年第12期。

上官云:《论刘震云小说的现实批判意识和人的异化》,《学周刊》2011年第12期。

何英:《半部书:〈一句顶一万句〉》,《文学报》2011年12月1日。

王建增、朗文馨:《眷恋与批判——论刘震云小说的乡土情结》,《文学界》(理论版)2012年第1期。

张稷:《爱的寓言:精神分析视阈下的〈一句顶一万句〉》,《华西语文学刊》2012年第1期。

刘虎:《繁华退场后的另一种人生悲凉——探析新写实主义小说〈一地鸡毛〉》,《陕西广播电视大学学报》2012年第1期。

李肖璇:《自由伦理的追寻与破碎——评刘震云的〈一句顶一万句〉》,《黄冈职业技术学院学报》2012年第1期。

黄昕:《视觉文化语境中小说创作的"影像化叙事"——以刘震云小说〈手机〉〈我叫刘跃进〉为例》,《华中人文论丛》2012年第1期。

刘霞云:《存在哲学的理性探讨与精神家园的感伤追寻——刘震云〈一句顶一万句〉梦境释论》,《河南工程学院学报》(社会科学版)2012年第1期。

程敏:《只为寻找一句话——关于〈一句顶一万句〉的思考》,《齐齐哈尔大学学报》(哲学社会科学版)2012年第2期。

胡伟:《平民的千年孤独——〈一句顶一万句〉的人生悲剧和社会悲剧》,《太原理工大学学报》(社会科学版)2012年第2期。

李清霞:《无根者的孤独与言说——论刘震云〈一句顶一万句〉的文学言语学解读》2012年第2期。

李昕浩:《也从书名谈起——看刘震云〈一句顶一万句〉时代与语言的"剥离"》,《娘子关》2012年第2期。

刘霞云:《永恒的尖锐对抗与寂寞守望——刘震云小说主旋律题旨释读》,《淮北师范大学学报》(哲学社会科学版)2012年第2期。

王剑:《大俗大雅刘震云》,《中国作家》2012年第3期。

郭嘉:《如此"说话",所谓哪般——评刘震云的长篇小说〈一句顶一万句〉》,《贵州社会科学》2012年第3期。

张东旭:《孤独的存在 坚韧的找寻——刘震云〈一句顶一万句〉评析》,《创作与评论》2012年第3期。

谷海慧:《英雄叙事的观念嬗变——论〈新兵连〉对于当代军旅文学史的独特意义》,《解放军艺术学院学报》2012年第3期。

王永祥:《"顶"的奇观——评刘震云长篇小说〈一句顶一万句〉》,《文艺理论与批评》2012年第3期。

杨儒:《无尽的"说话"和亘古的"孤独"——〈一句顶一万句〉研究》,《现代语文》(学术研究版)2012年第4期。

黄蕾:《中国式孤独——解读刘震云的〈一句顶一万句〉》,《天津市经理学院学报》2012年第4期。

张斌:《刘震云故乡系列小说中的"历史"解读》,《信阳农业高等专科学校学报》2012年第4期。

河西:《刘震云:更大的孤独存在于劳动大众中》,《南风窗》2012年第5期。

陈倩倩:《语言与存在——评刘震云的〈一句顶一万句〉》,《现代语文》(学术综合版)2012年第5期。

蒙静菊:《后现代语境下〈一句顶一万句〉的民俗话语表达》,《佳木斯大学社会科学学报》2012年第5期。

苏颖:《语言捆绑了命运——评刘震云的〈一句顶一万句〉》,《书屋》2012年第6期。

周爱荣:《浅析刘震云〈一地鸡毛〉的艺术风格》,《长城》2012年第6期。

王坤:《论〈手机〉〈我叫刘跃进〉中的欲望化抒写》,《名作欣赏》2012年第14期。

于茜茜:《生命本来没有名字——解读〈一句顶一万句〉中对生命个体的精神探讨》,《青年文学家》2012年第15期。

贺颖:《〈故乡相处流传〉的叙事解读》,《当代教育理论与实践》2012年第8期。

袁祖洪:《幽历史一默——读〈温故一九四二〉》,《时代文学》(下半月)2012年第6期。

陈小茹:《走向琐碎人生——〈一地鸡毛〉中小林形象分析及思考》,《剑南文学》2012年第8期。

陈祥蕉、冯珺:《刘震云:我是中国最"绕"的作家》,《南方日报》2012年9月9日。

张晓琴:《〈我不是潘金莲〉:直抵存在之困》,《中华读书报》2012年9月19日。

陈涛、郑婕:《刘震云:我只是把真实写出来,就很幽默了》,《中国新闻周刊》2012年第30期。

石华鹏:《〈我不是潘金莲〉:一部想当然的单薄之作》,《文学报》2012年10月18日。

王君星:《走出"圈子人生"——〈一句顶一万句〉解读》,《青年文学家》2012年第23期。

林曦:《浅论刘震云〈一句顶一万句〉的西方资源及其意义》,《安徽文学》(下半月)2012年第8期。

牧牧:《我笨:这是我最聪明的地方》,《今日民航》2012年第9期。

河西:《刘震云:荒诞没有底线》,《南风窗》2012年第19期。

卢海燕:《品读刘震云〈一地鸡毛〉中的小人物生存状态》,《短篇小说》2012年第19期。

荆曼:《从〈一句顶一万句〉解读刘震云自由伦理的书写》,《短篇小说》2012年第19期。

付丽华、武小唐:《论刘震云小说中的中国本土文化》,《短篇小说》2012年第19期。

张爽:《浅析乡土情结在刘震云小说中的具体体现》,《短篇小说》2012年第19期。

李世超:《谈刘震云小说中的乡土情结》,《短篇小说》2012年第19期。

刘漪澜、陈春风:《刘震云的小说中权力文化的批判》,《短篇小说》2012年第19期。

张斌:《论刘震云小说的权力批判意识》,《短篇小说》2012年第19期。

石一枫:《刘震云的荒诞剧——评刘震云〈我不是潘金莲〉》,《当代》(长篇小说选刊)2012年第5期。

姜晓明:《刘震云:倾听芝麻变西瓜的声音》,《东西南北》2012年第20期。

曾军:《拧巴式幽默——民间社会生活视野下的刘震云创作》,《中国现代文学研究丛刊》2012年第10期。

齐志伟:《虚无荒诞下的自我存在——存在主义与刘震云小说》,《文学界》(理论版)2012年第10期。

姜红叶:《刘震云说,越写对世界越糊涂》,《人物》2012年第11期。

张振旭:《刘震云妙谈"声音"》,《意林》2012年第21期。

刘永峰、杨东晓:《在河南,三百万人的死亡被遗忘了——刘震云问答录》,《看历史》2012年第11期。

徐勇、徐刚:《芝麻、西瓜和历史——评刘震云的〈我不是潘金莲〉》,《文艺评论》2012年第11期。

马学永:《在话语中存在的孤独人——论刘震云〈一句顶一万句〉中的语言艺术》,《时代文学》(上半月)2012年第11期。

乐悦:《我叫刘震云》,《视野》2012年第11期。

吕永林:《谁是刘震云小说世界恒久的主人公》,《上海文化》2012年第6期。

黄德海:《平面化的幽默陷阱:刘震云〈我不是潘金莲〉》,《上海文化》2012年第6期。

刘霞云:《上访闹剧背后的真实与庄重——论刘震云新作〈我不是潘金莲〉》,《天水师范学院学报》2012年第6期。

张维:《诸"神"的黄昏——〈我不是潘金莲〉中的信与弃》,《中国图书评论》2012年第11期。

李霆钧:《有态度,没态度,再到变成人物的态度》,《中国电影报》2012年11月29日。

乐悦:《我叫刘震云》,《新一代》2012年第12期。

乔安:《刘震云:中国人今天的恐惧感仍未减少》,《环球人物》2012年第33期。

吴娜:《直面生死》,《光明日报》2012年12月20日。

刘霞云:《鲁迅、刘震云小说传统比较论》,《沂州师范学院学报》2012年第6期。

余辉胜:《荒诞与隐喻:李雪莲的上访故事——读刘震云〈我不是潘金莲〉有感》,《中国检察官》2013年第1期。

汪元:《刘震云:做自己喜欢的事》,《中学生天地》2013 年第 1 期。

陈文婷:《"故乡"中对权力的戏谑和批判——浅论刘震云的〈故乡天下黄花〉、〈故乡相处流传〉》,《信阳农业高等专科学校学报》2013 年第 1 期。

刘霞云:《无意识的男权书写与有意识的女性关照——论刘震云写作中的男权意识及新作〈我不是潘金莲〉的女性悖论》,《临沂大学学报》2013 年第 1 期。

吴艳艳:《真实的荒诞——刘震云〈我不是潘金莲〉》,《昌吉学院学报》2013 年第 1 期。

刘阳:《灾难:我们拒绝遗忘——刘震云谈〈一九四二〉》,《东西南北》2013 年第 2 期。

张晓琴:《千年孤独 中国经验——论〈一句顶一万句〉》,《中国现代文学研究丛刊》2013 年第 2 期。

刘颋:《一个作家身后的"蓄水池"——刘震云访谈》,《朔方》2013 年第 2 期。

曲敬华:《我看〈一地鸡毛〉背后的社会问题》,《黑龙江教育学院学报》2013 年第 2 期。

张文诺、王天霞、王齐虎:《一场丢失与寻找的冒险游戏——评刘震云的小说〈我叫刘跃进〉》,《陇东学院学报》2013 年第 2 期。

李喜仁:《论刘震云小说的文化内涵》,《齐齐哈尔师范高等专科学校学报》2013 年第 2 期。

邓程:《刘震云赵树理比较论》,《海南师范大学学报》(社会科学版)2013 年第 2 期。

郭剑敏:《刘震云小说中的乡土中国之"道"》,《创作与评论》2013 年第 4 期。

京阳:《刘震云:我不生产幽默,我只是生活的搬运工》,《喜剧世界》(上半月)2013 年第 3 期。

徐忠友:《刘震云:电影〈一九四二〉中的惨痛不能遗忘》,《老年人》2013 年第 3 期。

范宁:《刘震云:我是中国最绕的作家吗》,《长江文艺》2013 年第 3 期。

李光辉:《人心的突围——读刘震云新作〈一句顶一万句〉》,《绥化学院学报》2013 年第 3 期。

李景华:《挣扎后的精神守望——论刘震云小说中的知识分子形象》,《现代语文》(学术综合版)2013 年第 3 期。

周全星:《论刘震云的故乡叙事及其脉络》,《小说评论》2013 年第 3 期。

钟芳:《感知历史深处的民族之疼——读刘震云〈温故一九四二〉》,《军营文化天地》2013年第3期。

李文慧:《叙述者的笑:解读〈温故一九四二〉》,《平顶山学院学报》2013年第3期。

王晓璇:《孤独的精神幻想——从刘震云〈一句顶一万句〉看中国式寻找》,《西安石油大学学报》(社会科学版)2013年第3期。

赵井春:《论刘震云官场小说的批判性》,《遵义师范学院学报》2013年第3期。

卢甬月:《以小说之"轻"超越生存之"重"——评刘震云〈我不是潘金莲〉》,《唐山师范学院学报》2013年第4期。

孙郁:《刘震云其文》,《前线》2013年第4期。

邬婷婷:《一个女人的困境——浅析〈我不是潘金莲〉中的女性形象》,《常州工学院学报》(社科版)2013年第4期。

朱竞:《我叫刘震云》,《金秋》2013年第5期。

吴玉苗:《从〈手机〉看刘震云小说语言的"拧巴"风格》,《大众文艺》2013年第5期。

姜翼飞:《被鸡毛压塌的精神世界——品读〈一地鸡毛〉中知识分子的沉沦》,《佳木斯教育学院学报》2013年第5期。

金琼:《试论〈我不是潘金莲〉的官场反讽叙事及其成因》,《广州大学学报》(社会科学版)2013年第5期。

佟香莲:《当冯小刚遇上刘震云:〈一九四二〉在温故中求新》,《名作欣赏》2013年第6期。

秦汝芳、布丽榛:《刘震云作品的"闹剧"分析》,《芒种》2013年第8期。

高芳艳:《从〈手机〉看刘震云叙事风格的转换》,《短篇小说》2013年第9期。

宋丽苹:《论河南籍作家刘震云小说中的乡语乡音、乡土乡情——以〈一句顶一万句〉为例》,《青年文学家》2013年第12期。

张艳芳:《刘震云:温故而知史论今》,《名作欣赏》2013年第13期。

张莉:《刘震云:对存在意义的执迷》,《名作欣赏》2013年第13期。

李萍:《刘震云小说的文化意识评述》,《短篇小说》2013年第15期。

田晓宇:《刘震云小说作品中的乡土文化与思想构建》,《短篇小说》2013年第17期。

王坤:《影视文化背景下刘震云小说的思想特质》,《电影文学》2013年第11期。

徐忠友:《听编剧刘震云讲故事》,《初中生之友》2013年第17期。

杨慧敏:《探究中国的千年孤独——浅析〈一句顶一万句〉》,《青年文学家》2013年第8期。

贺彩虹:《试论刘震云小说〈一句顶一万句〉的"闲话体"语言》,《中国现代文学研究丛刊》2013年第6期。

谢建文:《论刘震云新历史小说的先锋性》,《山花》2013年第12期。

师文:《"说话"捆绑下人的精神困境——浅析刘震云说话主题小说中对人物精神生存状态的探索》,《青春岁月》2013年第14期。

京阳:《刘震云幽默生活》,《党政论坛》2013年第7期。

陈文淑:《刘震云长篇新作〈我不是潘金莲〉论析》,《安庆师范学院学报》(社会科学版)2013年第4期。

李丹:《从小说中看问题——评刘震云新作〈我不是潘金莲〉》,《菏泽学院学报》2013年第4期。

吕慧敏:《荒诞与严肃——浅析〈我不是潘金莲〉的艺术特征》,《淄博师专学报》2013年第4期。

汪树东:《民间精神与荒诞的权力运作机制——论刘震云新作〈我不是潘金莲〉的叙事伦理》,《海南师范大学学报》(社会科学版)2013年第8期。

魏瑞霞:《浅析刘震云小说〈一句顶一万句〉的口语化语体风格》,《芒种》2013年第17期。

戴思迪:《漂泊者的精神追寻——〈一句顶一万句〉读札》,《牡丹江师范学院学报》(哲学社会科学版)2013年第4期。

黄春黎:《关于〈一句顶一万句〉》,《语文教学与研究》2013年第24期。

郑明娥:《〈一句顶一万句〉的存在主义解读》,《湖南大众传媒职业技术学院学报》2013年第6期。

周凌之:《欲望驱动下的语言错位——刘震云〈一句顶一万句〉中人物交流困境简析》,《吉林省教育学院学报》2013年第9期。

李小红、尹文彬:《论刘震云小说对权力文化的批判》,《短篇小说》2013年第29期。

焦艳娜:《论刘震云小说中的文化意识》,《芒种》2013年第21期。

葛俏俏:《以刘震云小说〈单位〉论规则对人的精神磨损》,《名作欣赏》2013年第33期。

小蒙:《刘震云的幽默感》,《中外文摘》2013年第22期。

李斯奇:《刘震云:诉说中国人的千年孤独》,《今日中国》2013年第11期。

费鹏、刘雨:《历史记忆与文学的重构——刘震云〈温故一九四二〉中的历史叙事》,《文艺评论》2013 年第 11 期。

程丽英:《论刘震云小说的批判意识》,《太原城市职业技术学院学报》2013 年第 11 期。

刘妍:《论刘震云小说情节和语言的重复性艺术特征——以〈一句顶一万句〉为例》,《中州大学学报》2013 年第 6 期。

吕慧敏:《荒诞与严肃——浅析〈我不是潘金莲〉的艺术特征》,《淄博师专学报》2013 年第 4 期。

刘婷:《叙事学视野下刘震云文学作品改编的研究——以〈一九四二〉为例》,《青春岁月》2014 年第 1 期。

陈镭:《乡镇变迁与流浪者的言语——〈一句顶一万句〉主题解析》,《长江师范学院学报》2014 年第 1 期。

周显波:《走不出语言的层峦叠嶂——刘震云新世纪小说创作一瞥》,《文艺争鸣》2014 年第 1 期。

高翔:《"反叛"潘金莲的反叛——〈我不是潘金莲〉解读》,《名作欣赏》2014 年第 3 期。

冯庆华:《刘震云小说中的故乡思考》,《郑州师范教育》2014 年第 3 期。

李鸿珍:《李春平与刘震云比较研究》,《安康学院学报》2014 年第 3 期。

刘世河:《刘震云妙谈幽默》,《幸福》2014 年第 3 期。

舒智勇:《从刘震云小说〈我不是潘金莲〉审视我国信访制度的困境》,《河北青年管理干部学院学报》2014 年第 3 期。

王海燕:《"喜剧面孔"刘震云——重读〈新闻〉、"官场"系列和〈温故一九四二〉》,《安庆师范学院学报》(社会科学版)2014 年第 4 期。

王坤:《〈一句顶一万句〉的孤独意识》,《网友世界》2014 年第 4 期。

杨静:《〈一句顶一万句〉对荀子正名思想解构》,《安徽文学》2014 年第 5 期。

孙涵:《生命伦理瓦解的寓言——读刘震云〈我不是潘金莲〉》,《作家》2014 年第 6 期。

高芳艳:《〈我不是潘金莲〉中李雪莲人物形象的女性主义解读》,《山花》2014 年第 8 期。

赵先锋:《浓郁低调的乡土情怀——〈一句顶一万句〉的人文情怀》,《语文建设》2014 年第 14 期。

左玉玮:《信任缺失的荒诞现实——评刘震云〈我不是潘金莲〉》,《名作欣赏》2014 年第 12 期。

刘新征:《论刘震云小说语言的幽默感》,《名作欣赏》2014 年第 12 期。

谢建文:《刘震云对小说艺术的现代性探索》,《山花》2014 年 12 期。

张凯旋:《浅论刘震云的"四句话"》,《华章》2014 年第 13 期。

沈昕苒:《荒诞讽刺幽默——浅析刘震云〈我不是潘金莲〉》,《大众文艺》2014 年第 7 期。

海丽萍:《论刘震云小说中的权力批判》,《芒种》2014 年第 5 期。

梁蕾:《论刘震云小说的语言特色》,《芒种》2014 年第 7 期。

张琪:《刘震云小说浅析》,《大众文艺》2014 年第 9 期。

谢建文:《试论刘震云乡土小说的多重意蕴》,《河南师范大学学报》(哲学社会科学版)2014 年第 4 期。

崔宗超:《"拧巴"与"绕":生存伦理与语言逻辑的双重错位——刘震云小说主旨与风格探微》,《小说评论》2014 年第 4 期。

郝朝帅:《"由虚入实"的"说话"——从〈一句顶一万句〉到〈我不是潘金莲〉》,《人文杂志》2014 年第 7 期。

博士、硕士学位论文

冯庆华:《刘震云小说论》,南京大学博士学位论文,2013 年。

陈振华:《刘震云小说论》,安徽大学硕士学位论文,2001 年。

王际兵:《刘震云小说的寓言景观》,华南师范大学硕士学位论文,2002 年。

刘希云:《权力社会的批判者——论刘震云的小说》,山东师范大学硕士学位论文,2004 年。

金丽霞:《走不出的困惑——刘震云创作问题透析》,黑龙江大学硕士学位论文,2004 年。

孙海涛:《花非花,梦非梦——透视刘震云小说的艺术世界》,安徽大学硕士学位论文,2004 年。

刘进军:《从历史到心灵的追问——论刘震云的"故乡"系列小说》,山东师范大学硕士学位论文,2005 年。

毛夫国:《作家主体心灵历史的营造——简析刘震云的新历史小说》,山东大学硕士学位论文,2005 年。

徐蕊:《故乡·历史·权力——刘震云小说关键词解读》,华中师范大学硕士学位论文,2005 年。

訾媛媛:《论刘震云小说中的权力意识和文化意识》,安徽大学硕士学位论文,2006年。

刘鹏:《绝望背后的深深眷恋——论刘震云的乡土小说创作》,浙江师范大学硕士学位论文,2006年。

曹昆鹏:《权力社会的批判者——刘震云小说中的权力叙事和文化思考》,吉林大学硕士学位论文,2007年。

刘美:《游戏中对历史的重新审视——论刘震云小说〈故乡相处流传〉》,吉林大学硕士学位论文,2007年。

吕振斌:《刘震云小说创作中的人文关怀》,河南大学硕士学位论文,2009年。

左佑铭:《论刘震云小说中的民间立场》,广西民族大学硕士学位论文,2009年。

罗丽娟:《故乡土地上悄然绽放的花朵——论刘震云的故乡系列小说》,江西师范大学硕士学位论文,2009年。

安志烁:《"拧巴"的艺术——论刘震云的小说创作》,首都师范大学硕士学位论文,2009年。

王坤:《刘震云"影视化"小说论》,郑州大学硕士学位论文,2009年。

毕珂玲:《从〈故乡天下黄花〉到〈故乡面和花朵〉——试论刘震云故乡系列小说对神话的消解意义》,华中师范大学硕士学位论文,2010年。

包丽丹:《刘震云小说的影像阐释》,黑龙江大学硕士学位论文,2010年。

刘楚浩:《论刘震云小说的权力主体》,湖南师范大学硕士学位论文,2010年。

李嘉炜:《论刘震云小说的批判意识》,河南大学硕士学位论文,2010年。

蒋根旺:《刘震云小说人性剖析》,河南大学硕士学位论文,2011年。

王晓燕:《刘震云现实题材小说的诗学分析》,郑州大学硕士学位论文,2011年。

徐越:《刘震云"故乡系列"的创作风格研究》,西南交通大学硕士学位论文,2011年。

王艳敏:《绝望的书写——刘震云作品解读》,西北师范大学硕士学位论文,2011年。

焦文静:《刘震云小说的存在意识》,信阳师范学院硕士学位论文,2012年。

王钰:《刘震云小说的影像化阐释》,上海师范大学硕士学位论文,2012年。

翟春雪:《逃离后的回归——论刘震云的故乡情结》,四川外语学院硕士学位论文,2012年。

文翔:《论刘震云小说对人性的审视和批判》,南昌大学硕士学位论文,

2012年。

陈志刚:《论刘震云小说的乡土世界》,延边大学硕士学位论文,2012年。

柴锦锦:《尽是他乡之客——刘震云小说中农民形象探讨》,东北师范大学硕士学位论文,2012年。

王亚昕:《言说的悖论——论刘震云"新故乡系列"小说的修辞策略及话语内涵》,河北师范大学硕士学位论文,2012年。

李鼎:《沉重的玫瑰——刘震云小说叙事研究》,西北大学硕士学位论文,2012年。

张智韵:《存在主义视角下的刘震云小说研究》,西安外国语大学硕士学位论文,2012年。

付飞:《刘震云小说的影视化研究》,重庆师范大学硕士学位论文,2013年。

王丽:《非梦与花朵——论刘震云小说〈故乡面和花朵〉》,山西师范大学硕士学位论文,2013年。

侯川子:《人的困境——刘震云小说主题研究》,东北师范大学硕士学位论文,2013年。

谷春杰:《言说、寻找与存在境遇——论刘震云近年来的长篇小说创作》,东北师范大学硕士学位论文,2013年。

田静慧:《论刘震云小说中的日常美》,河南大学硕士学位论文,2013年。

朱琳:《论刘震云小说的独创性》,南京大学硕士学位论文,2013年。

张丽花:《论刘震云小说中人物的主体意识》,西北师范大学硕士学位论文,2013年。

毕丽霞:《生存困境的揭示与生命存在的体验》,湖南大学硕士学位论文,2013年。

祝海霞:《在"主流文学"与"新主流文学"之间突围——刘震云小说"小人物"研究》,中国海洋大学硕士学位论文,2013年。

吴立颖:《刘震云小说叙事艺术研究》,安徽大学硕士学位论文,2014年。

编 后 记

在中国当代文坛,"文学豫军"自始至终就是一股不可忽视的重要力量。特别是80年代以来,先后涌现了二月河、刘震云、阎连科、周大新、刘庆邦、李佩甫、田中禾、李洱、张宇、乔叶等一大批知名作家,均在文学创作方面出现了一个良好机遇期。其中,刘震云凭借着厚重的中原乡村生活经验、天马行空式的想象力、极富哲学意味的思辨力,以及天才式的语言创造力,创作了一大批影响深远的经典作品,赢得了诸多读者的广泛青睐。特别是2011年,刘震云凭借着长篇小说《一句顶一万句》一举获得茅盾文学奖,成为中国当代文坛当之无愧的"明星作家"。不仅如此,刘震云还是一位非常成功的编剧,在中国当今影视界好评如潮。在过去的将近三十年时间里,刘震云一直受到广大文学爱好者的热捧,这无疑是一个值得深入思考的文学现象。与此同时,如何更好地总结刘震云在文学创作方面的诸多经验和教训,从而能够激发刘震云写出更优秀的文学作品,进一步走向世界,就成为摆在我们面前的一项艰巨任务。值得欣慰的是,根据笔者初步统计,自1988年以来,研究刘震云文学作品或所编剧影视方面的学术论文在1000篇左右,这鲜明反映了刘震云在中国当代文坛的巨大影响力。

为了有效继承前人的相关研究成果,更好地服务于广大文学爱好者和科研工作者,信阳师范学院文学院吴圣刚院长、沈文慧副院长等有关领导,经过认真考察、科学论证、仔细遴选,集中文学院相关学科力量,决定编选河南当代作家研究资料。在过去的一年里,我们先后召开多次有关研究资料编选经验交流会,各位同人群策群力、相互切磋、广泛借鉴,最终形成了一致的编选意见。本研究资料共分四大部分,即作家"自述·访谈录·印象记"、"研究论文选辑"、"作品年表"、"研究资料索引"。从学理上来讲,编选当代文学研究资料是一项基础性工作,看似简单,实则不易。要想从诸多相关作家作品研究的文章中,遴选出观点新颖、论证严密、语言优美、逻辑性强、极富历史质感的代表性论文,实在是一件很不容易的事情,其中的酸甜苦辣也许只有编者才能体味。

在具体选编刘震云研究资料的过程中,我也给自己制定了一个编选原则:第一,在确定编选体例的前提之下,首先通读前人既有的研究成果,努力做到心中有数。一定要站在今天的研究性立场,把那些既具有鲜明历史意识,又富有学术眼光的优秀论文遴选出来,夯实基础性工作;第二,在初步确定编选文章篇目的条件之下,再反复地相互比较和筛选,进一步斟酌和考量,最终确定入选篇目。之后,按照先总论、后分论,以"问题"为中心,努力做到话题相对集中,论述有序,富有层次感,合理编排研究资料部分。倘若入选篇目文字没有技术性错误,务必保持文章发表时的最初原貌,尽可能地尊重相关作者的劳动成果;第三,作品年表部分主要按照时间先后顺序排列,截止时间为2014年7月。其中,只列入相关作品的首发、首印,作品的再版、转载不列入年表,海外翻译版本尽可能列入年表。期刊、著作均按年、月排序,报纸具体到详细日期。作家的重要散文、发表的重要演讲录等列入年表。但作家编辑的书目、研究资料等均不列入创作年表;第四,研究资料索引主要分为两大部分,即单篇学术论文索引和学位论文索引,截止时间同样为2014年7月。论文是按照刊发时间先后顺序排列的。总体而言,刘震云研究资料就是严格遵循上述规则来编选的,在正文部分都有直接体现,读者可以在阅读过程中认真加以体会。

最后,需要特别指出的是,非常感谢信阳师范学院文学院有关领导给我提供了一次学术锻炼的好机会。正是在他们的无私关怀之下,我才有幸参加到河南当代作家研究资料的编选队伍中来。在研究资料编选过程中,各位前辈老师和朋友都给予了我诸多帮助,我的确也从中收获良多,这一份深厚情谊我永远都铭记于心。由于本人学术积累非常有限,中间肯定有许多错漏或不当之处,恳请有关专家和学者不吝批评指正,我一定会虚心接受并致以感谢。

禹权恒

2014年7月29日于信阳师范学院北泽园